中南财经政法大学会计学术文库

现代会计理论与会计教育研究

许家林 著

经济科学出版社

责任编辑：王　瑛
责任校对：远瑞华
版式设计：代小卫
技术编辑：邱　天

图书在版编目（CIP）数据

现代会计理论与会计教育研究/许家林著. —北京：经济科学出版社，2009.7

ISBN 978-7-5058-8287-4

Ⅰ. 现…　Ⅱ. 许…　Ⅲ. ①会计学-理论研究-文集②会计学-教学研究-文集　Ⅳ. F230-53

中国版本图书馆 CIP 数据核字（2009）第 103429 号

现代会计理论与会计教育研究

许家林　著

经济科学出版社出版、发行　新华书店经销

社址：北京市海淀区阜成路甲 28 号　邮编：100142

总编部电话：88191217　发行部电话：88191540

网址：www.esp.com.cn

电子邮件：esp@esp.com.cn

北京密兴印刷厂印装

880×1230　32 开　15.25 印张　400000 字

2009 年 7 月第 1 版　2009 年 7 月第 1 次印刷

ISBN 978-7-5058-8287-4　定价：48.00 元

（图书出现印装问题，本社负责调换）

总　序

推进会计研究、创新会计学术，是中南财经政法大学会计学院坚持改革与发展的基本宗旨。以教学推动科研，又以科研促进教学，实现教学与科研互动，是领导者与会计学人几十年来一贯的指导思想，会计学院今日之成就，与始终坚持这一思想至为密切相关。

早在20世纪初，会计学院的老前辈、著名会计学家刘炳炎、杨时展等先生便在合理引进西式会计，建立具有中国特色的会计学方面在全国发挥了先导性作用，产生了深刻影响。此后，在新中国实行计划经济体制阶段，前辈们又进一步在教材建设与科学研究上下功夫，坚持理论与实践密切结合，为政府各部门与国有企业培养了一大批工作能力很强的会计人才，普遍受到用人单位的欢迎。进入改革开放阶段，在社会主义市场经济建设中，老教授们又根据新经济建设发展的要求，适时进行会计、审计与财务学科教育改革，创新学科理论，率先出版了一批具有传世意义与价值的著作。应当讲，1992年刘炳炎先生的《现代会计学要义》和1997年《杨时展论文集》的出版，又把会计学院的教学与科研推进到一个新的历史阶段。同时，在20世纪80～90年代，易庭源教授的成本学说和资金运动论与利润理论、毛恩培先生的工业会计理论与会计循环学说、柴华锋与边恭甫先生的社会主义农业会计学说、徐时澍与向泽生等先生的社会主义商业会计学说，以及宋鸣壎与朱信诚等先生的成本会计学说与财务会计理论研究等，也都促进了教学，带动了科研，推动会计学院的教学与科研向文理渗透、交叉融合与相互长进的方向发展。自此，中南财经政法大学会计学院结束了就会计研究会计的时代，把教学与科研推进到与社会主义市场经济体制改革相适应的阶段。

在世纪之交，会计学院通过高学位教育与引进具有高学位的人才，实现了会计教育队伍的更新换代，形成了新一代老、中、青相结合的教学、科研梯队。在此阶段，以国内外会计环境变化为依据，适时调整了会计教材建设的内容与体系，完成了面向新世纪的系列教材建设。尤其是在“教学相长”思想的指导下，通过硕士教育、博士教育，以及博士后合作研究，形成了会计、审计、财务管理等方向的专题研究体系。同时，随着实行走出去和请进来的开放式的教学与研究策略，使会计学院的教学结构与科研结构都在优化中得到转变，最终实现了国际性交流、地区性交流和国内高校之间定期与不定期进行学术交流的新格局。近年来，会计学院在教学与科研上坚持科学发展观，实行了教学与科研全面建设的方针，师生在德才并进方面又有了新的进展：(1) 坚持教育品质与教学质量相统一的原则，切实做到为人师表、以身作则；(2) 坚持学术品质、治学风格与提高学术研究水平的一致性，高度重视教育在教书育人中的示范性作用；(3) 坚持艰苦奋斗与求实创新的精神，注意引导教师研究前沿性问题，引导学员理论与实践密切结合，研究和解决改革与发展中的实际问题。

在新世纪，会计学院新一代学人，在教学与科研方面承前启后，继往开来，踏踏实实做人，奋发图强做事，在冲击国家级基金、省部级基金，以及其他专业基金方面年年都有突破，在国家级重点学科、国家级教学团队，以及国家级精品课程等方面，都担当起重要责任，并严格自律，做到名副其实。

会计学院的博士生导师群体也充分体现了老、中、青结合，他们是团队的核心，起着领军的作用。计划陆续出版的《中南财经政法大学会计学术文库》（以下简称《文库》）集中展示了会计学院的科研成果，是他们多年从事教学与科研相结合成果的结晶。从总体上考察，《文库》的基本特色在于：(1) 坚持以马克思主义的思想与理论指导研究，坚持以党和国家的社会主义市场经济建设理论指导研究，注重研究具有中国特色的会计、审计与财务管理问题；(2) 立足于创新，力求研究会计学、审计学与财务管理学，以及会计法律制度学说中的前沿性问题，始终注意保持研究的先进性、针对性与切实性；(3) 注意研究改革开放与会计改革、发展中的重点问题，坚持为改革服务，充分体现社会主义市场经济建设中显示在会计、审计与财务管理等方面新的成就；(4) 注意研究经济全球化中的会计、审计与资本市场问题，在全球性会计、审计制度建设问题研究方面具有独立的见解；(5) 适应我国会计准则、独立审计准则，以及内部控制制度建设的要求，系统研究会计理论与审计理论问题，拓展和深化了对会计与审计原理核心问题的研究；(6) 深入而系统地研究现代成本控制问题，并结合衍生金融工具发展应用下出现的公允价值问题展开研究；(7) 针对社会主义市场经济建设中的财务管理问题与公司治理问题进行研究，形成了具有中国特色的财务理论；(8) 针对经济可持续发展问题研究生态环境问题、资源会计问题与绿色审计问题；(9) 从我国统一会计制度改革出发，研究会计制度设计问题；(10) 与研究微观、中观会计问题相结合，研究现代宏观会计控制问题；(11) 把历史、现在与未来问题研究结合在一起，系统研究会计思想史、会计与审计史问题。(12) 在马克思主义的辩证唯物主义与历史唯物主义思想的指导下，注重改革研究方法，坚持研究方法的科学性与先进性，在研究中具有针对性地、灵活地应用了规范研究、实证研究与案例研究等方法。总言之，《文库》内容包容全面，研究视野开阔，改革进取力度强，对求实创新方向把握准确，故其中有不少成果在国内外形成了一定影响，被公认为求实创新之作。

《文库》的出版是一个新的起点，它旨在认真总结过去，锐意开创未来。会计学改革与发展的未来在于那些具有崭新知识结构和创新研究能力的中青年教师，当今，他们的教学成就与研究成果已使我们看到会计学院光辉而远大的未来。中南财经政法大学会计学院日月同辉、星河长流、星光灿烂、代代相传，将把中国的会计事业推进到一个崭新的历史阶段。

郭道扬

2009 年 6 月于竹苑

前　言

本书是我五年前所出《现代会计科学理论研究》（立信会计出版社，2003年）之后的一本续集，它选录了作者从2002年1月到2008年6月间已经公开发表的20篇论文，据其涉及的基本内容，组合成“会计理论研究”、“资源与环境会计研究”、“会计研究方法研究”和“会计教育与教学研究”四个专题。前书系以作者从1991～2001年间发表的论文为基础进行全面梳理后，就其在会计科学理论有关问题方面的思考，所形成的一个相对比较系统与条理化的研究脉络，组合成会计基本理论研究、会计改革研究、比较会计研究、注册会计师制度研究和新兴会计学科研究等五个专题。因此，本文集的主要内容也可看做是《现代会计科学理论研究》相关研究内容逻辑上的一种自然延伸。

近年来，个人的专业思考兴趣，主要集中于会计基本理论、会计思想发展与学术流派、资源与环境会计、会计研究方法与学术规范建设，以及会计教育教学等不同方面。故本文集所选入论文的内容，亦大多与作者近年来所主持或参与完成的国家自然科学基金课题、国家社会科学基金课题、财政部会计科研重点课题、湖北省会计学会重点会计科研课题，以及湖北省教育厅的教学研究课题所涉及的研究内容相关联。

会计理论来自于会计实践，其目的也是为了更好地指导会计实践，故会计理论研究也必须围绕会计实践的发展而进行。会计环境不断变化，必然对会计实践提出新的要求。因此，会计理论研究的内容与形式也需要不断地创新。不可回避的问题是，每一个会计理论工作者不同时期的著述与研究成果，由于受到形成时环境的制约，必然会被打上时代的烙印，从而具有一定的时代特征，但它客观上也展示了作者对某一会计理论问题认识上的演进过程，将其保持原状而面对读者，也许更具学术意义。正缘于此，选入本书的论文除进行了必要的文字编辑外，在内容上基本保留了写作形成、提交会计专业学术会议交流与期刊发表时的原貌，但期望不要因此给读者形成了一种认识上的误导。

选入本文集的各论文在写作与形成过程中，既得到很多学界友人与学术期刊的帮助与支持，也得到我所带2002～2007不同年级博士生与硕士生的协助，更是从众多的相关研究文献中汲取了大量的学术养分，虽然对所得到的帮助与启迪已经在有关论文的注解与参考文献中一一列示，但亦难免挂一漏万。在此，只能一并致谢！

因作者水平所限，恳请会计界同仁与读者对书中所存错漏不吝指教。

最后，要特别感谢中南财经政法大学会计学院国家级重点学科发展建设基金对本书出版所提供的资助，同时感谢2008级硕士生孙清亮、闫瑶、刘海英、肖曼和龙娟所做的文字校订工作。

许家林

2008年6月28日谨于武昌·南湖·文泉楼

目　录

专题一

会计理论研究

会计科学理论的发展历程与未来趋势*

会计作为经济管理的一个重要组成部分，一直是随着社会生产发展而不断自我完善的方法与理论体系。长期以来，它不仅在技术上经历了从最初的原始计量记录行为演变到今天由一系列专门方法所构成的体系，与此同时也逐渐形成了由一套完整的逻辑体系所构成的会计科学理论。在会计管理活动范围不断扩大过程中，会计科学理论具有着重要的促进作用。因此，研究会计科学理论的演变轨迹与规律，以合理预测其未来发展趋势，对于完善现代会计管理职能并指导日益丰富多彩的会计实践具有重要意义。本文拟就此主题做初步讨论。

一、会计科学理论发展的基本轨迹：五次嬗变

现代意义上的会计科学是整个人类科学文化体系的一个重要组成部分，所涉及的文化内涵极为丰富，所涉及的研究范围也极为广泛。但在20世纪初的中国，若提出将会计学作为专门科学来进行研究，可能会受到部分不同门类学科人士的讥讽。可在21世纪的今天讨论它则不仅具有一定的理论基础，更具有一定的现实意义。客观地讲，即使会计科学发展到今天，在不同科学门类学者们的眼

* 本文系2006年度国家自然科学基金课题——《会计规范全球协调与趋同中的根本性问题研究》(70672115)的阶段性成果。

里，对其在人类科学知识体系中的地位和归属问题，还存在着认识上的差异，围绕着它是否是一门科学（或科学群）的问题仍然没有客观公正而统一的评价。会计学者们理直气壮地将其称之为科学，而其他学科的部分学者则并不一定会这样认识，有的甚至至今仍将其视为一门没有什么学问的“雕虫小技”之俗学。应当看到，这是长期以来人们对会计认识不全面所导致的一种偏见。因此，我们应当充分认识会计科学的客观地位、分析影响学科发展的内外部因素及发展规律，从而预测其未来发展趋势，并制定出有利于学科发展的建设方略，不断提高会计科学的学科学术地位。

从一般意义上理解，社会科学是一个完整的体系，它最初起源于自然科学，源于人们在生产劳动和生产实践中对自然现象的认识以及其规律的科学总结，然后逐渐形成的一个个范围比较明确的分支。作为独立的科学领域，社会科学最早是从 14 世纪欧洲文艺复兴时期的“人文科学”（如语法修辞学、诗学、历史学和伦理学等）起步，但较多的是带有浓厚的哲学、道德以至于宗教的成分，直到 18 世纪中叶以后，由于经济学、心理学、社会学和人类学的先后形成，才为社会科学的独立发展奠定了基础。这期间，它先后经过了酝酿期（17 世纪 ~ 18 世纪中期，以推论性和臆测性的讨论为主要方式）、奠基期（18 世纪中期 ~ 19 世纪末，以归纳性、经验性的探讨，使用经验世界中所搜集的资料来验证理论正确与否的方式）、成长期（19 世纪末 ~ 20 世纪上半叶的第二次世界大战前，新学说、新方法和新发现不断涌现）和收获期（20 世纪中期 ~ 现在，社会科学范围的逐步拓展以及应用领域日益广泛且形成了以行为科学作为社会科学的发展中心）等四个不同的发展阶段。尽管自然科学界长期否认包括经济学在内的社会科学的科学性，但在 1969 年，由于瑞典皇家科学院破天荒地设立了诺贝尔经济学奖，才算是象征性地承认了经济科学的历史地位（华勒斯坦等，1997；徐志明，1995）。社会科学经过几个世纪的发展，其科学体系已日臻成熟。现行的社会科学体系由基本的（理论型）社会科学（包括人类学、社会学、心理学、经济学、政治学、历史学、地理学和社会统计学等）和实际的（应用型）社会科学（包括法律学、教育学、管理学、外交学、行政学和大众传播学等）两大部分所构成，会计科学则属于管理科学体系的一个重要组成部分，从层次上看，它应当属于社会科学体系中的一门三级学科（王云五，1972）。由此可见，会计科学已经在社会科学体系中处于一个相当重要的位置。

尽管会计学作为一门古老的学问，其形成历史源远流长，但将其作为一门学科进行研究，则是在近代。经过几个世纪的发展与完善，现已逐渐形成一个由140多门学科构成的完整学科体系（于玉林，1995）。近5000年来，作为对会计活动进行全面系统总结并认识其运行规律的会计科学，在其历史发展轨迹中，先后经过了五次嬗变，分别在不同程度上促使会计科学理论发展并使其产生质的飞跃：第一次大概是在4000多年前，当原始计量记录行为从“结绳记事”发展到“书契”阶段时，会计科学与统计科学一起从记数科学内分离出来，开始对记数赋予其经济事项上的特殊意义，它为会计科学的形成确定了基本的实践范畴。第二次是在2000多年前，在中国西汉时期“籍书”与“簿书”出现后与统计科学研究内容上的初步分野，使会计学开始成为一门独立的科学并拥有自己独立的研究对象，从而基本上界定了会计科学的研究范围。第三次是14世纪中叶到15世纪末，随着意大利沿岸城市威尼斯等地因海上贸易发展导致的贷金业繁荣，流行全球至今已经5个多世纪而且愈来愈具有强大生命力的借贷记账法逐渐形成，构成了近代会计科学发展的实践依据。意大利僧侣数学家卢卡·帕乔利所著《算术、几何、比及比例概要》一书为近代乃至于现代会计科学的发展确立了历史性的起点，奠定了具有明显专业特征的理论基础。第四次是20世纪30年代中期到20世纪70年代末，以对会计准则的理论基础及其具体结构的重点研究为主线，开展了对会计基础理论的全面探讨，逐渐形成了不同的会计流派，拓展了会计科学的研究内容，丰富了会计科学的研究领域，以所形成的会计准则框架为标志，会计科学的发展进入了理论体系的全面构建与完善阶段。第五次，是20世纪80年代开始会计科学体系的纵横拓展。以会计科学与其他科学的全面渗透和结合为主流，使其科学体系得到全面充实与完善，形成了一个阵营强大、所包容的内容极为广泛的会计科学体系。我们尤感欣慰的是，在人类社会进入到20世纪后半期以后，由于知识经济环境逐渐形成，高新科学技术开始对会计工作产生一定的影响。伴随着新科学、高技术以及新兴产业群体的发展，加上电子计算机在会计管理活动中的普遍应用，会计理论的研究领域被不断地拓宽，导致古老而富有活力的会计科学体系构成内容开始呈现出研究空间相继扩大、理论视角不断创新、技术方法不断变革和学科范围逐渐拓展的新趋势（许家林，2003）。

二、会计科学理论演进的基本历程：四个时期

（一）早期会计思想及会计科学理论的初步形成时期（15世纪以前）

据有关资料记载，某些会计概念甚至可以追溯到古希腊与古罗马时代。早期的会计方法较为简单，尽管其间也体现了某种原始会计思想，可是仅凭某些会计记录和会计观念，尚不足以形成现代意义上的会计科学理论。

从原始社会末期原始文字、记数制度、度量衡制度开始在计量、记录经济信息中运用，直到13世纪复式簿记在地中海沿岸城市佛罗伦萨诞生之前，人类会计思想的发展还处于单式簿记时代，会计科学理论还没有形成的社会经济基础。但由于公元11～13世纪欧洲十字军的东征，促进了东西方贸易的发展。贸易范围不断扩大与贸易额快速增加，给有地中海交通之便的意大利沿岸城市积累大量财富创造了得天独厚的条件。随着独资经营方式逐渐地被代理经营和合伙经营方式所替代，企业慢慢演变为一个独立实体，经营

管理者受托责任观念开始形成，会计核算的范围观念也开始改变。因此，如果说意大利沿岸城市贷金业主所采用的记账方法逐渐为商人所认可并广泛运用是适应了经济发展客观需要的话，那么历经了佛罗伦萨式、热亚那式和威尼斯式三个不同发展时期而最终形成的具有现代意义上的借贷复式簿记理论的应运而生则是经济发展的一种必然结果。

1494 年 11 月 10 日，被称为"现代会计之父"的意大利僧侣数学家卢卡·帕乔利（Luca Pacioli）的名著——《算术、几何、比及比例概要》（*Summa de Artithmetica*，*Geometeia*，*Proportioni et Proportionalita*，又译《数学大全》）适时问世，便成为具有特别内涵的会计发展史上第一个具有里程碑意义的重大事件。在该书的第三卷第九部第十一篇《计算与记录详论》（*Tractatus Particularis de Computis et Scripturis*，也有译为《簿记论》）中[①]，卢卡·帕乔利以数学家的严谨思维，用洋洋洒洒的 37 章篇幅，不仅全面系统地介绍了当时流行于威尼斯贷金业主的借贷复式记账法的基本原理，列示了主要业务和处理方式，还初步涉及具有当今会计科学理论特有内涵的收入、费用、损益、合伙、赊销、非货币性交易和期后事项

---

① 本书在国内有两个译本：一是 1935 年由陆善炽先生编译并载徐永祚会计师事务所主办的《会计杂志》第 3 卷第 4 期的《巴舒里之"计算与记录要论"汉译》；二是由林志军等据 R. G. 布朗（R. Gene Brown）和 K. S. 约翰斯顿（Kenneth S. Johnston）1963 年著所译并由立信会计图书用品社 1988 年出版的《巴其阿勒会计论》（*Paciolo on Accounting*）。此外，在本书的详细出处上，有五种说法：（1）张文贤（2002）指出，《数学大全》由五个部分所构成，第（3）部分"簿记"是关于会计方面的共 36 章；（2）林志军（1988）等译的《巴其阿勒会计论》中指出，《算术、几何、比与比例概要》主要分为五个部分，第三部分为"簿记"，由于"簿记论"的标题是"*Particularis de Computis et Scripturis*"，可以翻译为"计算与记录的详论"；（3）葛家澍（1998）指出，《算术、几何、比与比例概要》第三部分论述簿记，称为《簿记论》，共包括 37 章和两个简短的附录；（4）郭道扬（1999）的《会计史》和郭道扬（1984）的《会计发展史纲》均指出，《算术、几何、比与比例概要》第三部分论述簿记，其中关于借贷记账法的论述，列于该书第九编，第十一论，题为《计算与记录要论》（*Particularis de Computis et Scripturis*），帕乔利的《计算与记录要论》（《会计史》中记为《簿记论》，可能有误）一论，分为三十六章；（5）文硕（1987）指出，《数学大全》由五部分组成，第三部分是簿记。其中论述复式簿记的是第三卷第九部第十一篇《计算与记录详论》（*Tractatus Particularis de Computis et Scripturis*）。根据作者的分析，采用了文硕先生的表达方式。

等基础观念，而且还对其账簿体系的设置、账簿记录与登记的技术方法、定期盘点财产的方法、财务处理程序和会计循环方法、会计档案的保管等相关会计问题的要求等问题，从操作技术角度上做了比较精到的归纳与必要的描述。因此，该书作为人类会计发展史上第一本系统论述复式簿记原理及其运用方法的经典名著，其出版标志着具有现代意义的会计科学理论体系已经初步形成了一定的认识基础，同时，它也体现出会计科学理论与方法的形成和发展与商品经济发展程度与水平之间所存在的一种必然性的联系（林志军等，1988；张文贤，2002）。

（二）中世纪后会计科学理论的缓慢发展时期（15 世纪初～18 世纪末）

15 世纪后，欧洲经济的发展特征主要体现为农业经济开始向工业经济转化与过渡，与此同时，其经济中心开始从地中海沿岸的意大利等国转向英、法、德等大陆国家。在这种经济发展环境下的会计，主要是作为一项企业管理工具，而不是作为外界使用者的一项专门的信息来源，加上账簿主要是由业主个人掌握和使用，因此，会计科学理论的发展则主要局限于对意大利复式簿记理论的解释及向德国、比利时、荷兰、英国、葡萄牙和西班牙等国的传播（陈今池，1998）。

进入 17 世纪后，由于产业革命所带来的工业化经济的发展，特别是企业组织形式与交易方式开始发生变化，单独的一次性的交易和短期的合伙已日渐减少，取而代之的则是以长期持续经营、制造和买卖业务为目的的企业组织形式，这种新的经营形式与企业组织方式孕育了会计实体、会计期间与持续经营的会计新观念，这些即为资产负债表成为定期会计报表的理论基础。但由于这个阶段的企业会计，还是以独资、合伙会计为其主要形式，在独资或合伙创办的企业里，一般是由投资者自己经营，所有权和管理权结合在一起，企业内外的经济关系比较简单，经营活动也不复杂。这种企业组织形式所需供给的财务信息也较为简单，股东及企业外部有关各方对财务信息的需求较为有限。股东（也即经营者）只需通过期初、期末资产、负债差额的对比，就能确定一定期间的盈亏，并简易地进行盈利分配。因而，会计把重点即放在资产、负债的平衡计算上，财务信息主要来源于账户余额表（卢永华，2000）。虽然在1673年，法国商法所做出的“每个商人每隔两年都应当编制一次资产负债表”的规定可视为是当今定期会计报表的发端，但在当时有关复式簿记的教科书中，却还没有正式出现资产负债表和损益表的概念。据此可以认为，自卢卡·帕乔利以后的大约300年间，会计科学理论的发展进程较为缓慢，尚未出现实质上的突破（阎德玉，2002）。

但在这段被学界称之为簿记理论向会计科学理论过渡的时期内，会计科学理论发展却有三个方面对后来理论发展影响较大的研究成果：一是初步完成了将借贷复式簿记理论从“拟人说”向物的理论的推进；二是揭示了复式簿记所固有的平衡机制以及与此相符的财务报表观念；三是在理论上初步确立了财务报表体系结构的基础，即资产负债表与损益表相互之间的关系，这对后期财务报表的发展以及对损益表的重视均提供了可能。这些思想主要体现在由荷兰学者西蒙·斯蒂文（Simon Stevin，1548～1620）所著的《数学惯例法》（*Wisconstighe Chedachtenissen*）一书中（葛家澍、刘峰，1998）。虽然在后来德国会计界，围绕着复式簿记原理的研究，曾经先后出现过“静态说”和“动态说”等不同理论学说，但不论是瑞士人F. 霍格利（F. Hugli）等人先后提出的“物的二科目说”、“物的一科目说”、“借贷对照说”、“八要素说”、“等式说”、“统一财产科目说”和“三科目说”等“静态说”理论，还是由德国人巴比（Pape）等人所提出的“资本循环说”、“现实理论说”和“动态的二科目说”等“动态说”原理，都是将研究的内容局限于对复式簿记原理的理论阐述之上（易庭源，2001；郭道扬，1999）。因此，尽管形成了一定的理论研究成果，但其对现代会计科学理论的影响较小，故不能称之为代表着这一时期主流研究内容的会计科学理论。

（三）近代会计科学理论的逐步形成时期（18世纪末~20世纪初）

18世纪末，欧洲工业革命完成以及所带来的工业生产技术的巨大变革，促使社会经济制度开始发生重大变化。这个阶段的企业会计则开始以公司为其主要核算实体。到了19世纪中叶，英国的股份有限公司已成为一种十分普及的企业组织形式。它在经营管理与独资、合伙企业的根本区别，就在于所有权与经营权的互相分离，一般是由公司聘请管理专家来负责企业的经营管理，而为数众多购买股票的股东（投资者）则远离企业实体的运行。由于他们并不直接参与企业的经营活动，自然就很关心其所投资公司经营得好坏，特别是盈利能力和盈利的分配情况，这是其切身利益之所在。同时，由于股份公司筹资能力强，投资也呈现出多元化的趋势，生产经营活动的范围也日趋复杂，公司经营活动及其同各方面的经济关系的日益复杂化，必然对财务信息的供给方提出越来越高的要求，要求它把正确地确定经营成果放在首位，以适应公司内外财务信息需求各方的需要。在股份公司生产经营比较复杂的条件下，为把一定期间内实现的收入和相关成本有根据地进行配合，正确确定分期损益，就需对一些专门性的会计科学理论问题进行研究，如收入实现理论和折旧理论、权责发生理论和跨期收支摊配理论等等（卢永华，2000）。此外，由于资本主义经济发展以及所出现的一系列经济事件，在客观上向管理工作提出了更高的要求，许多新的管理问题超出了簿记学的研究范围而向会计学过渡。可以说，是产业革命导致了成本会计的出现，铁路的大量铺设而使折旧观念自然形成，以资本所有权与经营权相分离的股份的出现扩大了企业会计信息服务范围，所得税制的实施对会计记录的规范性提出了客观要求，会计信息对政府政策的影响加深而使其作为制定法律的一项基础变得更加不可或缺（陈今池，1998）。到19世纪末，会计的主要方法尽管已经基本确立起来，会计还只是停留在技术和方法阶段，还没有形成系统的理论，但由此所形成的一些基本观念，对20世纪会计科学理论的发展却起到了重要的奠基作用，从而使会计科学理论研究进入了新的历史时期（葛家澍，1998；郭道扬，1999）。

（四）现代会计科学理论的全面发展时期（20世纪初～现在）

尽管目前在现代会计科学理论形成的时间划分上，学术界有不同的看法，但大多数会计学家认为，进入20世纪以后，才是现代会计科学理论的全面发展阶段①。这是因为，20世纪30年代以后的几十年内，由于以下原因才使得美国会计理论研究迅速居于领先地位：首先，30年代世界经济大萧条和金融市场的崩溃，促使政府和社会公众迫切要求公司会计报表能够真实、合规、有效地反映其财务状况和经营成果；其次，70年代许多国家陆续公布了有关保护生态环境和改善职工生活福利的各项规章制度，倡导企业自愿履行范围广泛的社会责任而不应片面追求本身的盈利；再次，70年代后期至80年代初期许多国家发生了持续通货膨胀，动摇了会计上的传统资产计价和收益计量基础；最后，第二次世界大战以后国际贸易、国际投资和跨国公司业务的急剧发展，以及全球经济一体化趋势的形成，对国际经济信息传输方式与内容的变革提出了强烈要求（陈今池，1998）。这一时期，以美国和英国等发达资本主义国家为代表的会计科学理论研究主要特点是：第一，是在研究的组织上，除了为数众多的会计学者从事专门研究外，一些重要的会计专业团体，包括美国注册会计师协会（AICPA）、美国财务会计准则委员会（FASB）、美国会计学会（AAA）和英格兰威尔士特许会计师协

---

① 有关现代会计理论形成时间，有三种划分方法：一是以15世纪晚期复式记账问世为主要标志；二是以19世纪末会计方法体系的形成为主要标志；三是以20世纪30年代会计理论与方法的发展达到了产生公认会计准则为标志。

会（ICAEW）等权威性会计团体，以及国际会计师联合会（IF-AC）、国际会计准则委员会（IASC）和联合国国际会计与报告标准政府间专家工作组（ISAR）等组织也大力协调并推动会计科学理论研究工作，对于会计科学理论的完善起了重要的促进作用；第二，是在研究方法上，学者们早期是倡导以演绎法替代归纳法并将描述性会计理论转变为规范性会计理论，即强调会计科学理论研究应当在确定会计目标的基础上根据既定的会计假设推导出会计科学理论体系，后来则是倡导用实证研究方法代替规范研究方法，对促进会计理论的科学性也起到了重要的推动作用；第三，是研究内容上，普遍接受了经济学家的价值、收益、社会责任和可持续发展等新观念，并将其引进或者链接到会计科学理论的相关研究内容之中，强调会计的社会经济职能，从而扩大了会计理论研究的领域，致使通货膨胀会计、人力资源会计、社会责任会计、国际会计、环境会计以及资源会计等新理论与新学科逐渐形成；第四，是在会计业务的技术手段上，由于电子计算机、各种数据库以及网络传播技术等日益渗透到人们生活的各个方面，致使会计处理技术发生了根本性的变革，从而催生了会计科学理论研究中的电子计算机会计、网络会计、网络财务、XBRL 以及 ERP 等新的学术元素与学术领域。

三、会计科学理论研究的主要成就：四个阶段

（一）财务会计理论的基础构建阶段（20 世纪初～30 年代）

19 世纪末 20 世纪初，美国的会计理论和实践尚处于初创阶段，主要是学习和引进英、德等国的会计理论和实务。这一阶段的会计实务由于缺乏系统会计理论的指导和影响，会计人员在选择会计程序和方法方面有相当大的自由，企业会计报表格式和内容也不尽相

同，企业主管人员可以任意干预企业会计报表的编制工作，会计师往往是按照惯例和传统从不同角度解释所遇到的新会计实务，缺乏理论指导。为解决这一问题，一些会计学者开始在自己感兴趣的领域从事系统的会计理论探索工作并取得了突出的成就。因而可以说，这一时期的会计理论文献构建了现代财务会计理论的部分基础，有影响的文献主要有：

1. 关于会计记账原理的基础理论

1907 年，查尔斯·E. 斯普拉格（Charles Ezra Sprague）的《账户的哲学》（*The Philosophy of Accounts*，或译《账户原理》）公开问世。该书主要涉及会计本质、账户格式、账户结构、经济交易、资产负债表、资产的分类、负债的分类、所有者权益、抵消和附加、无力偿还、会计分期、经济账户、交易摘要、试算平衡、日记账、过账媒介、原始凭单的过账、分类账、记账错误的预防措施及确定及遗产会计等内容，从一定的理论高度讨论了账户原理，资产、负债、所有者权益等要素的内涵以及资产负债表的结构。特别是 100 年前斯普拉格对资产、负债和所有者权益等要素的奠基性认识，甚至影响到今天我们对某些会计理论问题的理解（Sprague，1907）。

2. 关于财务会计方法原理的基础理论

1909 年，亨利·兰德·哈特菲尔德（Henry Rand Hatfield）的《近（现）代会计学》（*Modern Accounting*，1909）在纽约的出版问世，在美国会计界产生了极大震动。全书以资产负债表为主线，吸收了德国雪尔（J. F. Schar）的“二账系学说”，以及西蒙（H. V. Simon）与雷姆（H. Rehm）的主观价值学说，同时也吸收了英国狄克西（L. R. Dicksee）与皮克斯利（F. W. Pixley）的经验会计观，以及丘奇（A. H. Church）的成本管理思想，阐明了会计学的一系列问题，奠定了美国财务会计学的基础。在该书中，哈特菲尔德教授对业主权理论进行了比较完整的论述，主要思想包括①：（1）会计的恒等式。应当是“资产－负债＝业主权益”，即业主居于权力的中心，资产是业主所有的资产，负债则是业主的义务，业主权益就是代表企业所有者所拥有的企业净值。在企业创立初期，其净值等于业主的投资；在企业经营过程中，其净值等于业主的原始投资加新增加投资，再加累计净收益，然后再减去业主提款后的余额。（2）业主权益在企业经营过程中不断地发生变化，通常收入即为业主权益的增加，费用意味着业主权益的减少，而收入大于费用所形成的净收益，则直接导致业主权益的净增长。（3）会计应为业主负责，其所提供的会计报告应反映业主权益的变化，同时会计报告主要是为业主服务的。哈特菲尔德还认为“会计学的本质在于：一是表示某一时期的财产物资状态；二是表明某一期间经常活动之结果。”其具体表现为应着重于决算表的合理编制和内容确实。1927年，该书经修订更名为《会计学：原理和问题》（*Accounting*：*Its Principles and Problems*），由于其建立了美国财务会计理论的基础体系，故得以雄踞于世界会计学术界（Hatfield，1909）。

3. 关于财务会计理论内容的基础理论

1922年，威廉·A. 佩顿（William A. Paton）出版了《会计理论——兼论公司会计的一些特殊问题》（*Accounting Theory-With Special Reference to the Corporate Enterprise*）一书。该书共分为两大部分：第一部分为会计结构，主要包括绪论、基本分类、所有者权益和负债、财产和权益账户、交易类型、费用和收益账户、补助账户和其他类型、账户分类、定期分析和特殊情况、债务和债权等；第二部分为特殊会计问题，主要包括净收益、营业前收入、商誉和持续经营价值、初步估价问题、所有者和企业的关系、股本状况、部分估价账户、

① 业主权理论基本思想出现几乎可以追溯到16世纪，但是直到1818年，克朗赫尔姆才在其著作《独特的复式簿记》中首次完成了对业主权理论的解说，而真正完整论述该理论的著作是《近代会计学》这本书。

资本的估价与维护、收入标准、会计基本假设等。特别是在会计假设部分，他提出了经营主体、持续经营、资产负债表等式、财务状况与资产负债表、成本与账面价值、应计成本与收益、期后事项等7条假设。自此以后，会计假设成为会计科学理论研究的一个重要组成部分，佩顿以后的财务会计理论研究也进入了一个新的历史发展时期（Paton，1922）。

4. 关于财务会计理论理念的基础理论

1929年，约翰·B. 坎宁（John B. Canning）出版了《会计学中的经济学》（*The Economic of Accountancy*）一书。该书涉及会计的学术地位、资产的性质、资产—解释的难点、净资产所有权、负债和净资产所有权—解释的难点、总收入、净收入、收入的计量—会计师理论与经济学家理论的比较与对比、财务状况、会计师的评估、评估过程—直接评估、间接评估、再评估技能—简单计量、再评估技能—调整计量和总结及预测等方面的问题。该书主张在会计理论中要引进经济学的观念并做了初步尝试，其中最重要的是，他在该书第八章“收入的计量”中，通过分析费雪（Irving Fisher）的未来现金流量的现值观念和经济收益观念，比较全面地提出了其理念在会计理论中的运用问题，对现代会计理论研究产生了重要的影响（Canning，1929）。

（二）规范会计理论体系的初步形成阶段（20世纪30~70年代）

进入20世纪30年代后，由于全球经济危机所引起的经济萧条，许多公司陷入无力偿付债务的窘迫局面，为使投资人在向股份公司投资过程中，能够根据公司真实财务状况和盈利情况做出正确的投资决策，社会和公众对会计信息规范性的呼声日高。以美国注册会计师协会（American Intistiue of Certified Public Accountants，简称AICPA）于1938年设立会计程序委员会（Committee of Accounting Procedure，简称 CAP）为发端，西方的相关会计专业团体对于改进会计实务和完善会计理论做了重大努力，并发表了不少建议性的公报和专门研究报告。这些公报对建立统一的会计制度和促进会计理论的发展起到了相当大的推动作用，既将会计理论研究推进到一个新的历史阶段，也催生了一批高水平的会计理论研究成果。美国财务会计准则委员会（Financial Accounting Standards Board，简称 FASB）《财务会计概念公告》的先后发布，不仅标志着按照"会计目标——会计信息质量特征——财务报表要素——要素的确认与计量——要素的报告"为线索的完整理论体系基本形成，它也成为财务会计理论走向成熟的重要标志之一（葛家澍，1998）。这一时期有影响的会计理论文献主要有：

1. 20 世纪 30 年代：探讨会计理论的发展规律与发展空间

1933 年，由 A. C. 利特尔顿（A. C. Littleton）所著的《1900 年以前的会计发展演变》（*Accounting Evolution to* 1900）一书，比较系统地梳理了 20 世纪以前会计及会计理论的发展，为会计理论研究的深入提供了一个基础起点与平台。该书共设两篇 22 章。第一篇"复式簿记的演进"中，设簿记的地位、复式簿记的前提、复式簿记的特征、业务分析、完整的结构——帕乔利、古代簿记与现代簿记的比较、分类账分录类型的变化、日记账分录的演进、财务报表的发展和业主簿记 10 章。第二篇"由簿记向会计扩展"中，设会计中的业主权理论、会计中的实体理论、公司的影响、折旧、有限责任、英国审计的背景、会计专家的成长、英国法定审计、审计程序、成本会计的起源、19 世纪晚期成本的发展和会计的演进共 12 章。该书编辑 A. P. 理查森（A. P. Richardson）在推介该书时指出："A. C. 利特尔顿教授经过多年研究，写出了这部相对精炼而又内容翔实的论著，对从早期意大利到 19 世纪末的会计发展史做了描述。他评价了对会计学基本要素的理解的发展，并描述了账户演变到现在的形式所发生的变化。尤为重要的是，该书对 19 世纪这一被许多作者所忽视的历史时期中会计的发展做了深入的研究，使得这部精深的著作在会计专业经典文献之林中占据了不朽的地位。”在该书的扉页，利特尔顿也明确提出，他是将此书“献给 H. R. 哈特菲尔德（Henry Rand Hatfield）”，是“他的名作《簿记之历史性辩护》为本书带来了灵感并成为本书仿效的楷模”（Littleton，1933）。除此之外，1936 年由 H. W. 斯威尼（Henry W. Sweeney）所著的《稳定币值会计》（*Stabilized Accounting*）（Sweeney，1936）、1939 年由 S. 吉尔曼（Strphen Gilman）所著的《会计的利润概念》（*Accounting Concepts of Profit*）（Devine，1985）和 1939 年由麦克尼尔（Kenneth Macneal）所著的《会计的真实性》（*Truth in Accounting*）等书，均从不同侧面提出了会计理论研究的新问题。特别是在《会计的真实性》中，作者是以经济价值（市场价值）为基础（Economic Value-Based）的资产计量属性的坚定拥护者，书中根据他多年的会计实践经验，认为传统会计报表不能反映企业资产的真实价值，主张可销售资产应按现时销售价格计价，就财务信息的使用者而言，麦克尼尔主要关注（Overriding Concern）的是小投资者（Small Investors）的利益保护问题。他认为，秉承“实现原则”（Realization）和“保守主义”（Conservatism）理念的财务报表报告模式很容易使小投资者受到欺骗。书中以三个寓言作为引子，围绕现代会计原则、现代会计原则的辩护、现代会计原则的起源、价值的本质、货币、市场价格、市场价格的替代、真实的财务报表、资产、估计账户、负债、损益表和未来会计等问题表达了作者的独特见解。尽管书中提出的观点在当时并没有得到正确的认识与评价，但体现出的会计理论研究新思维对现代会计理论发展也有一定的借鉴作用（Macneal，1939）。

2. 20 世纪 40 年代：奠定会计准则理论的研究基础

1940 年，W. A. 佩顿（William A. Paton）与 A. C. 利特尔顿（A. C. Littleton）合著的《公司会计准则绪论》（*An Introduction to Corpo-*

rate Accounting Standards）由美国会计学会（AAA）以专题研究报告的形式正式发布。该书设准则、概念、成本、收入、收益、盈余和解释共7章，书中首先确立的基本观念是，会计科学理论是一套严密、相互联贯、协调一致的思想体系，作者还归纳并提出了企业主体、连续性、涉及交换活动（成本、费用、收入、收益）的计量考虑、产品和服务的成果应当与其成本对应（配比、期间）和可确证的客观证据等大量的基本会计概念和会计前提。由于该书作者的学术地位以及其提出一系列前瞻性观念，故其在现代财务会计理论发展特别是在会计准则建设中的奠基性理论地位以及所产生的学术影响，是任何一本会计理论著作都无法比拟的（Paton & Littleton, 1940）。

3. 20世纪50年代：独到剖析会计行为规则及其规律

1953年，A. C. 利特尔顿（A. C. Littleton）所著的《会计理论结构》（*Structure of Accounting Theory*）也由美国会计学会（AAA）以专题研究报告的形式正式发布。该书堪称用归纳法研究会计理论的经典之作，也是会计界第一次比较系统地论述财务会计理论体系和结构的专著，它的出版标志着会计从一种方法发展成为一门科学（Littleton, 1953）。书中共设两篇共12章。第一篇“会计的本质”中，设方位、重心、分类的系统、期间的再分类、信息的报告、独立的审查和模型的要素5章。在第二篇“理论的性质”中，设理论的工具、行动和规则、原则的修订、归纳法形成的原则和理论的应用5章。由于该书系用归纳法进行会计科学理论研究所形成一个完整的理论体系，故体现了以下重要学术思想；一是认为现行会计实务之所以能保存下来并为实践所接受，自有其必然性和合理性；二是从客观性和可验证性等要求出发，坚持历史成本原则，认为历史成本是恰当的计量属性；三是认为会计的主要职能是记录与报告而不是计价；四是通过“方位”的概念，明确地将会计纳入到一定的社会经济环境中去，与其他各门学科相互联系起来，说明会计的发展（葛家澍，1998）。

4. 20世纪60年代：全面认识并系统论证会计的本质

1966年，美国会计学会（AAA）发表了著名的研究报告——《论会计基本理论》（*A Statement of Basic Accounting Theory*，简称ASOBAT）。该报告书共分为导论、会计准则、向外部使用者提供的会计信息、为内部管理人员服务的会计信息及会计理论的扩展等五个部分。该报告不仅明确指出会计是一个信息系统，并且通篇都围绕这一中心思想进行论述。在论述过程中，注重将会计学科的各个分支，以及会计与其他相关学科紧密结合，融会贯通，使会计科学理论有了更丰富的内容和更为广阔的发展天地。该报告不仅全面细致、富有层次感，具有说服力，而且还提出了一系列具有远见卓实的建议，对传统会计模型做了有益的扩展和补充，形成了一种更为全面有效的模型，为建立会计规范和指导会计实务提供了更为完善的理论依据。尤其是该报告明确提出“会计是一个信息系统”的基本观点，推动了美国会计界自20世纪70年代开始对会计目标的研究，从而对建立一套与传统的“会计假设—会计原则”基本模式不同的财务会计理论体系奠定了认识基础。同时，它也对建立以财务报告目标为起点的财务会计概念结构提供了最直接、最有效的理论准备（AAA，1966）。

5. 20世纪70年代后：财务会计概念框架理论的全面形成

自1978年开始到2000年，FASB正式发布的第1~7号《财务会计概念公告》（*Statement of Financial Accounting Concepts*，简称SFAC），构成了现代财务会计理论的基本框架。其主要贡献体现在：1978年11月发布的第1号SFAC——《企业财务报告的目标》中，明确提出编制财务报告的目标是“提供对投资和信贷决策有用的信息”，财务报告“应当为现在和潜在的投资者、信贷者以及其他用户提供有用的信息，以便做出合理的投资、信贷和类似的决策”。1980年5月发布的第2号SFAC——《会计信息的质量特征》中，对会计信息的质量特征进行了全面而详细的论述，认为会计信息质量的各种特征具有一定的层次结构，其中最重要的特征是决策有用性，相关性和可靠性是决策有用的重要质量特征并包括各自的内在要求，可比性（包括一贯性）是决策有用的次要质量特征，可理解性是针对用户的质量，效益大于成本和重要性是会计信息质量特征的两个约束条件。该公告的发布，标志着美国对会计信息质量特征的研究从纯粹的理论研究正式走向了实际应用。1985年12月发布的第6号SFAC——《财务报表的要素》中，进一步明确了财务报表应列示的资产、负债、业主权益、业主投资、派给业主款、全面收益、收入、费用、利得和损失十个要素①。它们既是对FASB陆续颁发《财务会计准则公告》做了必要的理论准备，尔后也为其他国家及国际性的组织所仿效，有的还成为不同国家与地区制定会计准则时的重要参照与指导性文献，对推动会计学术理论研究的进程起到了重要的导向作用（娄尔行，1991）。

（三）实证会计研究方法的逐步兴起与扩展阶段（20世纪60年代中期以来）

1. 实证会计研究方法的方法论基础

实证研究方法最初是源于西方哲学流派中的实用主义（Positivism），其源头是19世纪50~70年代以孔德和斯宾塞为代表的实证主义思想，继而是以马赫为代表的马赫主义思想、20世纪20~30年代的以石里克为代表的逻辑实证主义思想，以及后来的朴素证伪主义和精致证伪主义思想，即所谓“证伪主义哲学”。根据《韦氏

---

① 1980年12月发布了SFAC第3号——《企业财务报表的要素》，1985年12月发布的SFAC第6号——《财务报表的要素》中，部分修订了SFAC第2号的有关内容，并完全取代了SFAC第3号，使之同时适用于企业和非盈利组织。第1~6号中文译本可见娄尔行译《论财务会计的概念》（中国财政经济出版社，1991年，第1版）。

新国际辞典》解释，实用主义基本思想是，各种概念的含义要从它们的结果中去寻找，思想的功能在于作为行动的指南，真理则要明显地根据信念的实际后果去验证。实用主义只承认存在的事实，强调一切关于事实的概念都要以经验的实证材料为依据。

2. 实证会计研究方法运用的经济学与财务学基础

20世纪60年代以前，各国会计理论研究主要以定性的文字描述为主，充分运用归纳或演绎的思维逻辑，研究过程比较重视内在的逻辑性。到了50~60年代，美国的经济学和财务学研究在两个方面出现了突破性进展：首先，是研究对象呈现扩大化与广义化的趋势，即从传统经济学的核心内容——财富的研究，发散到社会生活的各个领域，特别是财务学中的有效资本市场假设和资本资产定价模型等理论，为早期实证会计的产生，提供了直接的理论依据；其次，是主流派研究方法开始转向实证分析，这即为早期的实证会计理论研究提供了可资借鉴的方法与模型，再加上计算机已普遍应用到日常的科学研究中，一些大型数据库也先后建立起来，从而缩短了实证研究所需要的分析时间并降低了研究费用。因此，在谈到实证会计方法之所以于20世纪60年代开始在美国得以运用的原因时，美国著名会计学家威廉·H. 比弗（William H. Beaver）教授认为是由于以下六个方面的原因：一是财务学和经济学的发展，经济学的影响主要体现在思想和方法上，特别是厂商理论和管制经济学等理论的兴起，财务学的影响则主要是体现在有效资本市场假设、投资组合理论、资本资产定价模型、套利定价理论、总价值理论、期权定价理论、代理理论等理论和方法的“红娘”和“催生”的作用；二是证券市场在经济中占重要地位；三是政府对证券市场进行了积极的监管而使财务报告环境不断变化，如美国的财务会计准则委员会（FASB）和证券交易委员会（SEC）就经常提出新的研究课题；四是上市公司股权比较分散，而且机构投资者占很大比重；五是计算机和数据库的发展；六是大学的晋升制度和学术杂志的影响。

3. 实证会计研究的奠基性文献

虽然实证会计理论的方法论基础是建立在价值中立、可证伪性和可重复性三个基本观点之上，但它的形成与发展与20世纪60年代后期脱颖而出的鲍尔、布朗、比弗、简森、瓦兹和齐默尔曼等年轻学者的贡献是分不开的。据有关资料显示，早在1964年，在实证经济学和财务学研究较为突出的芝加哥大学①所创办的《会计研究杂志》（*Journal of Accounting Research*，简称JAR）春季卷上，就曾经刊登了一篇讨论财务报告中的盈利信息与股票价格之间关系的论文。1966年，该刊第四卷还出版了一份增刊——《会计中的经验研究：论文选》，提出会计科学理论研究不仅只是满足于定性的演绎或者归纳性论证，需要用与传统方式迥然不同的研究思路来讨论财务信息披露与股票市场的反应问题，即采用经验数据与数学模型来揭示或否定两者之间的关系。但真正具有实证会计研究方法奠基意义的是1968～1979年间所发表的以下六份主要文献：

（1）鲍尔和布朗的论文——“会计收益数据的经验评价”。1968年，《会计研究杂志》在秋季号（Autume）上刊发了芝加哥大学的雷·鲍尔（Ray Ball）和西澳大利亚大学的菲利普·布朗（Philip Brown）的“会计收益数据的经验评价（*An Empirical Evaluation of Accounting Income Numbers*）”一文，该文是公认的实证会计领域的第一篇经典文献，文中开创性地提出了会计理论领域里新的研究方向，它从行文体例、变量设计、数据搜集和样本选择，以及研究方法等方面均提出了研究会计问题的新思路（Ball & Brown，1968）。

（2）比弗的论文——“年度收益报告的信息含量”。1968年的《会计研究杂志》增刊——《会计中的经验研究：论文选》（*Empirical Research in Accounting*：*Selectred Studies*，1968）中，发表了时为芝加哥大学助理教授的威廉·H. 比弗（William H. Beaver）“年度收益

---

① 著名的经济学家、实证经济学的领袖人物之一的弗里德曼就任教于该校。

报告的信息含量（*The Information Content of Annual Earnings Announcements*）”一文，文中抓住收益的信息含量这一许多会计计量争论的焦点问题，以经验研究方法检验了股东对收益所具有信息价值的程度的看法，直接将注意力放在了投资者对收益报告的反应上，特别是体现在收益报告日前后股票交易量和价格的变动性反应上。由于该文正式在会计界提出了一个与原有的会计理论研究截然不同的研究对象、内容、思路和论证手段，从而导致了实证会计理论的产生（Beave，1968）。

（3）简森的演讲稿——“关于会计研究现状和会计管制的思考”。20 世纪 60 年代末至 70 年代初，实证会计研究还只是侧重于研究会计信息与资本市场的关系，其数据则主要来自于资本市场。因此，当时的文献一般将其称为“经验会计”（empirical accounting）。但自从 70 年代中期起，一些学者又开始将这一方法用于会计政策的选择上。1976 年，罗切斯特大学 M. C. 简森（Michael C. Jensen）在斯坦福大学做了“关于会计研究现状和会计管制的思考（*Reflections On The State Of Accounting Research And The Regulation Of Accountin*）”的著名演讲，指出长期以来的会计理论研究，主要是规范的（normative）和描述性的（definitional），因而它们是不科学的。他提出要建立一个旨在解释会计为何如此、会计人员为何做他们正在做的事，以及这些现象对人与资源利用有什么影响的实证会计（positive accounting），正式提出应以实证方法来进行会计管制问题的研究，确立了“实证会计理论”的初期概念，从而为 20 世纪 70 年代末期实证会计理论研究进入到一个新的发展时期奠定了基础（Jensen，1976）。

（4）瓦茨和齐默尔曼的论文——“关于决定会计准则的实证理论”。1978 年，罗切斯特大学的罗斯 · L. 瓦茨（Ross L. Watts）和杰罗尔德 · L. 齐默尔曼（Jerold L. Zimmerman）在美国会计学会主办的《会计评论》（*The Accounting Review*，简称 AR）第 1 期上联合发表了“关于决定会计准则的实证理论（*Towards a Positive Theory of the*

Determination of Accounting Standards)”一文。文中以契约观为基础，全面构建了税收、政府管制、政治成本、管理层薪酬以及记账成本会影响管理层对待会计准则制定态度的模型，通过公司对FASB“一般物价水平调整”准则发表意见反馈的数据分析，正式检验了公司管理人员游说会计准则的结果，开创了以解释会计政策选择为目的的实证研究新方向。由于该文提出了一个较成熟的会计政策选择研究的思路与方法，故其发表对实证会计研究的深入发展具有重要的启发和引导作用（Watts & Zimmerman，1978）。鉴于该文在研究方法与研究路线上的开创性，因而其成为被广泛摘引的实证会计研究论文，自此之后，仿效或采用类似研究方法和思路来讨论相似问题以及其他问题的研究论文即越来越多。

（5）泽夫的论文——“‘经济后果’学说的兴起”。1978年，斯蒂芬·A. 泽夫（Stephen A. Zeff）在美国注册会计师协会主办的《会计杂志》（*The Journal of Accountancy*，简称JA）第12期上发表了著名的“‘经济后果’学说的兴起——会计报告对决策的影响也许是70年代最具挑战性的会计问题（*The Rise ‘Economic Consequences’: The impact of accounting reports on decision making may be the most challenging accounting issue of the* 1970s）”一文。文中分析了自20世纪60年代起，美国会计职业界注意到在准则制定过程中“外部力量”影响日渐增强的现象，且两种并行发展态势表明的趋势为：一是原来对会计准则的制定似乎毫无兴趣的个人和团体开始积极有力地参与这一过程；二是这些团体已开始寻求以往的会计争论中所用到的意见之外的意见。因此，“经济后果”这一术语即被用来描述这些新的争论，它特指会计报告对企业、政府、工会、投资者和债权人决策行为的影响。由于这些个人或团体行为的后果被认为可能影响其他团体的利益，故会计准则制定者在决定会计问题时还应将其宣称的不利后果考虑在内。文中以当时关于外币折算和石油行业勘探活动失败的讨论都非常依赖于“经济后果说”为例，说明财务会计准则委员会与美国证监会均对该问题变得极为敏感，从而打开了会计科学理论研究一扇新窗口与新视角（Zeff，1978）。

（6）瓦茨和齐默尔曼的论文——“会计理论的需求与供给：市场解释”。1979 年，罗斯·L. 瓦茨（Ross L. Watts）和杰罗尔德·L. 齐默尔曼（Jerold L. Zimmerman）在《会计评论》第 2 期上发表了“会计理论的需求与供给：市场解释（*The Demand for and Supple of Accounting Theories：Market for Excuses*）”一文。该文从需求与供给的角度，提出了为什么绝大多数会计理论都是规范性的和为什么没有单一的可广泛接受的会计理论问题，验证了自由经济条件和管制经济条件下对会计理论需求的本质问题。文中分析到，由于政府管制刺激了个人对会计程序的院外游说活动，而在院外游说活动中会计理论又是一个有用的辩解手段。此外，由于政府的干涉也产生了对会计理论多样性的需求，因为每一个被会计程序变更影响的利益集团均需要一个会计理论来支撑它的观点，不同的观点阻止了会计理论的一致性。会计理论之所以是规范的，是因为它们被用来作为政治行动的借口。作者将理论观点与观察到的现象，结合会计文献的变化进行了分析与比较，从而为实证会计理论研究内容的定位提供了一定的依据（Watts & Zimmerman，1979）。

4. 实证会计研究方法研究的早期成果

进入 20 世纪 80 年代后，由于实证研究方法在会计中的广泛应用，会计专业的博士生的学位论文纷纷转向实证会计研究方法，即有学者开始专门对实证会计研究方法的程序与技术进行专门研究，并形成了两份有影响的成果。

（1）实证会计研究的技术方法。1983 年，查尔斯·克里斯坦森（Charles Christenson）的“实证会计方法”（*The Methodology of Positive Accounting*）一文在《会计评论》（*The Accounting Review*，简称 AR）第 1 期上发表，本文主要涉及会计理论的需求，“实证”理论的概念，预见、解释与规范性的推理，理论的评估和研究结论五个方面的技术性问题，对当时已经在美国会计学者广为流行的实证会计研究方法的程序、技术以及涉及的主要理论问题进行了归纳与介绍。

（2）实证型论文写作的应用方法。1986 年，威廉·R. 坎里（William R. Kinney）在《会计评论》（*The Accounting Review*，简称 AR）第 2 期上发表题为“经验会计研究型博士论文的设计”一文，这篇专门为攻读博士学位的学生而撰写的论文，对如何运用实证会计研究方法撰写论文的若干技术问题做了较为详细的介绍。论文提出实证研究方法的内容主要是确定研究内容、提出假设并理顺研究框架，而研究内容又是建立在对象和数据的被动观察基础之上；对其他可行方法的优势和局限进行了分析，指出其核心问题就是要将研究阶段之前的变量和同时期变量的影响相隔离；讨论了两种类型错误风险、样本量和研究设计的关系；指出研究设计的重要性在于其可能是实现实证会计研究目标的唯一可行方式，其重点则在于理论逻辑的设计以及如何排除外来变量影响手段的设计。

5. 实证会计研究的标志性成果

20 世纪 80 年代后，实证研究方法已成为美国会计界的主流研究方法，其主流会计期刊如《会计评论》、《会计研究杂志》和《会计与经济学》（*Journal of Accounting and Economics*，简称 JAE）上所刊登的论文，基本上都属于这一类型。1986 年，对建立实证会计理论具有历史性贡献的瓦兹和齐默尔曼合著的《实证会计理论》（*Positive Accounting Theory*）一书正式出版，由于该书对几十年间学者们利用实证研究方法所取得的理论成果进行了比较集中的总结，在继规范会计理论之后形成了以分析和诠释资本市场相关会计问题为主题的一种新理论范式，从而构成实证会计理论体系形成的标志性成果之一。书中主要分析了实证会计研究蓬勃兴起，并能够在西方会计研究领域占据越来越重要地位的原因。该书共设 15 章对其具体方法进行了阐述与深入讨论，主要涉及会计理论的作用、有效市场假说与资本资产计价模型、会计盈利与股票价格、竞争性假说的辩识、会计数据、破产与风险、盈利预测、信息揭示管制理论的演变、订约程序、报酬计划、债务契约与会计程序、会计与政治活动、会计选择的经验检验、股票价格的经验检验、契约理论在审计中的作用、会计研究的作用、实证会计理论：总结、评价与前景等问题。作者自己将该书的学术贡献归纳如下：回顾了会计学中大量的、与日俱增的以经济学为基础的经验性理论和方法；提出了对变量之间相互关系需要理论进行解释和检验的必要性；指出了按现行观点来解释研究结果的经验性研究的不足；力图阐明各种重要文献所采用的方法论；注重将单期间的资本资产计价模型（CAPM）作为一种计价模型贯穿于全书；提出理论研究的发展源自于需求的推动（理论研究的供求关系为信息需求、教学需求和政策服务需求）；实务工作对实证研究的需求会始终存在；信息技术的发展使实证会计研究成本呈现出逐步下降的趋势（Watts & Zimmerman, 1986）。

6. 当代实证会计研究的总结性成果

（1）实证会计研究方法与理论 10 年的回顾与总结。1990 年 1 月，在美国会计学会（AAA）主办的《会计评论》（The Accounting Review）上，发表了罗斯·L. 瓦茨（Ross L. Watts）和杰罗尔德·L. 齐默尔曼（Jerold L. Zimmerman）的论文——“实证会计的 10 年回顾”（*Positive Accounting Theory: A Ten Year Perspective*）。该文主要是针对《关于决定会计准则的实证理论》和《会计理论的供给与需求：市场解释》两篇著名论文于 20 世纪 70 年代末期在《会计评论》上发表 10 年后，对其间接踵而来的文献中观点的发展及现状进行了全面评述，就来自不同领域对实证会计研究的批评做了客观分析，对实证会计的未来进行了展望。文中最后提出，尽管会计文献已经为相当广泛的会计规则做了经验解释，但在债务、红利和政治成本假设方面的探索研究非常有限，特别是将契约效率动机和分配效应都包括在内的研究较少。文中预言道，实证会计未来最主要的突破可能会源于将会计视为一种选择，并证明它是随着组织、契约和财务结构的选择而产生的。尽管这样的突破将很难获得，但如果能够加强理论和经验试验的联系，通过调查行业之间和行业内部会计方法的变量和其他组织的选择，即能够为此突破奠定坚实的基础①。如今看来，两位学者判断是具有相当重要的预见性的。

（2）实证会计研究方法与理论四十年的回顾与总结。会计界自20世纪50年代末期开始涉及实证会计研究方法进行会计理论研究，并经过四十多年的发展后，不仅其研究领域日益广阔，研究内容日益细化，研究方法日益科学，而且已经取得了大量的研究成果，并积累了大量的文献。2001年，被西方会计学界誉为三大顶级期刊之一的《会计和经济学杂志》（*Journal of Accounting & Economics*）曾经于当年9月和12月出过两期专刊，共刊发了9篇对40年间实证研究成果进行回顾与评论的文献②，以及威廉·H. 比弗和杰罗尔德·L. 齐默尔曼等权威专家的9篇评论，其内容涉及："价值相关性文献对财务会计准则制定的相关性研究"（*The relevance of the value-relevance literature for financial accounting standard setting*）；"会计领域的资本市场研究"（*Capital markets research in accounting Pages*）；"会计选择研究"（*Empirical research on accounting choice*）；"会计领域中的经验税务研究"（*Empirical tax research in accounting*）；"信息不对称、公司信息披露和资本市场：有关信息披露的实证研究文献回顾"（*Information asymmetry, corporate disclosure, and the capital markets: A review of the empirical disclosure literature*）；"契约理论和会计"（*Contracting theory and accounting*）；"披露笔记"（*Essays on disclosure*）；"财务会计信息与公司治理"（*Financial accounting information and corporate governance*）；"评价管理会计经验研究一个基于价值的管

① Ross L. Watts; Jerold L. Zimmerman. Positive Accounting Theory: A Ten Year Perspective The Accounting Review, Vol. 65, No. 1. (Jan., 1990), pp. 131－156.

② 据对全部9篇综述性文献所涉及的文献的年限分析，其中最早的引用文献为1958年，故推论至为40年。

理视角”（*Assessing empirical research in managerial accounting*：*a value-based management perspective*）等。对上述9个主要研究领域里的成果进行了全面回顾与述评①。

（3）实证会计研究方法的讨论与推广。实际上，早在20世纪80年代的美国，就开始有了规范（normative）研究与实证（positive）研究、经验（rmpirical，experience）研究与理论（theoretical）研究以及实证研究与经验研究这几对概念的不同表达表达问题，如何区别它们的内涵与范围呢？阎达五教授认为，实证研究是和规范研究相对应的概念，就研究方法而言，这两者并不是相互对

① 《会计和经济学杂志》（*Journal of Accounting & Economics*）2001年9月号的5篇篇目为：宾夕法尼亚大学沃顿商学院的罗伯特·W. 霍尔索特（Robert W. Holthausen）和罗切斯特大学威廉·西蒙商务管理研究生院罗斯·L. 瓦茨（Ross L. Watts）的“价值相关性文献对财务会计准则制定的相关性研究”（*The relevance of the value-relevance literature for financial accounting standard settig*）；麻省理工学院斯隆管理学院的S. P. 考萨利（S. P. Kothari）的“会计领域的资本市场研究”（*Capital markets research in accounting Pages*）；哈佛大学商学院的T. D. 费迪斯（Thomas D. Fields）、西北大学凯洛格（Kellogg）管理学院的T. Z. 赖斯（Thomas Z. Lys）和L. 文森特（Linda Vincent）的“会计选择研究”（*Empirical research on accounting choice*）；北卡罗来纳大学凯南－弗拉格勒（Kenan-Flagler）商学院的道格拉斯·A. 斯科佛德（Douglas A. Shackelford）和华盛顿大学商学院的T. 舍费林（Terry Shevlin）的“会计领域中的经验税务研究”（*Empirical tax research in accounting*）；哈佛大学商学院的保罗·M. 希利（Paul M. Healy）和克雷沙·G. 帕利普（Krishna G. Palepu）的“信息不对称，公司信息披露和资本市场；有关信息披露的实证研究文献回顾”（*Information asymmetry*，*corporate disclosure*，*and the capital markets*：*A review of the empirical disclosure literature*）。《会计和经济学杂志》（*Journal of Accounting & Economics*）2001年12月号的4篇篇目为：宾夕法尼亚大学沃顿商学院的R. A. 兰伯特（Richard A. Lambert）的“契约理论与会计”（*Contracting theory and accounting*）；宾夕法尼亚大学沃顿商学院的罗伯特·E. 菲尔切纳（Robert E. Verrecchia）的“披露笔记”（Essays on disclosure）；北卡罗来纳大学凯南－弗拉格勒（Kenan-Flagler）商学院的罗伯特·M. 波思曼（Robert M. Bushman）和芝加哥大学商学院的A. J. 史密斯（Abbie J. Smith）的“财务会计信息与公司治理”（*Financial accounting information and corporate governance*）；宾夕法尼亚大学沃顿商学院的克里斯托弗·D. 伊特纳（Christopher D. Ittner）和戴维·F. 拉克尔（David F. Larcker）的“评价管理会计经验研究：一个基于价值的管理视角”（*Assessing empirical research in managerial accounting*：*a value-based management perspective*）。参见：Journal of Accounting & Economics，Volume 31，Issues 1～3pp. 1～461（September 2001）；Volume 32，Issues 1～3 pp. 1～433（December 2001）。可参见：葛家澍、刘峰：《会计理论——关于财务会计概念结构的研究》，北京：中国财政经济出版社，2003年，第31页。中文译本见：S. P. 科塔里等主编：《当代会计研究——综述与评论》，支晓强等译．北京：中国人民大学出版社，2009年。

立的，而是相互依存、相互补充的。因为在实证研究方法中不可避免地掺杂了研究者的主观价值判断，而规范研究也可以从实证研究中吸取有益的成果。而经验研究与理论研究这对概念中理论研究所强调的是提出各种假设进行逻辑推理，经验研究重点强调的是对理论和假设的验证，以及从历史数据的分析中得出某些规律①。

（四）会计科学理论体系的全面拓展与创新阶段（20世纪80年代~现在）

1. 现代会计理论的综合性成果

20世纪80年代以后，随着科学技术的发展，以及知识经济环境逐渐形成，高新科学技术开始对会计工作产生一定的影响，伴随着新科学、高技术以及新兴产业群体的发展，加上电子计算机在会计管理活动中的普遍应用，促使会计理论的研究领域不断地被拓宽，现代会计理论的研究空间相继扩大、会计理论也不断创新，从而出现了一大批具有代表性的综合成果。

（1）会计理论领域里的主要成果。主要有威廉·H. 比弗（William H. Beaver）的《财务呈报：会计革命》（*Financial Reporting: An Accounting Revolution*, 1981）、阿迈德·里亚希—贝克奥伊（Ahmed Riahi-Belkaoui）《会计理论》（*Accounting Theory*, 1981）、肯尼士·S. 莫斯特（Kneneth Most）《会计理论》（*Accounting Theory*, 1982）、夏恩·桑德（Shyam Sunder）的《会计与控制理论》（*Theory of Accounting and Control*, 1997）、斯蒂芬·A·泽夫（Stephen A. Zeff）主编的《现代财务会计理论——问题与争论》（*Reading & Notes on Financial Accounting*, 1998）、威廉姆·R·司可脱（William R. Scott）《财务会计理论》（*Financial Accounting Theory*, 1999）、约翰·A. 克里斯滕森（John A. Christensen）和乔治·S. 德姆斯基（Jcel S. Demski）的

① ［澳］菲利普·布朗：《资本市场会计研究导论（2000）》，杨松令译，北京：中国人民大学出版社，2004年，序，第2页。

《会计理论》(*Accounting Theory: An Information Content Perspective*, 2003),以及汉弗莱·H. 纳什著《未来会计——一种规范的增值会计方法》(*Accounting for the Future——A Disciplined Approach to Value-added Accounting*, 2000)等。

(2)财务报告领域里的主要成果。主要有美国注册会计师协会特别委员会发布的《论改进企业报告——着眼于用户》(*Improving Business Reporting-A Customer Focus*, 1995)、美国注册会计师协会(American Institute of Certified Public Accountants,简称为 AICPA)高新技术特别工作组(High Tech Task Force)的《可扩展商业报告语言的研究报告》(*e-Xtensible Financial Reporting Markup Language*, 简称为 XFRMLXBRL,1999)和美国注册财务会计准则委员会“企业报告研究计划”的系列报告《网络时代的企业报告》(2002 ~ 2005)等。

(3)国际会计领域里的主要成果。主要有克利斯托弗·诺比斯(Christopher Nobes)与罗伯特·帕克(Robert Parker)《比较国际会计》(*Comparative International Accounting*, 1981)、弗雷德里安·D. S. 乔伊(F. D. S. Choi)、卡罗尔·安·福罗斯特(C. A. Frost)和加利·K. 米克(J. K. Meek)的《国际会计学》(*International Accounting*, 1997),以及戴维. 亚历山大和西蒙·阿彻(David Alexander & Simon Archer)《欧洲会计指南》(*Miller European Accounting Guide*, 1999)等。

2. 现代会计理论的交叉融合与创新

随着 20 世纪 80 年代以后科学技术的发展,知识经济环境逐渐形成,高新科学技术开始对会计工作产生一定的影响,伴随着新科学、高技术以及新兴产业群体的发展,加上电子计算机在会计管理活动中的普遍应用,促使会计理论的研究领域不断地被拓宽,导致古老而富有活力的会计科学体系构成内容开始出现新的生机,会计科学出现了研究空间相继扩大、会计理论不断创新、会计方法不断改革和会计学科逐渐拓展的新的发展趋势。

与上述发展趋势相适应，会计科学理论体系的全面拓展与创新主要体现为：传统的财务会计、成本会计、财务管理、财务分析和审计等学科的内容得到了不断地创新；管理会计学、物价变动会计学、人力资源会计学、社会经济责任会计学以及国际会计学等分支学科的理论体系得到逐步地充实和完善；产权经济会计、合伙会计、公司会计、分店会计、合并会计、企业集团会计、跨国公司会计、上市公司会计、证券市场会计、金融工具会计、期货会计、外币业务会计、兼并与破产会计、遗产会计、司法会计、公证会计、咨询会计、税务会计、物流会计、现金流动会计、质量会计、租赁会计、无形资产会计、技术市场会计、社会保险会计、基金会计、经济效益会计、环境会计、资源会计和计算机会计等新学科分支的基本理论框架也正在逐步形成；会计信息系统学、会计管理活动学、会计控制学、古典会计学、规范会计学、经验会计学、实证会计学、行为会计学等观点各异的理论流派不断涌现；由于各学科的发展所呈现出的学科交叉与融合的趋势，导致会计史学、会计哲学、会计逻辑学、会计法学、会计数学、会计心理学、会计伦理学、会计行为管理学、会计人才学、会计实验学、会计方法学、会计结构学、会计组织学、会计制度学、会计教育学、会计文化学、会计公共关系学和比较会计学等新的思潮也逐渐地形成了一批新的研究视点；会计科学理论的发展开始融入整个人类科学文化发展的历史进程之中并逐渐形成了自己独特的发展模式，迎来了一个新的时代。

四、会计科学理论的未来展望：四大趋势

从前文的分析可见，具有完善逻辑体系的会计科学理论，通常都是产生于会计实践之后，但由于会计实践会随着社会经济发展的需要而不断地发展并随着社会经济环境的变化而不断变化，因此，

会计科学理论要起到推动和指导会计实践的客观作用，就必须不断地发展与创新，从而逐渐地形成一个完整的会计科学理论体系。

可以预见，随着社会经济的飞速发展，未来的会计科学理论有可能会呈现出以下几个方面趋势：第一，是在基本研究内容的界定上，将会围绕着经济全球化环境下会计国际协调与趋同问题进行以会计规则体系建设为载体的系统理论研究与应用研究（许家林，2006）；第二，是在理论研究的热点选择上，面临21世纪的高新科技环境，由于以网络化为主要特征的“新经济”的迅猛发展，使得资金融通、投资决策以及经济交易等大多体现为网上虚拟主体间进行，因而电子商务系统、作业流程技术、人工智能模块、专家系统和远程通信技术等网络会计、网络财务、网络内部控制与网络审计类问题会成为不可回避的客观现实，故以XBRL和ERP等作为基本平台的网络时代财务报告问题会成为研究的热点之一（宋小明，2004），从而使会计科学理论内容充满时代的气息；第三，是在研究方法的综合运用上，在倡导运用实证研究方法研究会计问题的同时，将会进一步认识规范会计研究方法的特有功能并会得到更加有效的运用，因为从整个人类科学研究的一般思维模式上分析，这两者之间实际上是不可分割且没有本质上的矛盾；第四，是在研究范围的全面拓展上，会计科学在保持自身研究内容特色的同时，将会更加充分地注重对其他学科新观念与新理念的引入、渗透、嫁接与改造，特别是注重与经济学、管理学和法学等相近学科的融合与体系创新，以形成新的边缘性学科来丰富会计内容。

总而言之，要使会计科学能够在21世纪进一步地发展和完善，要使其能够在学科如林的管理科学体系中占据应有的一席之地，就需要会计理论界与实务界共同不懈的努力，发展与完善会计科学理论还任重而道远。

主要参考文献

［美］FASB“企业报告研究计划”委员会发布，网络时代的财务报告．

宋小明、王世勤编译．北京：中国财政经济出版社，2004

［美］R. G. 布朗等著．巴其阿勒会计论．林志军等译．上海：立信会计图书用品社，1988

［美］W. A. 佩顿，A. C. 利特尔顿．公司会计准则导论．厦门大学会计系翻译组译．北京：中国财政经济出版社，2004

［美］财务会计准则委员会编．论财务会计的概念．娄尔行译．北京：中国财政经济出版社，1992

［美］罗斯．L. 瓦茨，杰罗尔德．L. 齐默尔曼．实证会计理论．陈少华，黄世忠等译．大连：东北财经大学出版社，2000

［美］美国会计学会．基本会计理论．文硕等译．北京：中国商业出版社，1991

［美］斯蒂芬·A. 泽夫．"经济后果说"的兴起．见：斯蒂芬·A. 泽夫，贝拉·G. 德兰主编．现代财务会计理论——问题与争论．夏冬林等译．北京：经济科学出版社，2000. 6 ~ 16

陈今池．现代会计理论．上海：立信会计出版社，1998. 25 ~ 33

葛家澍，刘峰．会计大典——会计理论．北京：中国财政经济出版社，1998. 23 ~ 31、38、44 ~ 45

郭道扬．会计大典——会计史．北京：中国财政经济出版社，1999. 573、742 ~ 748

郭道扬．会计发展史纲．北京：中央广播电视大学出版社，1984. 409

华勒斯坦等．开放社会科学．上海：生活．读书．新知三联书店，1997. 1 ~ 34

卢永华．广义会计理论．北京：中国金融出版社，2000. 197 ~ 198

王云五主编．社会科学大辞典—社会科学的性质及其发展趋势（魏镛）．台湾：商务印书馆，1972. 38

文硕．西方会计史（上）．北京：中国商业出版社，1987. 170，229 ~ 232

徐志明主编．社会科学研究方法．北京：当代中国出版社，1995. 1 ~ 215、276 ~ 289

许家林．现代会计科学理论研究．上海：立信会计出版社，2003. 1 ~ 6

许家林．中国会计准则体系建设：发展·比较·协调．上海：立信会计出版社，2006. 171 ~ 187

阎德玉．会计理论比较与评析．武汉：湖北科学技术出版社，2002. 285 ~ 286

易庭源著．资金运动会计理论—新战略会计学．北京：中国财政经济出版社，2001. 205 ~ 218

于玉林主编．现代会计百科辞典．北京：中国大百科全书出版社，1995. 1 ~ 5

张文贤．会计理论创新．北京：中国财政经济出版社，2002. 19 ~ 25

A. C. Littleton. 1953. *Structure of Accounting Theory*. American Accounting Association

A. C. Littleton. 1933. *Accounting evolution to* 1900. American Institute Publishing Co. Inc

American Accounting Association. 1966. *A Statement of Basic Accounting Theory*

Carl Thomas Devine. 1985. *Strphen Gilman' Accounting Concepts of Profit*. The Accounting Review, 10: 759 ~ 761

Charles Ezra Sprague. 1970. *The Philosophy of Accounts* (1907). Scholars Book Co

Henry Rand Hatfield. 1970. *Modern Accounting* (1909). Scholars Book Co

Henry W. Sweeney. 1936. *Stabilized Accounting*. Harper & Brother Co

John B. Canning. 1929. *The Economic of Accountancy*. New York. The Ronald Press Company

Kenneth MacNeal. 1970. *Truth in Accounting* (1939). Scholars Book Co

Michael C. Jensen. 1976. *Reflections On The State Of Accounting Research And The Regulation Of Accountin*

Ray Ball, Philip Brown. 1968. *An Empirical Evaluation of Accounting Income Numbers*. Journal of Accounting Research, Autume: 159 ~ 178

Ross L. Watts, Jerold L. Zimmerman. 1986. *Positive Accounting Theory*. Career & Technology Prentice-Hall, Inc

Ross L. Watts, Jerold L. Zimmerman. 1979. *The Demand for and Supple of Accounting Theories: Market for Excuses*. The Accounting Review, 2: 273 ~ 305

Ross L. Watts, Jerold L. Zimmerman. 1978. *Towards a Positive Theory of the Determination of Accounting Standards*. The Accounting Review, 1: 112 ~ 134

Stephen A. Zeff. 1982. *Truth in Accounting: The Ordeal of Kenneth MacNeal*. The Accounting Review, 3, 528 ~ 533

Stephen A. Zeff. 1978. *The Rise "Economic Consequences": The impact of accounting reports on decision making may be the most challenging accounting issue of the* 1970*s*. The Journal of Accountancy，12：56～63

William A. Paton & A. C. Littleton. 1940. *An Introduction to Corporate Accounting Standards*. American Accounting Association

William A. Paton. 1922. *Accounting Theory-With Special Reference to the Corporate Enterprise*. New York. The Ronald Press Company

William H. Beave. 1968. *The Information Content of Annual Earnings Announcements*. Journal of Accounting Research，Supplement：67～93

（本文形成于2005～2007年间，全文刊于《会计师》2007年第2期）

世纪之交会计理论研究的视点选择

——基于中国加入WTO后会计理论发展的思考

世纪之交的经济环境变化，给中国的会计理论与实务带来了很多新的需要研究也值得研究的问题。特别是2001年11月10日，中国终于成为全球最大的经济组织——世界贸易组织（World Trade Organization，简称WTO）的正式成员。WTO作为当今世界经济发展的三大支柱之一，素有“经济联合国”之称，它在消除贸易障碍、贸易失衡和贸易摩擦方面起着举足轻重的作用，目前它正从国际贸易规则发展成为一套国际竞争规则。中国作为当今世界上的第七大贸易国家，面对竞争日益激烈的国际国内市场，在“入世”后应当如何利用其基本规则和相关条款来积极扩大出口，发展自身的产业优势，从而在某些具有传统优势的劳动密集型领域里争取占领国际市场上的更大有效份额，并充分运用WTO框架下的有关贸易规则来保护自身利益不受损害，这些均成为我国不同行业所面临的现实问题。与此相适应，当我国在WTO的正式身份确立以后，我国会计行业所面临的环境和工作任务也必然会发生一定程度的变化，必然会对现行会计理论提出新的要求，从而形成现时会计理论研究的新视点。本文拟围绕这一主题从以下六个方面进行初步讨论。

一、会计规范体系的完善与会计信息效度的提高

完善的会计规范体系及其运行保障机制是确保会计信息质量的

关键所在。在WTO的现行基本框架中，提高对外贸易政策的透明度是一项重要内容。在信息经济时代，经济贸易的发展、企业商机的发现、消费者权益的保护、政府公共服务质量的提高都离不开及时获取准确信息，信息公开也就成为WTO规则的基本要求和各国政府规则改革的主导方向。"入世"对我国政府经济规则的重大挑战就是如何促进信息公开，确保企业和消费者的信息自由主导权。在我国经济信息体系中，会计信息具有其他任何信息均不可替代的特殊地位。但应当如何控制和提高我国会计信息的效度，是近年来会计理论界与实务界所面临的一个极为重要的现实问题。国务院总理朱镕基在视察国家会计学院时就倡导会计人员应当"诚信为本、操守为重、遵循准则、不做假账"。随着国际经济活动的扩大，我国会计信息的确认、计量与披露必须符合国际会计通行的惯例，这就对我国现行会计规范体系的完善与运行保障机制提出了新的要求。我国从20世纪90年代初期开始推行会计制度全面改革以来，以通用性强的会计准则来代替运行了几十年的分行业、分所有制的会计制度，这一工作已经收到了令国际会计界同行所公认的成效，但从具体执行近10年来的情况上看，还存在着如下问题：一是会计的日益国际化趋势与我国会计准则推行基础上的薄弱形成了较大的反差；二是由于部分会计人员受到传统的实用观念影响，使会计准则的权威在观念上要低于会计制度，甚至于某些行业的会计人员，在对会计准则的理解和掌握运用上与要求有相当的差距；三是会计准则的客观地位上法律依据不足，会计准则的有关条款还未能够与《会计法》相衔接；四是会计准则的具体内容上，就目前已经发布的近20个具体会计准则分析，使抽象规定与具体实务如何融合的问题还没有得到很好的解决；五是会计准则的确定基础上，作为构成其制定基础的财务报表框架体系还没有得到很好的解决。所有这些问题的存在，就使会计准则在运行中出现无法控制的偏差，从而对会计信息质量的效度产生一定的负面影响。从2000年开始，国家有关部门就先后推出三项措施来弥补因为会计规范体系的结构失衡所带来的会计信息质量问题：一是国务院于2000年6月21日发布了《企业财务报告条例》；二是财政部于2000年12月29日颁布了新的《企业会计制度》；三是财政部于2001年8月4日颁布了《内部会计控制规范》。但应当看到的是，发布且执行了近10年的《企业会计准则》已经需要进行新的修订，规划中正在陆续制定与发布的大部分具体会计准则还未出台，还需要一个时间过程，其具体项目也需要随着国际会计领域里的新动向而不断地进行项目的调整与创新，《内部会计控制规范》的具体规范需要进行项目设置与内容上的研究。因此，在中国加入WTO后，会计应用理论研究的一个重点，就是会计规范体系的完善与会计信息效度管理和控制理论的研究与实践，加快会计国际化协调的步伐，以使财务会计系统所提供的信息能够适应“入世”后全球贸易基本规则的需要。

二、会计管理职能的强化与会计监督责任的履行

“入世”是我国参与经济全球化的重要体现和重大契机，但经济全球化是一把锋利的“双刃剑”，它既蕴含着巨大的国际分工利益，又潜藏着不可预测的风险。作为市场经济主体的企业，能否沉着应对“入世”带来的挑战，抓住“入世”带来的机遇，关键取决于我们能否利用比较优势使自己在新的经济环境中得到稳步的发展和壮大，以增强在市场上的竞争实力。“入世”之后对我国企业最直接的影响就是作为国与国之间贸易壁垒的一项重要措施——现行的关税制度与关税体系要进行全面的改革，其基本的趋向就是降低关税，有的项目在几年后还要实行零关税。关税水平的下降，必然会带来进口产品价格下降的效应。此前，中国政府根据自身条件和WTO规则的要求，已经多次主动降低关税总水平，平均税率已从46%降至15%左右；20世纪90年代初存在的1200余种非关税措施也已经逐步取消。据中央电视台的经济新闻报道，我国今年初已经有5000多种进口商品的关税生产率大幅度下降，其平均关税水平已

经从去年的15.3%下降到12%。由此可见，中国的企业已经开始从享受大量非关税措施政策的保护下释放出来，基本上与国外的企业站在同一个起跑线上，要使企业在激烈的市场竞争中站稳脚跟，必须强化企业内部会计管理的职能并保证其监督职能的全面履行。

（一）强化责任会计为主体的管理会计理论与方法的运用

随着农业、电子、机械、汽车等我国占劣势行业的全面对外开放，我国企业内部的会计工作必须实现重大的转变，在继续做好对经济活动事后的记账、算账、报账的同时，必须加大对经济活动事前的预测与决策以及事中控制的力度，以充分利用会计信息来加强企业内部管理。在这样的经济环境下，企业就必须加强成本核算并强化以责任会计为主体的内部管理会计核算体系。因此，“入世”以后，在我国会计科学的发展上，管理会计理论上的创新以及实践方法体系的推行，将会是会计界面临的一个重要任务。

（二）注重战略成本会计理论与方法的运用

WTO的行为规则，就是确保贸易各方通过公平竞争获取自己的利益。加入WTO后，参与市场竞争的主体是企业，政府的基本职能是提供服务，要鼓励企业自己去利用规则开展竞争，企业自己要去了解贸易环境，确认其产品是否受到歧视，自身的利益是否被侵害，是否遭受WTO成员国的不公正待遇并诉诸政府，由政府据此进行交涉协调。但当今中国绝大多数企业并不具备这一素质，也没有相应的人力储备和知识储备。因此，我国企业应尽快提高战略成本会计在会计体系中的地位，不断地完善企业内部的战略成本管理体系，通过有关信息通道，及时将自身的成本同国际上同类企业的成本水平进行比较，以便采取有效措施，降低成本，增强竞争力。只有这样，才能使我们能够有效地控制成本，才能使我们的产品有实力在市场上与国外的同类产品相抗衡，才能使我们的传统优势产品不会在市场上丧失应有的市场份额。

（三）全面推行内部会计控制制度

“入世”对加强企业内部的会计控制工作也提出了硬性要求。当前，企业内部会计控制制度不健全，特别是有章不循、违章不纠、内控机制松弛和会计信息失真的现象相当严重。因此，企业应当如何贯彻落实《企业内部会计控制规范》，也是中国加入WTO后强化企业内部会计监督职能的一个重要理论问题。

（四）税务会计理论与方法的研究与领域开拓

作为企业会计核算的一个重要内容，税务会计问题正在受到越来越多的关注。在中国加入WTO后，随着削减关税，逐步取消进口配额、进口许可证及出口补贴等非关税措施的实施，企业会计在关税核算领域里的灵活空间将会越来越小，但随着对外交往的扩大与对外贸易额的增长，对直接贸易国关税政策的研究，对不同国家税收水平的比较以及选择恰当的税赋方式以合理避免过重的税收负担，应当成为会计理论与实务的一个重要内容。此外，从会计确认、计量的方面看，关税政策上与国际协调的力度，将直接影响着涉外企业的生产成本、税金、会计利润等会计要素的增减变化。进口关税的降低，也会促使进口企业资产的计价标准下降，建立在此基础上的资产清查、资产评估标准也会随之降低，国内产品的生产和销售计价标准也会降低，对那些以易货贸易和来料加工贸易为主的涉外企业来讲，关税下降将导致其销售收入和会计利润都明显下降。企业能否抵挡这场不可避免的冲击是税务会计的一个重要内容。

三、会计服务市场的开拓与同业竞争实力的提升

在20世纪90年代开始，服务业在世界经济发达国家中所占的重要性越来越大。在全球的许多发达国家，服务业就业人数占总就

业人数的65%以上，服务业占国内生产总值的70%以上，因此，服务领域里的开放问题也就成为WTO框架的一个重要内容。乌拉圭回合达成的服务贸易总协定（GATS），要求成员各方对服务贸易执行与货物贸易同样的无歧视和无条件的最惠国待遇、国民待遇、透明度和逐步地降低贸易壁垒，全方位地开放服务领域①。近10年来，我国已经先后采取了一系列相关措施为加入WTO创造条件，如逐年降低外资准入标准、加大服务贸易领域开放力度、有步骤地扩展相关服务领域开放的范围和数量等，其中会计行业就是承诺开放的主要行业之一②。中国加入WTO对会计行业的影响非常大，根据有关资料披露，世界贸易组织要求中国正式书面回答的1000多个问题中，就有38个问题是关于会计方面的。在中国加入WTO后，随着我国会计市场的全面开放，在给会计行业带来挑战的同时，所带来的发展机遇也是同时存在的。因此，如下四个问题需要专门研究：

（一）如何根据会计服务市场所产生的业务需求调整会计服务业的发展方向

加入WTO后，由于我国企业将失去关税保护和出口补贴等非数量限制措施，必须在国家法律、制度允许的范围内，按照市场经济规律去运作，完全自主经营、自负盈亏、自我约束、自我发展，并面对开放的国际市场，按照国际惯例平等参与市场竞争，这就要

---

① 世界贸易组织统计和信息局于1995年7月17日公布的服务贸易统计，把服务行业共分为11个部门近150个行业，都将属于开放范围，与会计行业相关服务门类被归并为会计、审计和簿记服务、税收服务、市场调研和管理咨询服务等，此外，在银行及其他金融服务的门类下，也有许多注册会计师行业可以开拓的领域，如资产管理等。（张建民，1998，32～59）。

② 在中国加入WTO的谈判过程中，曾于1993年4月和9月先后两次修改了开价单，增加了服务业对外开放的程度，也反映了其他缔约方提出的要求；1993年11月中国提交了中国的服务贸易减让表草案。1994年9月13日，中国提出了正式的服务贸易市场准入的减让表。在中国共对14个国内服务行业的市场开放和国民待遇的条件与资格做出初步的承诺中，会计、审计与账簿保管、税收服务、一般管理与财务管理咨询服务等就是直接与会计服务行业相关的领域（张建民，1998，158～159）。

求注册会计师能够为企业提供全方位的优质服务。因为企业将不但要求注册会计师和事务所提供审计和一般信息披露服务，还会要求提供有关资产重组、上市运作、投融资决策、风险规避、市场预测等一系列更高层次的管理咨询服务。也就是说，“入世”后的中国企业，对注册会计师的服务范围、服务形式、服务层次、服务质量等有更大的需求和更高要求。同时，越来越多的企业将面对开放的国际市场竞争压力，将有越来越多的国有企业改制成为股份制企业，他们也渴望得到注册会计师和会计师事务所提供的高质量服务。所以，对注册会计师服务不仅在数量上，而且在质量和内容上都将有巨大的需求。譬如，目前我国在反倾销的投诉与应诉调查工作中的成功率较低，[①] 尽管其形成原因是多方面的，但是应当看到，构成倾销概念的重要指标是低价倾销，中国企业受到反倾销调查，没有有经验的反倾销律师和注册会计师的指导，就难能达到理想的结果。由此可见，“入世”后为我国会计行业的服务领域拓展了新的空间。

（二）如何适应多元化经营方式的发展趋势

会计服务行业的多元化经营，是会计市场开放和发展的客观需要。会计、审计、法律、税收、财务管理、资产评估等方面的法规和实务在很大程度上是相通的，注册会计师、律师、税务师、财务分析师、评估师在专业知识方面也是互补的。由于会计服务业市场的竞争

① 据报载，截止到2000年6月，共有27家中国企业在9项反倾销调查中向欧盟提出市场经济待遇申请，但只有3家中国企业的申请得到欧盟委员会的批准。欧盟委员会否决中国企业市场经济待遇申请的主要原因有以下几项：（1）中国企业产品的国内销售受到限制。欧盟认为，限制中国产品，特别是高科技的合资企业产品的国内销售是中国政府保护国内低效率产业的主要手段之一。（2）企业决策受到明显的国家干涉。（3）企业缺乏经过正确审计的财务账目。欧盟认为大多数中国企业提交的是不完整的账目，其中相当部分根本未经过审计或没有按照国际会计标准进行审计，尤其是在资产折旧方面。（4）产品成本由于以前的政府行为而存在明显的不真实因素，如国有企业中普遍存在的不正确的资产评估和随意地重新评估等。（5）仍有一部分企业在进行易货贸易。欧盟的反倾销调查主要是书面进行的，欧盟也不会对中国企业进行任何培训指导。

更加激烈，由一个机构从事多项业务服务，既可以共享各种专业人士的知识，也可以降低成本、提高效率。因此，会计师事务所业务应由原来的单一化向多元化发展，即应由原来的会计、审计鉴证业务扩展成为相关的财务管理及投资咨询、资产评估、税务代理、公司理财、财务软件的开发及设计甚至在 Internet 日渐普及的“e”时代里可将业务扩展为网络财务及其相关的电子商务服务，从而使事务所在激烈的竞争中不断地发展与壮大。从目前国际“五大”会计师事务所提供的服务来看，除传统审计和会计业务外，还包括提供各类咨询，如财务管理、质量管理、物流管理、人力资源管理、证券定价、资产评估、工程核算、企业重整、计算机网络甚至法律事务等不同领域。可以预料，伴随着以高新科学技术为主要竞争载体的 21 世纪的到来，企业必将会对注册会计师的管理咨询服务工作提出许多新的更高的要求。有关专家预测，在 21 世纪，至少还有以下三个服务领域有待于注册会计师去开拓：一是会计法律咨询和诉讼服务；二是环境保护领域；三是为逐渐“老龄化”的社会的老年人提供投资策略和财产计划方面的咨询服务和帮助。[①] 这一新的趋势，需要我们及早地研究相应的对策并去开拓新的市场。

（三）如何适度扩大会计师事务所的规模以加强其风险承担能力

当前，我国会计师事务所规模普遍较小，不利于中国加入 WTO 后参与的需要，因此，其规模应当适当扩大，但规模的扩大应当结合我国现阶段会计师事务所构成的实际状况，实行扩张与转型并举的“两条腿”走路方式。第一，要适当扩大执业机构的

---

① 据有关资料计算分析，1983 年，美国注册会计师行业管理咨询业务的收入只占全部业务总收入的 12.72%，但据近年来对英国 37 家会计师事务所和 28 家美国大型会计师事务所业务收入的调查结果的统计表明，其管理咨询收入已经分别占整个业务总收入的 36.1% 和 47.1%，并且有继续上升的趋势，在有的会计师事务所，管理咨询收入已经超过了传统的审计鉴证收入而占据其业务收入的首位（李爽、王晓咏，1996）。

规模。特别是对跨地区的合并，必须要在体制和机制创新上下工夫，使机构能够真正有效地运作起来，具有持续发展的生机和活力；同时又要避免盲目扩张，过度兼并，“拉郎配”式的拼凑，以免带来更大的执业风险。第二，要采取有效措施，促进行业竞争力的提升。

（四）如何开拓国外的会计市场

面对境外会计师事务所通过各种渠道对境内会计市场份额的侵占，中国的注册会计师应当考虑如何利用 WTO 服务贸易的基本规则，走出国门去世贸组织的其他成员国开拓会计市场。会计市场的开放，既为境外会计公司、评估公司敞开了进入我国会计服务市场的大门，也为国内事务所开展国际合作提供了机遇和广泛的发展空间。加入 WTO 之后，我国的一些集团会计师事务所可以在稳驻国内市场的同时通过在海外设成员所、办事处的方法，接受海外客户的委托，将业务范围扩展到海外。在努力打造中国自己的“品牌”事务所的同时，要充分利用国际知名会计公司的资源、技术和管理经验，使一批队伍素质好、执业质量高、公信力强的事务所，借船出海，走向国际市场。

（五）认真理解 WTO 关于会计服务市场开放中有关守则的规章文件并遵守国际通行的惯例

在 WTO 框架下，服务贸易总协定（GATS）是一项服务部门国际化的综合性文件，其中会计服务是总协定的重要内容之一。WTO 服务贸易理事会专业服务工作组（WPPS）分别于 1997 年 5 月 29 日和 1998 年 12 月 24 日就会计服务贸易颁布了《会计服务业相互承认协定》和《关于会计服务业国内规章的守则》。《会计服务业相互承认协定》的目的是督促各国政府就会计专业资格相互承认达成协议，以促进会计服务贸易的发展。由于各国在教育、考试、经验要求等方面存在差异，因此多边基础上的相互承认难以达到，而双边或区域性协定经过协商谈判较易达成。一旦实现双边或区域性协定，就可推动多边协定，最终达成更为广泛的多边协定。因此，服务业贸易总协定允许双边或区域性协定，并将其视为非歧视性原则的一个背离。为了对《会计服务业相互承认协定》中那些已对会计服务业做出承诺的所有成员方制定规章纪律性约束，WTO 服务贸易理事会随后又颁布了《关于会计服务业国内规章的守则》。该守则要求一方成员应确保其批准机构对在另一成员方境内已获得资格的认可建立在同等学力和（或）考试基础之上，考试和其他资格的要求范围应限于与认证有关的活动，成员方应重视双边协定在促进资格证书和（或）确认平等学历过程中的作用。《关于会计服务业国内规章方面的守则》要求：对于许可要求和程序强调有关规定应预先设立且可公开获得；对于资格要求和程序也应是预先设立且可公开获得；对于技术标准也要求成员方应当建立并被应用。也就是说，在 GATS 中，国内规章的透明度、规章的建立和完善是第一位的，国际化仅仅是倡议，并无强制性。由此可以看到，对于会计服务来说，建立一套规范的、有效的国内规章是 GATS 所提倡的。

四、知识产权保护观念的增强与无形资产核算范围的扩展

知识产权的国际保护，一直是 WTO 的重要内容之一，自从乌拉圭回合的谈判将 GATT 的约束领域从物资贸易开始转向服务贸易领域以后，以知识产权的法律保护为主要内容的工作就已经逐步地深入并日趋规范。中国加入 WTO 后，随着对外经济技术交流的增加，企业间的国际竞争更加激烈，企业的投入将更集中在人员培训、市场调研、产品设计、广告策划、内部管理系统的沟通等活动中，这样，企业人力资源和无形资产的价值估价和摊销问题便成为企业会计计量的重点内容之一：

（一）认真理解知识产权的保护范围并强化无形资产的理论研究

《与贸易有关的知识产权协定》（TRIPs 协定）作为 WTO 三大基本实体协定之一，具有独特的作用和鲜明的特色。TRIPs 协定是一部“条约附加”性的协定，即在吸收和确认已有知识产权国际公约保护标准的基础上，通过细化和提高保护标准，进一步规定了各类知识产权保护的实体规范。它是一部最低标准法，规定了成员必须遵循的各类知识产权最低保护标准。该协定既规定了各类知识产权保护的实体标准，又对成员保护知识产权的行政程序、民事程序和司法审查提出了明确要求和规范标准，同时它又将涉及知识产权国际争端引入到 WTO 的争端解决机制之中，为知识产权国际保护提供了有力的保障。按照中国加入 WTO 议定书的承诺，我国将从加入之日起即全面实施 TRIPs 协定。而且我国已按照 TRIPs 协定的要求和我国的承诺，修订或制定了《专利法》、《商标法》、《著作权法》、《集成电路布图设计保护条例》等知识产权保护法律法规①，从而结合我国国情对知识产权保护的范围做了新的约定，使无形资产核算范围有了新的突破。据有关资料介绍，经济学中涉及的无形资产多达 29 项，而目前我国列入企业会计核算的则只有六七项，多数无形资产没有得到确认，导致企业资产价值的计量不充分，这种现象在我国加入 WTO 后与国外企业进行联营、兼并和商务交往时将极为不利。因此，加强无形资产的理论研究，强化无形资产的全面确认、计量、记录和披露工作，不仅是我国加入 WTO 后企业会计必须开拓的一个新领域，与此同时，在企业会计报表上提高无形资产这一会计要素的地位并增加需要披露的相关信息比重也将是一种必然的发展趋势。

---

① 孔祥俊著：WTO 知识产权协定及其国内适用，第 1 版．北京：法律出版社，2002，前言。

（二）注重企业内部人力资源的核算与管理工作

在中国，过去的产品竞争很少考虑人力资本的投入与运用问题，这是因为中国的劳动力价格相对便宜，生产劳动密集型产品有一定优势，而实际所享有的真正优势则是对高质量人才支付低成本的价格，但上述优势在现行的体制下将会很快消失。中国加入WTO以后，竞争将不仅仅表现在产品市场，更多地将表现在人力资源的竞争上。据统计，国际上前500家跨国公司中已有400多家进入中国，并开始与中国企业争夺高素质的劳动力。中国改革开放20年中，许多优秀的人才都流向了外企和国外，有的国有企业成了外企的人才培养基地。譬如在电信行业开放以后，许多优秀的人才都纷纷流向了爱立信、摩托罗拉、诺基亚等大型跨国企业，下一步随着金融业开放，跨国银行、保险公司进入国门后，同样的情形可能再次出现，如果说过去20年内流走的主要是技术人才，那么将来流走的主要就是经营人才，这一点在以人力资源的运用效果为主要特征的服务业就显得更加突出。因此，人力资源的核算与管理工作将会显得更重要。

五、资源环境保护意识的强化与社会责任会计信息的适量运用

由于WTO成员的主体主要是国家或地区，其综合实力始终是竞争中最有利的因素，而企业的发展对国家整体经济及社会环境也会产生一定影响，因此，中国加入WTO后，资源环境保护会计和社会责任会计的发展也势在必行：

（一）资源环境保护角度的分析

以“可持续发展”观念为其理论基础的资源环境会计既是当今会计科学发展的一个新视点，也是中国加入WTO后会计理论界必须面对的一个现实问题。目前，相当多的资源问题不只是仅仅局限

于一国内部，更多的已经开始逐渐演变成为区域性和国际性的问题。因此，为了人类的共同未来，加强资源利用的国际保护即显得尤其必要。资源利用的国际保护主要涉及三个方面的问题：第一，资源的开发、利用和保护各国自己的主权问题；第二，一个国家、一个地区对资源进行开发利用所造成的后果往往越出国家和区域的界限，而对他国或地区造成影响；第三，由于资源在全球范围内的分布不均衡，加上国际贸易的飞速发展，以资源作为交易载体的商品交易活动日趋复杂。作为发展中国家，在与发达国家进行资源交易时，也应当确立保护资源的意识，不能一味地只顾眼前利益，而以牺牲未来的发展作为代价，向发达国家无节制地出售耗竭性资源以及短期内难以再生的资源所制成的产品，这些问题在我国的对外经济贸易活动中尤其值得注意。从企业的角度出发，是否注重资源形成、开发、配置、运用、储存、保护、综合利用和再生等环节的会计核算，是否注重环境保护信息的披露，将是制约和影响企业自身可持续发展的一个重要因素。

（二）社会责任会计角度的分析

企业要想长期生存和发展，除最大限度地追求利润外，还必须认真履行社会责任。企业履行社会责任的范围很广，如职工福利和劳动保护、职工培训、社区服务和对消费者的售后服务等。企业履行社会责任必须付出一定代价，但从长远看又能为企业的发展创造有利条件。因此，中国加入 WTO 后，企业为了在国际经济贸易的竞争大潮中站稳脚跟，就必须注重自身经济活动社会责任的核算和反映，社会责任会计信息必然受到使用者越来越多的关注。

六、网上交易方式的普遍推行与会计信息传递媒介的创新

目前，以网络化为主要特征的“新经济”在欧美国家发展迅猛，我国加入 WTO 后，电子商务必将在日常的经济贸易活动中得

到更为广泛的应用，使资金融通、投资决策以及经济交易等均可在瞬间完成。以知识及其载体人力资源为主要资产的网上实体（虚拟主体）也必将大量涌现，也使企业的生产经营方式、工艺流程、成本结构、消耗水平发生巨大变化，生产的社会化程度越来越高，使现有的会计理论面临着许多新的问题。早在1996年，美国注册会计协会组织专家对21世纪的会计将要面临的科技环境进行了专题研究后认为，电子计算机扫描等高新技术运用于会计领域，将使传统的纸式凭证转变为以映像方式为主的电子凭证。因而，就有图像处理技术、电子数据互换系统（EDI）、安全保障系统、电子商务系统、通讯技术、作业流程技术、区域网络系统、协作运算和分组、合作商店与客户系统、人工智能模块、业务程序的再设计系统、音频通讯技术、专家系统、快速感扰技术（QR）和远程通讯技术15项信息处理技术与实务将对注册会计师（CPA）的现有知识及执业过程产生一股强大的冲击波，首当其冲的则是会计学、审计学、税务、经营与财务咨询等四个领域，而在上述15项新技术中，被列入榜首的关键技术是电子商务系统、作业流程技术、人工智能模块、专家系统和远程通讯技术等。①

可以预料，随着电子商务的快速推广，我国目前正在实施的电算化会计的网络化程度也将跃上一个新的台阶，从会计的电算化走向会计的信息化。会计电算化在我国发展至今已取得可喜的成果，然而由于它主要是以模拟手工会计核算为目的，忽视了对企业及社会信息化的相互关系及影响，从而形成了一个信息孤岛，使企业的财务信息难以同其他功能信息相互融通。加入WTO后，我国企业参与国际竞争所进行的商务活动将更多地依赖于虚拟的网络。网络经济对会计提出了更高的要求，它将促使企业的电算化会计系统从核算型转变为管理型，促进会计信息化。与此同时，它也对企业的

① 许家林：《CPA应当掌握的15项信息处理新技术》，《特区财会》，1996年第4期。

会计信息系统提出了新的要求：一是会计信息系统要把企业各部门尤其是业务部门的业务信息纳入其信息管理的范畴，其信息资源将延伸到供、产、销、库存物料、人力资源、资金调度等各个方面；二是会计信息系统要具备智能化的信息处理功能，能够自动对大量数据信息进行分析，并对分析结果做出判断，对于超出正常值范围的异常状况要能给出解释说明，并分析异常情况可能导致的影响，同时给出建议和应付措施；三是会计信息系统要具备良好的网络管理功能，网络管理范围应既能包括各部门集中在一个区域的常规的局域方式，也还必须包括跨地区甚至跨国界的广域方式，这样才能适应网络经济的需要；四是会计信息系统要具备开放性的技术和应用框架，例如企业和政府各职能部门之间能随时交换财务信息，企业的内部不同层级的职能部门之间要能够随时进行财务信息的分类、综合与汇总。所有这些问题都需要进行专门的研究。

主要参考文献

蒋燕辉．对“WTO”的会计分析——中国加入世界贸易组织对国际会计相关领域的影响，首都经济贸易大学学报，1999（1）

李爽，王晓咏．21 世纪——注册会计师事业的发展．中国财经报（京），1996. 3. 16（3）

李勇．注会行业应对入世挑战：学会“两条腿”走路．中华财会网（www. e521. com）2002 - 01 - 07

鲁桐．WTO 与中国企业国际化．中共中央党校出版社，2001 年，158，174

孙明．WTO 对我国注册会计师行业的影响及对策．特区财会，2000（3）

汪尧田等．国际规则发展契机．上海财经大学出版社．2002 年．69 ~ 72

王垒．加入 WTO 后中国人力资源管理与开发对策．中国人力资源开发，2001（11）

于长春．“入世”对中国会计的挑战．经济纵横，2000（8）

于玉林．WTO 对会计的影响．天津财会，2000（6）

郁国建．直面 WTO 的我国会计制度变迁．财务与会计，2001（4）

张惠忠．我国加入 WTO 后会计面临的挑战．上海会计，2001（5）
张建民．中国贸易市场准入研究．中国财政经济出版社，2001（1）：32～56
周海东．加入 WTO 对我国会计市场的影响及对策．中国科技产业，2000（6）

（本文曾于2002年10月于山东济南召开的“海峡两岸经济全球化与会计理论学术讨论会”交流，刊于《河北经贸大学学报》2002年第6期）

我国《会计法》修订与完善的法理视角研究*

法理学的基本功能是对法律进行最基本、最一般和最理论化的分析，其范围涉及法的功能、效力、法律适用以及整个法律体系的立法、执法、司法和法律监督等环节在内的全部运行过程，虽然其主要目标是揭示法与法律体系的基本原理，但它必须与具体法律规则的研究相对应（Curzon，1995；Ruthers，2002；张文显，2003）。因此，相关专业法律的运行过程必须以法理学的理论作为基础性指导。《中华人民共和国会计法》（以下简称《会计法》）颁布实施20年来，已经取得了很大成就，但为了使其能够更好地将会计专业问题与相关法律基础问题综合考虑，以进一步提高它的法律地位并强化其执法威慑力，因而需要从法理角度来思考其修订与完善问题。本文拟围绕这一主题作初步讨论。

一、《会计法》的法律地位：应发挥承上启下并统领其他会计法律规范的作用

法国著名的比较法学家达维（Rene David，2003）认为，法律可以按照一定的技术标准和历史传统标准划分为不同的类别，按照

---

* 本文系2003年度国家社会科学基金课题——《产权会计法制史与现实会计法制体系建设研究》（03BJY022）和财政部2003年重点会计科研课题——《会计法规体系研究》（2003KJA001）的阶段性成果，亦为与2004级博士生张华林合作的成果。

其国际性与承继性的不同而形成不同的法系，并由此而构成不同的法律体系，不同的专业法在整个法律体系中均应有其相应的地位与功能。科学全面地认识这一问题，对于充分发挥专业法的客观作用具有重要意义。关于《会计法》的法律地位问题，不同领域里的专家、学者曾以不同的研究视角表达了自己的认识。

（一）一般法律体系结构研究视角下《会计法》的法律地位

张文显（2003）依据法理原理分析我国现行法规体系的结构后认为，当代中国法的形式的显著特征在于自古以来形成了以成文法为主的法的形式传统，它包括宪法、法律、行政法规、地方性法规、自治法规、行政规章、特别行政区法和国际条约等，其中前三者在中国法的形式体系上居于核心地位。宪法是我国的根本大法，是国家活动的总章程，它所规定的是有关我国社会制度、国家制度、公民基本权利和国家机构权力配置等重大法律问题，它是我国一切政治经济活动的法律基础，也是其他法律的基本法源与立法依据。法律是由全国人大及其常委会依据法定职权和程序制定与修改的，它主要是规定和调整国家、社会和公民生活中某一方面带根本性的社会关系或基本问题，是中国法的形式体系的主导。中国的法律分为基本法律和基本法律以外的法律（即一般法律）两类，前者主要包括《民法》、《民事诉讼法》、《刑法》和《刑事诉讼法》，它们必须由全国人民代表大会制定、修改。按照法学体系研究的这一划分口径，《会计法》属于我国的一般法律，它在法律体系的划分中属于经济法范畴，其立法的基本目的在于加强宏观调控和经济管理，它应当在符合宪法的精神下立法，其通过修改的程序比宪法和基本法律简便，只要由全国人民代表大会常务委员会以简单多数表决通过即可（孙笑侠，1996）。与《会计法》处于同一层级但属于不同类别的法律还有与其关系非常密切的《税法》、《公司法》和《证券法》等相关法律规范及其他法律规范①。

（二）会计法律制度体系结构研究视角下《会计法》的法律地位

尽管目前法学界关于世界法系的划分有多种说法，但在第二次世界大战以后，一般认为当代世界主要有两大法系，即大陆法系和英美法系。以此认识为基础，学者们亦将会计法律制度体系划分为相应的两大类别（Riahi—Belkaoui，2000；Nobes，Parker，2000）。郭道扬（2002，2004a，2004b）则从产权保护这一基本理念出发，通过系统研究大陆和英美两大法系会计法律制度的形成条件与演进规律，并结合评价我国 1978 年以来会计法律制度建设的成就后提出，围绕着产权保护这个主旨来分析各个专门法律规范的作用，我国现行会计法律制度框架的内部结构应当由四个层次所构成：居于最高层次的是宪法，它确立了产权保护的基本原则，是保护所有者权益的根本性依据，对其下所有法律制度的建设都具有统驭性作用与根本性的影响；第二层次是相关商法和经济法，主要包括《民法》、《公司法》、《破产法》、《证券法》和《税法》等，它们的相应条款对规制公司经济行为以及会计行为起着主导作用，是落实产权保护根本法的重要保障；第三层次是会计专门法律，它居于中心层次，包括《会计法》、《注册会计师法》、《预算法》和《审计法》，它们是维护、保障财产所有者和投资者权益最具体、最具针对性的控制层面的法律制度，故主要是从专业立法的原则性方面对统一会计与审计制度产生统驭性作用，从而确定建立会计法律制度

① 张文显（2003）根据"第九届全国人大常务委员会的意见"，将当代中国法律体系的部门划分为宪法及宪法相关法法律部门、民法（民商法）法律部门、行政法法律部门、经济法法律部门、社会法法律部门、刑法法律部门及诉讼与非诉讼法法律部门七大类，其中，《会计法》和《税法》属于经济法法律部门的范畴，而《公司法》和《证券法》等属于民法法律部门体系中的特殊部分——商法的范畴。这一划分方式，与由法律出版社法规中心（2004）所编撰的国内权威的《中华人民共和国常用法律大全（最新版）》的口径是基本一致的。

体系基础层次的基本方向，调整了建立的位置；第四层次是由统一会计与审计制度所构成的会计法律制度的基础性层次，它由准则和制度两个部分所构成。这一从法律作用层级来研究会计法律制度体系结构的结论已经为国内大多数学者所接受，并已经在会计学术交流中受到较为广泛的引证。也有学者（阎达五，1990；刘玉廷，2004）先后从完善会计法规体系内部结构及其关系的角度，提出其应当由三部分内容构成的基本观点：一是全国人大常委会通过的法律，如《会计法》与《注册会计师法》，它是规范全国会计工作的根本大法；二是国务院通过的会计行政法规，如《企业财务会计报告条例》和《总会计师条例》，它们是《会计法》的配套法规，为完善和实施企业会计准则和会计制度提供了法律依据；三是会计规章和会计规范性文件，前者具有强制执行的特点，后者主要起指导和规范作用，具体包括会计监督办法、会计准则、会计制度、会计档案管理办法、会计基础工作规范和内部会计控制规范等。这一观点，也有助于我们从另外一个角度来深入认识《会计法》的法律地位。

（三）产权法律规范体系研究视角下《会计法》的法律地位

制度经济学的研究成果表明，市场经济就是法制经济，中国在市场化改革的过程中能否建立有效的法律制度是中国能否建立社会主义市场经济的基本前提之一（卢现祥，1996）。而加强对产权的保护是社会主义法制建设的核心。会计之所以重要，是因为会计系统、全面、恰当和及时地反映与控制了经济单位的产权价值运动过程及其结果，在此基础上生成了对于投资决策与经营决策都具有十分重要作用的会计信息。因此，会计无论对于整个市场经济还是对于它的经济单元（企业或公司）都具有基础性反映与控制的作用。《会计法》的地位和作用也是基于会计的地位和作用而产生，《会计法》在微观层面对经济实体产权发挥着控制作用，因而，它又可以看成是整个产权保护法律体系中的基础性法律规范之一（郭道扬，2004a），《会计法》的制定和颁布以及执行情况就将直接或间接地影响到社会主义市场经济体制的运行。也许正是基于这一点，张文显（2003）从法理学的角度，将《会计法》划分在主要用于加强宏观经济调控的“经济法法律部门”的范围之内。

上述可见，不论是从法理学的角度，还是从会计法律制度功能发挥的角度分析，《会计法》均为系统调整会计行为关系、规范现阶段我国会计的一项基础性专门法律，它应当是会计行政法规和会计制度的母法。因此，它在整个会计法律制度体系中就要起到上承宪法，下启各种会计规章制度的客观作用，其有关条款就应当成为各种会计规章制度形成的法律依据。鉴于《会计法》与会计准则、会计制度及其他会计规范之间的这种法律依存关系，《会计法》的法律条文就应以偏重于规定会计法律关系、会计监督、会计机构与会计人员、法律责任等社会属性的内容为主而非操作层次内容，它的条款亦不宜涉及会计工作的具体技术和方法层面的问题。与此同时，按照法理学中特殊法优先于普通法的原则，它的相应条款也应当为同一层级关系密切的其他法律规范提供法律判断标准方面的会计专业技术支持，如涉及税务会计问题以及证券市场监管方面的专业法律问题时，《会计法》与《税法》及《证券法》就应当按照特殊法与普遍法之间的关系来进行相应条款上的协调与沟通。《会计法》的这种法律地位，不仅为法学理论界和会计理论界所认同，而且也已经成为会计工作主管部门和会计实务工作者的共识（余秉坚，1994；娄尔行，1995；高一斌，1999；刘燕，2001）。然而，在《会计法》的实际立法过程中，上述观念未能得到有效体现，从而使人们对《会计法》的客观法律地位出现认识上的偏差。因此，在《会计法》的修改过程中，我们应当在有效体现上述观念的前提下完善相应的条款及其法律上的统驭关系。

二、《会计法》中的法律规范：需遵循国家意志性、概括性和可预测性的法理要求

法律规范是在法律原则指导下构成具体法律内容的主要组成部分，它是由国家制定和认可、反映掌握国家政权的意志、具有普遍约束力、以国家强制力来保证实施的行为规范，它实际上是对人们行为自由与限度，以及行为责任的认定（葛洪义，2002）。法律规范有三个基本特征：一是国家意志性，指作为国家意志表现的法律，系以国家暴力作后盾强制要求全体社会成员一致遵守，通过强制力来宣示国家对合法行为的肯定态度与违法行为的否定态度；二是概括性，即通过对同一类行为及其法律后果的抽象概括，而非就个别人、个别事进行专门性规定来体现；三是预测性，也就是它可以为人们的行为提供一个标准、模式和方向，人们可以通过法律规范的规定预测自己的行为方向及其在法律上的后果，行为者也可以在法律规范的范围内理性地预测相应人的行为。现行法律规范的结构一般由行为模式、条件假设和后果归因所构成。行为模式是法律规范规定的行为本身，属于法律规范的中心内容；条件假设指法律规范中指出适用该法律规范的条件和情况部分，在实际生活中，只有该法律规范的条件和情况出现时，才能适用该法律规范；后果归因则指法律规范中规定遵守或违反该规范时所引起的法律后果问题，法律规范必须规定相应的法律后果，否则法律规范就无法操作，其制定机制与执行机制便无法协调一致（孙笑侠，1996）。据上述法理要求分析现行《会计法》中的法律规范，有三个方面的问题需要逐步完善：

（一）有关条款的法律表达

有关条款所表达法律规范的内容与法律规范的结构应当一致起来，以便使国家意志性的原则有效地得以体现。因而，需改变部分

条款只有行为模式，但缺乏条件假设和后果归因的现象[1]。如《会计法》第三十八条规定：担任单位会计机构负责人（会计主管人员）的，除取得会计资格证书外，还应当具备会计师以上专业技术职务资格或者从事会计工作三年以上。《会计法》做出这一行为模式之后，其余法律规范再无相应的条件假设和后果归因条款。

（二）有关条款的规范要求

有关条款的法律规范要求上应当适度，以便使《会计法》的国家意志性能够落到实处。目前，《会计法》中某些条款的法律规范要求较高，使《会计法》的国家意志性难以落到实处。譬如，《会计法》第六条规定："对认真执行本法，忠于职守，坚持原则，做出显著成绩的会计人员，给予精神的或物质的奖励。"在《会计法》制定和修改的过程中，这一条款早就存在争议，有人主张删除，有人建议保留，而争论的焦点则是其"是否具有可操作性"（余秉坚，1985）。其实，这一条款的缺陷在于混淆了道德规范与法律规范的差异。《会计法》规范的会计行为的主体包括国家机关、社会团体、公司、企业、事业单位和其他经济组织，具有一定的广泛性。因此，很多会计主体（如私营企业等）是否对会计人员给予精神的或物质的奖励完全是会计主体自己的行为，有的甚至完全是管理者利他主义的个人行为[2]。为了提高会计人员遵守《会计法》的积极性，从道德上提倡和鼓励对认真执行《会计法》、忠于职守、坚持原则、做出显著成绩的会计人员，给予精神的或物质的奖励具有较大的积极意义，但是否作为法律规范的条款而写入《会计法》中却是值得讨论的。一般而言，把符合道德的利他主义行为规定

① 有些法律规范中也有可能缺少相应的条件假设和后果归因。但是，这样的法律规范一般适用于授权性法律规范，而不适合于本文所讨论的《会计法》中的义务性法律规范。

② 对于会计主体而言，会计人员忠于职守、坚持原则、做出成绩并不是值得奖励的行为而是会计人员的本职。但是，如果会计主体给他们以精神的或物质的奖励，则可以进一步激发会计人员的工作热情，进一步搞好会计工作。因此，虽然这种奖励行为也可以对会计主体带来一定的好处，但从社会总体上讲更多的是一种利他主义行为。

为法律责任会不利于弘扬利他主义，因为行为者难以被人们承认是利他主义（人们会认为他的行为是为了避免法律责任），而获得这种承认是利他行为的一个重要动机（Posner，1990）。规定哪些行为属于法律调整时，并不只是考虑正义的要求，还要考虑取证的难易程度、一旦将某种行为纳入法律调整后带来的社会后果等因素的影响（陈金钊，2002）①。因此，对没有给予会计人员以精神或物质奖励的单位或个人给予相应的处罚既不符合情理也不符合法理。

（三）有关条款体现的原则

有关条款应当更明确地体现可预测性的原则。现有《会计法》中相关条款所体现的可预测性原则不够。法律规范可预测性特征的重大意义在于可相应地节省交易费用，从而为社会主义市场经济发展提供较好的法制环境。如《会计法》第三十三条的规定，财政、审计、税务、人民银行、证券监管、保险监管等监督检查部门“对有关单位的会计资料实施监督检查后，应当出具检查结论。有关监督检查部门已经做出的检查结论能够满足其他监督检查部门履行本部门职责需要的，其他监督检查部门应当加以利用，避免重复查账。”这一规定在赋予监管部门权力的同时，明确了其应承担的义务，让被监管部门可以预期监管之后的结果，为监管过程中节约监管费用②奠定了一定的法律基础，这一条款曾受到会计学者的普遍好评（盖地，1999）。然而，由于我国会计监管制度设计层面上仍然存在制度性缺陷，因此，该条款规定仍然缺乏较强的可预测性特征。因为除审计部门以外，各监管部门也有其自身的监管任务，甚

① 会计人员“认真执行会计法、忠于职守、坚持原则、做出显著成绩”是对会计人员工作的一种较高要求，其取证的难度较大，明显高于会计人员是否胜任本职会计工作。因此，在取证的经济性角度上讲，这种对会计人员奖励的规范是不具有经济上的可操作性的。而其不利于弘扬利他主义的社会后果，也可以说是与立法者的初衷相背离。

② 它实际上是制度经济学的角度的社会交易费用。

至是自身的利益需求，因此，其他监管部门的监管结果难以满足本部门职责的全部需要。更加难以预测的是，《会计法》对这种避免重复查账的做法也只是“应当”利用，只是一种行为模式，而无相应的假设条件和后果归因。由于其软弱的语气表达，加上法律条款缺乏完整的法律规范，因此会计法律制度节省交易费用的优越性无法充分发挥。为了进一步提高《会计法》的可预测性，有学者提出在《会计法》中应当建立会计责任解除制度（高一斌，1999），以进一步提高《会计法》的可预测性，这是我国《会计法》在将来进一步完善过程中需要考虑的一个积极建议。因为若不考虑会计责任解除问题，由于会计违法行为的双重性以及追究执法行为机关的多元性，按照现行《会计法》第四十二条的有关要求以及第四十九条“违反本法规定，同时违反其他法律规定的，由有关部门在各自职权范围内依法进行处罚”的规定，可能导致会计法律责任的叠加，这也是一个不容忽视与不应当回避的现实问题（刘燕，2001）。

三、《会计法》的法律概念：应当建立具有特色的专业法律概念体系

法律概念对相关法律的形成与实施具有重要的意义，它是指对各种法律事实进行分析、归纳与综合后，所抽象出来的共同特征并因而形成的权威性范畴，它是解决法律问题的重要工具。法律概念是法律的基础，没有它就无法把相关的法律行为转化为法律可以识别的语言，但其形成又具有编纂性，它是立法者在舍弃概念所不必要的特征后形成的，并在一定程度上反映了立法者对其对象的肯定与否定（葛洪义，2003）。随着人们对平等、秩序及法治的追求，体系化的法律逐渐形成，从而使法律的普遍适用程度不断地提高。但这种情况却带来一种悖论，即随着法律的普适化程度提高，一方面会使法律的概括性越来越强，其涵盖面越来越广；另一方面却距

离现实生活会越来越远，这样带有共性的法律与个性案件之间的距离也就越来越大，而法律的适用实际上就是法律条文向判决转化的过程（陈金钊，2002）。因此，对法律概念的解释就成为法律与判决的中介环节与法律应用的前提条件，它实际上是在法律概念基础之上对法律条文的解释和运用。法律概念在法律体系中具有基础性作用，因而是各种专业性较强的法律规范形成的必不可少的要件之一。《会计法》作为一部以会计专业知识为基础、以法律规范为载体、涉及会计和法律这两种专业性均很强的职业的法律规范，建立具有特色的法律概念即十分必要。以此认识为基础，在《会计法》完善的过程中应当注意以下两个方面的问题：

（一）《会计法》应当准确定义自己的专业法律概念

自从1494年意大利僧侣数学家卢卡·帕乔利的《算术、几何、比及比例概要》（又译《算术大全》）一书问世以来，现代会计在五百多年的风雨历程中，随着经济环境的变化与要求而不断发展，已经形成了自己独具特色的一整套理论与方法体系和一系列专用概念。特别是20世纪30年代以来，随着人们对会计信息质量重要性认识的加深，会计准则研究取得了突破性的进展，以美国财务会计准则委员会为代表的、以财务会计概念框架为主体的会计准则体系逐渐形成，从而使会计的专业特色更加明显。20世纪90年代中期以后，随着我国以制定符合国际惯例的会计准则为中心的会计制度改革工作的全面推进，也有学者建议应当制定相应的财务会计概念框架，以便为规范相应的会计法律概念奠定基础。实际上，在我国现时涉及会计工作的司法实践中，社会公众、司法界和会计专业人士对会计概念的理解分歧早有体现，如在最高人民法院1996［54］号函中，社会公众、司法界与会计界对会计信息“真实性”的理解就明显不同（刘燕，1998b）。因此，按照“对自己专有或有其特定含义的概念进行重新定义”这一通用的立法要求，作为专业性很强的《会计法》应当对自己的若干专属概念进行严格定义并对其相关概念做出准确的定义或解释，但在《会计法》三个版本的相关条款中，对此似有所忽视。

（二）《会计法》的专业法律概念定义方式应当符合法理学的基本要求

法律概念定义方式有三种：一是省略定义法，它主要适用于法律概念中所使用的词语为普通语言学中通用的词汇，而本身又无其他法律上特定含义的概念；二是直接定义法，即对于某些重要的法律概念在法律文本中对其直接进行定义，如果有些概念本身是普通词汇，但在法律条文有其特定的含义，也应采用这种方式加以定义；三是补充定义法，由于在法律适用中经常会由于概念的内涵和外延的不确定性造成执行上的困难，因此，许多法律条文也对有争议的概念进行解释。依据上述原理，对《会计法》中的相关法律概念的定义或解释也可相应地划分为四类：（1）对于与普通词汇含义一致、一般不会引起理解歧义的词语，《会计法》可不作专门解释。这类词语在《会计法》中占绝大部分，在实际应用过程中一般也不会产生较大的争议，它是《会计法》法律条文形成的基础。（2）专门性的会计专业概念应当专门定义。如“财务会计”、“管理会计”和“记账本位币”等。（3）一些虽是普通词汇，但在《会计法》的法律条文中有特定含义的，应当予以定义。如会计资料的“真实”、“完整”和“虚假”等概念虽属普通词汇，并在日常生活中被广泛使用，但是会计界的理解与普通公众甚至是司法界的理解存在很大的不同，有必要在沟通的基础上恰当地定义。（4）在法律的适用中经常由于内涵、外延的不确定造成执行上困难的一些概念应当规范其范围。如《会计法》第四十六条款规定，任何单位和个人不得对依法履行职责、抵制违反本法规定的行为的会计人员进行“打击报复”，那么什么是打击报复，不同的人可能有不同的理解，为了增加《会计法》的严肃性和可操作性，就必须对会计行为中涉嫌打击报复的具体情形做出相应的规范。长期以来，我国会计理论工作者和会计实务工作者亦感我国《会计法》缺乏操作性，在司法实践中也存在着某些严重侵害相关者利益却无法追究当事人责任和对相关责任人处罚过重的案例，其后果甚至危及会计职业的健康发展（余秉坚，1985）。尽管造成这种现象的重要原因是其他相关法规条文不完善，但以《会计法》为核心的会计法律制度体系没有对相关法律概念做出具体详细的解释，也是其存在的原因之一（刘燕，1998a）。

四、《会计法》与相关法律规范的协调：需会计界与法律界的长期沟通与合作

逐步建立较为完善的法律体系，并注重协调同一法系内相关法规的关系，是现代法理学的基本要求（Ruthers，2002）。我国现行会计法律制度体系是一个复杂的系统，该系统任何一个部分的变化都会引起其他部分的相应变化，否则，任何单一法规的变化都难以起到规范会计行为、提高会计信息质量的目的。如何以法理原理为指导来完善《会计法》与相关法规的协调问题，也一直为学者们所关注（陆兵，1995；杨时展，1995；高一斌，1999；李若山，2002；郭道扬，2005）。笔者认为，解决这个问题，首先是充分认识《会计法》与其他法律规范衔接与协调的要求与实质，其次才是全面设计《会计法》与其他法律规范衔接与协调的形式和途径。以上述认识为基础，从法理原理上研究我国现行《会计法》及其与之相关的部分法律规范的相应条款，在衔接与协调方面尚有如下主要问题需要深入研究与不断完善：

（一）充分认识《会计法》与其他法律规范衔接与协调的要求与实质

刘燕（2001）在全面地研究了会计与法律之间的关系后提出，随着社会经济的发展，当法律意义上的所有权概念出现并随之形成所有权与经营权相互分离的经济结构以后，受他人委托管理资财的

人为表明自己忠实地履行了财产管理的义务，就需要用一定的方式来记录受托资财的增、减、溢、缺，就需要遵守一定的规则向与有利益关系的当事人提供相应的信息，就需要有专门的人士按照一定的标准来确认受托人是否恰当地履行了相应的义务与责任。由此可见，在会计的技术性特征背后，体现了其与法律之间无法割裂的联系，同时也强化了会计规则的法律规则功能。因此，我们在研究《会计法》与其他法律规范衔接与协调的过程中，必须明确《会计法》要为其他法律规范做些什么，其他法律规范又为《会计法》的执行和实施提供什么条件。《会计法》作为产权保护法律体系的基础性法律之一，对产权的度量和界定就必然是《会计法》及其所属相关会计规范的责任和义务（郭道扬，2004）。只有这样，《会计法》才能为其他产权保护法律提供执法的相关基础和条件，它应在符合宪法的前提下为其他法律的执行提供会计专业方面的支持，而其他法律规范则应在责任划分（如民事赔偿责任和刑事责任）及法律执行和法律程序上提供支持。因此，《会计法》与相关法律规范的协调应有各自明确的范围和内容。一方面，会计界应正确认识到，在相关会计法律责任问题上，社会是以法律界的认识而不是会计界的认识为准；另一方面，会计界也不应完全依赖法律界去解决违反会计法律规范的民事和刑事责任相关法律问题而无所作为。①不论从哪个角度看，会计界和法律界的通力合作既是制定一部较为完善的《会计法》的基础，也是《会计法》得以修订和完善的必

① 关于这个问题，会计界与法律界的认识是存在偏差的。有学者提出，在认定会计人员责任时应以会计准则和审计准则作为判定依据，因而需要充分肯定会计准则的法律地位，在认定虚假财务报告时也应以会计准则作为“基本参照”（曲晓辉、李明辉，2004）。但刘燕（2001）发现在会计界与法律界之间的长期对话过程中，两个职业的思维仿佛是两条平行延伸的铁轨而难以交汇，有英国学者就曾用“源远流长的紧张关系”来描述会计与法律之间的关联。产生的原因不仅仅只是两个职业对对方职业语言的陌生，重要的似乎是会计语言（包括审计语言）的法律属性问题。当然，法律界由于手执尚方宝剑而最终能够左右局面。有的法官就曾经这样评价自己“最后裁判人”的角色是：“由我们来做最终的裁决，并不是因为我们一贯正确；恰恰相反，我们一贯正确，是因为我们作出的是最终判决”。

要条件。

（二）全面设计《会计法》与其他法律规范衔接与协调的形式和途径

《会计法》与其他法律规范衔接与协调的形式，主要是会计界就自己职业的特点向法律界进行沟通和解释①，以求得法律界的理解与支持，这既是为整个会计职业的发展寻求法律上的良好环境，也是为了最有效地、最经济地维护股东以及公众投资人的利益而寻求形成最具实效的《会计法》。因此，决定《会计法》是否合理、是否能与其他法律规范协调的根本就在于社会公众（包括法律界）是否接受《会计法》规定的会计行为规范，以及《会计法》是否真正能够有效、经济地维护股东以及公众投资人的利益。所以《会计法》与其他法规协调的途径就不仅仅表现为会计界与法律界的沟通与协调，它还应该包括会计界将自己职业特点向公众进行宣传和解释，让公众了解会计的一些基本特征。社会公众对会计职业的了解和接受是《会计法》与其他法律规范协调的基础②。需要提出的是，我国现行的司法过程中，财务指标往往成为确认相关事实的一个重要法律依据，这也在某种程度上意味着会计专业技术性所获得的法律认可。

① 在我国《会计法》制定和修改的过程中，主要是以财政部作为主要负责起草机构，参与制定和修改人员则主要是会计学者和会计管理工作者，《会计法》即可以看做是会计界理论研究和实务工作者知识存量的结晶，从而代表了会计界对相关问题的看法。现有的《会计法》与其他法律规范的协调模式本身也存在较大的问题，既然《会计法》是市场经济中产权确定和保护的基础法律制度，相关法律规范的协调就不应单单是会计界方面的事，而应是会计界和法律界在建立社会主义市场经济秩序过程中共同面临的任务。但在现有的研究文献来看，法律界人士对《会计法》相关问题的研究明显少于会计界人士，这一现状对我国《会计法》修改和完善不利，也不利于对相关会计法律问题的深入研究。

② 法律的作用在某种程度上讲是有限的，人们不可能完全依赖法律来调整社会关系，还有赖于人们对各种规范的自觉遵守。而人们对法律的认同和理解正是法律能够正常发挥作用的最为基础的力量。

（三）具体分析《会计法》与其他法律规范衔接与协调的主要问题

以法理原理为指导对我国现行《会计法》及其与之相关的部分法律规范的相应条款进行分析，在衔接与协调方面尚存在以下主要问题：

1.《会计法》与宪法的衔接与协调

前已述及，《会计法》的立法依据是宪法，因此，其立法程序与内容应当与宪法的相关条款相衔接（张文显，2003）。如在我国社会主义市场经济改革的过程中，明晰和保护产权成为我国宪法制定和修改过程中的一个重要导向，在原有保护“国家和集体财产”的基础上，已经逐步加强了对私营经济和个人产权的保护，特别是在“2004年宪法修正案”的第二十一条与二十二条中已经明确规定：“国家保护个体经济、私营经济等非公有制经济的合法的权利和利益。国家鼓励、支持和引导非公有制经济的发展，并对非公有制经济依法实行监督和管理”，“公民的合法的私有财产不受侵犯”①，这已表明对产权的保护是我国宪法的重要任务之一。既然宪法作为最高层次的法律规范已经确立了产权保护的基本原则，而作为维护、保障财产所有者和投资者权益最具体、最具针对性的处于控制层面的法律制度，《会计法》实际上是应当对产权保护在一般法律层次上的一种落实。因此，它应该以《宪法》为立法依据，并适时对相关提法进行修正，在对相关内容及时做出补充后，以便对其属下相关会计法律规范的制定与修改起到相对较为具体的指导作用。我国1982年12月通过的《宪法》，已先后经过1988年4月12日第七届全国人民代表大会第一次会议、1993年3月29日第八

① 参见：法律出版社法规中心编.2004.中华人民共和国常用法律大全.北京：法律出版社，第1863页。

届全国人民代表大会第一次会议、1999 年 3 月 15 日中华人民共和国第九届全国人民代表大会第二次会议和 2004 年 3 月 14 日第十届全国人民代表大会第二次会议等四次修订，每次修订与发布大都是与我国市场经济体制的改革与完善紧密相联系的，《会计法》的修改与制定应当在《宪法》修订的前提条件下进行，《会计法》与宪法相比较，存在滞后的问题也是必然的，但应当及时修改，特别是在产权保护方面应当及时适应《宪法》中所体现基本理念的发展与变化。因此，它应以《宪法》为依据，适时对相关提法进行修正和补充，以便对其属下相关会计法律规范的制定与修改起到指导作用。我国 1982 年 12 月通过的《宪法》，已先后经过了四次修订，《会计法》的修改即应当以此为基础并充分体现其有关理念的发展与变化。

2.《会计法》与《刑法》及《民法》等基本法律的衔接与协调

从法理角度看，《会计法》与《刑法》及《民法》之间在贯彻宪法中所界定的保护财产权利条款基本精神等方面的衔接上，应当体现一种特别法与普通法的关系；在涉及是否应当承担刑事责任等执法与司法问题以及民事赔偿责任的确定上，《刑法》及《民法》为特别法，属优先遵循层次；而在如何认定是否触犯《刑法》、《民法》及其他法律以及处罚程度、赔偿金额的大小等方面，这些法规必然以专业性强的《会计法》相应条款为基础。因此，《会计法》第六章法律责任中，“有前款所列行为之一，构成犯罪的，依法追究刑事责任”等六处①类似的规定是符合基本法理要求的。可是应当看到，尽管《会计法》已规定了六类可以追究刑事责任的内容，但在经过多次修订后的《中华人民共和国刑法》中，涉及会计违法行为刑事处罚的条款仍不多见，仅在 1999 年 12 月的《中华人民共和国刑法修正案》中，对《会计法》第四十四条中所列的

① 参见《中华人民共和国会计法》第四十二条、四十三条、四十四条、四十五条、四十六条和四十七条的有关内容。

"隐匿或者故意销毁应当保存的会计凭证、会计账簿、财务会计报告"[①] 这一类违法行为进行了界定，而对《会计法》中涉及的其他五个方面的违法行为没有涉及，也没有留下司法空间。相应地，在最高人民法院《关于执行〈中华人民共和国刑法〉确定罪名的规定》中，与《会计法》中所认定应当"追究刑事责任"相对应的也只有两种罪名：一种是"隐匿、故意销毁会计凭证、会计账簿、财务会计报告罪"，另一种则是"提供虚假财会报告罪"[②]。这里面的法理矛盾是，若按《会计法》的相应条款应当认定的刑事责任，而在量刑的基本依据《刑法》中又没有相应的条款以及应予认定的相应罪名，这即导致了会计司法上的法律依据问题。此外，会计工作涉及较多的民事责任赔偿问题也没有相关规范，从而使我国有关会计法律责任规定方面体现出法理上的不完善与缺失[③]。现行的《中华人民共和国民法通则》，依然是 1986 年 4 月 12 日第六届全国人民代表大会第四次会议通过的版本，尔后虽然有大量的补充规定和司法解释，但未做过系统修改，因而也暂无与《会计法》中所列责任相关规范协调的法律条文。这种法律统驭关系上的脱节现象，对《会计法》执法与司法过程的威慑力与权威性有着一定的影响，也反映了我国法制建设总体结构关系上的待完善之处。

3.《会计法》与基本法律以外相关法律的衔接与协调

据法理学上对我国现时成文法形式的划分，这种衔接与协调属

---

① 参见：法律出版社法规中心编：《中华人民共和国常用法律大全》，北京：法律出版社，2004，第 1676 页。

② 参见：法律出版社法规中心编：《中华人民共和国常用法律大全》，北京：法律出版社，2004，第 1687 页、1697 页。

③《会计法》是否应该规范刑事责任与民事责任的问题上，理论界和实务界有不同的看法。李若山（1999a、1999b）认为从会计职业的特殊性来讲，完全由民法来规范会计民事责任是不合理的，会计法及相关配套法规应对民事法律责任的规定予以完善。对刑事责任是否由会计法进行规范的相关探讨目前尚未见到，我们认为，会计法及相关法规应在责任的认定过程中提供相关的专业支持。至于如何提供支持，则是一个需要综合探讨的问题。

同一级次法律的协调①，它可以分为两个层面：一是《会计法》与商法和经济法律的衔接与协调，主要涉及《公司法》、《破产法》、《证券法》和《税法》等；二是《会计法》与相关会计专门法律的衔接与协调，主要涉及《注册会计师法》、《预算法》和《审计法》等。按照法理学中所贯彻的特殊法优先普通法的原则，这一层级的协调主要是在具体条款的制定与问题处理上，分清普通法与特殊法的相对性问题，而其衔接则体现为条款应当相对具体与一致，《会计法》的相应条款应当为同一层级关系密切的其他法律规范提供法律判断标准方面的会计专业技术支持。如《会计法》与《证券法》之间在认定与处理证券欺诈责任等方面，就体现了一种特别法与普通法的关系，当涉及税务会计问题以及证券市场监管方面的专业法律问题时，《会计法》与《税法》和《证券法》就应当按照特殊法与普遍法之间的关系来进行相应条款上的协调与沟通。

4.《会计法》与相关行政规章的衔接与协调

首先，《会计法》中应当明确会计准则的地位和作用。由财政部制定的会计准则对“统一的会计制度”具有统驭作用，这已是学界共识（郭道扬，2005）。而早在《会计法》十年前第一次修订后，葛家澍（1995）就曾指出，在1993年7月1日正式实施《企业会计准则》之后修订出台《会计法》的不够完善之一，是“只字未提《企业会计准则》”。在1999年修订后的《会计法》，虽然有24次提到了“统一的会计制度”问题，但还是没有对会计准则与会计制度的地位、关系和作用等问题列入相应条款之中，对已经构成新的《企业会计制度》（2001年开始执行）、《金融企业会计制度》（2002年开始执行）和《小企业会计制度》（2005年开始执

① 按照郭道扬（2004）的会计法律制度四层次划分法，它也可视为同级次法规与两级次法规的衔接与协调。

行）制定基础的“会计准则”问题也未提及。尽管《会计法》在修订的过程中，学术界围绕“《会计法》与会计制度的关系”问题曾进行过充分的讨论并有很多积极的动议，但限于立法环节上的某些技术性原因，这一问题未能得到解决（高一斌，1999）。可是在财政部于1992年11月颁布的《企业会计准则——基本准则》的第一条、1996年6月颁布的《会计基础工作规范》第一条、2000年12月发布的《企业会计制度》第一条和2001年6月发布的《内部会计控制规范——基本规范》第一条，以及国务院于2000年6月发布的《企业财务报告条例》的第一条均明确指出了其制定是“根据《中华人民共和国会计法》”[①]。可见，协调这种法律地位认定上的相互统驭与从属关系是必要的。究竟应在再次修订《会计法》时补充还是应当在修订会计准则和会计制度时省略，我们认为应当取前者。其次，《会计法》作为规范会计行为的基本法，相关条款应当具有全面性和原则性，它所规范的内容应在一定程度上较多地体现其一般性和概括性的法律特征。但现行《会计法》规范的内容基本上是局限于财务会计领域，没有涉及管理会计和其他相关会计领域，其所规范的“会计行为”也更多地局限于一种狭义上的单位内部财务会计行为，较少涉及与单位会计行为有着直接关联的会计事务管理行为，而这些行为对单位内部的会计行为不可避免地会产生有形与无形的影响。此外，《会计法》的某些条款对会计行为的规范又显具体，如《会计法》第十五条已经规定到会计账簿记录发生错误或者缺页、缺号、跳行的具体更正方法等实务操作层面的问题，从法理要求下的法律层次上分析，这些纯技术性的内容由《会计基础工作规范》等行政法规层次的相应条款来约定可能更为适宜。

---

① 参见：《企业会计准则》，北京：经济科学出版社，1999年，第2页；《企业会计制度》．北京：经济科学出版社，2001年，第3页、第487页、第507页。

五、《会计法》的有效运行：需按照法理要求来规范各个相应环节

（一）《会计法》从生成到修订的各个环节应当符合法理要求

法的生命在于运行，法的价值在其运行中得到体现和实现。因此，法的运行既是一个从生成、创制到实施的过程，也是一个由形成效力、产生实效再得以实现的过程。法的创制就是立法，它是法运行的起点，法的实施则包括法的遵守、执行、适用与法律监督等主要环节。法的生成是指特定国家的法和法律制度在特定环境与条件下的产生与形成的过程。法的制定是法生成的重要环节，但它并不等于法的形成，它并不意味着原有秩序的终结，而恰恰是原有秩序的发展，它既是以往社会秩序的延续，又是在与原有秩序的冲突与交流过程中得以认识并发挥作用（张文显，2003）。因此，法的制定与实施之间并不是绝对独立的，它具有继承性的重要特征，这正如马克思所说："人们自己创造自己的历史，但是它们并不是随心所欲地创造，并不是在它们所选定的条件下创造，而是直接碰到的、既定的、从过去承继下来的条件下创造。"① 相应地，任何专业法律的立法工作也不是一劳永逸的，它的成败与效果还要在法的实施过程中经受检验并得到发展，一项法律也只有在转化为社会的有机的自然秩序之后，才能成为真正意义上的法律。《会计法》作为市场经济条件下产权法律制度的基础性法律之一，其运行过程也就必须以法理学的基本原理作为指导，这样才能保证其运行轨迹符合基本的法律原则。回顾《会计法》自 1985 年 1 月 21 日经第六届

① 《马克思恩格斯选集》（第 1 卷），北京：人民出版社，1972 年，第 603 页。

全国人民代表大会常务委员会第九次会议通过颁布，并于1985年5月1日实施至今20年的历程，如果说1985年颁发的《会计法》是我国会计法制建设的重大突破，那么，1993年修订《会计法》就是为了适应我国经济运行机制转轨的一项重要配套措施，而1999年重新修订《会计法》则是为了提高我国会计信息质量所做的一项必然选择。因此，我国《会计法》在立法、执法、司法与法律监督各个环节要求上的与时俱进，实际上体现出来的正是法理原理所强调的“法应当具有继承性、法要在实施过程中经受检验并得到发展，以及法律只有在转化为社会的有机的自然秩序之后才能成为真正意义上的法律”这一客观要求，但《会计法》的修改与完善则是不断永续的过程，任重而道远。

（二）应当客观认识与评价《会计法》的法律效力与运行实效

张文显（2003）认为，法理角度的法律效力指国家法定的机构按照规定的程序制定的法律文件所具有的法律约束力，法的实效则表示具有法律效力的规范性法律文件的实施状况，它要受到法的内容合理性、法律制度的整体有效性、其他社会环境（如国家制度、管理体制、运行机制和人们的思想观念等）及法的普及程度四方面因素的影响。在法律效力一致的情况下，同一法律在不同地区的实施效果可能不同。法的效果侧重于评价法对社会的影响，它可能大也可能小，其影响的结果可能是积极的也可能是消极的。《会计法》自1985年颁布实施以来，这一问题也一直受到专家学者和社会公众的密切关注（余秉坚，1985；杨纪琬，1990；阎达五，1995；项怀诚，1999；冯淑萍，1999；许家林，2005）。尽管《会计法》第一条中明确限定其基本使命是“为了规范会计行为，保证会计资料真实、完整，加强经济管理和财务管理，提高经济效益，维护社会主义市场经济秩序”，但法律人和会计人对其效用程度的认识却是有差异的，前者认为《会计法》无非是追究责任的法律机制在会计领域运作的法律形式，而后者则认为《会计法》更像是对会计行为外加的一个大而无用的法律框架而已（刘燕，2001），这一认识上的差异对它的法律效力与运行实效有着直接或者间接的影响。因此，依据法理原理来全面规范我国《会计法》运行环节的相关法律专业性与会计技术性问题，不仅有助于其产生应有的法律效力、取得良好的运用实效并达到一定的法律效果，而且对于推动我国会计法律制度体系的建设工作乃至于我国与社会主义市场经济体制运行相适应的整个法律体系的建设也有着重要的意义。

主要参考文献

陈金钊．法理学．第1版．北京：北京大学出版社，2002.28

冯淑萍．加强会计法制建设的重要措施．会计研究，1999（11）：4~6

冯淑萍．中国会计标准建设及国际协调．见：财政部会计司编．积极开展会计国际协调，完善我国会计准则体系．大连：东北财经大学出版社，2004.1~7

盖地．我国会计工作全面走向法制化的法律保障．会计研究，1999（12）：19~23

高一斌．完善我国《会计法》需要研究的几个问题．会计研究，1999（4）：2~8

葛洪义．法理学．修订版．北京：中国政法大学出版社，2003.38~45

葛家澍．不断完善《会计法》认真执行《会计法》．会计研究，1995（5）：3~4

葛家澍．市场经济下会计基本理论与方法研究．第1版．北京：中国财政李若山．1999b．新会计法与我国社会主义市场经济．会计研究，12：9~14

葛家澍．会计基本理论与会计准则问题研究．第1版．北京：中国财政经济出版社，2000.174~182，395~417

郭道扬．论两大法系的会计法律制度体系．会计研究，2002（8）：3~9，（9）：7~18

郭道扬．论产权会计观与产权会计变革．会计研究，2004（2）：8~15

郭道扬．会计史研究——历史·现时·未来（第二卷）．北京：中国财政经济出版社，2004.597~600

郭道扬．2005．论统一会计制度．会计研究，2005（1）：11~24

李若山．我国会计问题的若干法律思考．会计研究，1999（6）：16～25

李若山等．《会计法》实施情况的问卷调查分析．会计研究，2002（4）：3～16

刘燕．验资报告的"虚假"与"真实"：法律界与会计界的对立——兼评最高人民法院法函［1996］56号．法学研究，1998（4）：38～45

刘燕．从验资诉讼看会计界与法律界思维方式之分歧——兼论独立审计准则权威性．经济科学，1998（5）：24～32

刘燕．会计法．第1版．北京：北京大学出版社，2001．前言，81

刘玉廷．关于新形势下深化会计改革和强化会计监督等若干问题的思考．见：卢侠巍主编．加速转型经济时期的中国会计热点．北京：经济科学出版社，2004. 40～43

卢现祥．西方新制度经济学．第1版．北京：中国发展出版社，1996. 89

陆兵．市场经济越发展越要加强会计法制．会计研究，1995（5）：1

曲晓辉，李明辉．2004. 论会计准则的法律地位．会计研究，5：20～24

孙笑侠．1996. 法理学．第1版．北京：中国政法大学出版社，59

项怀诚．1999. 新中国会计五十年．第1版．北京：中国财政经济出版社，33～49

许家林，冯俊，王辉．论我国会计规范体系的建设实施与完善问题．财会月刊（综合），2005（3）：13～16

阎达五．研究会计法制理论，完善会计法规体系．会计研究，1990（3）：11

阎达五．努力做到核算真实监督有力．会计研究，1995（5）：4～5

杨纪琬．《会计法》的历史使命．会计研究，1990（3）：8

杨时展．有关《会计法》的几个问题．见：沈如琛选编．杨时展论文集．北京：企业管理出版社，1997. 375～398

余秉坚．学习《会计法》的几点体会．会计研究，1985（2）：10～19

余秉坚．学习《关于修改〈中华人民共和国会计法〉的决定》的几点体会．会计研究，1994（1）：3～10

张文显．法理学．第2版．北京：高等教育出版社，2003. 33，74～76，103～106，184～186

Ahmed Riahi—Belkaoui. 2000. *Accounting Theory*. 4th. Thomson Learning Europe Inc，374

Bernd Rüthers. 2002. *Rechtstheorie*. Verlag C. H. Beck OHG，München，中文版

见：[德] 伯恩. 魏德士著. 法理学. 第1版. 丁小春，吴越译. 北京：法律出版社，2003. 3

Bromwich，Michael & Hopwood，Anthony（ed.）. 1989. *Accounting and Law.* London：Prentice Hall in association with ICAEW，12

Christopher Nobes，Robert Parker. 2000. *Comparative International Accounting*，6th ed，by Pearson Education Limited，18 ~ 22

Freedman，J. & Power，M. 1991. *Law and Accounting*：*Transition and Transformation.* The Modern Law Review，6

L. B. Curzon. . 1995. *Jurisprudence*，2th edition，Cavendish Pubishing Limited，4

Richard A. Posner. 1990. *The Problems of Jurisprudench.* President and Fellows of Harvard College，中文版见：理查德 · A. 波斯纳著. 法理学问题. 第1版. 苏力译. 北京：中国政法大学出版社，2002. 47 ~ 80

（本文刊于《会计研究》2005 年第 4 期）

独立董事制度建立与完善的会计视角解读

中国证监会所发布的《关于在上市公司建立独立董事制度的指导意见》(下称《意见》)，既是强化我国上市公司治理结构所采取的一项新举措，也是促进上市公司规范其运作方式的一个重要手段，它将我国的独立董事制度建设纳入了正式轨道。《意见》颁发以后，各上市公司均加快了建立独立董事制度工作的步伐，取得了相应的成效，但是也存在一些需要改进的问题，本文试从会计的视角，就独立董事制度建立与完善的有关问题做点分析和初步讨论。

一、会计视角诠释：独立董事制度形成与建立的理论基础

一般意义上的独立董事是指具有完全意志、代表公司的全体股东和公司整体利益的董事会成员，它独立于公司的管理和经营活动以及那些有可能影响他们做出独立判断的事物之外，不能与公司有任何影响其客观、独立判断的关系，它不代表出资人、管理层、股东大会、董事会任何一方的利益，因此会从企业自身出发，顾全大局，改变董事会决策一家之言的局面，并将最终给所有股东带来利益。笔者认为，从会计的视角分析，这种管理机制建立的理论基础体现在以下四个方面：

（一）不同利益关系人的相机干预机制理论决定了独立董事制度形成的必然性，而其依存状态的临界点需要以有效的会计确认与计量为基础

20世纪80年代以来，企业所有权（含剩余索取权与控制权）具有状态依存性的理论得到进一步的发展。张维迎（1996）曾经具体地描述了企业的这种状态依存性，并提出了在不同的企业产权关系情况下的判断模型。他认为，若设x为企业的总收入，N为股东的最低预期收益率，w为应该支付工人的合同工资，r为对债权人的合同支付（本金加利息），假定x在0到x之间分布（其中x是企业最大可能的收入），工人的索取权优于债权人，这是因为工资构成企业成本的一部分，实际上在产品售出之前就已经支付，因而，其具有索取权。那么，所有权的依存性为：当 $w+r+N \geq x \geq w+r$ 时，股东是企业所有权的控制者；经营状况良好，股东不会干预；经营状况异常时，股东会干预。当 $w \leq x < w+r$ 时，债权人是企业所有权的控制者；债权人需要有优先的求偿权。当 $x < w$ 时，工人是企业所有权的控制者；工人有优先的求偿权。当 $x > w+r+N$ 时，经理就是企业所有权的实际控制者。从上可见，在不同的经营情况下，需要对可能出现不断变换控制态势的情况进行制约，因此，就有必要建立一种内在的监督机制，独立董事制度的建立正是缘于这一需要。笔者认为，在实际工作中，上述所列示的各种状态依存性临界点的确定，就需要企业会计部门在对其经营过程与结果进行有效确认和计量的基础之上，以其所提供的信息为依据做出相应的决策。

（二）企业的团队生产理论决定了独立董事制度在企业内部地位的客观性，而其监督成本与监督绩效的测算必须以可靠且相关的会计信息为基础

企业的主流契约一般理论认为："企业乃'一系列合约的联

结'（*nexus of contracts*）（文字的和口头的，明确的或隐含的）。"①在科斯理论的指导下，阿尔钦和德姆塞茨（Alchian，Demsetz，1972）将研究的重点从使用市场的交易费用转移到解释企业内部结构的激励问题（即监督成本）上，提出了团队生产理论，并提出了道德风险与监督成本问题。他们认为，企业是一种"团队生产"的方式，最终产出物是一种共同努力结果的集合性体现，由于每个成员的贡献不可能精确地去计量，因此，现实中也就不可能按照每个人的真实贡献去支付报酬，这就导致出一个偷懒（shirking problem）的问题，即团队成员缺乏努力工作的积极性，为了减少这种规避行为，就必须让部分成员专门从事监督其他成员的工作。因此，独立董事制度的建立从某种意义上讲也正是团体生产理论的一种运用。但是作为一种监督机制，就需要支付监督成本，同时，也会形成相应的监督效益。而建立在合约基础上的这种监督成本与监督效益是否匹配的测算，更需要以可靠且相关的会计信息为基础。

（三）委托——代理理论决定了独立董事制度中激励机制的确立方式，而作为其合约核心问题的薪酬标准又是与其所具有的会计专业知识程度紧密联系

由于受到理论预测合约和实际观察合约之间差异的促进，经济理论大师们自20世纪70年代开始以委托人对有随机的产出没有（直接的）贡献和代理人的行为不易直接地被委托人观察到两个基本假设为基础，形成了委托—代理理论（the principal-agent theory）。这一理论的核心就是将股东作为委托人，经理作为代理人，从而产生了一个新研究领域，就是研究委托人如何设计最优激励合同诱使代理人努力工作。这一理论的出现极大地改进了对资本所有者、管理者和工人之间内在关系以及更一般的市场交易关系的理

---

① 张维迎：《企业的企业家—契约理论》，上海：上海三联书店、上海人民出版社，1995年，第11页。

解。詹森和麦克林更是将代理关系定义为是“一种契约关系，在这种契约下，一个人或更多的人（即委托人）聘用另一个人（即代理人）代表他们来履行某些服务，包括把若干决策权托付给代理人”①。在这种理论环境下所形成的独立董事制度，也就必然会面临着采用什么机制诱使其努力工作的问题。独立董事与投资者之间是否也同管理者与投资者一样存在着一种实质上的委托代理关系呢？实际上独立董事也是一种类似于经理的雇佣者，经理与股东之间具有一种经济利益上的委托代理关系，而董事与股东之间实质上也是一种委托代理关系，只是他更多的是一种道义上的委托代理关系，委托人需要他能够利用其专业知识和技能对企业的经营决策做出判断、提出有效的咨询意见并参与表决，而委托人对经理的要求则是需要他利用其管理才能与经验对做出的决策组织实施，从这个角度上理解，它们在身份地位上是相同的。另外，两者在管理方式上也是相似的。经理必须取得薪酬，同时，还需要为其配置一定经营指标下的经理股票期权；独立董事也必须取得薪酬，而且也正在考虑运用股票期权的杠杆。如果设想通过独立董事来维护中小股东的利益，而其作用的发挥程度又不与其自身的收益相结合起来，在理论上所赋予他们的职责，在实现起来是不太现实的。从某种意义上讲，独立董事的薪酬标准虽然会与他们的名望和社会地位相联系并产生影响，但更多的则是与其所拥有的财务管理知识特别是会计知识相联系。

（四）现代公司治理结构理论决定了独立董事制度发挥作用的实际程度，而以会计收益为基础的剩余权益索取方式则会对独立董事制度的运行效果产生重要影响

在现代企业制度下，由于财产所有权和企业控制权的分离，高

---

① 米切尔·C. 詹森、威廉·H. 麦克林：《企业理论：管理行为、代理成本与所有权结构》，原载《金融经济学杂志》（1976年10月），见陈郁编：《所有权、控制与激励——代理经济学文选》，上海：上海人民出版社、上海三联书店，1998年，第5页。

层经理掌握着企业的经营控制权，当出资人不能够有效地对经理人员的行为进行最终控制时，后者就会利用这种控制权来谋取个人利益，进而损害股东的利益，发生所谓“内部人控制失控”①。按照现代公司治理结构的基本理论，在公司董事会中引进独立董事的目的主要是两个方面：一是为了提高董事会的决策质量；二是为了对内部董事起到一种制衡作用，以有效地减少“内部人控制”现象的产生。这是因为董事会会议制约的重要性与股票市场的发展程度有关，在股票分散的情况下，少数持有较多股份的股东实际上支配着董事会，小股东一般没有直接发言权，但这并不能证明小股东所有权的削弱，主要是由于大股东与小股东目的上的差异。小股东所关注的只是股息收入，大股东的利益则与企业的经营状况直接相关。而独立董事制度作为现代公司治理结构理论的重要组成部分，其建立的初衷是维护大多数中小股东的利益。但究竟是以一种抽象的道德观念去要求他，还是用一定的利益机制去制约他则是值得研究的问题②，而作为监督者的独立董事对剩余索取权益占有的可能性则是问题的核心之所在。如果其不能够占有剩余权益，自然会缺乏监督的积极性。以此认识为基础，如果将独立董事制度作为一种监督机制加以运用并赋予其一定的监督权力，那么其对剩余索取权的考虑就是一个不可回避的现实问题，如果这个问题不能解决，则独立董事制度的运行效果就会产生影响，其设立的初衷与制度运行质量就难以有效地统一起来。如果建立与此认识相适应的企业运行机制，企业最终剩余权的确定就应当是建立在准确的会计确认与计量为基础的会计收益指标之上。

① 张春霖：《国有企业改革中的企业家问题》见张维迎著：《企业理论与中国企业改革》，北京：北京大学出版社，1999 年，第 334 页。

② 实际上，在现代经济环境下，如果没有把一定利益机制的当事人的自身利益联结起来，其独立作用的发挥是否能够达到预期的效果是需要研究的。

二、会计视角观察：西方独立董事制度基本模式特定的法律环境

（一）西方独立董事制度的提出是为了适应规范与完善公司治理结构的需要

独立董事制度最早出现于20世纪中期的美国，其发展与规范则经过了一个不断演进的过程。早在40年代，美国有关法规中就曾规定公司的董事至少需要40%的独立人士担任；在60年代后，一些国家和地区在规范和完善公司治理结构时，都将独立董事制度作为一项重要的内容；自70年代起，在内部董事架构中引入独立董事制度即成为潮流；尽管这种制度在80年代才被广泛推广，但目前在许多西方国家，企业聘请独立董事早已普遍实施，独立董事在董事会中的人数、比例和职责都得到了突出的强调。经济合作与发展组织（OECD）在“1999年世界主要企业统计指标的国际比较”报告中曾列出专门项目比较了董事会中独立董事成员所占的比例，其中美国是62%，英国34%，法国29%。另据科恩—费瑞国际公司于2002年5月22日发表的研究结果也表明，在《财富》杂志排定的美国公司1000强中，董事会的平均规模为11人，而独立董事的平均数高达9人。如摩托罗拉公司董事会的12个席位中，就有9席为独立董事占有；美林集团董事会由16位董事组成，其中即有11位为独立人士，其中还包括纽约证券交易所主席及一些专营公司的总裁①。由此可见，独立董事制度在现代经济运行过程中正在发挥着越来越重要的作用，它之所以备受青睐，主要是源于独立董事超脱于公司的管理和经营以及那些有可能影响他们做出独

---

① 徐林刚：《独立董事的制度缺陷》，原载《中国经济时报》，见：中华财会网（www. e521. com），2002年6月3日。

立判断的事务之外，能够在复杂的利益纷争前保持的那份可贵的冷静与客观，因而被看做是站在客观公正立场上保护公司利益的重要角色，对管理层有着重要的制衡作用；同时，它也可以通过参与董事会的运作，发现公司经营的危险信号、对公司的违规或不当行为提出警告。

随着现代经济的发展与公司结构的不断完善，独立董事制度得以在不同国家逐渐推广，有些国家和地区就通过设立专门的独立董事任命和提拔委员会的方法来督导这一工作。如英国的英格兰银行就率先建立了选拔非执行董事的建议推荐型机构——非执行董事提拔委员会（*Promoting Non-executive Director Committee*），以促进对非执行董事的选用和任命。此外，不同的公司也根据自身的实际，对独立董事的条件做了相应的规定。如发起设立全球公司治理网络的美国加州公职人员退休基金在其拟定的《美国公司治理原则》的附录中就为可以担任独立董事设立了 9 条标准，英国著名的海尔梅斯养老金管理公司也对独立董事的资格作了 7 条规定，比利时的公司治理委员会规定了独立董事的五个方面条件，香港联交所的《证券上市规则》也对独立董事提出了三个方面的要求。

（二）独立董事制度基本模式的形成与其运行的法律环境息息相关

目前，西方国家的董事制度主要有两种基本模式：一是以外部董事为主的美、英模式；二是以内部董事为主的德、日模式。两种模式虽然有着各自不同的特点，但均与其运行的基本法律环境及其制度安排下的股权结构与资本市场的发育程度有着一定的联系。

美、英模式的基本特征是，董事会成员主要由非执行董事构成，因此独立董事在企业的经营决策过程即有着重要的作用。由于美国上市公司的股权结构比较分散，小股东在利用董事会进行公司治理上即存在着比较明显的“搭便车”行为，再加上美国的传统观念是把公司看成利润最大化的组织，因此，在企业管理中更多地强调集权与专家决策，从而也就降低了执行董事的重要性。在这种经济环境下，美国的法律规定股份有限公司的内部管理上设立股东大会、董事会、总经理等管理层次，但不设立独立的监事会。公司董事会由股东大会选举出的董事组成，既是经营决策机构，又是监督机构，因此，有人将这种决策机构与监督机构合二为一的制度称为“一元制”（*the unitary board system*），美国公司董事会的董事一般由13名左右的成员组成，分为内部董事（亦称执行董事）和外部董事（亦称独立董事或者非执行董事）。内部董事均为公司的高级经理人员，负责执行董事会所提出的各项经济决策；外部董事则由公司外部人员担任，但均为某一方面的专家学者。此外，上市公司内部也必须设立审计委员会、薪酬委员会和董事提名委员会，但这些委员会的董事都必须或者基本上是由独立董事担纲①。审计委员会的基本职责是推荐审计人员、审查审计人员的审查范围与审计结果、审查公司的经营状况与财务状况，以保证公司披露信息的真实性与相关性，以保证外部董事对公司经营活动监督和控制工作的实施；酬金委员会主要是通过制定经理阶层的薪金政策、提出经理阶层每年度的薪金标准并报董事会批准、负责管理经理阶层的股票期权、绩效股以及退休金等剩余权益的分配方式等，以制定公司的薪酬政策，协调经理与股东之间的利益关系；提名委员会则负责选择并提名合适的董事人选，并对现任董事的工作绩效进行评价以决定其是否可以留任，这样就可以在优化董事结构方面发挥积极作用。目前，美国公司外部董事的比例一般为董事成员的3/4以上②，他

---

① 美国证券监管委员会自“安然”事件后，对独立董事制度做了一些修改，其中有一项就是强调董事会要设立四个委员会，即战略委员会、企业投资与融资委员会、薪酬委员会和审计委员会（理财者，2002）

② 陈晓剑（1999）的研究结果表明，在美国著名的IBM、AT&T、阿莫科、英特尔、联合技术、DECT和美国运通等七大公司的董事会成员构成上，董事会总人数为100人（每公司平均约为14人），其中内部董事占24%，外部董事为76%，比例最高的为DECT公司，占91%，比例最低的为英特尔公司，也占62%。在外部董事人员的构成中，专家董事人数占43.42%；其他公司现（前）任董事长人数占46.05%；投资机构代表人数占7.89%；个人投资者人数占3.95%。

们在外部独立董事的遴选上，对选聘对象的素质要求也是非常高的，一般都是一些退休的知名CEO，或者是行业里的技术权威，或者是行业内的知名人士，不但要求他们能够做出有价值的商业判断，具有相当的企业和商业阅历，而且要具有一定程度的教育背景。由于独立董事地位的特殊性，决定了不仅应当具有独立的人格和威望，而且需要具有独到的人文修养。独立董事如果水平不高或者是大股东的附庸，其见解就难以影响董事会，长此下去制度也形同虚设，最后独立董事变成“花瓶董事”与“人情董事”。对于遴选入围的对象，注重其8个方面的专业知识与技能，特别是将会计与财务知识和技能排在第一位①，可见对独立董事会计专业知识要求上的比重。有鉴于此，独立董事即可以在维护广大股东利益为出发点的基础之上，在影响公司有关投资决策和制定管理控制制度方面发挥重要的作用。由此可见，独立董事制度之所以主要盛行于英美这些并不设有监事会的国家，其监督用意是非常明显的。

德、日模式的基本特征是，董事会成员主要由执行董事所构成，因此，独立董事的作用即受到一定程度的限制②。由于日本上市公司的股权比较集中，股票市场的流动率及发育程度明显低于美国，大股东主要是依靠董事会来进行公司治理，这一特点既决定了大股东对公司经理具有较强的约束力，也可以在一定程度上弥补董事会对总经理缺乏控制功能的不足。再加上日本的企业比较注重吸收员工参与管理，比较强调经营决策方面的员工认同感，从而也就相应地增加了执行董事的重要性。在这种模式下，由于公司高级管理人员熟悉企业的经营管理过程和环节，具有较好的技术背景和管

① 如全美公司董事会蓝带委员会就强调，董事会应当具备以下核心能力，每位董事至少应当在一个领域内贡献其知识、阅历与技能（梁能，2000）：（1）会计与财务；（2）事业判断能力；（3）管理才能；（4）危机与反应；（5）行业知识；（6）国际市场的经验；（7）领导才能；（8）战略远见。

② 据有关专家（Tricker，1994）对日本的佳能、夏普、东芝和丰田等四大公司的调查表明，董事会的成员总数为143人（每公司平均约为37.5人），其中内部执行董事占45.45%，一般董事与法定检查人只占55.55%，比美国的平均水平要低21个百分点。

理能力，其管理才能得到了各方面的认可，因此，由其担任公司董事，在做出经营管理决策时，能够兼顾和协调各方面的利益，使决策结果易于为各方面所接受，从而也有利于决策的贯彻与实施。但是，由于董事会既是决策者，其大多数成员又是执行者，因此，其管理过程就成为一种自我提出、自我确认、自我执行与自我监督的过程，其控制职能必然弱化，控制作用必然弱化，控制效果自然降低。

三、会计视角剖析：中国独立董事制度建立的深层动因

（一）解决现行董事会成员结构上失衡所导致的“内部人控制”现象

我国证券市场开放10多年来，其发展的规模很快。据有关媒体披露，到2002年12月底止，中国境内的上市公司已经达到了1223家①，境内上市公司中已有59家在境外发行上市H股，累计筹资182亿美元②。但作为上市公司内部治理结构的一项重要内容——独立董事制度则于1998年才开始推行，当时我国的H股公司率先按香港联交所的要求设立了独立董事。四年来，这一工作推进的速度比较缓慢。据有关资料统计，1998年我国上市公司中内部人控制制度（即内部董事人数/董事会成员总数）为100%的有83家，占样本数的20.4%；50%以上的公司占78.2%；在所选530家样本上市公司中，董事长和总经理由一人兼任的有253家，占样本总数的47.7%。可以说，董事会实际上很大程度地掌握在内部人

① 据《中国经济时报》在“沪深股市蒸发二千亿”一文中所提供的数据，此数含A、B股；其中上交所715家，上市股票759只；深交所508家，上市股票551只；载《楚天都市报》，2003年1月4日，第18版。

② 《蛇年中国股市一波三折，证券市场出现诸多新特点》，见：新华网 http://finance.sina.com.cn 2002年2月9日。

手中[①]；李东明等人的调查表明，当年设立独立董事的公司比重很小，其所起的作用也有限[②]；何问陶等人从股权结构上进行的实证分析所得出的结论是，绝大部分公司的股权仍然相对集中[③]。这样带来的问题不仅仅表现为“一股独大”的现象较为突出，而且由于这类公司的第一大股东多为国有企业，董事则多由资产管理公司或者是各级政府直接指派，内部人控制的现象比较严重，因此，建立独立董事制度的首要目的就是要有效地缓解这一矛盾。

此外，由于我国上市公司监事会的“内部人控制”现象严重，也导致了监事会形同虚设、不能发挥其应有的作用。根据上海证券交易所在1999年底所做的“上市公司治理问卷调查”，上市公司监事会在人员结构上有三个明显的特点：其一，是监事会成员大多为雇员监事。其中有73.4%的有效样本公司的监事会主席是从企业内部提拔上来的，绝大部分有效样本公司的监事会副主席和其他监事也是从企业内部选任的。其二，是监事会成员多为政工干部和劳动模范，其工资和职位基本上都由管理层决定，因而其身份和行政关系都不能保持应有的独立性。其三，是监事会成员的教育背景和专业知识明显地低于董事会成员，一半以上的监事会主席、副主席和监事都是大专学历，而董事会成员的大多数都为本科以上学历。监事会的人员结构与知识结构就在客观上决定了它在与董事会的关系上不占优势，因而也就无法发挥其应有的权力制衡功能。建立独立董事制度，也可以从一定的侧面上弥补因制度执行本身的缺陷所带来的不足。但是需要指出的是，我国当前在上市公司法人治理结构中所体现出来的因股权高度集中而形成的“内部人控制”现象，与

---

① 《独立董事制度研究》，见：中华财会网（www.e521.com），2001年12月29日。

② 港澳信托研究发展中心李东明、邓世强1999年5月对222家上市公司的调查，当时设立了独立董事的仅有42家，占调查样本的18.92%；陈晓剑（1999）的调查则表明，我国20.4%的上市公司，董事会的成员全部是内部董事，78.2%的上市公司中，内部董事所占比例远远超过50%。

③ 据其对2000年前已经设立独立董事制度的56家公司的调查结果分析，第一股东或者前两大股东持股处于绝对优势地位的公司就有46家，占全部样本的82.14%。

西方国家所存在的内部人控制现象有着本质的区别，其主要原因是由于国家股的存在与所有者的缺位，如果不进行产权制度的改革与优化，仅希望通过设立独立董事制度来解决这一问题也是比较困难的。

（二）有效提高上市公司的会计信息质量

根据中国证监会所发布的《意见》要求，在2003年6月30日前，上市公司董事会成员中应当至少包括1/3独立董事。同时要求，凡是在境内上市的公司都应当按照其基本条款的规定及早地修改公司章程，聘任适当人员担任独立董事，并明确提出其中至少包括一名会计专业人士①。

需要注意的是，在2002年5月以后，我国平均每天都有十余家上市公司发布聘任独立董事的公告，这就意味着绝大多数上市公司都加快了物色独立董事的步伐，尽管上市公司对其所聘请的独立董事的知识结构和社会知名度普遍具有较高要求，但从知识结构上看，独立董事的受聘对象仍然主要是集中在会计、投资和法律等相关行业，持有注册会计师资格及从事会计研究工作的人士最受上市公司青睐，对证券市场和上市公司运作了解得比较透彻并且具有实践经验的专业人士、法律界人士也越来越多地出现在独立董事队伍中，这一迹象表明，上市公司对“独立董事”这一角色的认识已经更加趋于务实。除此之外，为了充分发挥独立董事的作用，有条件的上市公司所聘请的2～3名独立董事还比较注重其相互间的知识互补性。譬如，东方热电所聘请的三位独立董事中一位是国家热能工程领域的专家，一位是会计学教授，另一位则对金融和证券市场研究颇深②。

由此可见，上市公司推行设置独立董事举措的原始动因虽然并不主要是为了提高会计信息质量，但由于董事会成员的知识结构由

① 会计专业人士是指具有高级职称或注册会计师资格的人士。

② 唐薇：《独立董事队伍在壮大》，原载《证券时报》，见：中华财会网（www. e521. com），2002年6月5日。

此而发生的变化，随着高层次的会计专业人士越来越多地进入独立董事队伍的行列中，因为他们的专业特征所导致的对于公司决策问题的理解角度不同，必然会对公司决策的基础以及对外披露会计信息的质量产生一定的影响。贝斯莱在美国会计学会1995年度的获奖论文中的研究结论也表明，公司董事会中独立董事的比例显著地影响着虚假财务报告的发生率，独立董事越多，其虚假财务报告的发生率就越低（理财者，2002）。因此，我国有关法规所确定的独立董事成员遴选条件，即喻示着设置独立董事制度也是为了从另外一个角度在一定程度上抑制会计信息失真问题，从而提高上市公司会计信息的质量。

（三）依法有机地调整不同关系人的利益

我国上市公司独立董事制度的确立，也改变了股份公司董事会成员的利益结构，弥补了原来由国有资产管理部门、投资机构推荐或委派董事的缺陷和不足。我国《公司法》虽然在“股份有限公司的设立和组织机构”一章的92条和103条中，分别授予创立大会和股东大会“选举董事会成员”的职权。但由于没有具体规定董事的专业资格条件，而在实践中一般参照第68条国有独资公司董事“由国家授权投资机构或者国家授权的部门按照董事会的任期委派或更换”的规定，由股份有限公司发起人中的公司大股东按出资比例推荐或委派，从而导致了股东资本的多少直接决定了董事的任免，大股东通过股东大会决议操纵或左右董事会就不可避免，董事成为大股东在公司和董事会利益的代言人也就顺理成章。有些时候，公司股东会对董事的选举形同虚设，在实际上演变成为大股东按出资比例对董事的委派或者是一种利益上的均衡。独立董事制度的建立，改变了董事会内部的利益代表者的比例结构，使董事会决策职能被大股东控制的现象受到有效的制衡，因而对调整不同关系人的利益需要起到了一定的保证作用。

但也有专家指出（江平，2000），公司治理机构的模式从“股东中心主义”过渡到“董事会中心主义”是20世纪以来世界性的潮流，可我国《公司法》规定的现行公司治理结构是一种二元结构，即董事会、监事会同时存在并同时对股东大会负责，监事会代表股东大会对董事会及其成员、经营管理机构及其成员进行监督，以确保股东的利益与公司的长远发展。这种二元结构下的权力制衡是一种外部制衡，它与英美等国一元结构下的内部制衡有很大的不同，如果我们机械地把一元结构下的独立董事制度搬到我国二元结构下的董事会中来，就可能造成上市公司权力结构的功能越位，这就不但不能强化董事会的内部制衡，而且还可能弱化监事会的外部制衡。在这种治理结构下，如何使独立董事的基本职权得以履行，需要进行深入研究。事实上，如果不能从根本上解决独立董事信息不对称的问题，对其赋予再多的职责也只能是流于形式。

四、会计视角思考：我国独立董事制度完善的相应举措

（一）进一步明确独立董事的基本职权

按照国际的通行惯例，独立董事除了必须履行董事的一般职责之外，还兼有如下职责：（1）协助确保董事会考虑的是所有股东的利益，而非某一特定部分或团体的利益；（2）就公司战略、业绩、资源等问题做出独立判断，包括主要人员任命和操守标准；（3）检讨董事会和执行董事的表现；（4）在执行董事可能存在利益冲突时介入。海尔梅斯养老金管理公司强调，非执行董事的关键作用，是确保总裁和董事会作为一个整体集中精力使股东的长期价值最大化。为此，要求独立董事应当负起三个方面的责任：第一，是战备处的功能，在战略决策过程中导入他们的独立判断；第二，是专长的充分发挥，要求他们能够提供公司可能没有的技能和经验，这尤其适用于中小企业；第三，是治理功能，要求确保遵守最佳行为准则，参与新董事的任命和监督执行董事的行为。

我国自1998年开始在上市公司逐步引入了独立董事制度后，所发挥的作用并不理想，这其中的原因主要体现在三个方面：第一，是独立董事在董事会中属于弱势群体，在没有特别的赋权机制和行权机制的保障下，即使独立董事在人数上达到了1/3，也不能在董事会中起主导作用；第二，独立董事大多由社会名流担任，他们虽然在社会上有很高的知名度，但因所投入的精力以及其他原因所致，往往难以把握企业的发展方向和财务状况，在这种情况下，他们在董事会会议上也就不可能有分量很重的发言权；第三，由于独立董事大多为兼职，除了参加董事会会议，他们难得有时间来上市公司，因而对公司的经营状况和财务状况不熟悉，也就很难对改善公司营运状况提出建设性的和具体的意见与建议①。

为了解决这一问题并推动独立董事制度的推行，国家近年来所发布的有关法规也做了相应的规定。2002年1月7日由中国证券监督管理委员会、国家经济贸易委员会关于发布《上市公司治理准则》第三章“董事与董事会”中第五节“独立董事制度”第49条指出，“上市公司应按照有关规定建立独立董事制度。独立董事应独立于所受聘的公司及其主要股东。独立董事不得在上市公司担任除独立董事外的其他任何职务。”在第50条提出，“独立董事对公司及全体股东负有诚信与勤勉义务。独立董事应按照相关法律、法规、公司章程的要求，认真履行职责，维护公司整体利益，尤其要关注中小股东的合法权益不受损害。独立董事应独立履行职责，不受公司主要股东、实际控制人以及其他与上市公司存在利害关系的单位或个人的影响。”最近在中国证监会与国家经贸委公布的《关于进一步促进境外上市公司规范运作和深化改革的意见》中，明确提出了独立董事应当拥有的四大权力，即：独立董事所发表的意见应在董事会决议中列明；公司的关联交易必须由独立董事签字后方

---

① 韩志国：《上市公司更需要独立监事》，原载《上海证券报》，见：中华财会网（www.e521.com），2002年3月28日。

能生效；2名以上的独立董事可提议召开临时股东大会；独立董事可直接向股东大会、中国证监会和其他有关部门报告情况。这是国内第一次对独立董事的地位有了一个比较完整的说法，也是从法律规范的角度对独立董事基本职权的具体认证。但在我国现行的公司治理结构下，独立董事与监事会的各自职权究竟应当如何分工，各自应当在什么阶段的什么情况下发挥什么程度的监督作用，以确保上市公司会计信息的质量，还需要进行专门深入的研究。

（二）全面硬化独立董事履行职责的基本条件

詹森和麦克林（1998）认为，专业知识是代理人成本中所费很高的知识，由于其转换成本很高，无论是在经济活动中，还是在企业中，获得用于决策的专门知识，就要求把许多决策权分散化。这样的代理，反过来又发生了两个问题：一是权利的安排问题，即确定什么人应当行使决策权；二是控制或者代理问题，即如何保证自己的决策代理人按给定的组织目标来行使他们的决策权。实际上，F. A. 哈耶克是最早提出知识及其分工对经济有效运行具有重要意义的思想家，他认为，组织绩效取决于决策权威和有关这种决策的重要知识的匹配，“社会的经济问题主要是迅速适应特定时间和地点环境的问题，……那么，最终的决策必须由熟悉这些具体情况，直接了解有关变化，并知道资源可迅速满足他们需要的人来做出。”[①] 独立董事能否发挥其基本职能，主要取决于四个方面的因素：第一，是其职业综合能力，包括知识结构、专业背景、技术背景、工作经历、个人能力、敬业精神以及判断和决策能力，其能力的拥有程度要相当于别人合理地预期董事所应该具有的水平，预期其可以为提高董事会的集体决策能力做出贡献。第二，是专业知识结构。一般应当具有经济、技术、法律、财务、公司经营管理等某

① 转引自米切尔·C. 詹森、威廉·H. 麦克林：《专门知识、一般知识和组织结构》，（李凤圣等译）见（美）科斯、哈特、斯蒂格列茨等著，（瑞）拉斯. 沃因、汉斯. 韦坎德编：《契约经济学》，北京：经济科学出版社，1999年，第311页。

一方面或者几个方面的专业知识，特别是必须具备一定的会计专业知识，能够正确地理解和审查财务报告，并能够对会计信息的效度进行必要的判断。第三，是其个人品质信度。良好的品质是履行独立董事的重要条件。独立董事应严格遵守法律法规，不利用其在公司中的地位，做出有利于自己、损害公司的行为。第四，是其独立性，这种独立性主要体现在经济上的独立和人格上的独立，要求独立董事本人及其亲属必须与公司无关，既不是公司的雇员或前雇员，也不是公司的主要客户或供应商，更与公司或其管理层没有重要的财务或个人关系。从某种意义上讲，独立的内涵所强调是展示其持久的专业责任感与工作态度，特别是在压力之下，能够独立思考，提出独立的意见，在惠及全体股东利益的同时，能够对小股东的利益进行保护。独立董事要做到真正意义上的独立，就必须在公司中没有行政或管理上的责任，必须能够独立于公司管理层，并且除了董事薪酬外不从公司收取其他收益。在上述四个基本条件中，如果说前三个条件是独立董事履行其董事职责的基础的话，那么，第四个条件就是其履行的环境保障，离开了独立性的要求来谈独立董事履行职责，其结果只能是纸上谈兵，最后自然地演变成为“花瓶董事”或“人情董事”。

（三）充分考虑独立董事实施职责的监督成本

独立董事实施职责的监督成本是需要充分考虑的一个因素，它在某种意义上讲会影响到独立董事职能的发挥，这里面包括一个从不同侧面考虑问题的博弈。按照现行的有关规定，上市公司应当给予独立董事以适当的薪酬，其基本标准应当由董事会制定预案，股东大会审议通过，并在公司年报中进行披露。此外，独立董事不应从该上市公司及其主要股东或有利害关系的机构和人员取得额外的、未予披露的其他利益①。独立董事候选对象在接受委托担任独

---

① 中国证券监督管理委员会：《关于在上市公司建立独立董事制度的指导意见》的通知（2001 年 8 月 16 日，证监发［2001］102 号）。

立董事之前，除了有一个收入预期之外，他应当对接受委托担任董事的责任成本也有一个预期，而这些预期都应当是在最终能够形成契约的前提下出现。而对于准备选聘有关人员担任独立董事的公司来讲，它也有一个成本与收益的预期。在同样的选聘成本下，由于选聘对象在专业知识、资历和知名度上肯定会存在差异，必然导致不同公司的独立董事在设置效果上形成实际差异，这种差异反过来形成公司监督投资上的机会成本。在上述知识、资历和知名度三个影响因子中，由于其所具有的专业知识处于信息不对称状态，而且无法用尺度去检验，因此，公司必然会考虑这种问题，从而用契约来对独立董事的职责进行约束。如果对于拟选为独立董事的对象缺乏明确的契约约束，缺乏收入与成本上的预期，除了说明这种制度的不完善之外，还能够说明的一个问题就是，这种制度设计的本身也只是一种“花瓶”的考虑。而作为被选为担任独立董事的对象来说，他所要考虑的恐怕仅仅只是在不同企业所能提供的收入上考虑，而不会在其成本上有所顾虑。如果不是这样，在没有相关规范对这种行为进行约束的情况下，对于上市公司而言，选定独立董事的契约执行成本就会很高。

在挑选独立董事的过程中，选聘方与被聘方之间的信息不均衡有着它自己的经济函数，信息的不对称导致选聘成本的差异。选聘方愿意付出成本所需要购买的是相关专业人员所拥有的以一定方式感受到的大部分高级专业知识①，并以自己的判断为基础来确定聘用成本（薪酬或由此而延伸出来的股票期权等类似问题）。就受聘的独立董事而言，由于经济运行过程诸多因素的不确定性，他也许

① 之所以是大部分而不是全部专业知识，是因为每一个所从事的专业领域都是相对比较狭窄的，即使是知识面较宽的人，也许他对于某一领域里的知识是精通的，但对于另一方面的知识则是一般掌握和了解，而聘方对所选择的独立董事的知识范围预期上就会有一些差异，但这是必然存在的，因此，他所能购买的只能是一部分专业知识而不是全部，这也从另外一个侧面提出了聘用成本的确认基础问题。关于这一问题，深入一步的研究可以参考肯尼思．阿罗（1989）就信息与经济行为关系分析中相应论述。

会在几个企业中做出自己的选择[①]，以对自己承诺受聘某一个或几个企业独立董事行为的机会成本做出评估，从而做出自己的选择。从调动独立董事积极性的角度，让独立董事薪酬固定化明显是不合适的。可以考虑将独立董事的薪酬分为两部分：一部分是与其工作时间相联系的报酬；另一部分则是与其任职期间公司发展和效益相联系的，而这部分就可以考虑按照股票期权的激励机制进行操作。

（四）形成规范的独立董事选聘机制

《公司法》规定，董事由股东大会选举和更换，但对董事的提名方法和程序却没有做出规定。实际上，公司董事会的组成是几个大股东协商分配的结果。各大股东派出 1 名或数名董事，而中小股东、公众股东在董事会中没有代表。由于董事是由股东派出的，当公司利益与大股东利益矛盾时，他们站在大股东一边而不是公司一边，亦即全体股东利益一边。尽管《公司法》和《上市公司章程指引》规定，董事应当维护公司利益，即全体股东的利益，而不是某一部分股东的利益，董事要公平地对待所有股东，但是他们如果不这样行事，他们就会被派出的股东单位换掉。因此，董事只向其派出的股东负责而不是向全体股东负责的错误认识十分普遍，甚至成为大多数担任董事职务人员的共识和行为准则。据有关部门截止到2001 年5 月10 日为止的统计分析，在深沪两地上市的1206 家公司中：第一大股东持股比例超过66%的公司有177 家，占上市公司数的15%；超过 50% 的有 510 家，占上市公司数的 42%；超过37.5%的有 742 家，占上市公司数的62%；超过30%的有 888 家，占上市公司数的 74%。上述数字表明，我国 70%以上的上市公司有控股的股东。控股股东控制了股东大会，从而控制了董事会的选

① 做出选择的基础是国家有关法规应当限定一名专业人员所能够担任公司独立董事职位的最高限量，从理论上讲是应该加以限制，在现行体制下运作这一限制因子也是极为方便的。但目前有关法规中似乎还未见明确的提法，若这种状况任其蔓延，则会加大独立董事的聘用成本。

举。许多上市公司的控股股东通过其控制的董事会和股东大会，做出以侵害其他股东的利益为代价攫取不正当利益的行为，不断地从上市公司中“吸血”，直到上市公司被榨干，被 ST 为止①。

在我国，目前独立董事的人员构成，暂时还没有完整的资料进行研究与分析，但有一点是肯定的，那就是独立董事可能是某一方面的专家，或者是在某一个领域里有造就的人才，或者是某个领域里的知名人士。而企业在考虑独立董事的人选时，必然从两个不同的方面去考虑其效应。第一，希望能够选定确实可以履行独立董事职责的董事，包括其时间上的保证、完成专业任务所具有的专业知识上的保证、道德水平上的保证，以真正地履行独立董事的职责。第二，较多考虑的可能是对其职业声望的预期，即通过一种花瓶式的装饰来堵住其他股东的嘴。但是若从另外一个角度上分析，由于现在独立董事基本上实行是提名制，从理论上讲，每个股东都有权提名，但是一些中小股东进行股票投资活动的本质动机只是为了取得投机收益，并没有多少人去真正地关心企业的发展与未来，股市的飘忽不定带来这一部分股东投资取向上的变化，他们往往连正常的股东会议都不去参加，因此也不会去关心选谁来担任独立董事的问题。因此，对独立董事的提名往往最终是由大股东提出，囿于心理上与利益上的一种自然考虑，大股东所提出的独立董事人选自然会倾向于自己所熟悉的人士甚至是关系较近的人士，甚至是自己的朋友，按照这种机制所产生的独立董事在履行职责时的独立性当然就会打上折扣。为了解决这个问题，有专家和学者提出了各种不同的观点，有的认为应当实行推荐制和保荐制，有的认为应当实行自荐制与公开招聘制，现在的问题是，如果是采取前一种方式，能够对所推荐和保荐的独立董事人选有影响的必然是大股东，由他们所推荐的代理人是否能够代表大多数小股东的利益，值得研究。如果

① 《独立董事发挥作用的前提条件》，载“中国宏观经济信息网”，见中华财会网(www. e521. com)，2001 年 12 月 29 日。

是实行后一种制度，采取什么方式对抱着不同心理参与这一职业的人进行遴选与确定，怎样对其诚信与能力进行评价，也是一项极其复杂的工作。

为了推动我国上市公司独立制度选聘工作的规范化，中国证监会已经做了大量的工作，像建立独立董事人才库，实行独立董事的培训与考核制度等，有专家也提出了独立董事任职实行社会化或者职业化的方案，这些措施的实行，尽管其可能会对逐步完善我国刚刚起步的独立董事制度起到一定的作用，但是要真正地推行起来还任重而道远。

（五）建立独立董事工作绩效评价制度

按照《公司法》第 118 条的要求："董事应当对董事会决议承担责任。董事会决议违反法律、行政法规或者公司章程，致使公司遭受严重损失的，参与决议的董事对公司负赔偿责任。但经证明在表决时曾表明异议并记载于会议记录的，该董事可以免除责任。"虽然从目前的法律条款上看，对于因决策失误所导致的严重损失应当如何界定以及赔偿责任应怎样负担，《公司法》及其他相关法律并没有做出详细规定，因而对董事不履行职责的约束还只是一种软约束，但是，这种独立董事制度设计的本身还是为公司决策过程的科学性创造了条件。独立董事不是摆设，而是握有实际权利的董事，是企业最高决策层的一分子，与持有股权的董事在权利上是"平权"关系，在重大决策的投票中，独立董事这一票将越来越重要。

为督促独立董事尽职尽责，应当建立相应的独立董事工作绩效评估制度，以作为对其延聘、解聘、更换以及根据工作绩效调整其薪酬的基本依据。评估的主要内容应当包括：一是其积极参与和负责程度，看其是否以足够的时间和精力参加董事会的工作，出席董事会的会议是否做了认真的准备，在会议上是否积极地发表意见；二是其对董事会工作的贡献，即其是否勤勉工作，为提高董事会战略远见、经营决策水平做出了贡献；三是其正直和忠实程度，即其在履行职责中是否忠实地遵守了应有的客观、独立和公平原则；四是其专业水准；五是其团队精神。对所聘独立董事的工作绩效的评估工作，可以采用多种方式进行。既包括独立董事的自我评价，也需要由董事长、首席执行官、公司管理层和全体董事进行评估。通常对董事会和董事（包括独立董事）的评估，一年进行一次。董事的评估也可委托外部的专业机构进行，王成秋（2002）等提供的研究资料表明，在市场经济发达国家已经出现了专门靠对公司高层管理人员的经营绩效进行独立评估的机构，它们以类似于律师事务所的组织方式依赖市场化运作来谋求生存。此外，为了提高独立董事的工作绩效，除了要在《公司法》、《证券法》中明确独立董事的职权、义务外，成立“独立董事协会”或“独立董事事务所”之类的组织，对独立董事自身的行为加以规范就显得很有必要。

主要参考文献

［澳］杨小凯，黄有光．《专业化与经济组织》．张玉纲译．经济科学出版社，1999

［法］泰勒尔．《产业组织理论》．张维迎等译．中国人民大学出版社，1997

［美］米切尔·C. 詹森，威廉·H. 麦克林．专门知识、一般知识和组织结构．见（美）科斯，哈特，斯蒂格利茨等著，（瑞）拉斯．沃因，汉斯．韦坎德编．《契约经济学》．李凤圣等译．经济科学出版社，1999

［美］肯尼思．阿罗．《信息经济学》．何宝玉等译．北京经济学院出版社，1989

《理财者》编辑部．独立董事制度与公司财务管理．理财者，2002（3）

陈晓剑等．贵公司的董事会构成合理吗？中外管理，1999（10）

侯大同．上市公司独立董事运行问题探讨．《财务与会计》，2002（6）

江平．公司法从19世纪到20世纪的发展．见郭峰，王坚．公司法修改纵横谈．法律出版社，2002

梁能．《公司治理结构：中国的实践与美国的经验》，中国人民大学出版社，2000

刘俊彦．《财务管理机制论》，中国财政经济出版社，2002

王成秋，王松．独立董事制度与公司法人治理结构．财务与会计，2002（4）

吴宣恭．《产权理论比较》，经济科学出版社，2000

张维迎．所有制、治理结构及委托—代理关系．经济研究，1996（9）

张维迎．《企业的企业家—契约理论》，上海三联书店、上海人民出版社，1995

张维迎．《企业理论与中国企业改革》，北京大学出版社，1999

（本文刊于《会计研究》2003年第6期）

商誉会计研究八十年的扫描与思考*

商誉作为企业一项特殊的经济资源，它是一项看不见的无形资源，但却是一项对企业的现实收益与未来发展均产生重要影响的有形资源。它虽然是一项没有实物形态的企业资产，却又是企业可以时时感受到其无形力量的有形资产。也正因为其对企业发展所产生的特殊影响，商誉较早即引起了经济、法律和管理等相关领域学者的关注。但其进入会计理论与实务研究领域并作为一个专门的研究对象，则是在 20 世纪 20 年代以后。其中最有影响的研究成果之一，当推我国现代著名的会计学者杨汝梅（众先）先生于 1926 年 6 月在美国密歇根大学以商誉问题为主题完成的博士论文——《商誉及其他无形资产》（*Goodwill and other Intangibles*，中文译名为《无形资产论》）①。该书问世后的近八十年里，尽管现代会计理论

---

* 2006 年，是我国著名会计学者杨汝梅先生的名著《商誉与其他无形资产》（*Goodwill and other Intangibles*）问世八十年，特围绕商誉问题搜集了相关资料，撰成此文提交与“中国会计学会 2006 年学术年会”会议交流。本文写作过程得到 2004 级硕士研究生王彦斌、蔡晓颖、申慧慧、陈燕、李利与谭松等人在相关资料搜集方面的协助，蔡晓颖同学还承担了论文初稿中的文字与全部中外文献方面的校订工作。

① 杨汝梅（1899～1985），字众先，河北磁县人。1921 年毕业于北京铁路管理学院（先为北京铁路管理传习所，现为北京交通大学），后到美国密歇根大学留学并获博士学位。归国后曾任暨南大学商学院、香港中文大学商学院院长等职。该书原文名为“*Goodwill and other Intangibles*”，后由施仁夫等人译述后定名为《无形资产论》，1936 年由商务印书馆出版。1993 年 8 月，著名会计学家杨时展教授将该书选入其主编的《中华会计思想宝库（第一辑）》，并由中国财政经济出版社将该书进行了重印。此外，在 20 世纪 30 年代的中国会计界，还有一位杨汝梅（予戒）先生，他则以研究银行会计见长，曾编有《银行会计及实务》和《近代各国审计制度》等书，也分别由中华书局正式出版。

的发展经历了风风雨雨，尽管其内容也在不断地组合与发生着新的变化，但在目前已经形成的丰富多彩的会计理论体系中，无形资产与商誉问题仍然是重要的研究内容之一。不仅围绕着这一主题的研究成果颇丰，而且很多研究成果已经用于指导会计实践。本文试对这一过程做简要评述，并就商誉会计研究中若干值得我们思考和研究的问题做初步描述。

一、商誉会计研究：概念演进的历史溯源

20 世纪 20 年代中期以前，著名会计学者所著商誉论著较多，但均以研究商誉特征为主，而疏于研究其具体的会计处理方法。譬如，狄克西（Dicksee）、利克（Leake）等的专著，就侧重于研究商誉的法律特征及估价方法。由于不同学者对商誉研究的切入点不同，故其研究结论上就存在差异。1929 年，美国著名会计学家 J. B. 坎宁（John B. Canning）在《会计学中的经济学》（*The Economic of Accountancy*）中曾经指出："会计师、会计学家、经济学家、工程师和法律专家都曾试图从他们各自的角度对商誉定义，讨论其性质并提出计价方法。综观诸多论述，其显著的特征就是观点多，分歧大。"①

（一）商誉概念的出现

目前，有关"商誉"概念出现时间在学术界有两种说法。邓小洋（2001）据美国 Merriam-Webster 在线辞典（*M-W online Dictionary*）记载，"商誉（Goodwill）"产生于 12 世纪。它主要表示一般意义上的善意感觉与愉悦的满意感，以及商业意义上的超额收益。阎红玉（1999）的研究结论指出，"商誉"最早记录出现于 16 世纪

---

① John B. Canning. 1929. The Economic of Accountancy, The Ronald Press Company, New York, p. 38.

中后期。其依据是英国会计学家利克在《商誉：性质与如何估价》(*Goodwill: Its Nature and How to Value It*) 中指出，1571 年，在英国人的遗嘱中曾记载有这样的法律用语："我把我采石场的全部利益和商誉……都给了约翰·斯蒂文。"

（二）商誉概念内涵的变化

1. 法律意义上的商誉概念

1859 年，英国一法官对商誉的定义为："商誉意指旧企业从事经济活动中所取得的一切有利条件，包括地理位置、商号等有关的一切，以及与企业经营有联系，并由于它们能使企业受益的一切有利条件。"① 据记载，此概念曾在英国法庭上一直沿用至 20 世纪。

2. 会计学意义上的商誉概念

1888 年，英国的一篇学术论文中将商誉定义为"……一个企业由于其顾客所持的好感并可能继续光顾和支持而得到的利益和好处"，因此，它普遍被理解为能使企业获得更多收益的业主与顾客之间的友好关系②。1922 年，美国著名会计学家 W. A. 佩顿（W. A. Paton）教授在其名著《会计理论——兼论公司会计的一些特殊问题》(*Accounting Theory-With Special Reference to the Corporate Enterprise*) 一书中提出："从最广义的角度理解，商誉指的是未来超额收益的估计价值。"他认为从这一点出发全面理解商誉的含义就会容易一些，而理解商誉概念的第一步就要考虑"未来超额收益"的含义，这也许就是从会计理论角度较早对商誉问题所做的表述③。

---

① 阎红玉：《商誉会计》，北京：中国经济出版社，1999 年，第 2 页。

② 阎红玉：《商誉会计》，北京：中国经济出版社，1999 年，第 3 页。

③ "Goodwill, in the broadest possible sense of the term, indicates the estimated value of future excess income. This interpretation of goodwill gives a convenient starting point; and the first step in dealing with it involves a consideration of the phrase 'excess income'." W. A. Paton. 1922. Accounting Theory-With Special Reference to the Corporate Enterprise. The Ronald Press Company, New York, p. 313.

二、商誉会计研究：经典名著的结构与学术影响

（一）《无形资产论》的形成与出版

1926年12月10日，杨汝梅先生在将博士论文《无形资产论》整理成书并于1927年由纽约罗纳德出版公司（Ronald Press Company）公开出版的序言中，曾着重感谢了两位教授：一位是美国密歇根（Michigan）大学著名的经济学教授F. M. 泰勒（F. M. Taylor），他主要是指导其关于商誉研究的经济学原理与法律观点；另一位则是蜚声中外的著名会计大师、密歇根大学的终身教授、曾任美国大学会计教师学会（美国会计学会前身）会长并参与创办了《会计评论》（*Accounting Review*）杂志且被首批列入美国俄亥俄州立大学会计名人堂（The Accounting Hall of Fame）的威廉·安德鲁·佩顿（William Andrew Paton）教授，他主要是指导其从会计角度加深对商誉问题的认识。近几十年，尽管国外有关商誉问题的研究著述较多，但影响最大的可以说仍然是《无形资产论》一书。该书作为一本享誉中外会计学界有关商誉问题的奠基性著作，不仅对后人在这一领域里的研究产生了很大影响，而且书中的主要观点还得到了大多数会计学者的认同。

（二）《无形资产论》的核心观点

杨汝梅（1936）先生在《无形资产论》一书中，对商誉这一特殊资产做了全面深入地分析与研究，并做了四个角度的精辟阐述。第一，是关于商誉的范围。该书指出，凡足以使一企业产生一种较寻常收益为高之收益者，均可称之为商誉。第二，是关于商誉的特征。该书归纳为四个主要方面：商誉是企业中的特殊亲善之结果；商誉具有持久性；商誉有转让之可能性；商誉可以货币之计量性。第三，是关于商誉的形成因素。该书中认为其与“制造上之商

誉”、“企业信用之关系”以及“理财上商誉之流动性”有密切的关系。第四，是关于商誉的性质。该书中指出其可以归结为五个要点：因企业内部人事上的良好关系而产生的特定价值；其存在较久且价值较为稳定；可以转让；在转让之际它可以用货币度量；从广义上看，它则是企业中由于一切组织制度完善及管理得法所获得的利益。杨汝梅先生的上述观点，可以说是为后人认识商誉的性质奠定了一个认识观念上的理论基础。需要特别指出的是，杨汝梅先生在该书中着重强调了商誉形成原因的多位性以及与其他无形资产和有形资产的使用状况相联系的问题，所以在描述每项无形资产的内容时，无不将其与商誉联系起来进行讨论，这种全方位地研究商誉的方法，对我们今天全面认识商誉的性质具有一定的指导意义。

（三）《无形资产论》的基本结构

经过编译后的杨汝梅先生的《无形资产论》一书共设九章，大体上可以划分为三个大的部分。其基本结构与主要内容如下：

1. 有关商誉概念与性质方面问题的研究

设有两章。第一章“总论”，主要讨论了两个方面的问题：无形资产之一般定义；无形资产之特质。第二章“商誉之性质”，主要讨论了两个方面的问题：商誉之经济特质，书中将其概括为商誉为企业中特殊亲善之结果、商誉之持久性、商誉必有转让之可能性、商誉必可以货币衡量；商誉范围之扩大，书中讨论了制造上之商誉、商誉与企业信用之关系、商誉之广义解说、制造上商誉之转让性、理财上商誉之转让性。

2. 有关商誉形成影响因素方面问题的研究

共设三章。第三章“商誉与企业收益之关系”，主要讨论了四个方面的问题：概说；销售上之商誉；制造上之商誉；理财上之商誉。第四章“其他无形资产及其与商誉之关系”，主要讨论了四个方面的问题：商标及商号；继续价值；营业特许权；专利权、版权及商业秘诀。第五章“商誉与额外收益能力之关系”，主要讨论了三个方面的问题：商誉之广义诠释；额外收益分属之困难；商誉之收益与各种特权收益。

3. 有关商誉会计处理方面问题的研究

共设四章。第六章“非购入无形资产之处理办法”，主要讨论了四个方面的问题：非购入无形资产应否入账；资产之会计价值与处理无形资产之关系；不确定与不稳定价值不应当视做资产之理由；无形资产作为一种差异价值之处理法。第七章“各种非购入无形资产之分析”，主要讨论了四个方面的问题：商誉；商标及商号；专利权版权及商业秘诀；营业特许权。第八章“购入无形资产之性质及处理方法”，主要讨论了四个方面的问题：购入无形资产之性质；购入无形资产之涨价与折价；摊提折旧之方法；无形资产折旧之性质。第九章“合伙公司改组时无形资产之处理”，主要讨论了三个方面的问题：合伙改组时无形资产之处理；合伙改组公司及公司合并时无形资产之处理；合并资产负债表中无形资产之处理。

（四）《无形资产论》出版后的学术影响

杨汝梅先生的《无形资产论》作为一本享誉中外会计学界有关商誉问题的扛鼎之作，其中所表达的学术观点对后人研究同类问题的影响是深远的。尽管后来随着经济环境、科技环境与法律环境的变化，人们对于商誉本质的认识也不断深入，但从相关文献的论述中仍然可以找到当时杨汝梅先生所表达的原始观点的痕迹。

1. 20 世纪 30 年代对商誉的研究

1922 年，W. A. 佩顿教授曾经主编了在美国会计学界享有盛名的《会计师手册》（*Accountants' Handbook*）一书①，在其1933年出版第2版时，所撰写的第十四部分“无形资产”，就比较全面地接受了杨汝梅在《无形资产论》中有关商誉问题的研究成果，并以其观点为主体对无形资产和商誉问题进行了全面介绍。该部分包括六个主题：无形资产的类型与特点；商誉的性质、持续价值（Going Value）和营业特许权（Franchise）；无形资产的性质；无形资产的成本及其处理；商誉与其他无形资产的估价；无形资产的确认与摊销等。在“商誉的性质和持续价值”这一核心内容中，主要涉及了商誉的性质、销售商誉、制造商誉、理财商誉以及持续价值等相关问题（W. A. Paton，1922）。由此而对《无形资产论》一书中关于商誉及无形资产理论的传播起到了重要推动作用。

2. 20世纪40年代对商誉的研究

1940年，在W. A. 佩顿和A. C. 利特尔顿（Ananias Charles Littleton）合著的《公司会计准则导论》（*An Introduction to Corporate Accounting Standards*）中，在第五章“收益”的“无形资产成本”部分，对商誉的确认成本、商誉的资本化、商誉成本的摊销方法等问题表达了他们认识的同时，也吸收了杨汝梅《无形资产论》中的有关学术观点（W. A. 佩顿，2004）。

3. 20世纪60年代对商誉的研究

这一时期有影响的著作主要有三本：

（1）亨德里克森的《会计理论》中对商誉性质的研究。1965年，由美国华盛顿州立大学埃尔登·S. 亨德里克森（Eldon S.

---

① W. A. 佩顿（W. A. Paton）主编的《会计手册》（*Accountants' Handbook*）第1版由罗纳德印务公司（The Ronald Press Company）1922年正式出版，同时出版的还有罗伯特·希斯特·蒙哥马利（Robert Hiester Montgomery）主编的《财务管理手册》（*Financial Handbook*）和L. P. 阿勒福德（L. P. Alfordy）主编的《制造成本手册》（*Cost and Production Handbook*），共三本工具书。

Hendriksen）教授在其所著的《会计理论》（*Accounting Theory*）一书中，就专门讨论了有关商誉性质与核算方面的理论问题。该书中曾从会计角度对商誉的性质做了以下三种解释：一是对企业好感的价值；二是预期未来利润超过不包括商誉的总投资的正常报酬部分的价值；三是反映企业总价值超过各个有形或无形资产价值差价的总计价账户。按照他的前两种解释，商誉即可看做具有自身特性的一项单独资产，按照其第三种解释，商誉就可看做是一个综合性极强的计价账户。在亨氏的解释中，除了沿用杨汝梅先生所谈到的商誉形成中的"人缘"或"行为"因素外，重要的是从量化的角度为如何确定商誉的价值奠定了理论基础。亨氏在论及商誉的性质时，虽然也表达了其大多数属性是依附于有形资产和其他无形资产这一观点，但从联系的角度来谈商誉的形成原因及影响程度似乎着墨不足（埃尔登·S. 亨德里克森，1987）。

（2）美国会计学会的《基本会计理论》中对商誉计量的观点。1966 年，美国会计学会（American Accounting Association，简称 AAA）发布的研究报告——《基本会计理论》（*A Statement of Basic Accounting Theory*，即著名的 ASOBAT），所提出的许多思想或者观念对当时及后来会计原则和准则的发展产生了极大的影响，不少内容被 APB 和 FASB 所认可和采纳。在该报告第五部分"会计理念的扩展"中，就对商誉计量成本的选择问题表达了看法，认为除历史成本之外，对于因企业收购行为而入账的商誉未摊销的部分可以按一般物价指数进行调整（AAA，1966）。

（3）卡特利特和奥尔森的《商誉会计》中对商誉构成要素的观点。1968 年，美国注册会计师协会（American Institute of Certified Public Accountants，简称 AICPA）下属会计研究分部（*The Accounting Research Division*）在其发行的《会计研究论文集》第十辑（*Accounting Research Study* №. 10，New York，AICPA）中，就收入了由乔治·R. 卡特利特（George R. Catlett）和诺曼·O. 奥尔森（Norman O. Oisen）所撰的专题研究报告——《商誉会计》（*Accounting for*

Goodwill)。据有关资料记载，该报告对商誉会计问题进行了比较全面的研究，但其很多重要观点均源于杨汝梅先生的《无形资产论》和W. A. 佩顿教授所主编的《会计师手册》一书中有关“商誉和无形资产”的内容。该书将组成商誉的要素归结为15项：杰出的管理队伍；优秀的组织；竞争对手管理上的弱点；有效的广告；秘密的工艺技术或配方；良好的劳资关系；优秀的资信级别；领先的员工训练计划；在社会上较高的地位；才能或资源的发掘；优惠的纳税条件；有利的政府政策；与其他公司良好的协作关系；占有战略上有利的地理位置；竞争对手的不利发展（蔡继明等，2002）。上述观点可以说是对杨汝梅先生的商誉形成原因观点的发展。

4. 20世纪70年代对商誉性质的认识。

在H. 福克和L. A. 高顿所著的《不完全市场及商誉的性质》中，将商誉的构成因素拓展至四类17项：A类因素——增加短期现金流量。包括7项内容：生产的经济性；筹集更多的资金；现金准备；较低的资金成本；降低存货持有成本；避免交易成本；税收优惠。B类因素——稳定性。包括3项内容：保证供应；减少波动；与政府的良好关系。C类因素——人力因素。包括5项内容：管理才能；良好的劳资关系；良好的培训计划；组织结构；良好的公众关系。D类因素——独特性。包括2项内容：接触和使用某些工艺技术和技术；商标（蔡继明等，2002）。

5. 20世纪80年代对商誉性质的认识

在美国的基索（D. E. Kieso）和卫根特（J. J. Weygrandt）两位教授在所合著的《中级会计》一书中，曾将商誉的性质概括为两个方面：一是它代表净资产的获取代价与其公允价值之间的差额；二是它代表企业高于社会平均水平的盈利能力。可见两教授所持之观点与前述亨氏之看法基本一致，只是更加注重了从定量的角度来确认商誉的问题，从而体现了学术研究上的延续性（许家林，1997）。

（五）《无形资产论》在我国的传播

1.《无形资产论》的引入与重印

1936年，"*Goodwill and other Intangibles*"的英文原版经施仁夫、胡宝昌和莫启欧三位先生编译后，以《无形资产论》为名，由商务印书馆出版发行。1993年8月，著名会计学家、中南财经政法大学杨时展教授将该书与蔡锡勇先生1905年出版的《连环账谱》、谢霖和孟森两先生1907年合著出版的《银行簿记学》一起，选入由其主编的《中华会计思想宝库（第一辑）》，由中国财政经济出版社将该书进行了重印发行。由此可见该书的学术价值及其在会计学者心目中的学术地位。

2. 我国会计前辈对《无形资产论》的评价

《无形资产论》中文版的印行，曾引起学界的高度关注，下面三位著名会计学者对该书在国内初版与再版时的评语体现了对该书学术价值的高度认同：

（1）潘序伦先生的评价。被誉为"中国现代会计之父"的潘序伦先生在《无形资产论》1936年版的序言中指出："杨众先博士前在美国著有《无形资产论》一书，对于一切无形资产之性质及其会计处理之方法，分析至为详尽。其论无形资产之性质也，既将其与企业收益之关系详为阐明，复将其含义之演变情形细为释述。其论无形资产之会计处理方法也，一以会计学之本质为依据。故其立论之精审，无与伦比，欧美学者久已奉为圭臬。即会计名家派登氏（W. A. Paton），在其所编会计大全（Accounting' Handbook）一书中，亦数数引用其议论焉。"①

（2）杨时展教授的推荐。中南财经政法大学的杨时展教授在《中华会计思想宝库（第1辑）》"总序"中指出：杨汝梅先生《无

---

① 杨汝梅原著、施仁夫等评述：《无形资产论》，商务印书馆，1936年，序。

形资产论》一书中的“不少见解，在佩顿教授主编的《会计师手册》1934年再版时，曾和当时会计界的泰斗罗伊·伯纳德·凯斯特（Roy Bernard Kester）、亨利·兰德·哈特菲尔德（Henry Rand Hatfield）等人的作品一起，多次有时乃至成段地引用。在美国纽约大学比弗（R. P. Brief）教授编辑的再版系列经典名著中，这部专著也被列在其中”①。

（3）李鸿寿教授的评论。上海财经大学李鸿寿教授在再版《无形资产论》时封底所附评论中也指出：“杨汝梅（众先）先生在美国编写出版了一本《无形资产论》，可译为《商誉和其他无形资产》，在美国会计界奉为关于无形资产的唯一专著。美国密西根大学会计学教授派登对此书有高度的评价。……从1933年到1947年，十几年中世界上还没有研究无形资产超过杨氏者，这的确是中国会计界足以引为自豪的。因此，我认为杨汝梅先生是我国会计界闻名世界的巨星。”②

（六）《无形资产论》的一点遗憾

由于本书系于1936年由施仁夫等据英文原版编译而成，可能由于篇幅等其他原因，在编译时删去了文中有关的“美国法律”部分，同时也删去了原书中之注释与参考文献等文献信息，故对书中所提部分文献与观点无从查考，是为遗憾之事。

三、商誉会计研究：理论成果在现代会计准则中的体现

（一）商誉会计问题在美国会计准则中的体现

由于美国会计界对商誉问题的研究由来已久，因此，其不同时期

① 杨时展：《中华会计思想宝库》（总序）（1993），见：沈如琛选编：《杨时展论文集》，北京：中国财政经济出版社，1998年，第233页。

② 杨时展：《中华会计思想宝库》（第1辑）——《无形资产论》（杨汝梅原著、施仁夫等评述，1936），北京：中国财政经济出版社，1993年，封底。

的研究成果均以一定形式体现于有关会计组织编辑发布的文献之中。汪祥耀等人（2002）的研究指出，在1918～1929年间，美国的有关公司开始对自创商誉进行资本化，但随意性较强。1930～1944年，公司一般仅将外购商誉作为商誉加以记录，这种实务逐渐演变成为一种主流。据粗略搜集，近几十年来所形成与商誉核算相关的文献主要有：

1. CAP的两份研究公报

AICPA下属的会计程序委员会（Committee on Accounting Procedures，简称CAP）发布了两号相关的“会计研究公报”（Accounting Research Bulletins，简称ARB）：一是1944年发布的第24号会计研究公报，指出对商誉只能采用历史成本进行计价。二是1953年发布的第43号会计研究公报，规定了有关商誉的摊销等问题。

2. APB的两份意见书

AICPA下属的会计原则委员会（Accounting Principles Board，简称APB）于1970年8月发布了两份相关的“会计原则委员会意见书”（APB Opinions），其中部分内容涉及与商誉会计核算与披露相关的问题：一是第16号意见书——《企业合并》（*Business Combinations*）；二是第17号意见书——《无形资产》（*Intangible Assets*）。

3. SEC的两项规定

美国证券交易委员会（Securities Exchange Commission，简称SEC）在其发布的相关规定中也曾涉及商誉问题。1985年，SEC发布了第42A号《员工会计公报》（*Staff Accounting Bulletin No. 42A*），规定金融机构可接受的最大商誉摊销年限为25年。1991年，SEC规定缩短高新技术公司在兼并中所确认商誉的摊销期，大多数情况下仅允许摊销期限为3年。

4. FASB 的三项准则

美国财务会计准则委员会（Financial Accounting Standards Board，简称 FASB）发布了三项与商誉核算直接相关的“财务会计准则公告”（Statements of Financial Accounting Standards，简称 SFAS）。需要指出的是，FASB 于 1973 年成立后，在直至 20 世纪 80 年代初的这段时间内，美国对商誉与无形资产问题的研究成果似乎较少，直到 20 世纪 90 年代，其研究成果才开始在有关准则中有所体现①：

（1）《SFAS121——长期资产的减值、处置的会计处理》。该准则于 1995 年 3 月发布，1995 年 12 月 15 日后开始的会计年度生效。它主要就长期资产、特定可辨认无形资产及与企业所拥有、与使用资产相联系商誉的减值、长期资产和特定可辨认某些无形资产的处置问题做了规定。

（2）《SFAS141——企业合并》。该准则于 2001 年 6 月公布，对 2001 年 6 月 30 日以后的企业合并生效。该准则建立了企业合并的会计处理和报告标准，取代了《APB 意见书 16 号——企业合并》和《SFAS38——被购企业被购前或有事项的会计处理》。本准则要求所有符合本准则范围要求的企业合并均使用购买法。该准则由准则文本和 A、B、C、D、E、F 六个附录所构成。在该准则正文中，特别就购买法下商誉价值的确认标准问题（第 43 段）、“所购商誉和其他无形资产的会计处理”问题（第 47 段）和商誉“在财务报告中的披露”问题（第 52 段，附录 B202 ~ 207 段）等做了明确规定。

（3）《SFAS142——商誉与其他无形资产》。该准则于 2001 年 6 月公布，对 2001 年 12 月 15 日以后开始的会计年度生效。该准则

① FASB 的资料主要参阅：美国财务会计准则委员会发布：《美国财务会计准则》（上、中、下），王世定等主译，经济科学出版社，2002 年；美国财务会计准则委员会发布：《美国财务会计准则》（141 ~ 142 号）：企业合并、商誉与其他无形资产，李明等译，北京：经济管理出版社，2005 年，第 24 ~ 26 页、第 167 ~ 186 页、第 218 ~ 271 页。

提供了在取得商誉和其他无形资产时的会计处理标准，且替代了《APB意见书17号——无形资产》。该准则由准则文本和A、B、C、D、E、F六个附录所构成。在该准则正文的第18段至第60段（本准则共60段）中，用大量的篇幅，提供了关于商誉的确认、计量、记录和在财务报表中披露的具体问题与具体要求。并在附录B60~170段、附录B190~194段、附录B197~213段、附录B216段和附录B220~221段中，对具体细节与要求进行了说明。

（二）商誉会计问题在英国会计准则中的体现

1. ASC发布SSAP22——《商誉会计》

英国是较早对商誉问题制定专门规范的国家[①]。1980年，英国会计准则委员会（Accounting Standard Committee，简称ASC）首先发布了一份关于《商誉会计》的讨论稿（*A Discussion Paper*：*Accounting for Goodwill*）。1982年12月，ASC发布了第30号征求意见稿（ED30）——《商誉会计》。1984年12月，ASC发布了第22号标准会计实务公告（Statements of Standard Accounting Practice，简称SSAP22）——《商誉会计》，其中规定对外购商誉可采用以下两种会计处理方法：（1）将商誉直接从储备金中冲销；（2）将商誉确认为一项资产，然后按系统的基础将之摊销，并计入各期损益中。SSAP22将前一种方法作为首选方法。1988年1月，ASC发布了《执行SSAP22的评估》，提出制定新的准则并以此取代SSAP22的计划。主要原因是：（1）直接冲销储备金的方法已不再符合国际惯例，修订后的IAS22——《公司合并》也已经禁止采用该法；（2）无形资产与商誉逐渐分开的实务日益增多，有必要单独对无形资产的会计作出规

① 以下有关英国的资料主要参阅：孙又奇等编译：《国际财务会计与会计准则》，北京：中国物资出版社，1993年，第453页；赵威：《国际会计法理论与实务》，北京：中国政法大学出版社，1995年，第261页；汪祥耀等：《英国会计准则研究与比较》，上海：立信会计出版社，2002年，第198~199页、第253~254页、第263页、第265~266页、第295页、第297页、第308~340页、第462~466页。

范；(3）商誉和其他通过企业合并产生的无形资产具有相似性，可同时加以考虑。1990年，ASC发布了第47号征求意见稿（ED47）——《商誉会计》和第52号征求意见稿（ED52）——《无形资产会计》，建议应对商誉与无形资产分别予以确认并在它们的估计使用年限（一般为20年，最长绝对不超过40年）内进行摊销。但上述建议受到了大多数人的反对。反对者认为，当大量的资金被花费在保持和增加被购买企业的价值上时，要求在一个主观设定的期间内摊销这项投资的一个重要部分是没有任何经济意义的。但英国《公司法》却要求对商誉进行摊销。于是，对商誉是否摊销、采用什么方法进行摊销以及采用什么样的摊销期限等，均成为争论的焦点。

2. ASB发布FRS10——《商誉与无形资产》

1990年8月，英国会计准则理事会（Accounting Standards Board，简称ASB）成立，它代替ASC继续制定英国的《财务报告准则》(Financial Reporting Standard，简称FRS)。1993年，ASB发布了一份关于《商誉与无形资产》讨论稿（*A Discussion Paper*：*Goodwill and Intangibles*)。针对“商誉摊销”这一焦点问题，ASB综合各种意见，提出了六种备选方案：(1）将商誉确认为一项资产，并在一定期间内予以摊销；(2）将商誉确认为一项资产，并进行年度减值检查；(3）将以上两种方法合并运用，但是第二种方法仅是在商誉的经济使用年限超过20年并变得不确定的特殊情况下采用；(4）将商誉直接从储备金中冲销；(5）建立一个单独的商誉转销储备金，并将商誉从该储备金中直接冲销；(6）转为单独的商誉转销储备金，每年对其可收回性以及计入损益的减值进行检查。ASB提出的上述方案受到了广泛的关注，有关人士对此展开了充分的讨论，并提供了许多有益的建议。这些建议最终成为第12号财务报告准则征求意见稿（FRED12）以及第10号财务报告准则征求意见稿（FRS10）中关于商誉会计处理的基础。1997年12月23日，ASB正式发布了从1998年12月23日起开始生效的FRS10——《商誉与无形资产》，并以此取代了SSAP22——《商誉会计》。FRS10适用于所有旨在真实和公允地向报表使用者提供某一时日财务状况以及特定时期内的损益情况的会计信息的报告主体。FRS10主要由概述、准则正文以及五个附录三大部分组成，其中正文部分又由目的、定义、范围、商誉与无形资产的初始确认、商誉与无形资产的摊销、商誉与无形资产的减值、重估价与过去损失的恢复、负商誉、披露等内容所组成。

3. ASB发布FRS11——《固定资产和商誉的减值》

ASB于1998年7月正式发布了FRS11——《固定资产和商誉的减值》，对有关固定资产和商誉减值的会计处理做出了规范，并从1998年12月23日起开始生效，其中主要涉及关于商誉减值的认定、商誉减值损失的确认和计量、可变现净值的计算、使用价值的计算、减值损失的分配、现金流量的随后监测、已发生减值的恢复、呈报和披露等问题。

4. ASB发布的其他准则中对商誉问题的规定

ASB于1992年7月发布的FRS2——《附属企业会计》中，涉及因收购而产生的与该附属企业有关的商誉问题。ASB于1994年9月发布的FRS6——《收购与兼并》中，涉及收购与兼并价值差异的商誉处理问题。ASB于1994年9月发布的FRS7——《购买会计中的公允价值》中，涉及商誉或负商誉的确认问题。ASB于1997年11月发布的FRS9——《联营与合营》中，涉及到商誉确认与计量问题等。

5. ASB发布《小型报告主体财务报告准则》对商誉问题的规定

由ASB发布并于2000年3月生效的《小型报告主体财务报告准则》，在现在仍然生效的18项内容中，在第三项“损益表”中关于处置损益和第五项“固定资产”中，也涉及关于商誉确认与计量的相关规定。

（三）商誉会计问题在其他国家会计准则中的体现

1. 澳大利亚

澳大利亚会计准则理事会（Australian Accounting Standards Board，简称 AASB①）1996 年 6 月发布的澳大利亚会计准则（Australian Accounting Standards，简称 AAS）第 18 号——《商誉会计》，对商誉会计的有关问题做出了具体规定。AASB18② 将商誉定义为不可辨认资产的未来利益，其中“不可辨认资产”是指那些既不能单独辨认又不能单独确认的资产（汪祥耀，2002；孙又奇等，1993）。

2. 加拿大

加拿大特许会计师协会（Canadian Institute of Chartered Accountings，简称 CICA）于 1999 年 9 月发布的《企业合并》准则征求意见稿中，明确提出“收购成本大于分配给收购的可辨认资产减负债的余额的总和之后的差额，将作为资产确认，这项资产通常称为商誉。被收购可辨认的无形资产不能可靠计量的，也应包括在商誉中记录”③。

3. 肯尼亚

据有关资料披露（孙又奇等，1993），《商誉会计》也曾列为非洲国家肯尼亚采纳的会计标准之一。

（四）商誉会计问题在国际会计准则中的体现

国际会计准则委员会（International Accounting Standard Commit-

---

① 1991 年前为澳大利亚会计研究基金会（Australian Accounting Research Foundation，简称 AARF）。

② 2005 年开始将 AAS 统一编号为 AASB。

③ 邓小洋：《商誉会计论》，上海：立信会计出版社，2001 年，第 127～146 页。

tee，简称 IASC）自 1973 年成立以后，曾经发布了一系列有关商誉与无形资产的国际会计准则（International Accounting Standards，简称 IAS）。有关内容主要体现在三个相关的准则中①：

1. 商誉会计问题在《企业合并》准则中的体现

IAS22——《企业合并》于 1983 年 11 月批准生效后曾多次修改，1998 年 12 月，IASC 发布了修改后的 IAS22，并确定其对报告期自 1999 年 7 月 1 日或以后日期开始的年度财务报表生效。该准则的目的是对企业合并的会计处理做出规定，涉及确定购买成本，将该成本分摊于被购企业的可辨认资产和负债，以及对购买时和购买后形成的商誉或负商誉进行会计处理，并在第 41 ~ 91 段中对合并商誉及负商誉的确认与披露问题进行了规范。

2. 商誉会计问题在《无形资产》准则中的体现

1998 年 10 月，IASC 发布了修订后的 IAS38——《无形资产》，该准则对报告期自 1999 年 7 月 1 日或以后日期开始的财务报表有效。该准则的目的是对没有在其他国际会计准则中特别涉及的无形资产的会计处理进行规范，准则中要求企业仅在满足特定条件时才确认无形资产。本准则也对如何计量无形资产的账面金额做了规定并就无形资产的特定披露提出了要求，并在第 36 ~ 38 段中对自创商誉的确认问题进行了规范。

3. 商誉会计问题在《资产减值》准则中的体现

1998 年 7 月，IASC 发布了《IAS37——资产减值》，该准则对报告期自 1999 年 7 月 1 日或以后日期开始的财务报表有效。该准则目的是确保将适当的确认标准和计量基础运用于准备、或有负债

① 有关 IASC 的内容主要参见：国际会计准则委员会发布：《国际会计准则（2002）》，中国会计准则委员会译，北京：中国财政经济出版社，2003 年，第 370 ~ 377 页、第 572 页、第 577 页、第 673 页、第 700 页。

和或有资产，并确保在财务报表的附注中披露充分的信息以让使用者能够理解它们的性质、时间和金额。在第 79～83 段中对商誉减值的确认与分摊问题进行了规范。

（五）商誉会计问题在中国会计制度体系中的体现

1. 商誉会计问题在《企业会计准则——基本准则》中的规范

在财政部 1992 年 11 月 30 日发布并于 1993 年 7 月 1 日实施的《企业会计准则》中，对商誉问题做了两个方面的规定（财政部，1999）：（1）明确规定商誉属于无形资产的范畴。第三十一条指出："无形资产是指企业长期使用而没有实物形态的资产，包括专利权、非专利技术、商标权、著作权、土地使用权、商誉等。"（2）对无形资产的会计确认、计量与披露等会计处理问题提出了原则要求。由于未加限制性说明，因此，也可以理解为是包括商誉。第三十条规定："购入的无形资产，应当按实际成本记账；接受投资取得的无形资产，应当按照评估确认或者合同约定的价格记账；自行开发的无形资产，应当按开发过程中实际发生的支出数记账。各种无形资产应当在受益期内分期平均摊销，未摊销余额在会计报表中列示。"同时发布的《企业财务通则》对无形资产（包括商誉）的范围与成本分摊问题也做了相应的规定。但财政部于 2005 年 6 月 2 日发布的《企业会计准则第××号——基本准则》（征求意见稿）中，则采取了将无形资产的具体内容放到具体准则中去规范的处理原则，因此并没有涉及商誉问题①。故在 2006 年 2 月 15 日财政部重新发布修订后的《企业会计准则——基本准则》中，再没有涉及商誉会计问题②。

① 财政部．关于印发《企业会计准则第××号——基本准则》（征求意见稿）的通知，http://www.casc.gov.cn/，2005-06-3。

② 《企业会计准则》，北京：经济科学出版社，2006 年，第 1～6 页。

2. 商誉会计问题在《企业会计准则第6号——无形资产》中的规范

在财政部2001年1月18日发布的《企业会计准则——无形资产》中，对商誉问题做了三个方面的规定（财政部，2001）：（1）合并中的商誉核算问题单独规范，即“2. 本准则不涉及企业合并中产生的商誉。”（2）商誉属于不可辨认的无形资产，即“3. 本准则使用的下列术语，其定义为：无形资产，指企业为生产商品、提供劳务、出租给他人，或为管理目的而持有的、没有实物形态的非货币性长期资产。无形资产可分为可辨认无形资产和不可辨认无形资产。可辨认无形资产包括专利权、非专利技术、商标权、著作权、土地使用权、特许权等；不可辨认无形资产是指商誉。”（3）不确认自创商誉，即“7. 企业自创商誉不能加以确认”。2006年2月15日，财政部重新发布的《企业会计准则第6号——无形资产》中，规定“企业合并中形成的商誉，适用《企业会计准则第8号——资产减值》和《企业会计准则第20号——企业合并》”。在第十一条中还规定“企业自创商誉以及内部产生的品牌、报刊名等，不应确认为无形资产”①。

3. 商誉会计问题在《企业会计准则第20号——企业合并》中的规范

在财政部2005年7月19日发布的《企业合并》（征求意见稿）中，有关合并中的商誉问题做了四个方面的规定②：（1）关于商誉确认问题。第十七条要求“在购买日，购买方的合并成本大于确认的各项可辨认资产、负债公允价值净额的差额，确认为商誉”。（2）关于商誉摊销方法问题。第十七条要求“商誉应按企业消耗

① 《企业会计准则》，北京：经济科学出版社，2006年，第29页。
② 财政部：关于印发《企业会计准则第××号——企业合并》等会计准则征求意见稿的通知，http://www.casc.gov.cn/，2005-07-19。

该项资产产生经济利益的方式，在预计使用期限内采用系统、合理的方法摊销。如果无法可靠地确定商誉所产生经济利益的消耗方式，应采用直线法按不超过10年的期限摊销。”（3）关于商誉减值的计量问题。第十七条要求“会计期末，企业应对商誉按照《企业会计准则——资产减值》进行减值测试，计算确定其减值金额。商誉计提减值准备后，应当按照扣除减值准备后的账面价值与预计使用年限，重新计算以后各期的摊销额。”（4）关于商誉信息披露问题。第二十一条要求“非控制下的企业合并，购买方应当在合并当期的财务报表附注中披露：……（九）合并中商誉及其价值的具体确定方法，当期摊销计入损益的金额及确定商誉减值的方法、计提减值准备的金额。”2006年2月15日，财政部发布的《企业会计准则第20号——企业合并》中，做了两个方面的规定：在第三章“非同一控制下的企业合并”中，第十三条规定“（一）购买方以于债券中取得的被购买方可辨认净资产公允价值份额的差额，应当确认为商誉”；第四章“披露”中，第十九条要求披露“（七）商誉的金额及其确认方法”①。

4. 商誉会计问题在《企业会计准则第8号——资产减值》中的规范

在财政部于2005年7月19日发布的《资产减值》（征求意见稿）中，“第六章——商誉减值的测试与处理”所规范的主要内容有②：（1）规定了商誉减值的测试时间。第十七条要求“企业合并所形成的商誉，每年至少进行一次减值测试。商誉难以独立于其他资产为企业单独产生现金流量，应当结合与其相关的资产组或资产组组合进行减值测试。”（2）规定了商誉减值的分摊对象。第十八条要求“会计期末，企业应当将商誉的账面价值按照合理的方法分

① 《企业会计准则》北京：经济科学出版社，2006年，第86～88页。

② 财政部：关于印发《企业会计准则第××号——资产减值》等会计准则征求意见稿的通知，http://www.casc.gov.cn/，2005－07－19。

摊至相关的资产组，如难以直接分摊至资产组，应当将其分摊至与其相关的资产组组合，然后比较各相关资产组或资产组组合的账面价值与其可收回金额，如资产组或资产组组合的可收回金额低于其账面价值，应当按照本准则第十六条的规定处理，确认减值损失。”(3) 规定了商誉减值的分摊标准。第十八条要求“企业将商誉的账面价值分摊至相关资产组或资产组组合时，一般应以各资产组或者资产组组合的公允价值为基础；如公允价值难以可靠计量的，应当以各资产组或资产组组合的账面价值为基础。”2006 年 2 月 15 日，财政部重新发布的《企业会计准则第 8 号——资产减值》中除完善上述规定外，还做了下述规定：在第二章“可能发生减值资产的认定”中，第四条规定“因企业合并所形成的商誉和使用寿命不确定的无形资产，无论是否存在减值迹象，每年都应当进行减值测试”；在第五章“资产组的认定及减值处理”中，第二十二条对商誉相关资产损失的确认进行了规范；在第六章“商誉减值的处理”中，第二十三条、第二十四条和第二十五条对商誉减值测试进行了具体规范；在第七章“披露”中，第三十条和三十一条对商誉减值信息在附注中披露进行了规范①。

5. 商誉会计问题在《企业会计准则第 33 号——合并财务报表》中的规范

在财政部于 2006 年 2 月 15 日发布的《企业会计准则第 30 号——合并财务报表》中，关于商誉问题在合并财务报表上的列示问题，在第十五条规定为“在购买日，母公司对子公司的长期股权投资与母公司在子公司所有者权益中所享有的份额的差额，应当在商誉项目列示，商誉发生减值的，应当按照经减值后的金额列示。”②

---

① 《企业会计准则》，北京：经济科学出版社，2006 年，第 37 ~ 44 页。
② 《企业会计准则》，北京：经济科学出版社，2006 年，第 160 页。

6. 商誉会计问题在《企业会计准则第30号——财务报表列报》中的规范

在财政部于2006年2月15日发布的《企业会计准则第30号——财务报表列报》中，关于商誉的列报项目，并没有明确提出，只是在第十九条规定了单独列示的资产项目为“（十一）无形资产。”①

7. 有关会计核算制度中的对商誉会计问题的规定

据我们的初步分析发现，我国有关会计制度对商誉问题的规定从无到有，大致经过了三个阶段：

（1）会计核算制度中没有涉及商誉问题。尽管在我国财政部1980年9月1日发布，并于1985年1月5日和1989年9月21日先后两次修改的《国营工业企业会计制度——会计科目和会计报表》中，已经开始设置“第104号科目——无形资产”，但其核算内容限定为“企业专有技术、商标权、特许权等各种无形资产的价值”。1983年3月和4月由财政部分别发布《合资企业的会计制度（试行草案）》和《中外合资经营企业会计科目和会计报表（试行草案）》，在经过试行后于1985年3月4日和4月24日由财政部正式发布。在这两个制度中，第一次在我国使用“无形资产”概念，用来核算专有技术、专利权、商标权、版权、场地使用权，其他特许权和开办费，规定无使用年限的可分10年摊销，摊销期限不得超过合营期限，但没有涉及商誉问题（杨时展，1989）。因此，在1993年7月1日前的相关会计制度中，尚没有明确涉及商誉核算方面的会计规范问题。

（2）会计核算制度中开始涉及商誉问题。在国家颁布的会计制度中较正式地出现“商誉”则是在1993年7月1日开始实施的八

① 《企业会计准则》，北京：经济科学出版社，2006年，第146页。

大行业十三个财务制度与会计制度中。如财政部于1992年12月30日发布自1993年7月1日起执行的《工业企业财务制度》中第三十七条就规定："无形资产包括专利权、商标权、著作权、土地使用权、非专利技术、商誉等。"其第三十八条还规定："无形资产按照取得时的实际成本计价。" "除企业合并外，商誉不得作价入账。""非专利技术和商誉的计价应当经法定评估机构评估确认。"① 而财政部于1992年12月31日发布的《工业企业会计制度》第171号科目"无形资产"，则规定"本科目核算企业的专利权、非专利技术、商标权、著作权、土地使用权、商誉等各种无形资产的价值。" 1998年1月27日财政部发布的《股份有限公司会计制度——会计科目和会计报表》中，第1701号科目"无形资产"也限定"本科目核算公司的专利权、非专利技术、商标权、著作权、土地使用权、非专利技术、商誉等。"此外，财政部于1997年8月7日以财会字（1997）30号文发布《企业兼并有关会计处理问题的暂行规定》中，在有关兼并方企业的账务处理中涉及被兼并企业丧失法人资格情况下的会计处理时即规定："采取有偿方式兼并的，按照各项资产评估确认的价值，借记所有资产科目，按照成交价高于评估确认的净资产的差额，借记无形资产——商誉科目，贷记有关科目"。

（3）两大会计制度中有关商誉会计核算的规范趋于统一。财政部2000年12月29日发布并于2001年1月1日实施的《企业会计制度》第四十三条中指出："无形资产，是指企业为生产商品或者提供劳务、出租给他人、或为管理目的而持有的、没有实物形态的非货币性长期资产。无形资产分为可辨认无形资产和不可辨认无形资产。可辨认无形资产包括专利权、非专利技术、商标权、著作权、土地使用权等；不可辨认无形资产是指商誉。企业自创的商

① 财政部：《工业企业财务制度》，《财会月刊》，1993年第3期，第8页。

誉，以及未满足无形资产确认条件的其他项目，不能作为无形资产。"[①] 它实际上是对商誉资产的类别归属、商誉资产的性质特征和商誉资产的确认问题做出了基本的规定，从而注意了其与相关具体会计准则口径上的一致性。此外，在财政部 2001 年 11 月 27 日发布，2002 年 1 月 1 日实施的《金融企业会计制度》中，也做了类似的表述，但在 2004 年 4 月 27 日发布，2005 年 1 月 1 日实施的《中小企业会计制度》中却没有涉及商誉问题。

四、商誉会计研究：我国研究现状的初步分析

20 世纪 80 年代初期，我国即有学者开始涉足无形资产这一研究领域，并已经取得了比较丰硕的成果，但对于商誉问题的专门研究的成果却相对较少。大致有五种形式：

（一）有关商誉会计问题研究的专门论著

目前，国内有关商誉会计问题的研究专著主要有三本：（1）杨汝梅先生的《无形资产论》（中国财政经济出版社 1993 年版，1936 年商务印书馆评述版的重印本，内容前已述及）。（2）邓小洋博士的《商誉会计论》（立信会计出版社 2001 年版）。该书主要涉及：商誉会计的基本概念问题；合并商誉的确认、计量、摊销、减值和披露；自创商誉的确认、计量、摊销、减值和披露；合伙商誉的几个基本问题；商誉会计的国际比较研究；我国商誉会计的专题研究。（3）阎红玉博士的《商誉会计》（中国经济出版社 1999 年版）。该书主要涉及：商誉会计的概念与内容；商誉会计的特征；商誉会计的确认；商誉会计的计量；商誉的会计处理；建立我国商誉会计准则的构想。此外，在有关无形资产的著述中，对

① 财政部：《企业会计制度》北京：经济科学出版社，2001 年，第 26 页。

商誉的处理方式上则不一致。有的设专章研讨，有的则未涉及。譬如，在于玉林教授主编的《现代无形资产学》（经济科学出版社 2001 年版）一书中专设第十章研究“商誉”的相关问题。可在蔡吉祥先生所著且在国内有一定影响的《神奇的财富——无形资产》（海天出版社 1996 年版）一书中却较少涉及“商誉”问题。而由美国纽约大学斯特恩（Stern）商学院的会计学与财务学教授巴鲁·列弗（Baruch Lev）等著、王志台等译《无形资产——管理、计量与呈报（2001)》（中国劳动和社会保障出版社 2003 年版）一书中也未讨论“商誉”问题。

（二）有关商誉会计问题研究的专门课题

根据笔者对国家哲学社会科学规划办公室网站中历年资助“经济学——应用经济学”项目的检索结果可见①，其 1996～2005 年的 10 年中所资助的项目内，以重大项目、重点项目、一般项目、青年项目和自筹经费项目五种类型实施资助的项目总量为 1249 项，涉及无形资产的仅为 5 项，其中有两项为自筹经费项目，目前尚未见资助有关商誉的专门项目。此外，根据对国家自然科学基金委员会网站中历年资助项目的检索结果可见②，“管理科学部”所涉及的资助领域为管理科学与管理工程、工商管理和宏观管理与政策三个大的领域，其 2000～2004 年 5 年内以重点项目和面上项目两种类型实施资助的项目总量为 1236 项，涉及无形资产的仅为 3 项，而以商誉为题的专门研究课题亦未见。近年来，财政部先后有两次公开的课题招标，好像也未将商誉会计问题列入立项课题之中。由此可见，对于无形资产研究的资助力度还是较弱的，其具体结果见表 1。

---

① http://www.npopss-cn.gov.cn，2005－11－09。
② http://www.nsfc.gov.cn，2005－11－09。

表1　近年国家两大基金项目对无形资产研究的资助情况统计分析

项目		1996	1997	1998	1999	2000	2001	2002	2003	2004	2005	合计	备注
社科基金项目（项）	总项	68	70	99	105	151	149	191	147	123	146	1249	重大、重点、一般、青年、自筹五类
	无形资产	1	1	0	2	0	1	0	0	0	0	5	
自然科学基金（项）	总项	/	/	/	/	170	164	267	282	353	/	1236	重大、重点、面上项目三类
	无形资产	/	/	/	/	0	1	0	0	2	/	3	

资料来源：（1）国家自然科学基金历年资助项目统计资料，见 http://www. nsfc. gov. cn/nsfc/desktop/zzxmtj. htm，2005－11－09；（2）国家哲学社会科学规划办公室的历年项目统计资料，见 http://www. npopss-cn. gov. cn，2005－11－09。

（三）有关商誉会计问题研究的学位论文

从我国目前会计学专业研究生学位论文选题上看，将无形资产会计问题作为论文的较多，而将商誉会计作为论文选题的比较少。（1）博士学位论文。据有关资料统计，在1985～2003年间，我国共有420篇会计博士论文，仅有3篇论文是研究商誉会计问题①，即：1995年厦门大学方荣义博士的《论商誉会计》（由葛家澍教授指导完成）；1997年中南财经大学的阎红玉博士的《商誉会计研究》（由杨时展教授指导完成）；2000年上海财经大学邓小洋博士的《商誉会计论》（由王松年教授指导完成）。（2）硕士学位论文。据笔者的初步调查统计，中南财经政法大学会计学院1982～2005年间的硕士论文总数为508篇，其中仅有2篇有关商誉会计问题的论文②。上海财经大学会计学院1982～2002年间的硕士论文总数为348篇，其中也仅有2篇论文研究商誉会计问题③。

① 根据中国财政杂志社主编的《中国会计年鉴》（1996～2005）中有关“会计博士教育”专栏的相关资料统计。

② http://kjxy. znufe. edu. cn，2005－11－08。

③ http://www. shufe. edu. cn/kjxy，2005－11－09。

（四）有关商誉会计问题研究的会议交流材料

自1996年11月在天津召开“全国首届无形资产理论与实务研讨会”以来，已经由有关院校先后主办了六次专门研讨会，会后编印出版了六本论文集①。笔者以入选论文集的论文为依据进行了分析，在入选的512篇论文中，涉及商誉及其相关会计问题的论文有80篇，所占比重为15.62%，接近1/6，数量应当是不小，但却只有两次论文集中将“商誉”列为专题。统计得出的详细结果如表2所示。

表2　五次全国性无形资产理论与实务研讨会论文的主题统计分析

届次	举办时间	地点	研讨论文的主题分类	交流论文（篇）	商誉论文（篇）	比例（%）
第一届	1996年11月	天津财经学院	无形资产基础理论、无形资产管理与经营、无形资产财务与会计、无形资产价值评估、无形资产审计与税收、无形资产法律保护	90	6	6.67
第二届	1999年5月	首都经贸大学	无形资产基础理论、无形资产计量、商誉、无形资产评估、无形资产经营与管理、其他	82	16	19.51
第三届	2002年5月	中南财经政法大学	无形资产基本理论、无形资产营运问题、无形资产会计与审计、无形资产评估	54	6	11.11
第四届	2003年8月	青岛海洋大学	无形资产基本理论、无形资产营运与管理、无形资产会计与审计、无形资产价值评估、人力资源会计与审计	128	20	15.63

① 在全国范围内，有关商誉问题的研究也许还有其他会议中交流的论文，但本文主要就以会计领域专家学者为主召开的五次会议论文为分析样本。

续表

届次	举办时间	地点	研讨论文的主题分类	交流论文（篇）	商誉论文（篇）	比例（%）
第五届	2004年11月	华南理工大学	无形资产会计理论、无形资产计量、核算与信息披露、商誉、无形资产财务与成本管理、无形资产价值评估、无形资产保护、税收筹划与其他	95	19	20.00
第六届	2005年11月	安徽财经大学	无形资产会计理论、无形资产计量、核算与信息披露、商誉、人力资源会计、企业核心竞争力会计、无形资产会计准则、其他	63	13	15.78
合计				512	80	15.62

资料来源：本表系据每届无形资产理论与实践研讨会结束后所形成的论文集（结集或者正式出版）所收入的论文资料进行统计并计算得出的结果。

（五）有关商誉会计问题研究的专门论文

根据中国知识基础设施工程（China National Knowledge Infrastructure，简称CNKI）中《中国期刊全文数据库》所提供的资料，笔者以2004年度入选的“会计类中文核心期刊”中的12种主要期刊近十几年间所载的论文为样本，分成中国期刊全文数据库（各刊创刊至1993年）的论文和1994年至2005年8月的论文两个时间段落，在按关键词进行检索后，所得到的信息可做如下分析。

1. 刊载商誉类相关研究论文的数量分析

其结果如表3、表4。

从表3、表4的结果可见，在211篇与商誉相关的论文中，尽管其论文数量在年代的分布上呈稳定增长状态，但在研究内容上却有很大的差别：涉及商誉本质的占47.86%，涉及商誉确认计量问

表 3　　会计类主要核心期刊有关商誉研究的文献数量统计分析表（时间分类）

年份 期刊名称	1994年前	1994	1995	1996	1997	1998	1999	2000	2001	2002	2003	2004	2005	合计
会计研究				3	2	2	4	1						12
财会通讯		4	1	5	3		2	3		2	2	3	5	30
财会月刊		3	1	2	4	2	7	6	3	4	7	7	6	52
财会研究		2			1			1	2	3		1		10
事业财会					1			1	1		2		3	8
广西会计		1	4		3		5	5		1				19
上海会计		3		3	1	4	5	2	5	3	1			27
四川会计		1			1	2	1	2	2	3	2			14
中国农业会计				1	2	1		1				1		6
财经理论与实践								2	1					3
中国会计电算化												1		1
商业会计			2			1	2	2			1	1	3	12
林业财务与会计					1		1	2	1			1		6
其他期刊	11													
合计	11	14	8	14	19	12	27	28	15	16	15	15	17	211
比例（%）	5.21	6.63	3.79	6.63	9.01	5.69	12.80	13.27	7.11	7.58	7.11	7.11	8.06	99.99

资料来源：期刊样本的选取主要是根据 CNKI 的资料进行检索与统计，其对象是依据北京大学图书馆主编的《中文核心期刊要目总览》（2004 年版）中所列的“F23 会计”的 14 种期刊为主。

表 4　会计类主要核心期刊有关商誉研究的文献数量统计分析（内容分类）

内容分类＼年份	1994 年前	1994	1995	1996	1997	1998	1999	2000	2001	2002	2003	2004	2005	合计	比例（%）
商誉本质	8	1	3	3	10	7	13	13	7	12	9	9	6	101	47. 86
确认计量		4	2	3	4	2	7	6	4	2	4	2	6	46	21. 81
会计处理			2	3	4	1	5	7	2		1	3	5	33	15. 64
商誉评估	3	8	1	4	1	1	2	1						21	9. 95
商誉摊销		1		1		1			1	1				5	2. 37
商誉准则								1	1	1	1	1		5	2. 37
合计	11	14	8	14	19	12	27	28	15	16	15	15	17	211	100

注：有些文献可能涉及两个以上方面的内容，则只归为其中一类。

题的占21.81%，涉及商誉会计处理的占15.64%，涉及商誉评估的占9.95%，涉及商誉摊销与商誉准则建设的则仅各为2.37%。

2. 刊载商誉类相关研究论文的内容分析

主要涉及到七个方面的内容：

（1）关于商誉本质问题的研究。仲晓东（2002）将其归纳为五种主要观点：第一，好感价值论（Favorable Attitudes Concept）。该观点认为商誉产生的原因是由于有利的商业联系、良好的职工关系和顾客对企业的好感。第二，总计价账户论（Master Valuation Account）。该观点是持续经营价值概念和未入账资产概念的产物。持续经营价值概念认为商誉本身不是一项单独的无形资产，而只是特殊的计价账户，它表明该实体各项资产合计的价值（整体价值）超过了它们个别价值的总和，即整体大于其各组成部分的总和。未入账资产概念认为，商誉是计量了诸如优秀的管理、忠实的客户、有利的地点等因素而形成的未入账资产的结果。第三，超额收益论（Excess Earnings Concept）。该观点认为商誉是超额收益的那部分价值。第四，剩余价值论（Residue Concept）。该观点认为商誉是企业总体价值与单项可辨认有形资产和无形资产价值的未来现金净流量贴现值的差额。第五，无形资源论（Intangible Resources Concept）。该观点认为，既然商誉是由诸如优越的地理位置、良好的企业声誉、广泛的社会关系、卓越的管理队伍和优秀的员工等构成，而这些都是看不见摸不着，且又无法入账记录其金额的，故商誉实际上是指企业上述各种未入账的无形资源。然而，在会计准则中，商誉是与商标、专利权、场地使用权、厂商名称等其他无形资产并列的一种无形资产，因此，商誉就应该具有独立而明确的所指对象，有它独立的形成原因。上面的表述把商誉看做是诸如优越的地理位置、良好的企业声誉、广泛的社会关系等多项无形资产的组合体，显然不妥。因为这些因素对企业效益的影响都可体现在相应的其他无形资产价值里，如地理位置优越可体现在场地使用权里，企业声誉良好可体现在商标或品牌里。若把它们作为商誉的组成要素，无异于把同一无形资产的价值分割在两个项目里确认，混淆了商誉的价值和其他无形资产的价值，也无法揭示商誉的本质。罗飞（1997）认为，有超额收益能力观和无形资源观两种主要的观点。杨丽荣（2004）认为，商誉的产生与企业所拥有的各项可辨认资产都有关系，这是因为商誉的产生是以企业的可辨认无形资产为基础的；但商誉的存在绝不是任何一项资产自身可以创造的，也不是其中的几项无形资产可以创造的，而是企业各项无形资产共同创造的，实质上是“三流”（物质资源流、人力资源流和知识信息流）融合的结果，是系统效应的价值创造。商誉产生的根本原因就在于系统效应的存在。基于此，商誉就是一种系统效应，而这种系统效应是一种能为企业带来超额利润的经济资源。这就是商誉的性质。

（2）关于负商誉本质的研究。对于负商誉的性质认识，杨丽荣（2004）认为有四种主要观点：第一，否定观。即否认负商誉的存在。第二，空概念观。持这种观点的学者认为，商誉的实质是资产，负商誉就是负资产。但现实中是不存在负资产的，因此负商誉是在现实中没有对应物的一个空概念，应摒弃。第三，并列观。并列观认为负商誉与商誉包含的内容不同，不能混同。如我国具体会计准则征求意见稿认为，商誉是“获取超额盈余的能力”，而负商誉是“企业购买成本低于被购企业净资产公允价值的部分”。这种观点是把商誉和负商誉作为一组对立的概念来阐述的。第四，差额观。差额观主要从计量角度来描述商誉和负商誉。有台湾地区学者认为：商誉乃是一个企业总体的价值与可辨认净资产公允价值之和的差额。两者的差额可为正或负，若为负数，即有负商誉产生。李晓玲（1999）对负商誉的存在性、性质及其会计处理进行了分析，认为负商誉是客观存在的。于长春（1996）认为很多国家对负商誉的定义都是仅仅说明了它的表现形式，而忽略了它的内在本质，从而造成了它与商誉概念不符和它是完全不同于商誉的另一事物的印象，负商誉实质也是商誉，只不过是表现为负值的商誉。

（3）商誉确认与计量研究。会计实务界普遍采取只确认外购商誉，而对自创商誉不予确认的做法。在全国第二届无形资产理论与实务研讨会上，就有代表提出，遵循会计可靠性和谨慎性原则就不应确认自创商誉；而另一部分代表认为，从相关性角度考虑，应该确认自创商誉，不应过分强调可靠性和谨慎性。随着知识经济的到来，自创商誉确认的呼声日益高涨。对自创商誉的计量，与会代表提出了采用超额收益法、剩余价值法、预期的商誉价值法等多种计量方法（编委会，2001）。杜兴强（1999）从交易费用角度、运用科斯定理对负商誉的性质和客观存在性及其存在的条件进行理论求证，并对负商誉的确认与计量进行过初步探讨。盛颖逾（2003）对新经济时代自创商誉的确认与计量问题进行了探讨，认为在现阶段由于法规、制度不完善，不能保证自创商誉评估的真实可靠性，以及由于对未来盈利的预测能力不够强，对自创商誉不宜进行会计处理，只可做表外披露，但对其确认是不容置疑的。张晓莹（2005）认为自创商誉的计量是亟待解决的问题，既然把自创商誉归类到无形资产，那么它就应该得到确认和计量。

（4）关于商誉会计处理问题的研究。主要涉及两个方面的问题：第一，关于外购商誉的账务处理问题。外购商誉是指企业在并购过程中产生的购买成本与所购股权对应的可辨认净资产公允价值之间的差额，差额通常为正；若为负值，则另称为负商誉。在外购商誉的会计处理问题上，存在三种不同的观点和方法：一是将购买商誉资本化为一项资产，以后时期不摊销；二是将购买商誉资本化为一项资产，在以后一定时期内按期摊销；三是购买商誉不资本化为一项资产，而是立即注销，作为股东权益的减少。赵宇龙（1997）从商誉经济性质的角度对上述三种方法进行了分析。罗飞（1997）则认为，目前会计实务中均未区分企业联合的不同形式来对外购商誉进行处理的做法不妥。第二，关于负商誉的账务处理问题。负商誉的账务处理通常有三种选择方法：一是作为一项负债或递延贷项，并在以后期间摊销，体现为会计利润的增加。二是在合并日的财务报表中记录为权益增加。三是按比例调减购入的可辨认（长期）非货币性资产的公允价值，若还有负商誉余额，再按第一种方法处理。于长春（1996）对负商誉的三种账务处理方法的比较和选择进行了研究。

（5）关于商誉摊销问题的研究。王文清、李巧巧（1994）对商誉摊销的矛盾进行了探讨，认为对商誉进行硬性摊销缺乏足够的理论支持。吴斌（1996）提出一种新的商誉价值摊销方法，即超额利润率比例摊销法，并认为该方法是结合商誉的本质特征提出的，成为第五种商誉价值摊销理论应是可以成立的。尹志海、陈家洪（1998）针对吴斌提出的商誉摊销方法进行了评论，认为平均摊销法是当前唯一可选的商誉摊销方法。宁敏（2002）对商誉摊销的系统摊销法与价值减损法的优缺点、理论等进行了分析。

（6）关于商誉评估问题的研究。商誉评估方面的研究主要有商誉评估的必要性，价格确定及其方法等（钟凌，1994；白晓平，1994），此外还有关于商誉评估的指标体系和指标值的计算方法等的研究（司林胜、夏朝贤、温天舜，1999）。

（7）关于商誉会计准则建设的研究。许江川（2001）对英、美有关商誉的会计准则进行了分析；杨伟平（2002）对美国新颁布的《商誉及其他无形资产》准则中对外购商誉的处理进行了探讨。王欣（2004）对制定我国商誉会计准则进行了探讨，详细分析了商誉计量方法的选择、会计处理和披露等。

五、商誉会计研究：值得思考的若干问题

通过上述研究现状与研究成果的初步分析，笔者认为，有关商誉会计问题，有如下几个方面的内容值得深入思考与研究：（1）商誉是否应当专门研究。商誉问题是否是一个值得和需要专门研究的问题？是应当作为专门问题研究？还是作为专门学科研究？商誉问题是一个法律问题，是一个管理问题，还是一个会计问题？有的学

者认为需要专门研究，有的学者则认为不需要专门研究。(2) 商誉与无形资产的关系。究竟是并列关系、从属关系还是包容关系？是单一无形资产，还是合力无形资产？在西方早期就是并列关系，现在仍然是以并列关系为主，我国的商誉从属于无形资产，它们在逻辑上可以包容吗？(3) 企业核心竞争力与商誉的关系问题。其内涵与外延有哪些差异？又有哪些联系？(4) 自创商誉是否应当入账。是否应当确认？如何确认？何时确认？目前的准则基本上是取不入账的基调，但学者们却普遍认为需要入账。(5) 商誉的减值确认问题。其主要问题是究竟应当以什么标准和什么方式计提？标准如何定？如何计量？企业合并确认后因意外事件的突然减值如何摊平处理？(6) 关于负商誉的计量问题。会计上如何处理？如何填补？大多数人认为是存在的，但也有人认为是不存在的。如美国著名会计学家埃尔登·S. 亨德里克森教授在其名著《会计理论》中，就认为商誉"很难想象会出现负的情况"①。(7) 商誉信息的披露问题。是在表内披露，是在附注披露，还是仅在财务情况说明书披露？(8) 商誉会计准则问题？究竟是单列一项准则还是将其规范的内容放在其他准则之中？目前涉及商誉问题的准则有单列准则的，也有分列准则的，分列者居多且主要是涉及企业合并、资产减值和无形资产等准则。我国目前为0+5模式。(9) 商誉的存在范围问题？是否仅大中型企业才有商誉？中小企业是否存在商誉问题？我国《中小企业会计制度》中就没有体现，而在英国的《小型报告主体财务报告准则》却有相应的规定。(10) 商誉会计的研究视角问题。是单一研究商誉，还是要全方位研究商誉？(11) 商誉会计的研究方法问题。目前主要是规范研究成果，可否也进行实证研究？(12) 商誉会计的未来发展趋势。究竟是独立发展，还是包容和综合到企业核心竞争力等其他内容之中（汤湘希，2004），尚需要进行研究……

---

① 埃尔登·S. 亨德里克森：《会计理论》，王澹如等译，上海：立信会计图书用品社，1987年，第311页。

总而言之，在商誉方面，需要我们研究和值得我们研究的问题很多，需要我们深入思考的问题则更多。

主要参考文献

［美］W. A. 佩顿，A. C. 利特尔顿．公司会计准则导论．厦门大学会计系翻译组译．北京：中国财政经济出版社，2004. 100

［美］埃尔登·S. 亨德里克森．会计理论．王澹如等译．上海：立信会计图书用品社，1987

［美］美国财务会计准则委员会发布．美国财务会计准则（上、中、下）．王世定等主译．北京：经济科学出版社，2002

［美］美国财务会计准则委员会发布．美国财务会计准则（141～142号）：企业合并、商誉与其他无形资产．李明等译．北京：经济管理出版社，2005

［美］美国会计学会发布．基本会计理论．文硕等译．北京：中国商业出版社，1991

［美］巴鲁·列弗．无形资产——管理、计量与呈报（2001）．王志台等译．北京：中国劳动和社会保障出版社，2003

白晓平．试论商誉的价格评估．上海会计，1994（11）：19

编委会主编．无形资产研究——全国第二届无形资产理论与实践研讨会论文集．北京：中国财政经济出版社，2001

编委会主编．全国第四届无形资产理论与实践研讨会论文集．中国经济评论，2003（8）

编委会主编．全国第五届无形资产理论与实践研讨会论文集．华南理工大学管理学院，2004

财政部．《企业会计准则——无形资产》．北京：经济科学出版社，2001

财政部．企业会计准则．北京：经济科学出版社，2006

财政部会计司．企业会计准则（1999）．北京：经济科学出版社，1999

蔡吉祥．神奇的财富——无形资产．深圳：海天出版社，1996

蔡继明等．无形资产评估理论与实践．北京：中国物价出版社，2002

邓小洋．商誉会计论．上海：立信会计出版社，2001

杜兴强．科斯定理负商誉“悖论”负商誉的确认与计量．会计研究，1999

(7)：30～36

郭琦．商誉会计研究．硕博论文．2004：1～2

国际会计准则委员会发布．国际会计准则（2002）．财政部会计准则委员会主译．北京：中国财政经济出版社，2003

李晓玲．对负商誉理论的思考．会计研究，1999（2）：36～38

刘长进．商誉会计相关问题研究．中南财经政法大学硕士学位论文，2005

罗飞．谈论商誉的性质及购买商誉的会计处理．会计研究，1997（1）：45～47

宁敏．简评商誉的系统摊销法与价值减损法．财会月刊，2002（8）：37～38

盛颖逾．新经济时代自创商誉的确认与计量问题．财会通讯，2003（1）：15～16

司林胜，夏朝贤，温天舜．商业企业商誉评估指标体系研究．商业研究，1999（2）：76～77

孙又奇等编译．国际财务会计与会计准则．北京：中国物资出版社，1993

汤湘希．商誉会计的终结与核心竞争力会计的兴起．会计之友，2004（7）：7～9

汪祥耀等．英国会计准则研究与比较．上海：立信会计出版社，2002

王文清，李巧巧．商誉摊销的矛盾及对策．财会通讯，1994（10）：44

王欣．试析我国商誉会计准则的建立．财会月刊．2004（7）：19～20

吴斌．论商誉价值摊销法——按超额利润率比例摊销．上海会计，1996（8）：36～38

许家林．全国首届无形资产理论与实践研讨会综述．经济学动态，1997（4）：36～39

许家林．商誉研究中几个会计问题的基本认识．财务与会计（人民大学复印资料），1997（8）：51～56

许家林．无形资产的研究现状及其全方位研究的主要范畴．现代财经，1997（9）：9～11

许家林．商誉会计研究的扫描与思考．载：第六届全国无形资产理论与实务研讨会论文集，2005. 41～59

许家林．商誉会计问题在现代会计准则中的体现．财政监管（会计）．2006（4）：7～11

许江川．英、美商誉会计准则简介．上海会计，2001（2）：54～55

阎红玉．商誉会计．北京：中国经济出版社，1999

杨丽荣．有关商誉理论的新探索．科学・经济・社会，2004（4）：37～39

杨汝梅原著，施仁夫等评述．无形资产论．北京：商务印书馆，1936. 序

杨时展．1949～1992年中国会计制度的演进．北京：中国财政经济出版社，1989. 186

杨伟平．美国新颁《商誉及其他无形资产》准则对外购商誉处理的启示．财会研究，2002（3）：63～64

尹志海，陈家洪．也论商誉价值摊销法．上海会计，1998（11）：48～49

于长春．试论负商誉及其账务处理．会计研究，1996（5）：24～27

于玉林主编．无形资产理论研究——全国首届无形资产理论与实践研讨会论文集．北京：中国经济出版社，1998

于玉林主编．现代无形资产学．北京：经济科学出版社，2001

张晓莹．自创商誉到底该不该确认．其他无形资产财会月刊，2005（6）：39～40

赵威．国际会计法理论与实务．北京：中国政法大学出版社，1995

赵宇龙．商誉的经济性质及其会计处理．会计研究，1997（5）：38～40

财政部．企业会计制度．北京：经济科学出版社，2001

中南财经政法大学会计学院主编．无形资产理论与实务研究——全国第三届无形资产理论与实践研讨会论文集．北京：中国财政经济出版社，2002

钟其凌．1994. 商誉评估方法再认识．其他无形资产财会研究，1994（9）：20～21

仲晓东．商誉会计主要争论综述及启示．陕西财经学院学报，2002. 78

AAA. 1966. *A Statement of Basic Accounting theory*. American Accounting Association

Catlett G. R. and N. O. Olson. 1968. *Accounting for Goodwill*. Accounting Research Study No. 10, pp. 17～18

Eldon S. Hendriksen. 1982. *Accounting Theory*. 4th ed., Homewood, illinios: Richard D. Irwin, Inc

Falk, Haim and L. A. Gordon. 1977. Imperfect Markets and the Nature of Goodwill. Journal of Business Finance and Accounting.（4）: pp. 449～457

J. M. Yang. 1927. *Goodwill and other Intangibles*. The Ronald Press Company, New York

W. A. Paton. 1922. *Accounting Theory-With Special Reference to the Corporate Enterprise*. The Ronald Press Company，New York，pp. 793 ~ 833

W. A. Paton. 1933. *Accounanys' Handbook*. 2th. The Ronald Press Company，pp. 793 ~ 834

William A. Paton and Ananias C. Littleton. 1940. *An Introduction to Corporate Accounting Standards*. Sarasota，Fla：AAA

（本文曾于广州召开的“中国会计学会2006年学术年会”上交流，核心部分载于《会计研究》2006年第8期）

会计准则制定导向的哲理视角研究

——基于构建理性主义与进化理性主义的社会制度演进逻辑角度分析*

关于人类社会制度的形成与演进方式的逻辑解释有两种基本理论，即构建理性主义（Constructivist Rationalism）和进化理性主义（Evolutionary Rationalism）（邱本，1996）。会计准则作为一种制度安排，其主旨在于规范信息披露，以更好地保护相关群体的利益。因此，如何界定会计准则制定导向并建立和完善会计准则体系也不可避免地受到上述两种思想的影响。本文试以构建理性主义和进化理性主义理论作为认识工具，对准则制定导向的确定基础从哲理角度做些分析，并提出我们的看法。

一、构建理性主义和进化理性主义：人类社会制度演进的两种理论逻辑

（一）构建理性主义思维下人类社会制度形成和演进的基本逻辑

构建理性主义是解释人类社会制度形成与演进方式的一种思维模式。哈耶克（Hayek，1973）认为，构建理性主义藐视和贬低非

---

* 本文系2004年度湖北省会计学会重点会计科研课题——《中国会计准则建设与会计国际协调问题研究》（2004HBKJ002）的阶段成果，亦为与2003级硕士生訾磊合作的成果。

理性的或者未被充分理解的事物，它假定人生而具有智识和道德禀赋，因而人能够根据理性原则对社会做出精心规划，并尽可能地抑制乃至铲除一切非理性现象。与此同时，道德、宗教、法律、语言和市场等一些文化制度都源于发明或者“精心设计之物”。此外，构建理性主义者还拒不承认“抽象”是我们的大脑必不可少的工具，而更倾向于特殊和具体，它认为理性能够省掉抽象而完全掌握“具体”和所有的特定细节，并因而实在地掌握“社会过程”。基于这一思想认识，构建主义者的基本理念可以归纳为：第一，所有有利于人类的制度在过去都是人们在明确意识到它们所具有的预期结果的情况下发明出来的，因此人们在未来也应当按照这种方式去发明这样的制度；第二，只有当我们能够证明这些制度在任何特定的情形中所产生的特定结果都会比另一种制度安排所产生的结果更优越的时候，我们才应当对它们表示赞同和尊重；第三，我们完全有能力以这种方式来构建我们的制度，进而使我们的制度在所有可能的结果中切实实现那些我们认为比其他所有结果更为优越的结果；第四，当我们对所有因素做有意识的思考能够使一种与自生自发过程的结果不同的结果变得更为优越的时候，我们的理性就绝不应当再去诉求那些自发的手段（张谊浩、陈柳钦，2004）。

（二）进化理性主义思维下人类社会制度形成和演进的基本逻辑

构建理性主义是解释人类社会制度形成与演进方式的另外一种思维模式。进化理性主义认为，个人的理性是十分有限的和不完全的，理性在人类事务中起着相当小的作用，各种实在的制度（如道德、宗教、法律、语言和市场等）安排并不是人类智慧预先设计的产物，而是以一种积累的方式进化而来的。因此，进化理性主义者主张社会应当在不断试错的过程中有机地、缓慢地发展。他们认为，独立的个体在日常生活中的相互作用会比单个人或者组织在有意识地调节社会取得更加恢弘的成就。此外，进化理性主义者也承认，人的理性并不足以充分把握现实世界中的各种细节，因而人类必须依赖“抽象”这一工具，以帮助大脑处理那些我们并不完全知道的事情。基于以上思想认识，进化理性主义者秉承以下理念：第一，知识总是以分散的、不完全的，有时甚至是彼此冲突的信念散布于个人之间的；第二，除了理性知识以外，人们的习惯、偏好、态度、制度或者规则都是对过去经验的调适，他们构成了与理性知识相对应的另一类重要知识，这类知识是积累性的经验的产物，它们为理性认识活动的发生提供了特定的框架；第三，由于人们对世界的认识有一个不断深化的过程，社会科学理论的发展过程也是一个不断证伪的过程，故不存在永恒的绝对真理（张谊浩、陈柳钦，2004；邱本，1996）。

（三）构建理性主义思维下人类制度形成和演变逻辑的批判

长期以来，人们一直对构建理性主义下的社会制度演进逻辑存在疑虑。早在18世纪，进化理性主义的先驱大卫·休谟就对人类理智的有限性、人类理解力的有效性边界进行了审视，进而指出构建理性主义那种过分夸大人的理性和理解力的错误。亚当·斯密（1776）也指出，现存的规则是自然地发源于以前人们的社会经济交往和优化选择行为，也就是一种交易形式的优胜劣汰的过程。弗雷德里希·冯·哈耶克（1967）最早区分了社会科学领域内存在两种关于制度形成和演化逻辑的不同观点，即构建理性主义和进化理性主义。他深刻地指出：“……我们应当学到足够多的东西，以避免用扼杀个人互动的自生自发秩序（进化理性主义）的方法去摧毁我们的文明。但是，要避免这一点，我们就必须否定这样一种幻想，即我们能够经由审慎的思考而‘创造人类的未来’……这是我……现在对我就这个问题所做的四十年研究所下的最终结论。”①

① Friedrich A. Hayek. 1973. Law Legislation and Liberty：The Political Order of a Free People，Vol. 3. The University of Chicago Press；152.

马克思对构建理性主义也做出如下的批判："立法者应该把自己看作一个自然科学家，他不是在制造法律，也不是在发明法律，而仅仅是在表达法律。"① 赫伯特·A. 西蒙（1976）也基于经济行为人自身信息的非完全性和计算能力的有限性，提出了人的"有限理性"假设，指出个人在其决策过程中只具有有限理性。近年来，实验经济学中关于持续双重拍卖（CDA）市场机制的无数实验更是有效地证明了进化理性主义的合理性。

二、"规则导向"：构建理性主义思维下的会计准则制定模式

"规则导向"下的会计准则之所以存有缺陷，根本原因在于会计准则制定者自觉或不自觉地对构建理性主义理论逻辑尊崇的结果。秉承"规则导向"的会计准则制定理念，即意味着会计准则制定者认为他们不但明确知道财务报告使用者的全部信息需求，以及会计信息提供者所有可能的机会主义行为与盈余管理行为，而且还知道如何制定会计准则，以规范信息披露形式与内容，从而使会计信息提供者所披露的信息满足相关利益者使用的需要。在此逻辑下，于是即设计并构建了详尽的会计准则体系，但这些"精心设计之物"能否达到预想的目标，安然事件以及随后的一系列财务丑闻即充分说明了"规则导向"下所构建会计准则体系存在的必然缺陷。

（一）会计准则制定者不可能穷尽信息提供者所有可能的应对措施

由于"每个人都掌握可以利用的独一无二的信息"，会计准则制定者即无法预计会计信息提供者对其颁布的会计准则的所有可能的应对措施。因此，"规则导向"模式下的会计准则不可避免地会

① 《马克思恩格斯全集》第1卷，北京：人民出版社，1972年，第183页。

存在一些漏洞（Loopholes）。为了防止会计信息提供者利用已颁布会计准则的漏洞，会计准则制定者即不得不颁布更多的会计准则，以达到能够不断地规范信息披露的目的。这样做虽然使问题暂时得以解决，但往往会在以后产生更多的问题。譬如，美国财务会计准则委员会（Financial Accounting Standards Board，简称 FASB）1976 年颁布的第 13 号财务会计准则公告（Statement of Financial Accounting Standards No. 13，简称 SFAS13）《租赁会计》的制定与修改过程就充分说明了这一点。为了达到促使承租方将长期融资租赁资本化的目的，SFAS13 规定了详细而具体的标准，然而“事实证明 SFAS13 没有在促使承租人将长期融资租赁资本化上发挥作用”①。尽管 SFAS13 后来又在《SFAS17——租赁的会计处理：初始直接成本》(1977 年 11 月颁布)、《SFAS22——通过再融资而对免税债务提前还款而引起的租赁合约条款修改》（1978 年 6 月颁布)、《SFAS23——租赁起始日》（1978 年 8 月颁布)、《SFAS26——对不动产销售租赁的利润确认》（1979 年 4 月颁布)、《SFAS27——对现有销售租赁或直接融资租赁的续租或展期的再分类》 （1979 年 5 月颁布)、《SFAS28——不同回租条件下售后回租的会计处理》（1979 年 5 月颁布)、《SFAS29——或有租金的确定》（1979 年 6 月颁布）中修订和补充了很多次，仍然没有达到预期的目的。此外，“规则导向”也不利于公司和注册会计师发挥专业判断，还可能使他们过分关注会计准则的细节规定而忽视了对财务报表整体公允性的判断——财务报告的整体公允性，而财务报告的整体公允性才是实现对信息使用者利益的保护关键所在。无怪乎美国著名会计学家泽夫（Zeff）教授就明确指出：“会计准则制定者不应该规定一个明确的而又是武断确定的界限（Cutoff），否则，那些试图规避会计准则约束的公司总是不可避免会达到自己的目的”。②

①② Stephen A. Zeff. 2005. *Evolution of US Generally Accepted Accounting Principles*. CPA Journal，Jan，Vol. 75 Issue 1.

（二）“规则导向”的会计准则制定模式无法及时应对变化着的环境

尽管制定会计准则的目的是为了规范会计信息的披露，以更好地保护信息使用者的利益，但会计准则制定者却不可能完全理解和领会环境和信息使用者需要的变化对会计准则制定产生的影响，并通过对会计准则的调整以使制定的会计准则达到预期目的。因此，“规则导向”模式下的会计准则缺乏灵活性，无法迅速适应环境变化的影响。关于这一点，哈耶克曾经告诫我们：“对我们的问题来说，任何人类关心的目标是否仅包括他自己个人的需要，或者是否包括他邻近的甚至较远的同伴们的需要——也就是说，他是利己主义者或是利他主义者——都是无关紧要的。重要的是这样一个基本事实，即任何人不可能去考察超过一定范围以外的领域，去了解一定数目以外的需要的迫切性。不管他的关心是否以他自己的物质需要为中心，或者他是否热情地关怀他所知道的每一个人的福利，他所能关怀的目标永远只能是所有人们的需要中无限小的一部分”。① 美国著名会计史学家迈克尔·查特菲尔德则有精辟论断：“会计的发展是反应性的，会计主要是应一定时期的商业需要而发展的，并与经济的发展密切相关”②。美国财务会计准则委员会也坦诚地指出：“财务报告的目标不是固定不变的，经济、法律、政治以及其他社会环境都会影响会计目标的界定。”③

（三）“规则导向”不利于会计信息使用者发挥其在促进会计准则完善中的作用

制定会计准则的目的在于规范会计信息披露以达到保护信息使

---

① ［英］弗里德里希·A. 哈耶克：《个人主义与经济秩序》，贾湛等译，北京：北京经济学院出版社 1989 年版，第 8 页。

② ［美］迈克尔·查特菲尔德著：《会计思想史》，文硕等译，北京：中国商业出版社 1989 年版，第 2 页。

③ FASB. 1978. *Statement of Financial Accounting Conceptual NO.* 1，CON 1：HIGHTLIGHT.

用者的目的，但“规则导向”模式下，会计准则的制定者以及其监管机构往往是在信息使用者的利益已经受到侵害时，才发现其制定的准则没有达到预期的效果。之所以会出现这种现象，其根本原因就在于“规则导向”的会计准则制定模式忽视了最为关心会计准则制定的信息使用者在促进准则体系发展与完善中的作用。实际上，会计信息使用者的利益和会计准则的质量之间具有千丝万缕的联系，因此，他们更有动力和压力去关注信息提供者是否对有关经济业务进行了恰当的披露。与会计准则制定者相比，千千万万个时时刻刻关注着信息提供者是否公允地披露财务信息的信息使用者对规范信息提供者会计信息的披露、完善会计准则显然更能有效地发挥作用。但是，“规则导向”的会计准则制定模式却在一定程度上扼制了会计信息使用者的积极性和主动性。尽管会计信息使用者也可以通过其他途径来参与会计准则的制定过程，但从屡屡发生的国内外财务丑闻看，其所起的可能作用是非常有限的。

三、“目标导向”：由构建理性主义转变为进化理性主义思维下的会计准则制定模式

因为企业会计信息系统本身的固有缺陷与不足，致使其不可能提供信息使用者所有期望得到的信息。“目标导向”会计准则制定模式的提出，为会计信息使用者充分发挥其能动作用提供了条件，而对“原则导向”准则制定模式的借鉴又为评价会计信息使用者要求的合理性提供了理论基础。因此，以原则为基础的“目标导向”会计准则制定模式的优势主要体现在：

（一）“目标导向”会计准则制定模式使进化理性主义思想得到了具体体现

美国证券交易委员会（Securities and Exchange Commission，简

称 SEC）2003 年 7 月向国会提交的报告中对以原则为基础的“目标导向”会计准则制定模式进行了重新界定。他们认为以原则为基础的“目标导向”下所制定的会计准则应具备以下特征：（1）以经改进并一致应用的概念框架为基础；（2）明确地指出准则的会计目标；（3）提供充分的细节和结构，使准则能够得以一致地实施与运用；（4）尽量减少准则中的例外情况；（5）避免使用使得财务工程师能在技术上遵循准则却在实质上规避准则意图的界限（财政部会计司，2003）。从 SEC 关于“目标导向”下会计准则特征的描述我们可以看出，会计准则制定模式“目标导向”的要求更多地体现了进化理性主义的思想，如特征（1）、（2）、（4）和（5），即使是在特征（3）中也可找到构建理性主义思想的影子。

（二）“目标导向”会计准则制定模式能体现《权利法案》所倡导的根本精神

虽然进化理性主义认为，独立的个体在日常生活中的相互作用会比单个人或者组织有意识地调节社会取得更加恢弘的成就，但一个个独立个体发挥这样的作用却是有条件的。哈耶克（1997）将个体发挥能动作用的条件总结为自由、一般性的制度和竞争，同时他又强调自由和竞争只有在一般性规则存在的前提下才可能存在。所以，一般性规则乃是有效的制度形成和演进的充分和必要条件，但只有在一个规定的环境中——即适用一般性规则的场合——有效的制度才能得以形成和演进。以原则为基础的“目标导向”会计准则制定模式与《权利法案》中所积极倡导的以维护和保证公民产权为中心的精神相吻合，这就为会计准则体系不断完善和发展提供了必要法律基础。尽管早在 1978 年，FASB 已在其概念框架（Conceptual Framework）中指出财务报告的目标是向投资者、债权人等提供决策有用的信息，但以“目标导向”的会计准则制定模式的提出较之更进一步，这标志着以保护投资者和债权人利益为中心的会计目标将在未来会计准则制定中发挥更大的作用。

（三）"目标导向"会计准则制定模式为构建完善的会计准则体系提供了动力

FASB 在第 1 号财务会计概念公告（*Statement of Financial Accounting Conceptual No.* 1）——《企业编制财务报告的目的》中的开篇说明，对我们认识采用进化理性主义的思想构建会计准则体系很有启示：(1) 财务报告本身是手段而不是目的，它的目的是提供对使用者进行经济决策有用的信息；(2) 财务报告的目标不是固定不变的，它会随着经济、法律、政治和社会环境的变化而变化；(3) 财务报告的目标也受财务报告所能够提供的信息的特点和局限性的影响；(4) 财务报告的目标是提供信息以满足那些没有权力规定信息披露方应该提供哪些信息，而又必须依赖他们提供的信息进行经济决策的信息使用者的需要（FASB，1978）。由于会计系统自身的局限性，以原则为基础的"目标导向"会计准则制定模式在促进会计准则体系的完善，以及在一个不断变化的环境下提供满足信息使用者需要的信息提供了最大的可能。此外，由于该模式所倡导的基本理念贯彻了以《权利法案》为中心的相关法律制度的基本精神，因此，它的提出为会计信息使用者监督信息提供者的会计信息披露过程与结果提供了强大原动力。在此模式下，信息提供者可以合理预期其信息披露不当的后果，他们将自然不会轻易地为了自身利益而去刻意规避准则的约束。更为重要的是，那些经营业绩好的公司拥有了更多的机会以及更强烈的动机去披露其真实的财务状况，以使自己与经营状况不太好的公司之间能够有比较显著的区别，从而获取更多投资者的青睐。在这种理念下，资本市场的运行效率会不断提高，信息使用者的利益也能得到更好的保护。

（四）"目标导向"会计准则制定模式为整合会计法律制度体系提供了可能

郭道扬（2004）指出，会计法律制度体系由宪法、相关民商法与经济法、会计专门法律和统一的会计审计制度四个层次所构成。上述四个层次的法律制度各有其功能：第一层次决定了会计的目标，要求会计法律制度要充分体现《中华人民共和国宪法》中所强调的维护与保障财产所有者合法经济权益的主旨；第二层次主要是规制与主导公司的经济行为与市场行为；第三层次主要是从立法原则上统驭统一会计与审计制度；第四层次决定了会计发展的最基本层面。由此可以看出，只有宪法、相关民商法以及会计法律的共同作用，才能不断地赋予会计目标以及会计信息质量以新的内涵，才能更加有效地保护相关者权益的要求能够逐步落到实处。可以预料，随着信息使用者在会计准则体系建设中发挥更多的作用，会计准则体系必然会不断地走向完善，而会计准则体系的完善又会推动较高层次的经济法律乃至宪法不断地整合与完善，以提高对公民权益的保护力度与实际质量。

四、我国现阶段的会计准则建设工作的推进：基于进化理性主义原理的断想

（一）会计准则制定机构需要从进化理性主义思维的角度及时调整制定理念

如果分析我国会计准则制定初期的规划就可以看出，当时的理念较明显地受到了构建理性主义思想的影响。譬如，早在 1993 年，就曾经提出要用三年时间建设一个完整的会计准则体系（杨纪琬，1993），但时至今日，也只先后推出了 16 个具体会计准则，离当时的规划要求相距甚远。更值得思考的是，从 1994 年 2 月到 1996 年 1 月，我国会计准则制定机构发布了 29 个具体会计准则征求意见稿，然而 1997 年 5 月正式发布的第一个具体会计准则《关联方关系及其交易披露》却不在那 29 个征求意见稿之列。之所发首先发

布《关联方关系及其交易披露》，其意图在于为规范当时资本市场上盛行的关联方之间以操纵盈余为目的的交易行为，这也从一个侧面说明了构建理性主义的准则制定思路在规范信息披露方面是缺乏效率的（葛家澍，2003）。因此，在具备了博弈主体和制度基础的情况下，我国会计准则制定应当由构建理性主义的准则制定思路过渡到进化理性主义的准则制定思路，积极为会计信息使用者参与会计准则的制定提供条件，并注意充分发挥他们在准则制定中的作用。在此理念下，当前我国会计准则的制定应重点解决以下几个方面的问题：一是积极借鉴国外的经验制定出适合我国实际情况的财务会计概念框架，以明确会计系统的功能及其局限性；二是尽快提出与我国《宪法》精神相一致的会计目标，以为充分调动信息使用者的积极性提供可能；三是努力建立一个能够使信息使用者及时反映其要求的通道，以便为改善会计准则体系提供外在的动力。

（二）会计准则制定模式需要根据进化理性主义原理的要求充分考虑转型期各经济主体的行为特征

随着世纪之交经济全球化趋势的加快，当前我国经济发展也正处于全球经济一体化环境下的工业化、市场化和国际化的经济转型期。我们应当注意到，在“转型期”间，各个经济主体的行为模式普遍缺乏“稳定性”，协调各种利益的制度不是尚处在建立的过程中（比如会计准则）就是完全缺失，与此同时，传统的价值体系却开始瓦解，新的价值体系还没有确立。这种转型期经济行为主体特有的价值多元化趋势和交互不稳定性的特点，恰恰符合进化理性主义发挥作用的条件，也就是说多元化的经济行为主体的动态博弈本身，就构成了社会和市场的逐步演化，而这种演化正在或者已经超越了构建理性主义政府的把握能力。因此，以进化理性主义思维作为指导，确立“目标导向”的会计准则制定模式，可以在一定程度上使我们所制定的会计准则逐步接近有效规范会计信息披露的预期目标。但在这一进程中，会计准则的制定者如何有机地把握各种情况下各个经济主体在利益博弈中的各种行为特征与趋向，并将会计信息披露规范的要求体现在相应的准则条款之中，则是现实需要研究的重要问题。

（三）不断完善会计法律制度体系以便为会计信息使用者发挥其对会计准则建设的推动作用提供制度基础

前已述及，我国的会计法律制度体系由四个基本层次所构成，不同层次的法律制度均有其自身的制定理念与实施条件。会计准则作为最基本层面的会计法律制度，能够让一个个独立的经济主体发挥它们在会计准则制定中的作用也是有条件的，其最基础条件就是法制体系的建设。诚如哈耶克所言："每个个人的存在和活动，若要获致一个安全且自由的领域，须确立某种看不见的界限，然而此界限的确立又须依某种规则，这种规则就是法律"[①]。当然，并非任何法律都可以确保个人获得一个"安全且自由的领域"，进化理性主义所倡导的法律是"只提供一种个人必须在其间行动的框架，而在这个框架中，所有的决定都是由行动者本人做出的"[②]。能够发挥这种效用的法律，就应当具备一般性、确定性和适用于人人的平等性的特征，唯有具备这些特征的法律才能确保法治（Ruled by Law）的实现，才能实现由"身份到契约（From State to Contract）"的转变，最终确保独立个体在制度演化过程中作用的发挥。然而，我们当前会计法律制度尚存在的某些缺陷却很难确保利益相关者获得一个"安全且自由的领域"。虽然我国 2004 年 3 月 14 日修订的《宪法》中，已经明确了维护与保障财产所有者合法经济权益的问题（法律出版社，2004），最近的《证券法（草案）》中也首次提出要规范信息披露以保护公众投资者的利益问题（特约通讯员，2005），但在相关法律中对这一观念的贯彻与协调基础依然比较薄

① ［英］弗里德里希·A. 哈耶克：《自由秩序原理》，邓正来译，北京：生活·读书·新知　三联书店 1997 年版，第 183 页。

② 同上，第 189 页。

弱，仍然有很多问题迫切需要解决。因此，在进化理性主义思维下，为了能够促进并充分发挥会计信息使用者对会计准则建设的积极参与及推动作用，提供完善的法律制度基础是尤为重要的。

主要参考文献

［美］赫伯特·西蒙．西蒙选集．黄涛译．北京：首都经贸大学出版社，2002. 20～28

［美］迈克尔·查特菲尔德．会计思想史．文硕等译．北京：中国商业出版社，1989. 2 页

［英］弗里德里希·A. 哈耶克．自由秩序原理．邓正来译．北京：生活·读书·新知　三联书店，1997. 183 页、189 页

［英］弗里德里希·A. 哈耶克．个人主义与经济秩序．贾湛等译．北京：北京经济学院出版社，1989. 8 页、77 页

［英］亚当·斯密．国富论．杨敬年译．西安：陕西人民出版社，2001. 101 页

财政部会计司．对美国财务报告采用以原则为基础的会计体系研究．北京：中国财政经济出版社，2003. 1 页

法律出版社．中华人民共和国常用法律大全．北京：法律出版社，2004. 1863 页

葛家澍，刘峰．会计理论——关于财务会计概念结构的研究．北京：中国财政经济出版社，2003. 284～294

郭道扬．会计史研究（第 2 卷）．北京：中国财政经济出版社，2004. 598 页

马克思恩格斯全集．第 1 卷．北京：人民教育出版社，1972. 183 页

邱本．规则与自由．社会科学战线，1996（4）：114

特约通讯员．证券法修订：国家将设立证券投资者保护基金．http://politics. people. com. cn3349118. Html，2005 年 6 月 7 日

杨纪琬．会计核算制度改革的回顾与瞻望．财务与会计，1993（6）

张谊浩，陈柳钦．经济学中的建构理性主义和进化理性主义．社会，2004（9）：19

FASB. 1978. Statement of Financial Accounting Conceptual No. 1，CON 1：HIGHTLIGHT

Friedrich A. Hayek. 1967. *Studies in Philosophy*，*Politics and Economics*. The

University of Chicago Press, 35

Friedrich A. Hayek. 1973. *Law Legislation and Liberty*: *The Political Order of a Free People*, Vol. 3. The University of Chicago Press, 5, 152

Stephen A. Zeff. 2005. *Evolution of US Generally Accepted Accounting Principles*. CPA Journal, Jan, Vol. 75 Issue 1

（本文刊于《财会通讯》2005 年第 12 期）

论系统研究我国的会计准则质量问题*

美国著名的会计史学家迈克尔·查特菲尔德曾经指出："会计的发展是反映性的——会计主要是应一定时期的商业需要而发展的，并与经济的发展密切相关。"① 不同时期经济的发展造就了丰富多彩的会计实践，从而也推动了会计理论研究及其体系的逐步完善。会计准则作为现代会计理论研究的一个核心内容之一，对其质量问题的研究自20世纪90年代初期引起学界关注，并在中后期演变成会计基础理论研究方面的热点问题之一。1997年9月29日，美国证券交易委员会（Securities and Exchange Commission，简称SEC）主席阿瑟·利维特（Authur Levitt）曾率先在一次演讲中阐述了需要高质量会计准则的问题②，由此而引发了理论界与实务界围绕这一主题的热烈讨论，且有很多相关成果发表。文献研究发现，十多年来，人们关注的中心似乎主要是围绕会计准则产品本身的质量问题进行研讨，而对与质量相关其他问题却较少涉及。笔者认为，高质量的会计准则应当包括研究质量、制定质量、产品质量和执行质量四个部分，由此才可构成一个完整的会计准则质量评价体系，本文拟就此问题做初步讨论。

---

* 本文系2006年度国家自然科学基金课题——《会计规范全球协调与趋同中的根本性问题研究》（70672115）的阶段性成果，文章写作得到2005级博士生龚翔的协助。

① ［美］迈克尔·查特菲尔德：《会计思想史（1977）》，文硕、董晓柏译，北京：中国商业出版社，1989年，序。

② 这篇演讲，后来以"高质量会计准则的重要性"为题发表于1998年3月的《会计瞭望》（*Accounting Horizon*）第12卷第1期。

一、问题提出：全球性会计准则国际趋同浪潮的情势所趋

人类社会进入20世纪70年代以后，随着全球经济发展速度的加快，以及经济全球化体系的逐渐形成，致使会计国际协调的呼声日益高涨。特别是在20世纪90年代以来，由于国际贸易、国际投资以及跨国公司进一步发展，经济全球化已成为一个不争的事实。会计信息作为一种世界通用的商业语言，其业务处理程式与规范的国际协调和趋同工作即进一步受到社会公众、会计职业界、相关国际会计组织、各国政府以及部分国际经济组织的高度重视。联合国（United Nations，简称UN）、欧盟（European Union，简称EU）、经济合作与发展组织（Organization for Economic Cooperation and Development，简称OECD）、证券委员会国际组织（International Organization of Securities Commission，简称IOSCO）和国际会计师联合会（International Federation of Accountants，简称IFAC）等都积极推动甚至直接参与会计国际协调与趋同活动。由此可见，会计准则体系的建设与执行质量问题不仅是现代会计理论的一项重要内容，也是一个需要随着经济环境变化而不断研究与完善的现实问题。

据有关资料记载，会计准则的早期概念首先于1909年在美国出现，但其正式研究并制定和发布规范文本则是在1929~1933年的经济大危机之后。美国会计职业界和SEC从1936年即开始合作进行会计准则的研究和制定工作，在会计程序委员会（Committee on Accounting Procedures，简称CAP）、会计原则委员会（Accounting Principles Board，简称APB）和财务会计准则委员会（Financial Accounting Standards Board，简称FASB）近70年的不懈努力下，才形成了一套适合于市场经济体系运行、对世界各国有较大影响的研究和制定会计准则的理论、方法、经验和成果。尽管英国是一个老牌资本主义国家，但由于其市场经济发展程度落后于美国，故其会计准则的研究与发展也略显滞后。其他发达国家和地区，如中国台

湾、中国香港、新加坡、澳大利亚、日本等都是在市场经济发展到一定水平以后，才导致了会计准则的产生和发展。

20 世纪 70 年代以来，实现会计准则的国际协调及趋同一直是全球性会计职业组织与不同国家会计准则制定机构努力的方向。国际会计准则委员会（International Accounting Standards Committee，简称 IASC）作为全球性会计准则制定与协调工作的推动机构，它自 1973 年成立以来，在推动会计国际化进程方面做出了卓有成效的贡献。它在经过主要国际会计准则（International Accounting Standard，简称 IAS）制定期、IAS 巩固期和核心会计准则建设期三个不同的发展阶段，先后发布了 40 多项 IAS 并得到一定程度的推广。2001 年 1 月，为了适应经济发展对会计准则国际协调工作的要求，IASC 改组为国际会计准则理事会（International Accounting Standards Board，简称 IASB）。

IASB 成立后，即全面启动了新的国际财务报告准则（International Financial Reporting Standards，简称 IFRS）工作计划，明确提出了"会计准则国际趋同"的目标，随即推出了一系列新的准则与解释公告，加速了会计国际协调或趋同实务的推动工作并已经收到初步成效，且已产生了日益重要的影响。不少国家与地区先后宣布了对 IFRS 认可、肯定与推动的决定并付诸实施。FASB 已经于 2002 年 9 月与 IASB 达成了旨在启动"趋同"项目的协议，开始了其与国际财务报告准则之间的实质性协调工作，欧盟所有成员国的上市公司在 2005 年 1 月 1 日起就采用 IFRS 编制合并报表，澳大利亚和俄罗斯等国也已经宣布了类似的决定，越来越多的国家或地区加入到了应用 IFRS 的行列中。这表明在全球经济领域里对国际财务报告准则肯定和认可的力量在逐步扩大，会计国际协调或趋同乃大势所趋（郭道扬，2006）。

由此可见，随着 21 世纪全球化经济进程的加快，以及全球化格局的逐渐形成，会计国际协调及趋同工作必然会跃上一个新台阶。因此，它既对国际会计准则的质量提高提出了新挑战，更是对现阶段我国会计准则体系的建设与运行效果的实际问题提出了新的要求，故需要全面系统地研究以研究质量、制定质量、产品质量和执行质量为核心内容的会计准则质量问题，以提高其运行效率。

二、研究动因：推动我国会计准则体系建设进程的必然选择

中华人民共和国自 1949 年成立后的几十年内，均实行高度集中的计划经济体制，一直采用会计制度对会计核算和财务报告进行规范，它对企业贯彻国家各个时期的经济政策并对国家实施宏观经济管理方面起到了一定的历史性作用。党的十一届三中全会所确立的改革开放总方针，吹响了我国经济体制全面改革的号角，随着社会主义市场经济体制全面建立，也为我国自 20 世纪 90 年代初期开始、以制定和实施与国际通行惯例相协调会计准则为突破口的会计体制全面改革工作奠定了基础。

我国的会计准则研究与制定工作，至今已经走过了 26 年的春秋。早在 1980 年 1 月中国会计学会成立之际，就有学者提出了建立我国会计准则体系问题，并就其模式、结构、名称和内容等问题进行了初步讨论（李宝震，1980）。后来随着国家经济体制改革的逐步深入与会计制度改革进程的不断深化，我国围绕着会计准则体系建设相关的理论研究成果颇丰且取得一些推进实效。在我国会计准则体系建设过程中，一直将基本工作目标定位于与国际会计惯例相协调，并将其在格式与内容上与国际会计惯例逐步趋同作为发展方向。与此同时，我国还积极参与各种全球性的会计国际协调活动，以增加我国会计准则体系与国际通行惯例的融合程度，而且也朝着逐步实现与国际会计惯例大体趋同的目标稳步迈进，这些成效不仅已经为国际会计界所公认，同时也为提高现阶段中国会计准则体系建设及其运行质量奠定了一定的认识基础。

1992 年 11 月底财政部发布的《企业会计准则》，标志着我国

会计准则体系建设的序幕正式拉开。1997年5月发布第1号具体会计准则后，又陆续发布并修订了16项具体会计准则。以2005年发布的21项具体会计准则征求意见稿为基础，经过广泛征求意见并与已经发布的16项具体准则全面整合后，财政部于2006年2月15日正式发布了包括1项基本准则和38项具体准则在内的、与我国经济发展进程相适应的、与国际财务报告准则趋同的企业会计准则体系，它预示着我国会计准则体系建设即将进入一个历史发展的新阶段，实现企业会计准则建设工作新的跨越和突破（王军，2006）。国际会计准则理事会主席戴维·泰迪就曾高度评价了我国企业会计准则体系的发布实施工作，认为其是促进中国经济发展和提升中国在国际资本市场中地位非常重要的一步。但这只能说，它是中国会计准则体系质量建设的一个重要的成果，它标志着我国与国际会计惯例基本趋同且能反映中国会计环境与特色的会计准则体系初步形成。

回溯我国自1988年开始着手研制、1992年颁布并于1993年实施企业会计基本准则，以及1997年开始发布具体会计准则以来的工作进程，我们可以发现，20多年来，在会计理论界与实务界的共同努力，以及政府有关部门的积极推动下，我国有关会计准则体系建设问题的研究，虽然取得了多角度、多途径的研究成果与实际绩效，但目前在会计准则体系的制定主体、制定目标、制定导向、体系结构、制定基础选择、与相关法律法规的衔接，以及其实施保证体系等问题上，特别是在会计准则体系建设及运行质量与实施绩效等方面还存在一些亟待解决的理论问题、观念问题与比较复杂的现实问题，特别是其实施效果上能否达准则制定者的初衷，这客观上也反映了准则的执行质量问题（许家林，2006）。因此，需要全面系统地研究会计准则的研究质量、制定质量、产品质量和执行质量问题并采取相应的措施，以提高其实际影响与运行效果。

三、研究价值：完善我国会计准则理论研究结构的现实要求

前已述及，完整意义上的会计准则质量应当包括会计准则研究质量、会计准则制定质量、会计准则产品质量与会计准则执行质量四个不同的方面。但在国内外现有学术研究成果中，对这一重要问题却少有涉及，更无比较深入全面的系统研究成果。尽管因1997年9月阿瑟·利维特（Arthur Levitt）在演讲中提出“对高质量会计准则的需要”问题后，引起了学界的关注，但其研究范围也主要是涉及准则产品本身的整体要求、财务会计概念框架对准则文本的指导作用和会计的备选方案等技术性内容（葛家澍，2000），并未涉及本文所提出的准则及其运行质量问题。

因此，深入进行会计准则质量内涵及其推进问题的全面研究，并将重点放在我国会计准则体系建设及运行质量上，对于完善我国的会计准则理论研究的成果结构，也具有重要的理论价值。它主要体现在以下四个方面：

第一，它对完善我国会计准则体系建设可以起到一定的理论导向作用。因为我们在推进会计国际协调及趋同的主旨下，深入研究中国会计准则质量内涵及其推进的相关问题，其成果不仅会丰富现有会计理论，还可有助于形成以提高我国会计准则体系建设及运行质量为管理导向的准则建设理念。

第二，它对降低我国的会计制度改革成本可以起到重要的推动作用。只有在强调会计准则建设与运行质量管理导向的前提下，与我国会计制度全面改革相关的理论研究、准则发布、制度修订与贯彻实施工作才会降低其推行成本并提高效益。

第三，它对提高我国会计准则体系建设的运行绩效可以起到积极的促进作用。会计准则具有经济后果的性质决定了会计国际协调及趋同的本身也就是一种经济利益的协调，因此，我们在会计准则体系建设过程中，就要在注重其运行质量的基本理念指导下，既积

极考虑会计国际协调及趋同的技术因素，同时也考虑会计国际协调的利益因素，从而使我国在会计的国际协调及趋同过程中争取到最大限度的经济利益（冯淑萍，2004；刘玉廷，2004；陈毓圭，2001）。

第四，它对改进我国现行会计准则体系建设过程的组织与管理方面的程序性问题可以起到重要的政策咨询作用。

四、基本内容：会计准则质量问题全面研究的初步构思

会计准则体系建设及其运行质量问题既是一个极为重要的理论问题，也是一个现实的会计准则体系建设管理问题，它对准则的实施绩效有着重要影响，这一观念应当贯穿于准则研究、制定与执行的全过程。我国有关部门所确定的中国会计准则体系建设的总体目标，就是建设具有中国特色的高质量的会计准则理论体系、方法体系、制度体系以及运行保障体系。在此基本理念下，以研究会计准则体系建设及运行质量为核心主题的会计准则质量问题的全面系统研究，目前至少需要涉及以下三个方面的基本内容：

第一，是会计准则体系建设及运行质量的基础问题研究。需要研究的主要问题如下：会计准则体系建设及运行质量问题提出的理论基础、研究基础与实践基础；国内外会计准则建设质量研究的动态与评述；会计准则体系建设及运行质量的基本结构；会计准则研究质量（理论与实践）、会计准则制定质量（程序与方法）、会计准则产品质量（形式与内容）、会计准则执行质量（运行与效果）的具体内涵、影响因素及其相互关系等。

第二，是我国会计准则体系建设及运行质量的现状研究。实施研究的方式可以是：通过文献资料分析、实地访谈、实地调查、案例分析以及问卷调查等多种途径来取得有关准则建设及运行质量的第一手资料，运用定量与定性相结合的方法对我国会计准则体系建设问题研究 26 年来（1980 年起）、会计准则制定与修订 18 年来

(1988 年起)、会计准则正式运行 13 年来（1993 年起），以及正式成为国际会计准则委员会成员国直接参与推动会计国际协调及趋同进程 9 年来（1997 年起），围绕会计准则质量相关的问题进行深层次的分析，了解我国现行会计准则理论研究、制定与运行的薄弱环节、形成原因，以及其与会计国际协调及趋同的基本要求之间在理论基础上、思想观念上和准则结构上存在的差异，为深入研究现阶段如何保证并提高我国会计准则体系建设及运行质量问题提供基本方向。

第三，是提高我国会计准则体系建设及运行质量的相关问题研究。需要研究的重点问题为：会计准则研究质量（理论与实践）、会计准则制定质量（程序与方法）、会计准则产品质量（形式与内容）、会计准则执行质量（运行与效果）考核指标的设计与实施问题；会计准则体系建设及运行质量的法规保障体系完善问题；会计准则体系建设及运行质量的环境优化问题；会计准则教育与培训体系建设问题；国外会计准则建设前沿成果的引进、介绍与消化吸收问题；会计准则建设研究成果的披露与发布方式及渠道问题；会计准则体系建设的相关事务性管理问题；等等。

围绕着上述主题所进行的研究，不仅可以在研究方法上使规范研究方法、比较研究方法、文献研究方法和调查研究等方法能够有机地结合，而且在研究内容的设计上，还体现出三个方面的特点：其一，是在研究理念上，明确提出会计准则体系建设及运行质量这一基本观念，并倡导以此理念为导向来推动我国现阶段会计准则体系建设的进程；其二，是在研究内容上，明确提出会计准则体系建设及运行质量由研究质量（理论与实践）、制定质量（程序与方法）、产品质量（形式与内容）和执行质量（运行与效果）四个部分所构成并要综合考核的观念；其三，是在研究视角上，明确提出需要从准则制定与推行成本—效益的角度来研究准则体系建设与运行质量问题，并拟设计相应的指标体系来考核其结果。因此，若能形成与研究设计相吻合的系统研究成果，相信会对指导我国现阶段会计准则体系建设并全面提高我国的会计准则质量具有重要的政策咨询价值和现实意义，同时也会对深化以会计准则体系为基准的国际会计协调与趋同度产生重要的影响。

主要参考文献

陈毓圭．面向新世纪的中国会计准则建设．商业会计，2001（1）：8～10

冯淑萍．中国对于会计的国际化协调的基本态度与所面临的问题．会计研究，2004（1）：3～9

葛家澍．关于高质量会计准则和企业财务业绩报告改进的新动向．会计研究，2000（12）：3～9

郭道扬．关于会计协调与趋同．会计之友，2006（7）（中）：7～9

李宝震．论社会主义会计的原则．会计研究，1980（1）：11～19

刘玉廷．贯彻科学民主决策要求　完善我国会计准则体系．会计研究，2004（3）：3～7

王军．学习好宣传好贯彻好新会计准则，全面提升会计工作在经济社会发展中的服务效能．会计研究，2006（8）：3～9

许家林等．中国会计准则体系建设：发展·比较·协调．上海：立信会计出版社，2006. 64～68

（本文刊于《会计之友》2007年第2期）

专题二

资源与环境会计研究

论资源会计学的研究基础与研究框架*

自20世纪70年代开始，随着人类社会对所面临的诸如人口爆炸、粮食紧张、资源短缺、环境退化和能源危机等一系列全球性问题的深入研究，许多学科彼此交叉、相互渗透，形成了一大批纵横发展的新学科领域，资源科学就是近年来所兴起的一门新的综合性很强的学科，经过20多年的发展，它已经成发展成为一个相对完整的学科体系，从而成为“可持续发展”研究的支撑性学科之一（孙鸿烈、封志明，1997，1998；成升魁，1997，1998）。但值得注意的是，在目前所形成的资源类学科中，较多均是从自然科学及宏观管理层次的角度所进行的侧重于环境与生态方面的定性性政策研究，较少从管理学的角度进行微观管理层次的定量性方法研究，而着重从会计的角度围绕其存量和增量所进行的价值核算理论与信息披露理论研究更是少见，本文拟就此问题作初步讨论。

一、问题提出：可持续发展理论与资源会计核算体系

近10年来，“可持续发展”问题受到我国政府的高度重视，1994年，中华人民共和国国务院发布了《中国21世纪议程——中国21世纪人口、环境与发展白皮书》，提出了促进我国经济、社

* 本文系2002年度国家自然科学基金课题——《创建资源会计学科的基础理论问题研究》（70272054）的阶段成果。

会、资源和环境相互协调与持续发展的总体战略、对策和行动方案。此后，围绕着这一主题相关的问题即成为理论界的研究热点，不仅在一些重大理论问题上取得突破，有些研究成果付诸实践也已取得显著绩效（林幼平等，1997）。但从学术界目前围绕“可持续发展”问题所取得的研究成果上分析，我们感到涉及基础理论的定性性研究较多，诸如其概念、运行机理、重要性和管理政策等，且主要是从宏观管理层次上讨论国家、产业和区域的可持续发展问题，而在微观管理层次上从定量性的角度来全面研究作为可持续发展核心内容之一的资源核算体系问题则较少涉及，特别是有关资源存量和增量的价值变化、开发和利用效益的核算及考核、资源耗费与价值补偿的确认及计量等方面的技术性方法问题甚至可以说还是一个空白。

资源是一个广义的经济学概念，“可持续发展”观念中所包含的内容主要指自然资源。尽管目前对（自然）资源概念在文字的描述上存在差异，但以下几点却是学术界的共识：第一，它是一类独立存在的物质和能量的客观集合体；第二，它与人类的社会价值观念、文化背景、技术水平密切相关，是能够被人们所认识、萃取的物质、能量和信息等，具有相应的使用价值；第三，它不仅包括物质性资源，还包括这些资源的功能过程（功能性资源）如自然循环和食物链等（成升魁，1998）。若从社会进化的要求上看，人类对资源的开发与利用必须讲求经济效益和生态效益，要使两者达到统一，就需加强对其生态循环过程以及与之相适应的经济循环过程全面量化控制。资源的生态循环可划分为形成、开发、配置、运用、储存、保护、综合利用和再生等八个基本环节，资源的经济循环则主要是指资源生态循环每一环节资金的投资、生成、使用、消耗、收回、补偿和分配等七个阶段具体经济活动，为了保证各环节经营活动有条不紊地进行，使管理者能够正确地预测与决策，提供及时、准确、有效的会计信息即成为基本条件之一。只有充分利用会计信息综合、全面、连续和系统性强的优势，建立资源会计核算体系，才能使会计管理循环的预测、决策、计划、记录、计算、控制、检查、分析、考核和反馈等各项具体活动在资源两种循环的各个阶段发挥其独特的效用。资源的生态循环、经济循环与会计管理循环之间的关系可详见图1。

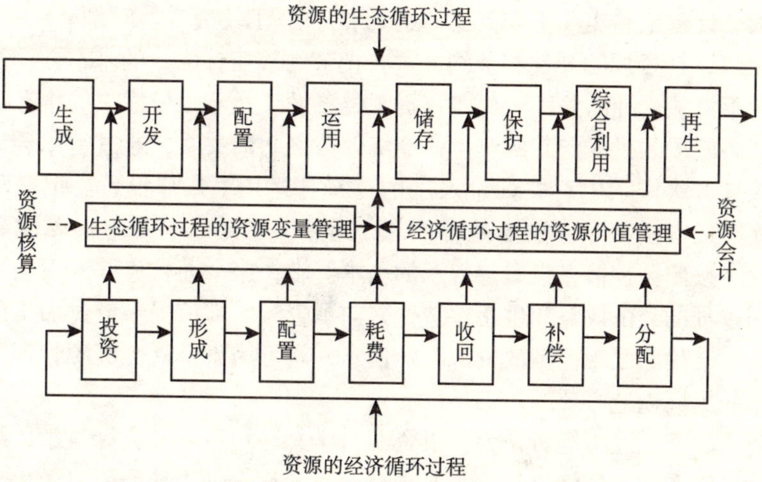

图1　资源生态循环与经济循环相互关系图

从图1可见，资源的生态循环更多的是呈现出一种量上的变化，而资源的经济循环更多地则呈现出一种价值上的变化。目前我们在谈到与资源管理相结合的可持续发展问题时，所强调的资源核算更多地是着眼于整个社会宏观经济管理角度的数量核算，也就是其资源总量在变量上的核算，而很少从微观经济角度关注某个资源经营实体内经营环节上如何核算其成本、效益以及价值信息披露方面的问题，而这正是会计基本职能所限定的工作范围。按照现代会计理论的基本观点，会计作为经济管理的一个重要组成部分，其基本任务就是为单位内部和外部与其有利害关系的当事人提供及时、准确和有效的会计信息，以促使企业乃至于整个社会经济效益的不断提高。当前，全球正在全面推行可持续发展战略的行动，《中国21世纪议程》正在我国得到全面实施，会计工作应当如何在资源的开发、利用和节约方面发挥应有的作用，应当如何有助于资源的开发和利用效益的提高，对于资源开发与利用的过程和结果如何从会计的角度进行管理，以有助于资源循环的顺利运行，已成为广大的会计理论和实践工作者必须思考的一个比较现实的问题。可见，在“坚持资源的开发与节约并举，把节约放在首位”的基本方针指导下，从会计的角度全面研究资源经济循环及与之相适应的生态循环各阶段的投入与其所产生的经济效益之间的关系，通过运用会计核算方法体系中有关计量尺度的选择与运用、账户设置、记账程序、成本核算等方法的基本原理，运用会计确认与计量的基本理论，按照会计信息披露与揭示的基本要求，来全面核算其开发与利用过程的经济效益和生态效益，并向国家有关部门提供经过加工的相对准确的微观范围的资源会计信息，就可为整个社会资源管理效率的提高创造必要的基础条件。

鉴于上述，笔者认为：以资源科学、环境科学、会计科学、统计科学和相关经济科学为指导，从会计角度全面系统研究资源生态循环和经济循环各个阶段资金投入与经济效益核算的基础理论问题，创建资源会计核算体系并建立一个新的会计分支学科，使“可持续发展”理论在微观管理技术及方法层次研究上取得一定程度的突破，其所取得的成果不仅对丰富管理学科体系及指导我国资源会计核算实践具有重要的理论价值和现实意义，而且有着广阔的应用前景。

二、研究基础：国际国内的研究进展分析

（一）国际会计领域的研究进展

从国际会计研究领域里看，对资源会计核算问题的研究，会计理论学术界较早就曾给予一定程度的关注，并且已经取得一些成

果。据笔者初步掌握的有关资料分析，在早期西方一些比较权威的会计理论书籍和会计学教科书中，涉及到资源会计核算中有关自然资源会计核算方面的具体业务性问题较多，但对于综合性的研究则较少。

特别是在石油和天然气会计问题方面，美国可以说是走在了世界前列，其研究成果斐然。早在50年代初期，美国就开始了对石油、天然气开采过程的核算是否制定专门会计准则的争论，其焦点主要集中在成效成本计算法（Successful Efforts，简称SE，又译成果法或功效成本计算法）和完全成本计算法（Full Cost，简称FC）的运用方式和适用范围的选择上（Paton，1922）。其后至今，有关会计专业团体相继发布了一系列有关自然资源核算问题的研究报告①。1970年，由美国著名会计学教授西德尼·戴维森（Sidney Davidson）和罗曼·L. 韦尔（Roman. L. Well）主编，由当时美国59位著名的会计学教授和执业会计师撰稿并由麦格劳－希尔（Mcgraw－Hill）公司出版了《现代会计手册》（*Modern Accounting Handbook*）一书，该书的第十七章——土地、第十八章——自然资源两章的内容主要是从递耗资产的角度涉及有关资源核算的实务问题，但对于其理论问题则较少涉及（戴维森，1983）。由此可见，在20世纪80年代中期之前，国际会计领域里对与资源核算有关的

① 美国的会计界自从20世纪50年代开始涉足资源会计理论问题方面的研究，其焦点主要集中在石油和天然气领域，基本目标就是建立适当可行的石油、天然气会计准则，其中心是围绕着与折耗计算时递耗资产的成本基数而展开，进一步延伸到有关完全成本计算法和成效成本计算法的运用范围及优劣评价的争论。由于其持续时间之长，造成的影响之深，因此有专家认为，在美国会计的发展历史上还从来没有哪一种会计方法的选择有FC和SE之争具有这样的广泛吸引力。经过近30年的讨论，直到1980年，随着学术界对物价变动会计领域里的问题研究逐步深入，1980年11月，FASB发布了第39号财务会计准则公告（SFAS No. 39），题为"财务会计与物价变动：特殊资产——矿山、石油和天然气（Financial Reporting and Prices：Specialized Assets—Mining and Oil and Gas)"，作为对SFAS No. 33中现时成本会计的内容进行补充。SFAS No. 39要求遵照SFAS No. 33的有关规定，石油和天然气公司可以使用现行市价、按一般购买力物价调整的历史成本或者分配成本的统计证据来计算其储量和折耗的现时成本，要求各公司应当披露所用信息的类型。从1980年12月25日起，SFAS No. 39即开始在年终会计报表中发挥积极的作用。

问题研究主要集中于资源开采过程的成本分摊方法上。虽然已经形成了比较一致的认识，但是可以看到其研究范围还只是局限于以折耗方法研究为中心的较为狭窄的领域内。

国际会计准则委员会（IASC）于1998年4月20日至26日在马来西亚科伦坡召开的第二次理事会会议上，曾经根据执行委员会的建议，在理事会已经同意的三个项目中，专门增加了一个有关开采业项目的专题研究。与会代表认为，由于开采业风险很大，而且在是否存在具有商业开采价值的矿物、储量大小、从探明储量到达到经济开采量的时间间隔、市场需求、政府控制、环境保护以及投资回报等方面均存在着很大程度上的不确定性，各国会计实务之间存在很大差异，还不符合国际会计准则的概念框架，因此，当时初步确定的研究议题有开采前成本的确认、场地恢复成本的确认、存货的计量、收入确认和准备的提取等问题。会议决定，1998年秋季起草完成讨论稿，并计划在2001年第二季度发布正式的准则（陈毓圭，1998），但因2001年度IASC的改组而暂时搁浅[①]。由此可见，到了20世纪90年代末期，由于可持续发展观念广泛地渗透到人类生活的各个不同领域，国际会计领域内对资源核算问题的研究，除了注重要满足与IASC的国际协调原则相一致的基本要求外，其研究范围已经涉及到如何对其存量和增量的计量以及再生基金的提取和建立等问题，应该说这是在资源会计研究内容方面的一个重要拓展。除此之外，法国还曾有学者以可持续发展为基础，从微观核算的角度提出了建立生态会计与自然财富估价会计的设想，但并没有从学术上对这一设想去进行发展、完善与创新（于玉林，1994）。

综上可见，国际会计领域里围绕着资源会计核算所取得的研究成果，其基本特点是涉及到运用性问题较多，对基础性的理论问题并不注重，因此，在推进方式上对有的问题与方法还只是处于建立

① 国际会计准则委员会（IASC）于2001年1月正式改组为国际会计准则理事会（IASB）。

观念的初期阶段。

（二）国内会计学界的研究态势

资源会计学属于资源科学及会计科学领域里一个新的具有交叉性特征的前沿性理论问题，近10年来，虽有各方专家曾以不同方式就此问题作过呼吁和初步研究，但从总体上看，其研究的范围比较窄，内容也比较零碎，因而并未引起学术界的应有关注。

1992年，我国著名会计学家葛家澍教授在首次向中国会计界介绍有关西方环境会计研究情况的论文中，虽然在某些方面涉及资源核算的问题，但其主要内容是有关环境会计信息的披露方式问题（葛家澍，1992）。1994年，国际知名会计学家郭道扬教授在台湾地区的国际会计学术会议上所发表的著名演讲——《21世纪的战争与和平——会计控制、会计教育纵横论》中也提到了资源核算的会计问题，但主要是从宏观上对资源核算体系建立的环境问题进行了分析与阐述（郭道扬，1994），提出了基本的构想，因限于篇幅而未从微观核算的角度进行具体的阐述。1994年以后，由于可持续发展理论在全球范围内逐渐为人们所接受，对与资源会计相关的环境会计问题的研究即逐渐成为会计理论界的一个热点问题，冯淑萍（1995）、孟凡利（1994）、王荣（1994）、许弟伟（1996）、崔或（1997）、郁建国（1997）、项国创（1997）和王传勇（1997）等人先后分别从环境会计准则的建立、环境成本、环境会计核算体系、环境会计理论基础和环境会计的结构原理等不同角度进行了研究，取得了一定的成果，也形成了一些新的会计观念，但从其成果的构成上看，虽然各个学者从不同的侧面对资源会计核算的问题有所涉及，可总体上的系统理论研究显得较为薄弱，故在这一领域里的研究并无多大实质性和突破性的进展。1995年，在国家科委出台了关于加强资源核算以可持续发展的政策性要求后，有学者开始从会计的角度对资源核算问题进行比较系统的研究。1997年底，翟新生（1997）对资源核算中所涉及的资源价值、成本补偿和会计计量方法等几个专门问题进行了比较深入的研究，并出版了一本《自然资源会计——大循环成本理论的运用》的书，但从具体内容上看，其所涉及的基础理论问题尚显薄弱。1997 年，中国人民大学的阎达五和耿建新教授等人曾就建立资源会计的问题也提出了三个富有建设性的建议：一是认为由于我国人口众多、资源相对不足，在现代化建设中就必须实施可持续发展战略，根据党和国家对我国现阶段资源、环境和人口等问题的要求，会计应当发挥重要的作用，基本方式是建立起类似于西方社会责任会计的体系，并建议其具体内容包括资源会计、环境会计和养老金会计，这是国内会计学术界首次在研究文献中明确提出“资源会计”的概念。二是认为从现状看，我国目前有关财务法规对资源利用已经有了一定的约束作用，如向矿产资源开征资源税和废旧物资回收按 10% 抵扣增值税等，这些具有特色的会计处理事项，即可视为资源会计的雏形，但认为目前对与资源利用关系紧密的递耗资产会计及生产力合理布局方面的财务规划等问题缺乏研究。三是认为从长远看，应当结合资产评估、资源统计等方法，建立起主要以递耗资产会计为中心，研究自然资源的存量计价、有偿使用方式、使用效益评价等宏观性的国土资源开发利用会计。同时，还要从指标考核、效益评价、财税法规等方面，促使企业合理开发递耗资产，节约资源，完善企业的财务约束机制（阎达五，1998）。在这里，阎教授虽然提出了建立资源会计的构想，但并未对建立资源会计的基础理论问题的内容进行具体的阐述。

笔者于 1996 年开始对资源会计问题进行专门探索，并在 1998 年曾提出了有关资源会计研究的基本理论范畴问题，认为其应当主要涉及资源核算与会计系统的相互关系、资源会计的研究基础、资源会计的核算基础、资源会计信息的结构、资源会计管理的结构和特殊资源的会计核算问题等六个方面的内容，这一观点曾在学术界引起一定的反响（许家林，1998）；而后提出了资源成本“十结构观”（许家林，1999），比较全面地分析了研究资源会计理论问题的六门基础性学科及其与资源会计的相互关系问题（许家林，

1999)，并对资源会计的计量基础、确认基础和方法基础进行了初步阐述（许家林，1999）；在比较深入地剖析了资源税制的改革问题后（许家林，2000），对资源收益的内容进行了多角度的分析（许家林，2000）；还对资源损失的形成与计量问题进行了初步研究（许家林，2001）；2000 年 12 月，对上述一些基本观点与构想形成了一个比较全面的认识框架（许家林，2000）。不久前。围绕着资源生态循环的核算问题，杨宗昌等（2002）也曾提出了建立生态会计核算体系的构想。但上述成果只是一种单项目的个别性研究与一般性应用研究，还未形成有关基础理论的系统研究成果，因而限制了这一学科的形成与发展。

除此之外，我国会计理论界的不少专家学者还从不同角度对会计工作与经济管理、资源节约和经济效益之间的关系作了研究，尽管其间也涉及到资源与效益问题，但主要是指现代企业内部各种物资及人力资源的配置和使用效益，而不是与“可持续发展”观念相一致的资源与效益问题。

（三）资源科学学界的研究动向

随着可持续发展观念的深入人心，我国资源科学界的专家、学者对于扩展这一学科领域已经做了很多卓有成效的基础性工作。1997 年 11 月 3 日 ~11 月 24 日，《光明日报》曾经与中国自然资源学会联合以“加强资源科学研究”为题设专版研讨资源科学的发展问题，对建立资源科学体系的问题进行了比较全面的讨论[①]；此后，孙鸿烈（1998）等提出了资源科学应当由综合资源学、部门自然资源学和社会资源学 3 大类 20 门学科构成的系统观点；霍明远（1998）界定了资源科学的内涵；陈百明（1998）对资源科学的学

① 其基本观点散见于孙鸿烈与封志明的“资源科学：正在兴起的科学”、成升魁与丁贤忠的“我国资源科学的发展与展望”、赵士洞与谷树忠的“资源科学与资源可持续利用”和史培军的“培养可持续发展管理人才”（分别刊载《光明日报》1997 年 11 月 3 日、11 月 10 日、11 月 17 日和 11 月 24 日）等四篇论文中。

科定位问题提出了明确的建议；成升魁（1998）从生态学分支学科演化范式的分析切入，对资源科学演化的基本范式进行了研究，并就资源科学研究中有关资源过程论、资源的生态经济平衡论、资源生态系统论、资源流动论和资源产权论等几个重要的理论问题提出了系统的看法；谷树忠（1998）则具体地讨论了构成资源科学重要组成部分的资源经济学的学科性质、地位与思维问题，明确地提出了资源会计（Resources Accounting）这一新的概念。上述研究成果中表达的基本理念，对于创建资源会计学起到了奠基性的观念作用，尽管所讨论的均是一些相对宏观的涉及资源管理方面的问题，并没有明确讨论到与微观管理核算相一致的资源会计学科的建设问题，但对于它的深入研究却具有重要的理论指导意义。

三、研究框架：基本目标、主要内容与方法程序

（一）以初步形成资源会计的基础理论体系作为研究目标

资源会计研究既属于资源环境科学理论与会计科学理论相互融合的一种交叉性研究，也属于基础性会计理论问题的一种开创性探索研究。因此，整个研究过程就应当紧密围绕与资源的生态循环各个阶段相适应的经济循环各个环节的具体经济活动特点，对资源性资产、资源耗费、资源成本、资源价值、资源价格、资源收益、资源会计信息和资源会计核算体系的结构等主要基础理论问题进行专题研究，形成一个具有一定理论和实践基础、相对完善且有逻辑联系的资源会计的基本理论体系，并建立必要的计量与核算模型，构成系统的资源会计理论，设计一套严格的资源会计运行规范和考核指标体系，以指导我国建立企业、地区和国家范围内的资源会计核算工作，从而也为管理学科和资源学科体系内形成一个新的交叉学科——资源会计学奠定一定的理论基础。

（二）在研究内容的设计上注重基础研究与应用研究的有机融合

按照上述研究目标，笔者认为，与资源会计基础理论相关的研究内容应当包括以下五个方面：

1. 关于资源会计学的创建基础问题

这是确立专门研究资源会计问题的理论基础。它需要从可持续发展观念内涵的形成及其与资源问题的关系入手分析，通过剖析我国资源问题的基本状况，围绕分析资源及其生态循环与经济循环两者之间的关系，来阐述对资源问题从会计角度进行专门研究的理论意义和现实意义。其应当研究的主要理论问题有：资源生态循环与经济循环的基本结构；资源循环的经济效益与生态效益；资源循环与会计管理循环的关系；创建资源会计体系的理论价值及对可持续发展战略的效用；创建资源会计学的理论基础与学科方位；资源会计的客观结构；资源会计的确认基础和计量基础；资源会计体系的程序运行基础；资源会计体系的方法基础等。

2. 关于资源会计核算体系中基本要素的确认与计量模型问题

它主要是对资源性资产、资源耗费、资源折耗、资源成本、资源价格、资源收入和资源收益等问题从不同的侧面进行基本理论的研究。应当研究的主要理论问题有：资源性资产的结构、产权、会计处理基础和计量模型；资源耗费的形成、资源成本的结构和计量模型；资源损失的构成、确认与计量模型；资源价值的构成理论，资源价格的确定依据与计量模型；资源收益的结构、确认与分配计量模型；资源税与资源补偿费制度的规范、完善与测算模型等。

3. 关于资源生态循环不同环节的核算理论与方法问题

需要研究的主要理论问题有：应当如何围绕资源的形成、开发、配置、运用、储存、保护、综合利用和再生八个不同环节的核算特点，结合其经济业务发生所引起会计要素发生变化的基本业务特点，就资源开发、资源配置、资源储存、资源保护、资源综合利用等过程会计核算的理论与方法进行专题式研究。

4. 关于资源构成不同内容的核算原理与方法问题

需要研究的主要理论问题有：应当如何结合矿产资源、石油和天然气资源、森林资源、水资源、土地资源、海洋资源、旅游资源、生物资源等自然资源的特点，就其会计核算的理论与方法进行专题式研究，同时也可尝试扩展到涉及知识资源与信息资源等方面会计核算理论与方法研究。

5. 关于资源会计核算体系的信息生成与披露系统问题

主要是从会计管理的角度，就与资源的生态循环和经济循环相一致的资源会计管理体系的基本结构、资源会计管理系统的运行环境与支撑条件、资源会计的考核指标体系和资源会计法规体系建设、资源会计信息的生成、披露和质量监控等方面的问题进行研究。应当研究的主要理论问题有：资源会计信息的结构；资源会计报表体系的设计、编报程序与方法；资源会计信息提供的生成程序；资源会计信息的使用对象，资源会计信息的质量标准和资源会计信息质量的保障机制等。

（三）在研究方法的选择上应当注重不同方法的结合与研究程序设计的科学合理

实施资源会计研究，可以采用的主要方法是规范分析研究方法、交叉移植研究方法、比较借鉴研究方法和系统创新等方法。此外，到国家有关职能管理部门和有关资源产业型的企业进行调查研究，取得第一手资料，也是研究过程必须运用的一种重要方式。尽可能地利用先进的信息处理手段，来搜集涉及与本课题相关的已有最新研究成果，并注重分析吸收于部分内容之中，以体现学术研究上的历史继承性。在此基础之上，应当按照以下程序去实施研究，以达到预定的研究目标：（1）对资源生态循环的基本环节及其特点进行规范研究，从人类社会可持续发展角度去研究资源生态循环与经济循环的关系，从而确立实施资源会计核算认识基础；（2）对前人已有的相关研究成果进行追溯性研究，进行必要的数据归类分析，以明确当前进行这一问题研究的起点与方位；（3）从会计基本理论结构的角度对资源会计的理论基础、确认基础、计量基础和方法基础进行专项研究，以初步形成实施这一研究的专业基础骨架；（4）从会计基本要素构成的角度对资源性资产、资源耗费与成本、资源价值与价格、资源收益等主要内容进行单项研究，以到资源型企业和相关管理部门进行实地调查所得到的数据为基础，并建立相关的计量模型，以初步形成建立资源会计学科的理论框架；（5）对资源会计信息体系及其会计管理系统的运行环境进行系统的研究，并建立必要的质量评价模型，以初步形成资源会计的信息披露模式；（6）以对资源生态循环各个环节核算特点的纵向研究和对各类主要资源的核算特点的横向研究为理论研究的拓展方向；（7）综合上述单项研究成果，初步形成资源会计的基础理论体系，为创建资源会计学科奠定基础。上述研究程序可图示如下（详见图2）：

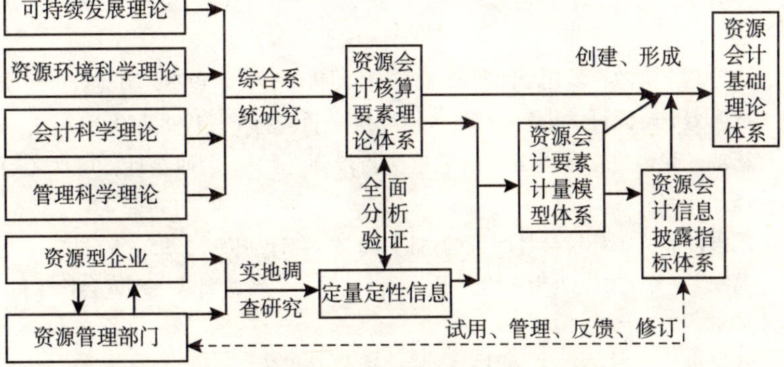

图2　资源会计基础理论体系的研究线索图

（四）在研究层次上应当注重内容的前沿性与对学科发展的开拓性

据笔者目前所掌握的资料，文中所确定的研究视角与研究内容的设计为国内首次提出，在国外的专业期刊上也未检索到有关此问题的研究成果，因此，对这一问题的研究具有学术上的前沿性。这一问题研究的最终成果既可以为创建资源会计学奠定理论基础，又能够使“可持续发展”理论在微观管理技术及方法层次研究方面进一步地完善，也可以丰富资源科学体系的内容，还可使20世纪80年代以来已经得到纵横拓展的现代会计科学的学科范围有进一步的发展与创新。

主要参考文献

［美］西德尼·戴维森主编．现代会计手册（3）［M］．娄尔行译．中文第1版．北京：中国财政经济出版社，1981.236

陈百明．资源科学学科的建立与定位［J］．资源科学，1998，20（1）：13~15

陈毓圭．国际会计准则委员会理事会科伦坡会议综述［J］．会计研究，1998（7）：43

成升魁，丁贤忠．我国资源科学的发展与展望［N］．光明日报，1997-11-10（7）

成升魁．资源科学几个问题的探讨．资源科学［J］，1998，20（3）：1~10

成升魁．资源科学几个问题的探讨［J］．资源科学，1998，20（3）：1~10

崔或．我国建立环境会计的紧迫性与步骤［J］．广西会计，1997（3）：12~15

冯淑萍．关于环境会计问题的讨论［J］．会计研究，1995（6）：36~40

葛家澍，李若山．九十年代西方会计理论的一个新思潮——环境会计［J］．会计研究，1992（5）：1~6

谷树忠．资源经济学的学科性质、地位与思维［J］．资源科学，1998，20（1）：16~22

郭道扬．二十一世纪的战争与和平——会计控制、会计教育纵横论［J］．管理会计（台湾）．1994（3）：78～81

国家科委社会发展科技司资源处．加强资源核算研究促进经济的持续发展［J］．经济研究参考，1995（84）：17

国务院．中国21世纪议程——中国人口、环境与发展白皮书［M］．北京：中国环境科学出版社，1994.2

霍明远．资源科学的内涵与发展［J］．资源科学，1998，20（3）：11～16

林幼平，张义周，胡绍华．可持续发展研究综述［J］．经济评论，1997（6）：86～90

孟凡利．会计与环境因素之间的关系原理是会计进步与发展的基本原理［J］．财务与会计，1994（11）：28～31

孙鸿烈，封志明．资源科学：正在兴起的科学［N］．光明日报，1997－11－3（7）

孙鸿烈，封志明．资源科学研究的现在与未来［J］．资源科学，1998，20（1）：3～12

王传勇．论绿色会计［J］．财会研究，1997（1）：21～22

王荣．再谈绿色会计［J］．地质财会，1994（3）：18～20

项国创．在中国建立环境会计的构想［J］．财会月刊，1997（3）：18～19

许弟伟．环境会计初探［J］．会计之友，1996（3）：28～29

许家林．论可持续发展观念下的资源成本结构［J］．财经研究，1999（3）：68～74

许家林．试论资源收益的特征、结构与分配［J］．现代财经，2000（5）：13～18

许家林．试论资源损失的形成与计量［J］，河北经贸大学学报，2001，21（2）：32～34

许家林．我国资源税制的完善与改进［J］．黑龙江财专学报，2000（1）：14～17

许家林．资源会计：现代会计科学发展和研究的新视点［J］．财会通讯，1998（12）：9

许家林．资源会计基础初探［J］．山东科技大学学报，1999（6）：60～65

许家林．资源会计几个基本问题的初步研究［J］．现代财经，1999（11）：3～9

许家林著．资源会计研究［M］．东北财经大学出版社，2000

阎达五，耿建新．会计理论建设和会计工作改革的强大动力［J］．会计研究，1998（2）：4

杨宗昌，钟子亮．关于生态会计的构想［J］．四川会计，2002（7）：6～8

于玉林主编．现代会计百科辞典［M］．北京：中国大百科全书出版社．1994. 971、256

郁建国．经济发展与环境会计［J］．现代会计，1997（2）：12～15

翟新生．自然资源会计——大循环成本理论具体运用［M］，成都：西南财经大学出版社，1997，2～14

Paton. William Andrew.. *Acounting Theory*［M］. New York：The Ronald Press Company，1922，389；Harry. I. Wolk、Jere. R. Francis、Michael. G. Tearney. *Acounting Theory*［M］. Collage Division South-Western Publishing Co，Cincinnateohio，1992，458

（本文刊于《资源科学》2003 年第 4 期）

论资源开发行业的会计准则建设问题

——基于对 FASB 及 IASC 研究动态的分析与思考*

资源开发行业是指发现和移动位于地表或地下具有递耗性的石油天然气等自然矿产资源的行业①，该行业生产经营活动的高投入、高风险、投资回收期长、矿产储量的发现成本与发现储量的价值之间不存在相关关系等特征决定了其会计核算的内容与模式不能等同于其他行业的会计核算（林金高，2002），矿产资源资产的计价、转让收益的决定、矿产品开采过程中的建设设施的拆移和环境恢复成本，以及矿产资源资产对外报告构成了资源开发行业的特殊会计问题（林金高，2000）。因此，必须研究并建立适应资源开发行业生产经营活动过程特点的会计核算理论与方法。为了规范资源开发行业的会计核算工作，国际会计界经过长期不懈的努力，已经取得了丰富的研究成果，特别是美国财务会计准则委员会（Financial Accounting Standards Board，简称 FASB）在石油天然气会计准则体系方面的不断修订与完善，为建立其他资源开发行业会计规范奠定了基础。此外，国际会计准则委员会（International Accounting Standards Committee，简称 IASC）② 也于 2000 年发布了一份《2000 年采掘行业问题报告》（以下

---

* 本文系 2002 年度国家自然科学基金课题——《创建资源会计学科的基础理论问题研究》（70272054）的阶段性研究成果，亦为与 2002 级硕士生王昌锐合作的成果。

① 这里的资源仅指矿产资源。

② IASC 于 2001 年改组后，负责制定国际财务报告准则的机构为国际会计准则理事会（International Accounting Standards Board，简称 IASB），本文为行文方便，以 IASC 指代改组前后的国际会计（财务报告）准则制定机构。

简称《问题报告》)，尽管该报告只是一份征求意见稿而非正式的国际会计准则，但由于其提出了许多具有建设性的观点，对协调世界各国在资源开发行业会计问题上的一致性具有重要的指导与参考价值。本文拟通过分析 FASB 和 IASC 的研究动态，就我国资源开发行业会计规范研究与建设问题做必要的探讨。

一、FASB 对资源开发行业会计准则研究的主要成果

美国是世界上最早对资源开发行业会计问题进行研究的国家，也是最先形成相应的会计规范并得到推广与运用的国家。早在 20 世纪初，美国的会计理论界与实务界就有涉及资源开发行业会计问题的成果问世，但当时的研究范围还仅限于资源开发行业中最为特殊的流体矿资源开发会计——石油天然气会计的一些具体操作性问题。20 世纪 30 年代中期以后，随着美国会计准则的研究与制定机构从会计程序委员会（1938 ~ 1958）、会计原则委员会（1959 ~ 1973）到财务会计准则委员会（1973 ~ 现在）的演变，这一领域里的研究内容与要求也不断地发生变化，直到 20 世纪 70 年代以后，以 FASB 于 1975 年发布的第 9 号财务会计准则公告（Statements of Financial Accounting Standards，简称 SFAS）《所得税会计——石油和天然气生产公司（对 APB 第 11 号和第 23 号意见书的修正)》为标志（FASB，1975），历经多次变更，才逐渐形成了基本成型且相对比较系统的石油天然气会计准则。

分析美国有关石油和天然气会计准则形成的过程，其研究与争论的焦点问题一直是围绕着与折耗计算时递耗资产的成本基数确定问题而展开，后来进一步地延伸到有关全部成本法（the Full Cost Method，简称 FC）和成果法（the Successful Efforts Method，简称 SE）的运用范围及优劣评价而进行的争论。由于其持续时间之长，造成的影响之深，因此有专家认为，在美国会计的发展历史上还从来没有哪一种会计方法的选择有 FC 和 SE 之争这样具有广泛吸

引力。

20世纪50年代以前，美国几乎所有的石油天然气公司都采用了与“成果法”相似的会计核算方法。到了20世纪50年代中期，对石油天然气行业的会计核算出现了“全部成本法”，由此引起了两种核算方法的争论，其争论焦点是寻找、取得和开发油气储量发生的费用如何资本化的问题。到1970年止，大约有一半股份公开交易的油气生产公司采用全部成本法。由于各油气公司在具体运用的成本核算方法不同，同时，即使运用同种核算方法的油气公司在具体会计处理过程中也会产生差异，致使人们难以比较不同油气公司的财务报告，为此，美国会计理论界经过长期探索研究，于1977年12月由FASB公布了题为《石油与天然气生产公司的财务会计与报告》的第19号财务会计准则公告（SFAS No. 19）。FASB在SFAS No. 19中要求所有的石油天然气生产公司按照成果法计量石油天然气资产（FASB，1977），此举引发了大量中小石油天然气生产公司的游说行为，导致证券交易委员会（Securities Exchange Committee，简称SEC）于1978年8月31日发布253号会计系列文告（ASR No. 253）——《关于石油天然气生产活动的财务会计与报告实务的要求》，接受完全成本法为向SEC报告的可接受的备选方法，由此导致了SFAS No. 19与ASR No. 253的冲突。

由于SEC的权威地位和FASB的民间性质，FASB不得不于1979年2月对SFAS No. 19进行了修正，公布了第25号财务会计准则公告（SFAS No. 25），不定期地暂停SFAS No. 19把成果法作为石油天然气资产计价的唯一方法之要求（FASB，1977）。SFAS No. 25的颁布，标志着FASB试图为石油天然气资产计价建立统一方法努力的破产。ASR No. 253除了与SFAS No. 19对立，还提出了一种以价值为基础的会计方法（Reserve Recognition Accounting，简称RRA）。或许是FASB颁布了SFAS No. 25的行动，或许是人们对RRA的大量反对，或许还有其他原因，SEC于1981年2月26日颁布了ASR No. 289——《石油天然气生产者的财务报告》。在ASR

No. 289 中，SEC 宣称不再将 RRA 视为石油天然气生产者基本财务报告的一种潜在的会计方法，并支持 FASB 为石油天然气生产活动开发一套综合的会计信息揭示规则。FASB 毕竟只是一个民间会计准则制定团体，它所制定的会计准则的公认性在很大程度上来自于 SEC 的支持。为了和 SEC 的 ASR No. 253 保持一致，也为了答谢 SEC 在 ASR No. 289 中对自己的支持①，FASB 于 1982 年 11 月颁布了 SFAS No. 69，要求对石油天然气储量及其变动进行标准化计量，以此作为补充信息的重要内容之一（FASB，1977）。

综合近半个世纪美国会计界对石油天然气会计规范的研究成果，主要体现在如下十个方面（Dennis，2002；Robecca，1997）：

1. 界定了石油天然气会计准则的适用范围。SFAS No. 19 第 1 节明确规定本准则仅适用于石油天然气生产活动，不包括与石油天然气的运输、炼制和营销相关的财务会计和报表问题。定义的石油天然气生产活动包括矿产资源权益的取得、勘探（包括前景勘探）、开发和原油的生产。

2. 历史成本原则下的成果法与完全成本法两种模式并存。以历史成本为基础的成果法与完全成本法其主要差别在于对未成功勘探钻井成本会计处理的不同，对石油公司的利润表有实质性的影响。到目前为止，FASB 和 SEC 尚未有统一石油天然气资产计价方法的时间表。这就导致了以历史成本会计为基础的两种计价模式——成果法与完全成本法并存的状态。目前，美国的大型石油公司由于收入较多，承受能力强，大多采用“成果法”；小型石油公司一般采用“完全成本法”。

3. 勘探结果决定获得矿产权益成本是费用化还是资本化。矿产资源的开采权益（以下简称为矿产权益），包括所有权、租约、特许权或其他一些根据权益转让条款所获得的开采石油天然气资源的权益。通常情况下，如果勘探成功，获得矿产权益成本在会计中被

① 由于 SEC 在 ASR No. 289 中宣称将继续支持 FASB 为石油天然气行业制定会计准则。

称为未开发财产并分配；如果勘探不成功，则获得矿产权益成本将作为损失被直接转销。

4. 成本核算模式决定未找到探明储量的勘探成本的费用化或资本化。勘探涉及确定将要检查的区块和对认为有石油天然气储量前景的区块进行检查，包括钻勘探井和勘探参数井。勘探井和勘探参数井的钻井费用应根据是否找到探明储量和采用的何种历史成本会计模式来确定是否视作未完成的井、设备和设施的一部分而被资本化。对于找到了探明储量的勘探成本无论是在成果法下还是在完全成本法下，均予以资本化；而对于未找到探明储量的勘探成本，在成果法下钻井费用减去残值的净值，被当作费用列支，而在完全成本法下，则全部资本化。

5. 开发成本要全部予以资本化。开发成本是指为使得探明储量具备开采条件并建造提取、处理、聚集和储藏石油天然气的设施而发生的费用。开发成本包括折旧、一些辅助设备和设施的操作费用以及进行开发活动的其他费用。无论是成果法还是完全成本法，对于开发支出无论成功与否，均应予以资本化。

6. 生产成本构成当期油气成本的一部分。生产成本是指作业和维护井及相关设施、设备所发生的费用，包括折旧、实际发生的辅助设备和设施的操作费用、作业费用、维护井及相关设备和设施的其他费用，它们是生产出的石油天然气成本的一部分。矿区的取得成本、勘探成本和开发成本的折旧、折耗和摊销与生产成本一起构成提出的石油天然气生产（提油气）成本。

7. 石油天然气资产期末的减值测试。1995 年 FASB 颁布了有关长期资产减损的 SFAS No. 121，要求对长期资产诸如资本化的油气矿区的取得、勘探和开发成本进行减损测试。如果有关的预期未来现金流量少于资产的账面净值，则认为资产发生了减损。减损损失通过把减损资产的账面净值减少到公平市价予以确认。SEC 要求在成果法下必须进行减损测试并予以报告，在全部成本法下则不必报告。

8. 放弃矿区的损失与盈利的确认。当一个未探明矿区被放弃或认定没有价值时，与其相关的资本化的取得成本应冲减损失备抵，直至冲完为止。如果设立的备抵不足，则应视为损失。通常情况下，只有当一个单独的井或设备或者设立摊销基金的单个的租让权或一组确定的矿区被放弃且剩余的矿区继续生产石油天然气时，才确认矿区的损失和盈利。相反，被放弃的矿区应视作被全部摊销，其成本应计入累计折旧、折耗和摊销。当单个的（如果有摊销基金）或一组矿区（如果摊销建立在地质结构上具有共性的一组矿藏基础上）上的最后一口井停止生产且整个的矿区或矿区组被放弃时，应对矿区确认损失或盈利。有时，对一个探明矿区或一组探明矿区的部分或全部放弃或归还，或是对井或相应的设备或设施的放弃或归还是由一个灾难性事件或其他异常事件产生的，在这些情况下，损失应在放弃或归还时予以确认。

9. 矿区转让交易损失或盈利的确认。出于分摊风险、融资问题、提高作业效率和获得税收优惠等多方面的原因，矿区的矿产权益经常被转让给他人。矿产权益的转让可能涉及到作业矿区的全部或部分权利和义务（作业权益）。一种转让是转让者可以保留或不保留生产石油天然气权益，另一种转让则有可能只转让非作业权益而保留作业权益。矿区转让交易发生时是否确认损失或盈利分三种情况处理：第一种是在转让发生时既不确认损失也不确认盈利；第二种是在转让发生时仅确认损失；第三种是在转让发生时将损失或盈利均予以确认。

10. 会计信息的揭示。所有从事石油天然气生产的企业必须在其财务报表中指出其使用的关于企业发生的成本和资本化成本的处理方式和会计方法。另外，从事大规模石油天然气生产的公开上市公司必须在完整的年度财务报告中公布以下信息作为补充信息：探明石油天然气储量；有关石油天然气生产的资本化成本；资产的取得和勘探、开发活动的成本；石油天然气生产活动的作业结果；有关探明石油天然气储量的标准化的预期贴现现金净流量。

二、IASC 对资源开发行业会计准则协调的基本观点

为了协调世界各国资源开发行业会计核算规范的差异，IASC在组织专家对包括油气开采在内的资源开发行业会计问题进行了深入的研究以后，于2000年公开发布了《问题报告》并在世界范围内征求评审意见，已于2001年6月30日截止了评审。该报告的内容庞大，除前言、评论邀请信和三个附录外，还包括如下16章的具体内容，主要涉及到范围、上游活动的描述、储量估计与估价、生产前活动的历史成本会计概念、生产前活动与储量的价值基础会计概念、生产前成本的历史成本会计、资本化成本的折旧、废弃与恢复、与矿物相关的资本化成本的减值——IAS36的应用、收入会计、存货的确认与计量、风险与成本分担的安排方式、矿物财产的购买、销售和废弃、专用于资源开发行业的财务报表揭示——储量数量与价值、专用于资源开发行业的财务报表揭示——其他揭示和储量确认与揭示的研究等内容（IASC，2000）。尽管《问题报告》只是一份征求意见报告，但IASC从以下十个方面提出了自己鲜明的观点（IASC，2000）：

1. 制定一份统一的采掘行业会计准则的必要性。IASC认为，应为采掘行业开发一项单独的国际会计准则，其通用准则部分适用于采矿业和石油天然气业，对于行业中的特殊问题，可设立单独的要求或指南，且明确提出这样一份统一准则应仅限于上游活动（矿物的勘探、开发和生产）。

2. 历史成本原则下的成果法计量模式的运用。IASC指出，其所支持的财务报表计量基础是历史成本，且倾向于采用成果法对勘探成本进行会计处理，而非以估计的储量价值为基础。

3. 生产前成本的费用化或资本化。生产前成本主要是指资源开发企业在正式开采矿产资源之前所发生的一系列的成本，包括预探成本、勘探成本以及开发成本等。在成果法下，所有取得（财产）

前的预探和勘探成本，都应在发生时作为费用处理；所有直接和临时的财产取得成本应初始确认为一项资产；所有取得（财产）后的勘探和评价成本应初始确认为一项资产，直到确定是否发现了商业可采储量为止；如果取得（财产）后的勘探和评价成本递延到确定是否发现了商业可采储量，应对递延的时间给予一定的限制。IASC提出，对所有开发成本应在发生时确认为一项资产。

4. 与矿物相关的成本的资本化与折旧。IASC 认为，与单个矿物成本中心相关的建设成本应作为此成本中心资本化成本的一部分加以资本化（如果资产的寿命与矿物储量的寿命相同，折旧通常以产量单位为基础；如果资产的经济寿命小于储量的寿命，其折旧通常采用直线基础）；与多个矿物成本中心相关的建设成本，其会计处理的方式应当与国际会计准则 16 号——《不动产、厂场和设备》的要求相同。

5. 管理成本在不同经营阶段的归属。IASC 认为，资源开发企业发生的管理成本应当归属到经营的相应阶段（预探、取得、勘探、评价、开发和建设），并进一步确定到特定的预探、财产或权益区域，当且仅当经营的某一阶段的直接成本在预探、财产或权益上资本化时，管理成本才应加以资本化，否则应立即作为费用计入当期损益。

6. 资本化成本的折旧。IASC 提出，对所有资本化生产前成本除服务于某个矿物成本中心的、资产的经济寿命小于储量的资本化建设成本要使用直线折旧外，服务于两个或多个成本中心的资本化建设成本（有时称为服务资产，遵循国际会计准则 16 号的除外）均应使用产量单位计提折旧。

7. 资本化成本的减值测试。IASC 认为，对资本化为矿产资源资产的部分应在期末应用国际会计准则 36 号——《资产减值》进行再确认，资本化的生产前成本的减值应以探明和可能储量为基础加以评估，对那些产出不确定的递延生产前成本不能运用减值测试。

8. 矿物成本的确认与计量。IASC 提出，即使矿物的生产到销售之间间隔很短，在现货市场有报出的市场价格、且没有超过生产点的重大成本发生，当企业也倾向于在此市场出售这些矿物时，矿物存货也应以历史成本加以计量。

9. 销售收入的确认。IASC 认为，资源开发行业矿产品销售收入的确认应沿用国际会计准则 18 号——《收入》的一般条款，但生产阶段前收到的收入应确认为收入或其他收益，不应作为资本化成本的抵减；以现金支付的矿区使用费、以实物（货物）支付的矿区使用费和产品税应全部包括在生产者的总收入中，并作为一项费用予以抵减。

10. 会计信息的报告。IASC 指出，资源开发企业除了在其主要会计报表中披露历史成本基础下的会计信息外，还应将储量数量、价值及其变动的信息等资源开发企业的关键指标，作为补充（辅助）信息加以揭示。对于储量应分探明储量和可能储量揭示，在探明储量揭示中，探明已开发储量和探明未开发储量应分别揭示。此外，还要求对储量估计的变动必须给予恰当地反映。

从 IASC 的《问题报告》涉及的内容上分析，我们认为，它已经基本上跳出了 20 世纪 70 年代以来 FASB 所发布的相应 SFAS 中将资源行业会计准则的研究局限于石油天然气会计准则框架内的习惯做法，而将其协调范围很自然地延伸到了以开发矿产资源为主的整个采掘行业，应当说，这一变化对于建立通用性的资源会计准则是有重要指导意义的。

三、我国资源开发行业会计规范建设的启示与思考

（一）面对不断更新的会计环境需要不断地研究与开发新的会计规范

通过对 FASB 和 IASC 资源开发行业会计规范研究动态的分析可以看出，会计环境的变化是产生新的会计规范的前提。影响美国

石油天然气会计准则产生的主要环境因素有两个方面：一是20世纪50年代后期，石油天然气业会计实务中出现了两种并行的会计方法（指成果法与完全成本法），且每种方法都存在大量变异，给财务报表的可比性带来了极大的困难，由此导致了会计理论与实务界对石油天然气行业会计的关注；二是石油天然气经营国际环境的变化。IASC在2000年11月发布《问题报告》同样也正是基于会计环境变化的需要。当前，我国资源开发行业已开始对内、对外开放，允许民间资本和外资进入中国国内资源开发行业，中石油、中石化和中海油经过重组和股份制改造后已经在纽约、香港、伦敦等国际资本市场筹资且已经参与到国际经济竞争之中，从而构成整个全球经济的一个重要环节或者重要的组成部分。面对新的会计环境，建立我国资源开发行业会计规范的呼声越来越高。因此，我们需要加快资源开发行业会计准则制定的步伐①。

（二）资源开发行业必须建立一份统一会计准则

资源开发行业区别于其他行业的主要点在于资源开发行业的主要资产都是储量资产，或称递耗资产，其生产过程也是相似的，这就为建立统一的资源开发行业会计准则提供了基础。当然，石油天然气资产和其他矿产储量资产在风险上存在差异，石油天然气资产的主要风险是勘探风险，而其他矿产储量资产的风险主要是开发风险，由于其风险的侧重点上存在较大的差别，这也就是目前美国仅针对石油天然气这种特殊的流体矿资源开发行业制定会计准则的原因。但从长远的发展目标上看，我们应该为资源开发行业建立一份统一的会计准则。石油天然气资产和其他矿产储量资产在风险上存在差异是肯定的，但这并不成为将石油天然气从其他矿种中拿出单独制定一份会计准则的理由。我们并不否认石油天然气资产与其他

① 石油天然气会计准则已列入我国具体会计准则的制定计划，目前正在抓紧制定，估计不久将会发布征求意见稿。

矿产资产的区别，重要的是我们应当如何在一份统一的资源开发行业会计准则中体现这种区别①。

（三）资本市场的发展要求资源开发企业扩大信息披露的范围

由于资源开发行业资源性资产的成本（主要是发现成本）与其价值存在巨大的不相关性导致了历史成本基础下披露的信息不能满足投资者的决策所需，这才有了 SEC 对 RRA 的尝试和 FASB 在 SFAS No. 69 中的资本化计量及其变动的揭示要求。同样，IASC 在其发布的《问题报告》中既强调了历史成本计量的重要性，还强调了储量数量与储量价值信息的重要性，要求在坚持历史成本计量的同时，将储量数量与价值信息应作为历史成本信息的补充信息。矿产资源储量是资源开发企业生产经营的基础，也是评价资源开发企业发展潜力的一项重要指标。但是，我国资源开发企业的对外会计报告上并没有矿产资源储量的有关资料，包括已经发现的储量及其分布、为寻找储量而发生的费用、储量的变化等。如果资源开发企业的对外会计报告中没有关于矿产资源储量的内容，企业外部的相关利益集团将很难进行评价。因此，在我国对资源开发行业逐渐开放的情况下，特别是随着我国一批资源开发企业（如中石油、中石化和中海油）到国际国内资本市场进行融资的环境下，必然要求我国资源开发企业扩大信息披露范围，尤其是储量数量与价值信息，从而也产生了制定一份通用性的资源开发行业会计规范的客观要求。

（四）资源开发行业会计准则制定过程具有一定的政治性

会计准则是进行会计核算和报告的指南。从形式上看，会计准则的内容主要是会计技术问题，但由于会计准则的经济后果性质决

---

① 虽然美国已制定仅针对石油天然气的会计准则，我国会计准则制定部门目前也仅将石油天然气会计准则作为一份单独的会计准则在进行工作，但笔者还是认为应制定一份统一的资源开发行业会计准则。

定了会计准则的制定会涉及到各方的经济利益，因此，在某种意义上讲，它也是利益分配的一种工具。正是由于会计准则的利益分配工具职能决定了在制定会计准则时，会计准则成为各利益主体多方博弈的对象，使会计准则的制定过程具有浓厚的政治色彩，这一点在美国石油天然气会计准则的建设过程以及 IASC《问题报告》制定过程中体现得最为明显。当前我国正在制定资源开发行业会计准则①，在准则制定过程中，我们应当考虑我国资源资产的管理特征以及资源开发型企业的实际运营情况，选择既有利于作为资源性资产所有者的国家，又兼顾资源开发型企业的投资者的股东和债权人等相关利益主体的会计政策和会计方法。

（五）资源开发行业会计理论研究对会计准则制定的重要指导作用

理论是政策的先导，会计准则的制定必须以会计理论为基础，否则，制定出来的会计准则就缺乏理论支撑，从而导致其推进与运行的失败。由于资源开发行业生产活动的特殊性，因此在制定资源开发行业会计准则时，必须加强对资源开发行业会计理论的研究，这一点从 FASB 制定石油天然气会计准则和 IASC 制定《问题报告》的过程均得到了一定程度的验证。如 FASB 在制定 SFAS No. 19 过程中就几乎评价了所有公开出版的有关油气会计的研究文献，IASC 在制定《问题报告》时也收录整理了大量研究文献。所以在制定我国资源开发行业会计准则时，也必须有坚实的会计理论作支持，否则可能会走许多弯路。在资源开发行业会计理论研究方面，目前我国还侧重于对石油天然气会计的理论研究，如 1999 年初财政部就曾将“石油天然气会计问题研究”以重点课题方式向全国公开招标，以此拉开了我国资源开发行业会计规范研究的序幕。经过近几年的研究，我国在石油天然气会计准则理论研究方面已取得了较为

① 目前我国会计准则制定部门仅将石油天然气会计准则列入即将发布的准则之列。

丰富的研究成果，为我国石油天然气会计准则的制定打下了坚实的基础，这些成果对于制定通用性的资源开发行业会计规范也具有一定的指导意义。

（六）资源开发行业会计计量模式亟待突破

从美国石油天然气会计准则体系的形成过程可以看出，鉴于以历史成本为基础的成果法和全部成本法均未能有效地表达油气生产公司的经营成果或财务状况，因而提出一种以探明油气储量价值为基础的会计方法即储量认可法来逐步取代全部成本法和成果法。虽然由于历史的原因和认识上的局限性，RRA 这种突破传统历史成本计量属性的方法，到目前为止并没有取代全部成本法和成果法，只是将价值基础揭示作为补充资料，但这已经在原有基础上前进了一大步，它是一种理论上的创新，是可靠性与相关性并重、历史成本与公允价值并重、货币计量与非货币计量并重、事后信息与事前信息揭示并重的较早典范。2000 年 2 月 11 日，FASB 正式颁布的第 7 号财务会计概念公告（SFAC No. 7）《在会计计量中运用现金流量信息和现值》（FASB，2000），就在一定程度上证明了 RRA 对突破历史成本的前瞻性和对现值会计的贡献。IASC 在其《问题报告》中强调采掘企业的主要财务报表应以历史成本为基础，以估计的储量价值为补充信息，这充分说明了其已经认识到历史成本基础的计量模式不能满足使用者对资源开发企业会计信息的需要，这种传统的计量模式在资源开发行业会计中亟待突破。我国会计理论界与实务界正在对我国的资源开发行业会计规范进行研究，其中最困难的就是有关资源性资产计量模式的选择问题。虽然在究竟是以历史成本为基础还是以现时价值为基础进行计量还存在很大的争议，但鉴于资源开发行业的固有特点，我们认为其会计计量必须突破历史成本模式，充分考虑现值计量属性。限于本文篇幅，有关这一问题将另文专述。

主要参考文献

林金高．石油、天然气会计问题研究［M］．大连：东北财经大学出版社，2002. 16 ~ 20

林金高，龚光明．石油天然气财务会计的三大难题［J］．会计研究，2000，(12)：26 ~ 30

FASB. October. Statement of Financial Accounting Standards No. 9. Accounting for Income Taxes—Oil and Gas Producing Companies（an Amendment of APB Opinion No. 11 and 23）［S］，1975

FASB. December. Statement of Financial Accounting Standards No. 19. Financial Accounting and Reporting by Oil Gas Producing Companies［S］，1977

FASB. February. Statement of Financial Accounting Standards No. 25. Suspension of Certain Accounting Requirements for Oil and Gas Producing Companies（an amendment of FASB Statement No. 19）［S］，1979

FASB. November. Statement of Financial Accounting Standards No. 69. Disclosures about Oil and Gas Producing Activities（an amendment of FASB Statements No. 19，25，33，and 39）［S］，1979

［美］Dennis R. Jennings 等著．石油会计核算——原则、程序和问题［M］．王国梁等译．北京：石油工业出版社，2002. 53 ~ 457

［美］Robecca A. Gallun 等著．石油和天然气会计学基础［M］．王国梁等译．北京：石油工业出版社，1997. 32 ~ 507

IASC. November. Summary of Issues：Extractive Industries［S］，2000

IASC. November. Issues Paper：Extractive Industries［S］，2000

FASB. February. Statement of Financial Accounting Concepts No. 7. Using Cash Flow Information and Present Value in Accounting Measurements［S］，2000

（本文刊于《中南财经政法大学学报》2004 年第 5 期）

中国环境会计研究的十年回顾与展望*

20世纪70年代以来，随着人类社会可持续发展观念的形成，环境会计开始成为会计科学一个新分支，西方发达国家的会计界积极开展对这一新兴领域的研究，逐渐形成了具有特色的理论和方法，有关国际经济组织和会计职业组织也采取了多种措施以推动其研究与实践①。近十年来，我国会计界的焦点集中于会计核算制度的改革与实践，对环境会计的理论研究与实务推进工作显得较为薄弱。本文拟以回顾和评述近十年来（1994~2003）我国环境会计研究成果为基础，对我国未来的环境会计研究提出一些基本想法。

一、进展回眸：近十年来我国环境会计研究的基本态势

从现有的文献分析，我国对环境会计的介绍与认识始于20世纪90年代初期②，此后部分会计理论与实务工作者相继涉足这一领

---

* 本文系2002年度国家自然科学基金课题——《创建资源会计学科的基础理论问题研究》（70272054）的阶段性成果，亦为与2002级硕士生蔡传里合作的成果，感谢2005级硕士生李冰、刘霞和祁娅菲等协助整理基础资料。

① 特别是联合国国际会计与报告标准政府间专家工作组已连续在几次会议上讨论了环境会计信息披露问题并出台了两份专门性文件：一是《环境成本和负债的会计和财务报告》；二是《企业环境业绩与财务业绩指标的结合》。两份文件均已由中国财政经济出版社2003年公开出版。

② 绝大多数学者均认为，葛家澍教授等在《会计研究》1992年第5期上发表的“90年代西方会计理论的一个新思潮——绿色会计理论”一文，是我国开始环境会计研究的重要标志。

域的研究，取得了下述五个方面的重要进展：

（一）中国会计学会对环境会计问题研究的推动

主要体现为：一是将环境会计及其相关问题的研究列入重点研究课题之内，特别是在1995年所发布的招标课题及2002年所确定的《中国会计学会第六届理事会科研规划》中，“环境会计研究”问题均被单独列出，2003年底，就有几项关于环境会计研究的项目中标；二是编辑出版有关环境会计研究的专门文献辑录，并设立“环境会计”专题（中国会计学会，2002）；三是成立“环境会计专业委员会”以系统地指导和推动这一专门领域里的研究，并已经出版了第一期的成果（中国会计学会，2002）。

（二）国家有关科研组织管理机构对环境会计研究工作的关注与支持

特别是在近年来通过国家自然科学基金委员会、国家哲学社会科学基金规划办公室和教育部人文社会科学基金等渠道立项的纵向课题中，立项资助的与资源环境会计核算有关的课题数量逐年上升。

（三）环境会计问题成为研究生论文选题的一个重要内容

张俊瑞博士（2003）等的研究结果显示：在1985年到2001年间，我国共通过答辩了192篇博士会计学论文，有21篇涉及会计新领域问题，占10.94%，其中关于环境会计选题的有6篇。在不同院校的会计硕士论文选题中，已有大量从不同侧面来研究环境会计相关内容的选题。

（四）公开出版了部分与环境会计相关的理论专著

这些论著体现为两种方式：一种是直接研究环境会计的论著；另一种则是与环境会计研究内容相关的论著。譬如《环境会计研究》(孟凡利，1999)、《资源会计研究》(许家林，2000) 和《环境核算体系研究》(张白玲，2003) 等。

(五) 发表了一大批与环境会计相关的专业论文

据我们对17种会计类核心期刊①中所刊载的环境会计研究论文的初步统计，近十年 (1994~2003)② 来，上述期刊发表涉及环境会计的文章216篇③，论文的结构上呈现出三个方面的特点：

首先，是载文数量在期刊之间分布不均衡。统计结果表明，17种会计类核心期刊近十年刊发环境会计、环境审计方面的文章占前五位的分别是《财会月刊》、《审计理论与实践》、《会计研究》、《上海会计和审计研究》(其中《财会月刊》和《审计理论与实践》分别占到了10%以上)，这几种杂志相对来说更倾向于环境会计、环境审计的研究，而属于综合性质的《财贸经济》和《山西财经大学学报》等类期刊则较少刊发这类文章。其具体数量结构见表1：

---

① 我们认为，近十年来，尽管其他专业期刊也刊载有部分环境会计方面的研究论文，但会计专业核心期刊载文应具有一定的代表性，故以此为样本选取范围。这17种核心期刊分别是《会计研究》、《四川会计》、《上海会计》、《广西会计》、《财会通讯》、《财会月刊》、《财务与会计》、《财会研究》、《财经理论与实践》(简称财经理论)、《当代财经》、《审计理论与实践》(简称审计理论)、《审计研究》、《审计与经济研究》(简称审计与经济)、《中国农业会计》(简称农业会计)、《中国审计》、《财贸经济》及《山西财经大学学报》(简称山财学报)。此处的顺序是按照北京大学图书馆主编的《中文核心期刊要目总览》(北京大学出版社2000年版，第18页) 排列的，下同。

② 之所以以1994年为起点，是基于下面的原因：一是我们所收集的216篇文章主要是通过中国全文期刊网 (财会通讯和财务与会计上的文章通过维普期刊网) 检索而来的，而中国全文期刊网的起点时间是1994年；二是我们专门对《财会通讯》、《财会月刊》、《财务与会计》三种期刊1994年以前的载文情况进行了检索，基本上没有发现有关环境会计方面的文章，所以我们选择1994年为研究起点。本次检索的截止时间是2003年11月18日。

③ 在对17种期刊检索相关论文时，我们采用篇名检索的办法，分别检索了“环境”、“生态”、“环保”、“绿色”等，在此基础上选取了有关环境会计、绿色会计、环境成本、环境信息披露、绿色报告、环境审计等方面的论文，应该说选取的论文是比较全面的，可以作为分析的依据。在这里有一点需要说明的是：我们剔除了通讯一类的消息性文章，如《审计研究》2002年第6期所载“环境审计研讨会开幕词”、《审计理论与研究》2003年第1期所载“环境审计研讨会在北京召开”等。

其次，是载文总量呈逐年上升的趋势。统计结果也表明，自1994年以来有关环境会计的论文数量总体上呈增长趋势，并有两次较大的增长点：第一次是从1997年开始在量上有一个较大的提升；第二次是在2002年又出现了一个较大幅度的增长，特别是2002年，仅《会计研究》就发表了10篇有关环境会计的文章。其不同年限的数量结构如表2所示：

最后，是已经发表论文的研究内容结构上基础性研究过多（几乎占了50%），应用性研究较少，特别是涉及环境资产、环境负债、环境成本等专题性研究成果相对较少。此外，从总体上看，环境会计理论研究要滞后于环境审计理论研究。表3列示了不同内容的论文数量结构①：

二、观点集萃：近十年来我国环境会计研究的理论成果

通过对上述216篇论文的全面检索与分类，我们发现，近十年来，我国会计理论界与实务界围绕环境会计问题进行研究所取得的成果主要体现在以下十个方面：

（一）环境会计的概念与本质

虽然环境会计是围绕环境问题而展开的，但人们对环境会计的具体概念与本质却有不同的认识。多数学者（孙兴华等，2000；李祥义，1998；李芳，2003等）从环境会计的理论依据、计量单位、职能目的及学科属性等方面来定义和认识环境会计；有的学者（孟凡利，1997；杨劲伟，1997；杨印宝，1996等）则在前述基础上进

① 在对研究涉及的内容进行分类时，按照以下三个原则进行：一是在对有关文章进行归类时，我们把“主要研究”作为归类的标准，如果文章对环境会计所涉及的主要内容都做了一般性研究，我们把它归类为“基础理论”；二是基础理论部分包括环境会计目标、核算对象、假设、基本原则、确认与计量、方法体系及一般性研究；三是环境成本研究部分包括环境成本会计、环境成本控制等。

表 1　各种期刊刊登环境会计相关文章的数量结构分析表

期刊名称	《会计研究》	《四川会计》	《上海会计》	《广西会计》	《财会通讯》	《财会月刊》	《财务与会计》	《财会研究》	《财经理论》	《当代财经》	《审计理论》	《审计研究》	《审计与经济》	《农业会计》	《中国审计》	《财贸经济》	《山财学报》	合计
数量	20	15	18	10	9	35	3	13	4	6	28	16	15	10	8	1	5	216
比重（%）	9.2	6.9	8.3	4.6	4.2	16.2	1.4	6.0	1.8	2.8	13.0	7.4	6.9	4.6	3.7	0.5	2.5	100

表 2　各种期刊刊登环境会计相关文章的年限分布情况分析表

年限	1994 年	1995 年	1996 年	1997 年	1998 年	1999 年	2000 年	2001 年	2002 年	2003 年	合计
数量	4	6	7	24	22	26	30	25	41	31	216
比重（%）	1.8	2.8	3.2	11.1	10.2	12.0	13.9	11.6	19.0	14.4	100

表 3　各种期刊刊登环境会计相关文章涉及的主要内容分析表

项目	1994～1996 年	1997 年	1998 年	1999 年	2000 年	2001 年	2002 年	2003 年	合计	比重（%）
国外介绍	2	4	2	2	1	1	1	3	16	7.4
建立依据	1	1	0	2	0	0	2	0	6	2.8
基础理论	6	12	5	13	13	12	13	11	85	39.3
环境资产	0	0	0	0	0	0	0	0	0	0
环境负债	0	0	0	0	1	1	0	0	2	0.9
环境成本	0	1	1	2	3	5	9	7	28	13.0
环境绩效	0	0	0	0	0	0	0	0	0	0
信息披露	0	0	1	1	0	0	7	2	11	5.1
环境审计	8	6	11	6	10	8	5	7	61	28.2
其　他	0	0	2	1	0	1	2	1	7	3.3
合　计	17	24	22	27	28	28	39	31	216	100

一步明确指出了环境会计的研究对象；也有学者简洁地将环境会计表述为以自然资源耗费应如何补偿为中心而展开的会计（崔彧，1997），这一说法是学者们在阐述环境会计的概念和本质时引用得最多的，或许它也就体现了开展环境会计核算的精髓之所在。

（二）环境会计的对象

环境会计对象的显著特点是增加了自然环境内容，特别重视环境科学与会计实务的结合。在这一思想的影响下，孙兴华等（2002）认为环境会计的对象是全部自然资源环境，把环境会计对象界定为是企业环境行为所涉及的自然环境空间、环境要素和环境因子，以及能够对企业自身生产经营产生影响的那部分环境空间、环境要素、环境因子。孟凡利（1997）和安庆钊（1999）认为环境会计的对象是企业的环境活动和与环境有关的经济活动。杨雄胜则（李心合等，2002）提出，环境会计的对象应包括自然环境和人文环境两大类，并认为传统环境会计的不足在于只关注自然环境的影响而忽略了人文环境。另外一些学者则从资金运动的角度来阐述环境会计的对象，王辛平等（2000）认为环境会计的对象是企业对环境资源的不断损耗和不断补偿的循环过程，蔡昌（2000）、陈炜煜（2000）进一步指出环境会计的对象是自然资源、环境的开发维护及使用成本，以及环境资源的收益和价值补偿过程。

（三）环境会计的要素

关于环境会计的要素主要有“三要素论”、“四要素论”、“五要素论”、“六要素论”四类观点。“三要素论”的主要观点有：一是包括环境资产、环境负债和环境成本（李心合，2002）；二是包括是环境成本、环境收入和环境会计收益（孙兴华等，2000）；三是包括自然资源的损耗、环境保护支出和环境保护收益（王辛平等，2000）；四是包括环境资产、环境效益和环境费用（刘永祥，2001）。“四要素论”的主要观点有：有的认为包括环境支出、环境收益、环境资产和环境负债（李心合，2002）；朱学义（1999）和方文辉（1999）认为包括资源价值、环境成本、环境收益和环境利润；李宏英（1999）认为包括环境污染损失、自然资源损耗、环境保护支出和环境保护收益。李武立（2000）持“五要素论”，认为环境会计要素是对环境会计对象所做的基本分类，分为资产、负债、成本、损失、收益五类，只不过它们应包含资源环境内容。“六要素论”认为环境会计的对象包括环境资产、环境负债、环境权益、环境收入、环境费用和环境利润（陆玉明，1998；陈琳等，2001）。刘爱东等（2003）却认为，环境会计突破了资金运动范畴，引入资源环境整个社会的生产消费以及生态循环价值，以弥补传统会计对于会计对象不完整的缺陷，我们只需将原有各要素做适当的调整，并扩展其外延后作为报告的补充即可，因此，重新界定建立环境会计要素大可不必。

（四）环境会计的目标

关于环境会计的目标，主要有“一元论”和“二元论”两种提法。大多数学者（李祥义，1998；李宏英，1999；方文辉，1999；肖维平，1999；王辛平等，2000；等等）认同“二元论”，认为环境会计的目标包括基本目标和具体目标两个层次。一般认为环境会计的基本目标是促使企业注重经济效益的同时，高度重视生态环境和物质循环规律，合理开发和利用有限的自然资源，努力提高社会效益和环境效益，实现经济效益、环境效益和社会效益的综合平衡，安庆钊（1999）认为环境会计的基本目标是可持续发展。一般认为环境会计的具体目标就是向使用者提供有用的环境会计信息。“一元论”基本上是取“二元论”观点中的一个方面。譬如：李芳（2003）认为环境会计的目标是实现经济效益、环境效益和社会效益的多目标协调；孟凡利（1999）、李武立（2000）、孙兴华等（2002）、刘爱东等（2003）认为环境会计的目标是满足会计信息需求者进行决策的环境信息；杨雄胜则提出（李心合，2002），人类发展面临经济的可持续发展、全球的金融风险和严重而普遍的经济腐败三大问题，环境会计则以经济可持续发展和遏制经济腐败为目标；李建发等（2002）则认为，我国近期环境报告的目标是向政府管理机构、当前和潜在的投资者、债权人等环节利益关系人提供有关报告主体对其环境受托责任的履行情况和对于理智的投资、贷款以及其他决策有用的信息。

（五）环境会计的基本假设

环境会计的基本假设作为环境会计核算赖以进行的前提条件，它同传统会计的基本假设是否一致呢？学者们对此进行了许多有益的探讨，有的学者认为需要扩充会计主体假设，有的学者提出需要扩充货币计量假设，从而形成一些环境会计的特殊假设，主要包括扩展的会计主体假设、计量单位多元化假设、可持续发展的假设、受托责任假设、环境资源稀缺性假设、价值效用假设、管理有效性假设等。也有学者（罗绍德，参见李心合，2002）提出环境会计并没有区别于传统会计的特殊假设。在上述会计基本假设的争论中，关于环境会计的主体问题，主要有三种观点：一是认为环境会计既涉及微观（企业）又涉及宏观（政府），所以环境会计核算体系应当包括企业微观核算体系和政府宏观核算体系两个方面（李祥义，1998；朱学义，1999；蔡昌，2000；陈炜煜，2000；张白玲，2001；刘爱东等，2003）；二是认为环境会计的主体实际上就是企业，所以就环境问题只需要设立企业微观核算体系（孟凡利，1997；朱丹，2001；夏李君等，2003）；三是认为政府作为环境会计的主体更适合我国的实际情况，所以只需要设立宏观环境核算报告体系。

（六）环境会计的基本原则

环境会计原则反映了其对会计核算的基本要求，它是确认与计量会计事项所依据的准则。绝大多数学者认为环境会计作为会计学的一个分支，核算时必须遵循一般会计核算的原则，但又有其独特性。项国闯（1997）认为环境会计核算时除遵循一般会计的核算原则，还应遵循社会性、预警性、政策性、多种计价基础并用四项原则。孟凡利（1999）和方文辉（1999）认为环境会计的独特原则主要体现在兼顾经济效益和环境效益、外部影响的内部化、社会性、法规性、一定的灵活性、强制披露与自愿披露相结合七个方面。刘永祥（2001）、刘爱东等（2003）认为上述七个方面存在着表达上的重叠，只需要坚持社会性、灵活性和充分披露三项原则。其他学者提出的环境会计独特原则主要还有推定性、最小差错、公平性、对应性、强制性和谨慎性等。王苾（1995）则抛开了传统的会计原则提出了环境会计应当独有的真实性、充分披露、一致性、多种计价基础并用、社会性和政策性六项原则。

（七）环境会计的确认

对环境会计确认的讨论，主要集中在环境成本的内容及环境成本如何资本化和费用化的问题上。许容等（2000）采用列举的办法，列示了环境成本包括的主要内容。浙江省教育厅课题组（2001）认为，环境成本指为管理企业活动对环境造成的影响而被要求采取措施的成本，它主要包括资源消耗成本、环境支出成本、环境破坏成本和环境机会成本。花爱梅（2001）和张国健（2003）认为环境成本是指本着对环境负责的原则，因企业管理活动对环境造成影响而采取相应措施的成本，以及因企业执行环境目标和要求所付出的其他成本，应包括弥补性环境支出、维护性环境支出、预防性环境支出三大类。罗新华等（1999）指出，环境会计应该遵循大循环成本观念，环境会计的大循环成本应包括自然资源成本、环境成本、物化劳动和活劳动消耗的总和，所以环境成本包括环境保护成本、环境损失成本、资源闲置损失、恢复成本、替代成本、机会成本。刘志明等（2002）从环境成本所具有的可追溯性、相关性和递增性三个特征的角度，也得出了类似的结论。乔世震（2001）从责任成本的角度出发，认为环境成本是指与企业环境责任活动相关的责任成本。

对环境成本的处理方式，绝大部分学者均赞同发生的环境成本如果符合资产的标准，就应将其资本化，并在当期及以后各受益期间进行摊销；不会在未来带来经济利益的环境成本，则作为费用计入当期损益。石中美（2000）进一步指出如果环境成本可以提高企业所拥有的其他资产的能力、减少或防止今后经营活动所造成的环境污染、起到保护环境的作用，则应当将其资本化。

（八）环境成本的计算

如何对环境成本进行归集分配并进行相应的环境成本计算，学者们一般都赞同有必要将环境成本纳入企业成本计算体系。关于环境成本的计算方法，浙江省教育厅课题组（2001）指出环境成本不同于传统成本的内容决定了其计算方法也不同于传统成本计算方法，应当较多采用 ABC 法（作业成本法）、LCC 法（生命周期法）和 FCA 法（全部成本法）。徐瑜青等（2002）还以火力发电厂为例对采用 ABC 法计算环境成本进行了专门的研究。

（九）环境会计的计量

关于环境会计计量，学者们主要围绕环境会计计量单位、计量基础和计量方法进行了讨论。对环境会计计量单位，绝大多数学者主张采用定量与定性相结合，以货币计量为主，同时兼用实物单位，甚至文字说明等多种计量属性。对环境会计计量基础，学者们认为既可以是实际成本，也可以是现行成本、重置成本、机会成本和替代成本等。对环境会计的计量方法，多数学者是在借鉴环境经济学估价理论与实践的基础之上提出自己的观点。孙兴华等（2002）指出环境标准是环境会计计量的起点，他们认为环境会计的计量方法主要有直接市场法（具体包括市场价值法或生产率法、人力资本法或收入损失法、防护费用法、恢复费用法或重置成本法等）和替代性市场法。李宏英（1999）提出环境会计的计量有直接市场法、间接市场法、意愿评估调查法和专家调查法等，并指出这些方法都具有一定的主观性，因而环境会计的计量具有模糊性，只能做到相对准确。王华等（2000）认为，鉴于环境资源一般具有效用性、稀缺性、替代性和非交易性的特点，环境会计的计量方法应该建立在劳动价值理论和边际效用价值理论的基础上，因而就应当采用机会成本法、预防性支出法、疾病成本法、人力资本法和生产率变动法。王凤羽（2001）认为环境会计的计量不仅需要以王华等提出的劳动价值理论和边际效用理论为基础，更要配合有关数学思维模式进行，主要应采用机会成本法、影子价格法和模糊数学法。

（十）环境会计信息披露

关于环境会计信息披露形式，学者们认为应当定量总结与定性描述相结合、价值量基础与自然量基础相结合、环境的财务影响报告与非财务影响报告相结合（李心合，2002），并认为当前应突出重视上市公司的环境信息披露（李建发等，2002）。关于环境报告的内容，耿建新等（2002）提出应包括环境问题及影响、环境对策方案、在财务报表及附注中应当重点披露环境支出和环境负债；孟凡利（1999）认为应该包括环境问题的财务影响和环境绩效两个方面；肖维平（1999）认为主要有环境成本、环境负债、与环境负债和成本相关的特定会计政策、报表中确认的环境负债和成本的性质、与某一实体和其所在行业相关的环境问题的类型等等。

关于环境信息披露方式的设计，学者们普遍赞同可以在补充环境会计报告与独立环境会计报告两种模式中选择。前者是指在现有财务会计报告的基础上，通过将有关财务影响直接列入现有报表的有关项目之中，增加会计科目、会计报表、补充资料和报告内容的方式报告企业环境信息，它主要运用环境会计报表及其附注进行价值量为基础的环境会计信息披露；后者是指设立单独的环境会计报表和独立的环境报告来披露企业环境信息，它对以自然量为基础的环境信息综合采用文字、图表进行单独披露。但是，目前究竟采取哪种报告模式比较合适，不同的学者有不同的看法。孙兴华等（2002）主张采用补充报告模式，并建议环境会计报表包括环境资产负债表、环境利润表和环境会计报表附注三部分；王辛平等（2000）认为我国目前环境会计理论与实务尚不完善，在短期内大范围形成较系统完备的环境会计报告形式难度较大，主张普通企业采用补充报告模式，而环境污染大的企业可采用独立报告模式；蔡昌（2000）和浙江省教育厅课题组（2001）认为环境会计揭示的重点是环境信息，尤其是环境资源存量、流量的经济信息，又兼之环境会计核算的内容广泛，可自成体系，故单独编制环境会计报告为宜；李建发等（2002）认为，在目前我国环境会计具体准则空缺的情况下，企业应首先考虑采取独立环境会计报告模式报告环境信息，待将来我国制定和颁布环境会计具体准则后，再采用补充环境会计报告模式；储姣等（2003）指出独立报告环境信息将环境信息与企业主要财务信息分开报送，可以避免将两者合并报送所引起的混乱，消除报告使用者对主要财务会计信息的错误理解，同时还可以加强环境信息披露的重要性，改变环境信息披露的附属地位。他们认为，独立环境会计报告包括环境资产负债表、环境会计损益表、环境会计成本费用明细表、环境污染报告、环境绩效报告和企业年度环境保护计划等。

三、评价与展望：我国环境会计研究的过去十年及未来

根据前述的简要回顾与分析可以看出，近十年来我国环境会计研究有以下六个方面的主要特点：

（一）研究内容涉及范围比较全面

从前面检索到的信息可以看到，在环境会计的研究内容中，既

涉及介绍国外的内容，也涉及环境会计建立的必要性和基础理论问题，还涉及环境资产、环境负债、环境成本、环境绩效①、环境会计信息披露、环境审计和其他问题，这就为环境会计的全面研究确立了一个基本的框架。

（二）研究过程注重充分吸收相关学科的已有成果

一般认为，环境会计是环境科学与会计学科交叉渗透而形成的应用性学科（李祥义，1998）。所以目前的环境会计研究，就是在会计学的基础上，充分吸收了环境学、环境经济学、环境管理学、发展经济学、现代经济理论等相关学科的研究成果，从而也体现了现代会计科学过程所呈现的交叉、渗透与融合的趋势。

（三）基础理论的研究内容基本成型

总体上看，我国环境会计还处于基础理论阶段，许多学者对环境会计的基础理论进行了研究，并在许多方面取得了一致意见，即使在某些方面或表述上存在不一致，但我们过细分析其在实质上却存在很大的近似性。譬如，对环境会计的目标、核算对象、基本假设、确认要求、计量原则等问题的认识。所以，我们应该是对这些基础理论进行归纳、分析、总结、精简和升华，从而形成系统而科学的环境会计基础理论。

（四）研究人员的对象构成比较广泛

从所取得成果研究者的对象上分析，致力于环境会计问题研究的还不仅仅只是会计理论学术界的专家和学者，许多工程技术专家、社会贤达及政府官员，也分别从不同的角度就环境会计的计量、报告和绩效评价等问题提出了富有成效的设想与建议，从而为我国对环境会计的深入研究奠定了一定的社会基础。

---

① 虽没有专题论文对此进行研究，但在有关论文中对此做过部分探讨。

（五）研究内容还缺乏系统性

建立环境会计是一个系统工程，环境会计理论作为一个完整的体系，需要考虑各因素之间的关系及影响。从已经具有的成果看，大多数论文只注重环境会计理论某一方面的研究，而将环境会计理论作为一个系统和一个整体来研究而形成的成果较少。相当一部分学者在对环境会计进行研究时，也是浅尝辄止，写一两文章后就再不探讨，不能对某一问题进行深入研究或系统研究，因而，难有一定深度的力作问世。在研究方法上，属于规范性研究的文章较多，实证性研究的文章较少。前述我们所选取的216个样本中，只有2篇实证性文章（王立彦，1998；李建发等，2002），不到全部文章的1%。

（六）研究成果尚欠实践指导性

从目前有关环境会计的研究内容上看，多数学者较为注重研究理论性较强的环境会计理论，诸如环境会计的目标、对象、基本假设等，而对转借和借鉴其他学科的技术方法应当如何运用于环境会计实践的操作性问题则缺乏具体的研究。如很多论文在谈到环境会计的计量方法时，只是简单地提到环境会计计量要结合应用会计学现有的计量方法与环境学的技术评价方法，并简单罗列市场价值法、资产价值法、人力资本法、机会成本法、恢复费用法、影子工程法、替代市场法和调查评估法等，但并没有对这些方法在环境会计中的应用进行细致的分析，大大削弱了这些方法的实用性。此外，有关环境会计制度规则方面的研究也显得比较薄弱，使得环境会计的实践没有规范可循，阻碍了环境会计的开展。

综上所述，环境会计还是一门新兴的会计学科，在国外也没有很成熟的理论和制度规范可资借鉴，在我国得以实施也还有许多问题需要不断地探索与研究。从我国目前有关环境会计理论研究的现状上看，虽然在其广度和深度上均取得了较为丰硕的成果，应当说离全面推行实施还有一定的距离。因此，在我国建立具有一定特色的环境会计理论体系与方法体系并转化为具有指导意义的制度与规范，以推动我国环境会计实践的工作还任重而道远。

主要参考文献

安庆钊．环境会计理论结构浅探．财会月刊，1999（8）

蔡昌．论环境会计．广西会计，2000（5）

陈琳，武晓玲．试论基本会计要素在环境会计中的应用．上海会计，2001（11）

陈炜煜．建立环境会计核算体系的设想．审计与经济研究，2000（6）

储姣，郭金花，刘伏强．独立环境会计报告简介．财会月刊，2003. A1

崔彧．我国建立环境会计的紧迫性和步骤．广西会计，1997（3）

方文辉．环境会计的理论结构体系与核算．广西会计，1999（11）

耿建新，焦若静．上市公司环境会计信息披露初探．会计研究，2002（1）

花爱梅．环境成本会计探微．财会月刊，2001（20）

李芳．试论“绿色会计”在我国的建立．财会研究，2003（3）

李宏英．论环境会计．财会研究，1999（5）

李建发，肖华．我国企业环境报告：现状、需求与未来．会计研究，2002（4）

李武立．环境会计基本理论结构概述．财会月刊，2000（12）

李祥义．可持续发展战略下绿色会计的系统化研究．会计研究，1998（10）

李心合等．中国会计学会环境会计专题研讨会综述．会计研究，2002（1）

刘爱东，王慧．试论我国环境会计理论框架的构建．上海会计，2003（1）

刘永祥．论环境会计假设和核算原则．上海会计，2001（9）

刘志明，杨新华．论环境成本及其会计处理．上海会计，2002（2）

陆玉明．关于“绿色会计”有关问题的探讨．财贸经济，1998（11）

罗新华，何莉萍．对绿色会计基本理论问题的界定．当代财经，1999（8）

孟凡利．环境会计的概念与本质．会计研究，1997（12）

孟凡利．环境会计研究．大连：东北财经大学出版社，1999

孟凡利．论环境会计信息披露及其相关的理论问题．会计研究，1999（4）

乔世震．试论环境成本．广西会计，2001（5）

石中美．刍议绿色会计要素的确认．财会月刊，2000（6）

孙兴华，王维平．关于在中国实行绿色会计的探讨．会计研究，2000（5）

孙兴华，王兆蕊．绿色会计的计量与报告研究．会计研究，2002（3）

王苾．绿色会计初探．财会研究，1995（6）

王凤羽．浅探绿色会计的确认、计量和报告．财会月刊，2001（14）

王华等．环境会计计量理论．财务与会计，2000（11）

王立彦，尹春艳，李维刚．我国企业环境会计实务调查分析．会计研究，1998（8）

王辛平，韩军．建立我国环境会计的探讨．山西财经大学学报，2000（3）

夏李君，朱纪红．可持续发展框架下的环境会计问题研究——兼论会计账户与会计报表的“绿色化”．财经理论与实践，2003（2）

项国闯．在中国建立绿色会计的构想．财会月刊，1997（3）

肖维平．环境会计基本理论研究．财会月刊，1999（5）

徐瑜青，王燕祥，李超．环境成本计算方法研究——以火力发电厂为例．会计研究，2002（3）

许容，姜星明．环境成本资本化会计处理的研究．财会月刊，2000（14）

许家林．资源会计研究．大连：东北财经大学出版社，2000

杨劲伟．关于我国绿色会计的探讨．财会研究，1997（7）

杨印宝．试论建立我国环境会计的必要性．财会研究，1996（6）

中国会计学会编．中国会计研究文献摘编（1979～1999）——特殊业务与会计新领域卷．大连：东北财经大学出版社，2002. 296～322

中国会计学会编．中国会计理论研究丛书——环境会计专题．北京：中国财政经济出版社，2002

张白玲．环境会计核算体系研究．当代财经，2001（7）

张俊瑞等．中美会计学博士学位论文选题的比较研究．会计论坛，2003（2）：95～105。

张国健．对企业环境成本若干问题的研究．中国审计，2003（18）

浙江教育厅课题组．可持续发展战略下环境会计的系统化研究．审计与经济研究，2001（6）

朱丹．论绿色会计的理论结构体系．上海会计，2001（6）

朱学义．我国环境会计初探．会计研究，1999（4）

（本文主体部分刊于《会计研究》2004 年第 4 期）

论环境会计核算中的环境资产确认问题*

环境资产是环境会计的一个重要会计要素，其计量、记录与报告构成了环境会计的一个重要组成部分，但对环境资产的正确确认又是最重要的基础工作。长期以来，由于人们对环境会计研究对象的认知角度不同而出现了对环境资产的不同认识，从而也在一定程度上影响到了对环境会计确认要求上的理解偏差及其差异，这也给环境会计的深入研究与实施带来了一定的障碍。究其原因，乃源于对环境成本与环境资产关系认识上的模糊性，本文拟围绕这一问题做初步研究。

一、环境资产确认的研究基点

环境资产确认的研究基点应当是建立在对环境资产的正确认识之上。环境资产作为环境会计的一个重要因素，究竟应当如何认识它，目前在资源环境经济理论界与会计学界的看法并不一致。由于认识问题的出发点上的差异，因此，形成了下述三种主要的看法：

（一）从环境会计的定义或其研究对象出发所推论的环境资产

对环境资产的认识，有的学者是在环境会计的定义或其研究对象

* 本文系 2002 年度国家自然科学基金课题——《创建资源会计学科的基础理论问题研究》（70272054）的阶段性研究成果，亦为与 2006 级博士生王昌锐合作的成果。

中予以界定的。由于学者们对环境会计的定义或其研究对象认识不同而导致了其所界定的环境资产也不同。如英国邓迪大学格雷（Gray）认为，环境会计是一种关于人造和自然资本递减的会计，最为重要的是在二者之间转换的会计[①]。显然，从其中可以推论环境资产是人造环境资产和自然环境资产。又如汪小英（2002）认为，环境会计是围绕自然资源的耗费应如何补偿这一主题，运用会计学的理论与方法，采用多元化的计量手段和属性，对各会计主体的环境管理系统以及经济活动对环境的影响进行确认、计量和报告的一门新兴学科。孙兴华、王兆蕊（2002）认为，环境会计的对象是全部自然资源环境。柏连玉（2002）认为，环境会计是以资源耗费应如何补偿为中心而形成的会计学科。从汪小英、孙兴华、王兆蕊和柏连玉等学者对环境会计的定义或其研究对象所表达的观点显示出，环境资产就是自然资源资产。再如王冬莲、曹建安（1999）认为在环境会计中把自然资源和生态环境确认为资产，实行自然资源和生态环境的有偿耗用制度。可见，其所指的环境资产包括自然资源资产和生态环境资产。

（二）从宏观角度直接定义的环境资产

从宏观角度直接定义环境资产的权威当属1993年联合国环境经济一体化核算体系（United Nations System of Integrated Environmental and Economic Accountants，简称UNSEEA）和联合国国民经济核算体系（United Nations System of National Accountants，简称UNSNA）中给环境资产所下的定义，不过二者对环境资产的定义还是存在差别的。UNSEEA（1995）认为，环境资产不仅包括作为原

① 需要指出的是，本文采用ISAR对环境资产的定义，它是一个狭义的概念，即仅指由于企业为达到国家环境保护法律法规的要求（或企业自愿）而发生的成本，因符合资产确认标准而被资本化的部分。很明显，这一定义没有涉及自然环境资源，主要是由于其自身价值计量理论方面还不成熟，在微观会计体系中核算还有困难。笔者相信随着价值计量方法与手段的开发，自然环境资源将会在不远的将来被作为一项企业的环境资产予以确认。

材料和能源来源的自然资产，而且包括提供废物吸收、生物栖息地等生态功能的、提供控制洪水和气候等环境服务的以及提供健康或审美价值等其他非经济的令人舒适事物的自然资产。UNSEEA 将有形环境资产大体分为三种：自然资源；土地和相连水面；生态系统。UNSNA 认为只有那些所有权已经被确立并且已经有效地得到实施的自然产生的资产才有资格作为环境资产。它们不一定必须为个别单位所拥有，可以由集团共同拥有或由政府代表整个社会拥有……为了符合环境资产的一般定义，自然资产不仅必须要被所有人拥有，而且如果给定技术、科学知识、经济基础、可利用资源以及与核算日期有关的或在不久的将来可预料到的一套通行的相对价格，它还能够为它们的所有者带来经济利益。不满足上述标准的被划在 UNSNA 的环境资产范围之外，特别是所有权不能被确立的环境资源，包括空气、主要水域和生态系统等，因为这些环境要素非常巨大、无法控制，以至于不能对其实施有效的所有权。

（三）从微观角度直接界定的环境资产

从微观角度对环境资产直接进行界定也因有关组织机构或学者的认识不同而给出了不同的定义。如张以宽（2002）认为，环境资产是会计主体拥有、占用或控制，可能带来效益的环境资源。张劲松、张健（2002）认为，环境资产是指特定的会计主体从已经发生的事项取得或控制，能以货币计量，可能带来未来效用的环境资源。环境资产包括自然资源资产和生态资源资产，是企业环境会计中的资产要素。从张以宽、张劲松、张健等学者对环境资产的定义可以看出，其所指的环境资产是特定主体（主要指企业）所拥有或控制的、可能给特定主体带来未来效益的环境资源资产，包括自然资源资产和生态资源资产。联合国国际会计与报告标准政府间专家工作组（International Working Group of Experts International Standards of Accounting and Reporting，简称 ISAR，2003）认为，环境资产是指由于符合资产的确认标准而被资本化的环境成本。可见，ISAR

所指的环境资产是从微观企业的角度对其所发生的与环境有关的成本因符合资本化条件而被资本化的部分。

从以上各组织机构或研究学者分别从三个不同的角度对环境资产的认识可以看出，环境资产有广义与狭义之分。广义的环境资产包括所有的自然资源资产、生态资源资产和人造环境资产。狭义的环境资产仅指人造环境资产，即指所有权已经界定、或管理主体已经明确，并能对其执行有效控制，通过对其持有或使用可获得直接或间接经济利益的环境成本。这里的经济利益是指通过对环境资源的拥有、使用、处置（保持、治理、降级等）所产生的已实现的原始收入和通过对其拥有可能产生的未实现的持有损益。综合考虑目前环境会计研究的会计环境或技术条件，笔者认为应当采用狭义的环境资产定义，即ISAR对环境资产的定义。因为该定义的环境资产符合当前会计界公认的资产的定义，具有现实的可操作性，能为环境会计的进一步研究提供基础支持。只有正确认识了环境资产的本质与基本范围，才能为我们下面研究环境资产的确认奠定基础（汪小英，2002）。

二、环境资产确认的基本依据

对环境资产的确认问题，实质上就是要判断由于过去的交易或事项产生的项目是否应当以环境资产的形式计入企业财务报表的过程。以什么标准作为基本依据来确认环境资产，是我们研究环境资产确认问题时必须明确的一个问题。笔者认为，美国财务会计准则委员会（Financial Accounting Standards Board，简称FASB）对资产确认的一般定义可以成为确认环境资产的基本依据。FASB（1992）认为，资产是某一特定主体从过去的交易或事项中所取得或控制的、可能的未来经济利益。资产的特征有：它蕴蓄着可能的未来利益；某一特定主体对其具有排他性的控制权和产生这一利益的交易或事项已经发生。在FASB的第5号财务会计概念公告中，对企业一般资产的确认提出了可定义性、可计量性、相关性和可靠性四条普遍适用的具体确认标准，这些标准是我们研究环境资产确认条件的基本理论论据。

据此我们认为，一个项目是否应确认为企业的环境资产必须同时满足以下四个条件：第一，是符合环境资产的定义。前已述及，虽然不同的会计职业组织机构或学者从不同的角度给环境资产下了不同的定义，但本文认为只有由于符合资产的确认标准而被资本化的环境成本才是环境资产，对于企业发生的成本只有符合这一环境资产的定义才可确认为企业的环境资产。第二，是可用货币计量。企业发生在环境方面的成本范围很广，如环境保护支出，包括“三废”处理，控制、补救和减少自然资源耗费，美化社会环境的各项支出等，这些支出一般都是以货币形式支付的，因而可以很容易实现货币计量。而对于企业发生的不能用货币计量的有关活动或事项就不能确认为企业的环境资产。第三，与使用者的决策相关。企业会计信息的使用者包括政府、投资者、债权人、顾客、供应商、雇员以及社会公众等。随着企业环境活动信息左右会计信息使用者的决策的作用越来越大，会计信息的使用者迫切需要了解与评价企业环境活动方面的会计信息，尤其是企业环境资产方面的会计信息，为其决策提供依据。只有与信息使用者决策相关的有关环境成本的资本化才能确认为企业环境资产。第四，计量的可靠性。由于企业环境资产是企业环境成本的资本化，而环境成本往往是企业付出了一定的代价的。因此，对企业环境资产取得时，其价值可以按所花代价进行计量（暂不考虑所花代价是否合理）。这种计量是有据可查的、可验证的，因此其计量结果应当是相当可靠的。否则，就不能确认为企业环境资产。综上所述，只有那些企业发生的环境成本中同时符合环境资产要素的定义、可用货币计量、与使用者的决策相关和能够可靠的计量等确认标准的项目才有可能被资本化，确认为环境资产。

三、环境资产确认的前提条件

依照ISAR对环境资产的定义，一个项目能否作为环境资产进行确认首先取决于其是否是企业发生的与企业环境活动有关的成本，即只有符合资产确认标准而被资本化的环境成本才构成环境资产。ISAR（2003）提出，环境成本是指本着对环境负责的原则，为管理企业活动对环境造成的影响而采取或被要求采取的措施的成本，以及因企业执行环境目标和要求所付出的其他成本。因此，欲确认一个项目是否应当作为企业环境资产，首先就必须确认其是否构成企业的环境成本。正确确认环境成本，必须满足下列三个方面的基本要求：

（一）全面认识环境成本的固有特征

环境成本具有不同于企业其他成本的特征，其差异主要表现在三个方面：第一，是可追溯性。它指即使企业导致环境问题的行为在当时是合法的，或者说在当时有关的环境法律根本不存在，企业也应对其环境问题负有责任。目前世界各国对此规定不一致，我国最通俗的说法是“谁污染谁治理”，包括以前污染的现在也得治理，这就涉及治理的成本费用问题。第二，是相关性。它指企业对环境问题其他责任方的环境恢复成本、环境使用成本负有相关责任。即企业应对生产经营中的供应方的材料来源是否污染及破坏环境，销售对象深加工和消费是否会因本企业的工艺技术问题而污染破坏环境等负有相关责任。第三，是递增性。它指随着工业经济的大发展导致的劳动力成本、研究治理成本上升，使企业环境成本必然逐年递增。笔者认为，确定环境成本的可追溯性和相关性也是我国环境保护和治理的必然要求。

（二）科学划分环境成本的实际范围

从各国现行法律、法规的要求和目前企业的环境活动实践上看，因环境问题导致的成本的具体形态主要应当包括如下内容：(1) 环境管理费用；(2) 环境监测支出；(3) 排污费；(4) 超标排放或污染事故罚款及对污染造成他人人身和经济损害的赔款；(5) 污染现场的清理和恢复支出；(6) 矿井填埋及矿山占用土地复垦复田支出；(7) 污染严重限期治理的停工损失；(8) 使用新型替代材料的增支；(9) 现有资产价值的减损损失；(10) 计提预计将要发生的污染清理支出；(11) 政府对使用可能造成污染的商品或包装物所收取的押金；(12) 降低污染和改善环境的研究与开发支出；(13) 为了进行清洁生产和申请绿色标志而发生的费用；(14) 对现有机器设备及其他固定资产进行改造，购置污染治理设备的支出等。

（三）严格规定环境成本的确认条件

环境成本与传统企业成本相比，具有不确定性，但仍能根据相关法律或文件进行推定。笔者认为，在目前的会计制度体系中，在权责发生制原则下，环境成本应满足以下两个条件：第一，是导致环境成本的事项确已发生，它是确认环境成本的基本条件。如何确定环境成本事项的发生，关键是看此项支出是否与环境相关，并且，此项支出能导致企业或公司的资产业已减少或者负债的增加，最终导致所有者权益减少。第二，是环境成本的金额能够合理计量或合理估计。如前所述，由于环境成本的内容涉及比较广泛，因此其金额能不能合理计量或合理估计则是确认环境成本的重要条件。在环境治理过程中，有些支出的发生能够确认，并且还可以量化，譬如采矿企业所产生的矿渣及矿坑污染，每年需支付相应的回填、覆土、绿化的支出就很容易确认和计量。但有些与环境相关的成本一时不能确切地予以计量，对此我们即可以采用定性或定量的方法予以合理地估计，例如水污染、空气污染的治理成本和费用，在治理完成之前无法准确计量，只能根据小范围治理或其他企业治理的成本费用进行合理估计。

环境成本的固有特征决定了环境成本确认的复杂性，严格确认环境成本是正确确认环境资产的前提条件，因此必须强化环境成本确认的标准，为环境资产的确认奠定基础。

四、环境资产确认的方法剖析

诚如前述，既然环境资产可被界定为符合资产确认标准而被资本化的环境成本，那么，不同的环境成本资本化方法就会导致不同的环境资产确认结果。当前，由于不同的会计职业组织或机构考虑问题的出发点与立足点不同，导致在判别某项环境成本是否资本化时所遵循的方法存在差异，这也就为环境资产的确认结果带来了差异。

（一）CICA提出环境成本资本化的IBF法和ACOFB法

加拿大特许会计师协会（Canadian Institute of Chartered Accountings，简称CICA）经过研究分别从经济和环境的角度提出了判别环境成本是否资本化的两种方法：（1）增加的未来利益法（Increased Future Benefits Approach，简称IBF），即导致未来经济利益增加的环境成本应资本化。这是从经济角度考虑的，不过，对于污染预防或清理成本，在被认为是企业生存绝对必要的条件时（如法律上要求的），即使它不能够创造额外的经济利益，也应予以资本化。（2）未来利益额外的成本法（Additional Cost of Future Benefits Approach，简称ACOFB），即无论环境成本是否带来经济利益的增加，只要它们被认为是为未来利益支付的代价时，就应该资本化，这是从可持续发展的角度考虑的（姜明星，2000）。

（二）IASC 倾向于采用的环境成本资本化的 IBF 法

国际会计准则委员会（International Accounting Standards Committee，简称 IASC）[①] 在处理环境成本资本化时采用的是 IBF 法。国际会计准则第 16 号（IAS No. 16）规定：企业可能会因为安全或环境原因购置一些不动产、厂房和设备。企业未来能从其他资产中获得未来经济利益，其购置可能是必须的——虽然它们不直接增加任何特定的现存不动产、厂房和设备的未来经济利益。处于这种情况时，这种不动产、厂房和设备的购置可被视为资产加以确认，此时，这种购置能使企业从有关资产中获得超过它们没有购置时所能获得的未来经济利益。然而，这些资产只能在以下的程度上被确认，即这种资产及其有关资产所产生的账面金额不能超过它们的可收回总额[②]。笔者认为这一规定有以下几点值得注意：首先，它仅涉及购置不动产、厂房和设备等的资本化问题，没有涉及自身不能形成资产实体，只能将其价值依附于其他资产的环境成本资本化问题。其次，与环境有关的不动产、厂房和设备的成本资本化的条件有两个方面：一是虽然自己不能产生未来的经济利益，但可以从企业其他有关资产中获得超过它们没有购置时所能获得的未来经济利益；二是这些成本是可收回的，并且资本化的金额不能超过可收回总额。

（三）FASB 的 EITF 和 ISAR 建议采用环境成本资本化方法的 ACOFB 法

FASB 的紧急问题工作组（Emerging Issues Task Force，简称 EITF）和 ISAR 在处理环境成本资本化时基本上采纳 ACOFB 法。EI-

① 2001 年 1 月 25 日，IASC 公布新成立的国际会计准则制定机构为国际会计准则理事会（International Accounting Standards Board，简称 IASB）。本文为行文方便以 IASC 指代国际会计准则的制定机构。

② 参见国际会计准则委员会编、财政部会计准则委员会译 . 2003. 国际会计准则（2002）. 中国财政经济出版社。

TF 认为处理环境污染的成本通常应费用化，但如果符合下列条件之一也可以资本化：（1）延长企业拥有资产的寿命、改善其安全性或提高其效率的成本；（2）减少或防止由以前经营活动引起但尚未出现环境污染的成本以及由未来经营活动引起的环境污染的成本，包括稍后发生的改善资产购置时状况的成本；（3）为准备销售的资产在其出售前所发生的必要成本①。ISAR（2003）则认为，如果企业环境成本直接或间接地与将通过以下方式流入企业的经济利益有关，则应将其资本化：（1）提高企业所拥有的其他资产的能力，改进其安全性或提高其效益；（2）减少或防止今后经营活动所造成的污染；（3）保护环境。

由于我们通常将企业给环境带来的污染看做是企业对社会和自然环境的“负债”，企业具有保护环境的义务和清偿环境“负债”的责任，它在减少这种环境“负债”时所耗费的成本应该费用化。但对于环境污染预防成本是费用化还是资本化，则要根据考虑问题的角度分别采用上述 IBF 法或 ACOFB 法。由此可见，企业环境资产的正确确认依赖于对企业环境成本的费用化和资本化的标准，不同的划分标准会产生不同的企业环境资产。

五、完善环境资产确认工作的相应举措

通过前面的分析，我们认为：对环境资产的确认一方面取决于环境成本的严格确认，另一方面决定于环境成本资本化时所采用的方法，环境成本的界定及其资本化方法的不同导致了环境资产确认结果上的差异，最后即会影响到环境会计的计量、记录与报告，从而最终会影响到环境会计信息的质量。为了提高环境会计信息质量，应当不断规范环境资产与环境成本的确认要求，做好以下四方

---

① 参见美国财务会计准则委员会编：美国财务会计准则（1—137）（上、中、下），王世定等主译，经济科学出版社，2002 年。

面的工作，以便为正确确认环境资产创造条件：首先，是加强环境会计理论研究，逐步协调各国会计准则之间的差异。相同的环境成本，根据不同的准则要求，处理的结果会大相径庭。其次，是确定环境成本资本化或费用化的基本原则。在对有关环境成本进行会计处理时，我们应遵循如下原则：预防企业未来对环境损害的成本应当资本化；清除企业过去对环境造成损害的成本应当费用化。再其次，是环境成本资本化后对资产减值的测试。当发生的环境成本的未来利益存在于企业经营中所使用的另一资产之上时，这些环境成本应当作为这另一资产的组成部分予以资本化，而不单独确认。这时，应当对这项资产加以测试，看其有无减值。如已减值，则应将其减计至可回收金额。同样，对被确认为一项单独资产的环境成本，也应就其是否减值进行测试。最后，是加强环境会计相关的法律法规建设以减少企业环境成本会计处理的随意性。譬如，对于“环境因素”的提法就比较含糊。在目前已有的准则或建议书中并没有详述企业在处理环境成本时“环境因素”应达到的程度，也就是说，还没有明确企业考虑的“环境因素”是法律规定的环境要求，还是社会大众的环境要求。笔者认为，遵照法律法规规定的环境要求发生的环境成本与满足社会大众的环境要求而发生的环境成本都应该资本化。为了加强会计信息的质量，应加强有关环境会计法律法规建设，以减少企业自由处理环境成本的选择余地。

主要参考文献

柏连玉．将环境会计纳入林业会计核算体系的探讨．环境会计专题．北京：中国财政经济出版社，2002

姜星明．环境成本资本化会计处理的探讨．上海会计，2000（10）

联合国编，国民经济核算体系（1993）．国家统计局国民经济核算司译．北京：中国统计出版社，1995

联合国国际会计与报告标准政府间专家工作组编．联合国国际会计和报告标准：环境成本和负债的会计和财务报告．刘刚译．北京：中国财政经济出版社，2003

美国财务会计准则委员会编．论财务会计概念．娄尔行译．北京：中国财政经济出版社，1992

孙兴华，王兆蕊．绿色会计的计量与报告研究．环境会计专题．中国财政经济出版社，2002

汪小英．关于环境会计计量问题的思考．环境会计专题．北京：中国财政经济出版社，2002

王冬莲，曹建安．环境会计中的确认和计量研究．西安交通大学学报（社会科学版），1999（3）

张劲松，张健．环境会计要素确认研究．商业研究，2002（1）

张以宽．可持续发展战略与环境会计研究．环境会计专题．北京：中国财政经济出版社，2002

（本文主体部分刊于《会计研究》2006 年第 1 期）

论循环经济理念下的社会责任会计体系建设与创新*

随着“树立和落实科学发展观，构建和谐社会”发展宗旨的确立，《中共中央关于制定国民经济和社会发展第十一个五年计划的建议》明确提出了“建设资源节约型、环境友好型社会”的目标，并将“大力发展循环经济”作为实现这一目标的重要途径。在第十届全国人民代表大会第五次会议上，温家宝总理在政府工作报告中再次强调：要积极实施可持续发展战略；要大力发展循环经济，推行清洁生产。由此可见，在我国企业推行社会责任会计的时机已趋成熟。在循环经济理念下，全面研究社会责任会计的基础理论，完善并创新与循环经济要求相适应的社会责任会计理论与规范体系必将极大促进循环经济发展，具有重大的现实社会经济价值。本文拟就国内外社会责任会计的研究进行回顾，并在此基础上对我国社会责任会计体系建设与创新的未来研究提出基本构想。

一、问题提出：人类社会的循环经济理念与企业的社会责任观念

（一）可持续发展是人类社会发展的必然选择，循环经济是实现人类社会可持续发展的重要途径

传统的工业生产方式和掠夺式扩张造成了严重的社会、环境危

* 本文系 2008 年度国家自然科学基金课题——《基于循环经济理念的社会责任会计体系创新研究》（70872110）的阶段性研究成果，亦为与 2005 级博士生蔡传里（第一作者）合作的成果。

害，使人们早就意识到社会、环境问题，并逐渐形成了可持续发展观念，可持续发展成为人类社会发展的必然选择。但20世纪70年代到80年代，资源环境保护还处于“先污染、后治理”的末端治理模式。20世纪90年代以来，人们意识到资源环境问题日益严重的根源在于以“高开采、低利用、高排放”为特征经济模式的无生态保护以及末端治理模式的低效率，为此提出应该建立物质闭环流动的循环经济模式。由于循环经济模式从源头预防和全过程管理控制角度来进行资源环境保护，最终实现“最优生产、最适消费和最少废弃”的闭合良性循环，是实现可持续发展战略的理想经济模式和重要途径（牛文元，2005）。

（二）企业是实现可持续发展战略下循环经济模式的责任主体，社会责任会计是计量和报告企业社会责任履行情况、促进循环经济发展的重要手段

在现代经济环境下，企业是整个社会经济体系的基本细胞。20世纪70年代以来，随着可持续发展理念的推广，把可持续发展纳入企业社会责任领域已成为一个共识。实现可持续发展所要求的转变经济增长方式以及发展循环经济等工作，都必须靠企业来实现，“企业公民”必须承担社会责任（陈清泰，2005）。循环经济理念要求，企业必须考虑企业生产经营活动给社会带来的成本和效益，将企业的经营目标与社会目标统一起来。会计的发展是反应性的，为了计量和报告企业履行社会责任的过程与结果，就必须建立社会责任会计。开展循环经济理念下的社会责任会计核算并创新其体系，不仅能够强化企业社会责任，促使企业综合考虑社会成本和社会效益按循环经济要求优化决策；而且有利于计算绿色GDP和政府宏观经济管理。建立并不断完善社会责任会计体系是现代会计的发展趋势（Rezaee、Zabihollah，1998）。但从总体上看，目前在世界范围内，社会责任会计还处于一个不断摸索的阶段，尚未形成完善、严密的理论基础和实践指南，故其是会计理论发展与创新面临

的难题之一，研究社会责任会计体系建设问题具有重要的理论创新意义。

（三）推进我国社会责任会计体系建设及实施对促进循环经济发展具有重大的社会经济价值

改革开放以来，我国一直重视生态环境建设问题。自1979年开始，我国就相继颁布了《环境保护法》等一系列环境保护法律制度，并形成了可持续发展战略。同时我国相关职能部门也强调企业承担社会责任。1995年，财政部发布的《企业经济效益评价指标体系（试行）》中，就专门设有“社会贡献率”和“社会积累率”两个评价企业社会效益的指标。中国商务部正从贸易环节入手，积极引导更多的企业承担社会责任。越来越多的企业注重社会责任披露，有些跨国公司也开始在我国推出专门的社会责任报告，国家电网公司也在2006年3月正式对外发布了我国中央企业的第一份社会责任报告——《国家电网公司2005年社会责任报告》。由此可见，与企业社会责任相关经济指标的社会价值已得到认可。但由于我国目前对企业社会责任会计核算问题尚无明确规定，所以学术界对其理论研究重视不够，相应研究略显滞后，成果较少。我国的基本国情是人口众多、资源相对贫乏和生态环境脆弱，因此推行社会责任会计尤为迫切。而“树立和落实科学发展观，构建和谐社会”发展宗旨的确立以及“大力发展循环经济”目标的提出，进一步表明完善并创新与循环经济要求相适应的社会责任会计理论与规范体系，具有重大的社会经济价值。

二、研究现状：国内外同类问题研究进展分析

社会责任会计问题自提出至今，虽然在理论与实践方面取得了一定的进展，但从总体上看发展还较缓慢。理论上的研究成果可分为与社会责任会计直接相关或间接相关的两个方面。

（一）与社会责任会计直接相关的研究成果

1. 关于企业社会责任的研究

1924 年，美国的奥利弗·谢尔登（Oliver Sheldon）首先提出了"企业的社会责任"概念，但对企业是否应该承担社会责任，美国学者曾为此发生过激烈论争。在 20 世纪 30 年代，A. A. 伯利（Adolf A. Berle）与 E. M. 多德（E. Merrick Dodd）两位教授为此引发了著名的"哈佛论战"。A. A. 伯利（1931）、米尔顿·弗里德曼（1987）、F. A. 哈耶克（2000）等运用传统企业理论、企业利润最大化等观点坚决反对企业应该承担社会责任。而 E. M. 多德（1932）、哈罗德·孔茨（1993）等则从商业道德、福利经济学等角度赞成企业承担社会责任。目前，企业应承担社会责任已被人们普遍接受。世界银行、欧盟也关注企业社会责任问题，分别对此进行了阐述。美国全国会计师协会 1974 年发表的"企业社会行动领域"研究报告指出企业社会行动分为四大部分：参与社区活动、人力资源开发、实际资源利用及环境维护、提供产品或劳务。联合国前秘书长安南提出的"全球协议"要求企业承担维护人权、正当劳工和环境标准责任。

我国学者绝大部分赞成企业应承担社会责任。刘俊海（1999），卢代富（2002），李立清、李燕凌（2005）等分别从法学、企业性质、政治学、社会学等角度分析了企业承担社会责任的合理性。我国大多数学者（宋献中等，1992；吴俊，1994；刘华、曹钻，2003；等等）认为企业社会责任包括对职工的责任、对社会及本地区的责任、对改善生态环境的责任、对消费者或顾客的责任和其他社会责任。另外，宋献中（1997）、刘秀琴（2003）、李健（2006）等指出企业还应承担诚实信用的商业道德责任和对政府的责任。

2. 关于社会责任会计理论框架的研究

关于社会责任会计理论框架问题，国内外学者们涉及的研究内容较为广泛，其研究重点主要围绕着以下七个方面进行：

（1）关于社会责任会计的内涵与本质。美国会计学家D. F. 诺维斯（David F. Linowes）于1968年提出社会责任会计一词，指出社会责任会计是会计在社会学、政治学和经济学等社会科学中的应用。D. F. 诺维斯在1973年进一步提出了“社会责任会计是衡量和分析政府及企业行为与其所产生的经济和社会效果”的基本观点，奠定了社会责任会计研究内容的基本框架。S. C. 莫布利（S. C. Mobley，1970）认为社会责任会计是整理、衡量分析政府及企业行为所引起的社会和经济结果。阿迈德·贝克奥伊（Ahmed Belkaoui，1984）认为它是测定和报告企业在经营活动中对一般带来不利影响时防止和处理这些消极因素并加以恢复和补偿的有关事宜。可见社会责任会计的使用范围从公共部门扩展到整个社会，是步步递进的，最终把企业与社会间的相互关系作为研究的重点。托尼·蒂克（1984）对社会责任会计产生的背景、社会责任的内涵以及企业社会责任信息的披露模式进行了论述。特雷佛·干布林（1984）除了对社会责任的概念性问题进行探讨之外，还对未来社会责任会计方向进行了预测。在吸取国外研究成果的基础上，我国一些会计学者发展和补充了一些新观点，陈今池（1998）提出社会责任会计是从宏观经济角度计量反映企业社会目标的执行情况。葛家澍（2001）提出社会责任会计是把企业在社会责任方面的努力与成就通过一定的会计方法加以衡量和报告反映。而相当一部分国内学者（宋献忠等，1992；吴俊，1994；刘秀琴，2003；等等）认为社会责任会计是社会责任与会计学的有机结合，是把企业与社会之间的相互关系当做社会责任并以此为中心而展开的会计。从以上几种关于社会责任会计的不同定义，可以看出对于社会责任会计主体，有的认为既包括政府又包括企业，有的认为仅包括企业。阳秋林（2003）对此的看法是，社会责任会计应用的范围是企业，而考虑问题的出发点则是全社会。

（2）关于社会责任会计的目标。会计目标是建立和完善会计理论体系的基石，是联系会计理论和实践的桥梁。1966年美国会计学会（American Accounting Association，简称AAA）发表《基本会计理论说明书》提出的第4个会计目标要求会计应该有利于保护资源并报告其管理情况、有利于履行社会职能和社会控制。1973年，特鲁布拉德（Trueblood）委员会（Trublood Committee）提出《财务报表的目的》报告的第12个目标要求企业会计报告企业活动影响社会环境的信息。罗伯·格瑞（Gray et. al.，1987）认为社会责任会计是采用一定方法向更广泛的利益相关者计量和报告其履行的社会责任情况。我国关于社会责任会计目标的研究主要有一元论和二元论，其中大多数学者（宋献中，1997；钟子亮，2001；刘华、曹钻，2003；等等）认为社会责任会计的目标包括基本目标和具体目标两个层次，基本目标是提高社会效益；具体目标是提供社会责任信息。而李冬生、阳秋林（2006）则将上述两个目标称为最终目标和基本目标。有关社会责任会计目标一元论的观点基本上是上述二元论观点的基本目标或具体目标中的一种。陈今池（1998）认为社会责任会计的目标是对各会计期企业经营活动所实现的净社会效益或社会收益进行鉴别和计量；喻小明、万玉兰（1999）认为社会责任会计的目标是计量、揭示企业的经济行为所导致的社会费用（社会成本）和社会收益（社会效益）。许家林（1997）、张亚梅（2001）指出社会责任会计的目标是计量和报告企业各项社会责任的履行情况，为相关客体提供社会责任会计信息。

（3）关于社会责任会计的假设。李昕（2002）认为会计主体、持续经营、会计分期和货币计量依然是社会责任会计的基本假设与前提，但在其内涵上要赋予有别于财务会计的新内容。赵娟（2005）指出社会责任会计假设对传统会计假设既有继承，也要有所修正和扩充。基于此，宋献中（1992）、钟子亮（2001）、李昕（2002）、赵娟（2005）等认为社会责任会计的假设包括：扩展的会计主体假设；可持续发展下的持续经营和会计分期假设；多重计量假设；环境价值假设。

（4）关于社会责任会计的基本原则。会计核算的一般原则是指导会计实务的规范。遵循一定的会计原则是开展社会责任会计核算的基础。宋献中等（1992），邓小洋、胡宏亮（1996），李昕（2002）等认为社会责任会计除适用传统企业会计原则外，还应强调：社会性原则；充分揭示性原则；政策性原则。姚正海、孙自愿（2003），阳秋林（2005）等则提出了强制和自愿相结合的原则。另外，姚正海、孙自愿（2003）提出了可控性原则、灵活性原则、预警性原则；阳秋林（2005）提出了谁投资谁受益、谁污染谁治理、谁破坏谁恢复的原则以及企业效益与社会效益相结合的原则。

（5）关于社会责任会计的对象与要素。由于一般认为社会责任会计是把企业与社会之间的相互关系当作社会责任并以此为中心而展开的会计，因此社会责任会计的对象首先要增加社会责任内容。宋献中等（1992）认为社会责任会计的对象是社会责任，即企业履行社会责任时的社会净收益。文建平（1999）认为社会责任会计的对象是社会收益。吴俊（1994），喻小明，万玉兰（1999）认为社会责任会计的对象是企业承担的社会责任及其履行的情况。另外有学者（祁新娥，1999）从资金运动的角度来阐述社会责任会计的对象，认为社会责任会计的对象包括企业经济活动引起的社会资源的消耗即社会成本和企业经济活动对社会的贡献即社会效益两大方面。

社会责任会计的要素主要有“四要素论”、“五要素论”、“六要素论”三大观点。“四要素论”认为社会责任会计要素包括社会交易、社会资产、社会负债和社会损益四项内容。“五要素论”认为社会责任会计要素包括社会资产、社会负债、社会效益、社会成本和社会净收益或净损失（何红渠，1999）。“六要素论”是在传统会计要素加以扩展增加社会责任内容，即社会资产、社会负债、社会产权、社会效益、社会成本和社会收益或社会净收益（文建平，1999）。阳秋林（2005）认为，社会责任会计除了核算企业对社会的贡献外，还应反映自然资源、人力资源、生态环境和社会收益四个方面的内容，建议将其作为会计要素加以正式记录并列入会计报表。由于社会责任会计增加了社会责任内容，必然有着自己独特的概念体系，所以许多学者（宋献中等，1992；陈今池，1998；钟子亮，2001；李昕，2002；等等）对此进行了探讨。综合起来，社会责任会计使用的会计概念主要包括：①社会经济业务或社会交易；②社会成本；③社会效益；④社会收益；⑤社会产权；⑥社会资产；⑦社会资产净额。由于社会责任会计最终要反映净社会效益，因此要求鉴别社会成本和社会效益。祁新娥（1999）认为社会成本包括人力资源耗用的社会成本、环境污染成本、社会管理成本和其他社会成本；社会效益包括对社会的贡献、对人力资源开发的贡献、对环境和资源的贡献和对产品质量的贡献。而岳彦芳、袁晋芳（2005）认为社会责任成本包括环境成本、资源成本、消费者责任成本、社区公益成本和其他责任成本。邓小洋、胡宏亮（1996），宋献中（1997），刘秀琴（2003）等认为社会成本包括社会物耗成本、社会人工成本、土地使用费、资源损耗成本、环境污染成本、社会管理费和其他社会成本等，而社会效益包括产品的社会效益、环境效益、就业效益、社会保险及教育效益、外援效益和其他效益等。

（6）关于社会责任会计的计量。由于社会责任会计研究内容的广泛性和游离性，而且企业履行社会责任往往并不进入市场交易，因而没有交易价格，使得许多社会责任会计信息难以计量和确认（李昕，2002）。对于社会责任会计计量单位，绝大多数学者主张采用定量与定性相结合，以货币计量为主，同时兼用实物单位，甚至文字说明等多种计量属性。对于社会责任会计计量基础，学者们认为可以是实际成本，也可以是现行成本、重置成本、机会成本、替代成本等。L. 勒杜克（Laurent Leduc，2001）专门撰写了《社会责任计量》一书对社会责任计量进行了研究。刘华、曹钻（2003）把社会责任会计的计量方法分为货币计量法和非货币计量法两大类。非货币计量法主要是指文字表述法。而对于货币计量法，刘华、曹钻（2003）认为主要有：支付成本法、成本收益法、替代品评价法、恢复或避免成本法和社会公正成本法或法院裁决法。邓小洋、胡宏亮（1996）等认为主要有客观历史成本与主观分析相结合的方法、机会成本法、间接评价法、社会公正法、预防成本法、影子价格法等。另外宋献中（1997）、何红渠（1999）、李昕（2002）提出了调查分析法，根据调查的方法不同又可以分为投标博弈法、比较博弈法、无费用选择法、优先性评价法。而阳秋林（2003）则分资源种类介绍了多种社会责任会计计量方法，即针对不同的资源分别采用上述不同的计量方法。

（7）关于社会责任会计的报告。由于社会责任会计的具体目标是提供社会责任信息，因此对企业社会责任的认定必然影响到社会责任报告的内容。M. R. 马修斯（M. R. Mathews，1995）指出社会责任会计应该报告企业有关产品、职工利益、社区活动以及环境影响的信息，罗伯·格瑞（Rob Gray，1987）、马修斯（1993）对这些信息的具体内容作了研究。我国绝大多数学者（吴俊，1994；宋献中，1997；喻小明、万玉兰，1999；刘华、曹钻，2003；等等）认为企业社会责任会计应反映和核算对职工的责任、对社会及本地区的责任、对改善生态环境的责任、对消费者或顾客的责任和其他社会责任。张惠中（1994）指出尽管其他社会责任越来越受重视，但却不应减低对企业收益的重视，企业所应履行的社会责任，首先应能满足业主或股东的要求，保证企业获得收益。所以张惠中（1994）、何红渠（1999）等指出企业还应同时承担和反映收益方面的贡献。另外，宋献中（1997）、李健（2006）指出企业还应承担诚实信用的商业道德责任；刘秀琴（2003）认为企业应该履行和报告对政府的义务。而且随着社会政治、经济、文化的发展，企业应履行的社会责任也会产生某些变化，其内容有不断扩大的趋势（刘长翠，1997；田昆儒，1998；刘华、曹钻，2003）。

由于社会责任信息与其他会计信息相比，计量单位不限于货币计量方式，所以几乎所有学者都赞同社会责任会计应同时采用定性披露和定量披露多种方式，也有学者把它们称为非会计基础型披露和会计基础型披露，并尽可能地采用会计方法进行披露。总的来说，社会责任会计报告可以分为三个层次：简单形式、中级形式和高级形式（宋献中，1992；何红渠，1999）。简单模式包括叙述性反映、在现有报表添加新项目、附注。中级模式是指运用了一定的独立的报表反映企业履行社会责任的情况，如污染报告、社会责任年度报告、环境交易报告。高级形式的社会责任报告结构完整，以货币单位对企业的社会效益和社会成本进行计量，并编制有关的社会责任报告，如社会资产负债表、社会损益表和增值表。刘秀琴（2003）、罗金明（2006）建议我国企业社会责任的报告应循序渐进地由简单模式逐渐向高级模式推进，并实行强制与自愿相结合的企业社会责任会计信息披露制度。阳秋林（2005）则认为社会责任会计信息披露采用独立社会责任报告的形式将是未来发展趋势。为了增强企业披露社会责任会计信息的可比性和完整性，宋献中等（1992）、大卫·汉斯（Hess，David，2001）等建议制定社会责任会计、审计与报告标准。

3. 关于社会责任会计的实证研究

美国等西方国家社会责任会计的研究与实践相对较早。约翰·P. 科特（John P. Kotter）和詹姆森·L. 亨斯科（James L. Hesktee）（1992）发现企业文化建设好的、以职工和顾客为导向的公司的财务反映远远优于企业文化差的公司。S. M. 如欧（Spuma M. Rao）、J. B. 汉密尔顿（J. Brooke Hamilton Ⅲ，1996）、弗鲁特曼（Frootman，1997）、T. L. 布斯（Terry L. Besser）和N. 米勒（Nancy Miller；2001）、H. H. 约翰逊（Homer H. John Son，2003）研究表明，在一定范围内承担社会责任并报告相关会计信息能够增加企业的利润和提高公司的价值，不合法的和不承担社会责任的行为能够对公司的财务表现产生负效应。但有学者通过分析公司与履行社会责任有关的财务表现，得出的结果却比较模糊，没有规律可循（Bermaneral，1999）。

由于我国社会责任会计还刚刚处于起步阶段，所以有关社会责任会计的实证研究相对较少。阳秋林（2002）分析了2000年5家公司的年报，表明我国企业履行社会责任的总体水平不高，经营效益好的企业社会责任履行情况要好于效益差的企业，国有企业及集体企业要好于私营企业。黎精明（2004）分析了6家公司的案例，指出我国企业披露的社会责任会计信息内容很不全面而且主要是叙述式说明。肖淑芳、胡伟（2005）通过对我国上市公司2002、2003年环境信息披露的实证分析指出：我国环境会计信息披露目前存在着环境信息披露比例不高；披露内容不完整，披露方式不规范，行业间可比性差；环境信息的质量较低，实用性差，缺少对公开披露的环境信息的必要鉴证；有关环境信息披露的法律法规、准则不够完善等主要问题。陈玉清、马丽丽（2005）通过查阅2003年78家电子通讯行业上市公司公开披露的季报、半年报和年报，发现无一家自愿披露定量的社会责任信息，自愿披露的定性社会责任信息情况也甚少；我国上市公司披露的真实社会责任贡献信息与股价的相关性不显著，对股价的解释能力较弱，信息使用者对社会责任会计信息不关注。郭锐等（2006）通过对辽宁省上市公司2003年年报的分析发现，社会责任会计信息对股票价格无明显影响，市场对社会责任信息反映不灵敏；上市公司对公益、环保等社会公众利益的重视程度不够。从上述实证研究可见，我国上市公司履行社会责任的总体水平不高，社会责任会计信息还没有引起信息使用者的足够关注，披露社会责任信息的市场效果不明显。为此不少学者（刘秀琴，2003；刘长翠、孔晓婷，2006；等等）建议我国应建立完善的社会责任会计信息披露制度和审计制度，强化相关法律法规，指导并监督企业开展社会责任会计与报告实务。

（二）与社会责任会计间接相关的研究成果

1. 关于环境会计的研究

早期的环境会计研究曾是社会责任会计的一项重要内容，后来逐渐成为一个单独发展的会计理论分支，可时至今日，这两门学科在部分内容上仍然存在一定的交叉，故其研究成果也会影响到社会责任会计研究的某些内容。国内外环境会计理论与实践方面的已有成果，为我国研究循环经济理念下的社会责任会计体系建设问题奠定了一定基础。与此同时，环境会计确认、计量以及规则方面研究不足的教训也可为研究社会责任会计提供借鉴。

环境会计发源于20世纪70年代早期的英国，在20世纪90年代以来取得了较大的进展，美国、加拿大和英国等西方发达国家的会计界（Jensen D. & C. Unger，1991；Lehman，Glen，1999；Nicolas Antheaume，2004）都积极进行环境会计的研究，逐渐形成了具有各自特色的环境会计理论和方法，美国财务会计准则委员会已颁布《环境负债会计》等公告，加拿大特许会计师协会已颁布《环境成本与负债：会计与财务报告问题》、《环境绩效报告》。B. B. 斯坦科等（Brian B. Stanko et. al.，2006）对美国环境会计规范的发展及要点进行了总结，并进行了客观评价，指出目前环境会计实务的难点仍是环境负债的计量和报告问题。有关国际经济组织和会计职业组织也采取多种措施来推动这一专门领域的研究与实践，如联合国会计与报告国际标准政府间专家工作组已连续在几次会议上讨论了环境会计报告问题并出台了专门性文件（《环境成本和负债的会计与财务报告》、《企业环境业绩与财务业绩指标的结合：生态效率指标标准化的方法》），并建议各国研究相关的会计准则。

我国对西方环境会计思潮的介绍与认识始于20世纪90年代初期。多数学者认为，葛家澍教授等在《会计研究》1992年第5期上发表的《九十年代西方会计理论的一个新思潮——绿色会计理论》一文，是我国开始环境会计研究的重要标志。目前中国会计学会已设立“环境会计专业委员会”来推动环境会计的研究，研究成果也较为丰富。已有孟凡利（1999），李连华（2001），许家林、孟凡利（2004）等出版专门论著对此进行研究，一大批学者（王立彦等，1998；耿建新、焦若静，2002；李建发、肖华，2002；等等）撰文对环境会计理论结构、环境会计报告等进行了理论和实证探讨，许家林、蔡传里（2004）还对1994年至2003年间我国学者在环境会计基础理论方面的研究进行了总结，结果表明我国环境会计基础理论的研究内容基本成型。

2. 关于资源会计的研究

资源会计是一个相对独立的学科，其研究范围虽然较为广泛，但从其促进社会经济可持续发展的资源核算等方面来看，亦与社会责任会计的研究内容有很大的关联度。对资源核算问题的研究，会计理论界早就给予了一定程度的关注，并且取得了很多成果。美国证券交易委员会、财务会计准则委员会及其他职业团体、研究机构在石油天然气会计问题上做出了不懈的努力，至今已先后颁发了多份与石油天然气会计核算问题有关的财务会计准则公告以及研究报告，英国、加拿大、澳大利亚等国也制定和实施了其本国的油气会计准则或规范。西德尼·戴维森（Sidney Davidson，1970）出版《现代会计手册》一书，该书“第十八章——自然资源会计”集中介绍了美国会计理论界在资源会计方面的研究成果。L. J. 圣德罗（Lee J. Seidler）等编写的《会计师手册》、亨利·L. 沃克（Harry I. Wolk）等著的《会计理论》也专门介绍了石油天然气和其他自然资源会计问题。

我国学者（翟新生，1997；许家林，2000、2004、2006；林金高，2002；等等）在资源会计特别是石油天然气会计研究方面也已经取得丰硕成果，部分成果已经体现于2006年我国已颁布的《企业会计准则第27号——石油天然气》中。资源会计研究取得的成效，也为我国确立在循环经济理念下研究社会责任会计体系建设创新问题，并为将其研究成果逐渐移植于相关会计规范提供了可资借鉴的思路。

（三）研究现状的简要评析

通过上述分析我们发现，国内外围绕着社会责任会计问题的研究已取得一定成果。但从总体上说，社会责任会计还处于不断发展和摸索阶段，尚未形成完善、严密的理论基础和实践指南，目前社会责任会计研究存在如下六个方面的不足：

第一，从发展循环经济的角度研究企业社会责任和社会责任会计的成果较少。由于文化、法律、经济等的差异，特别是对可持续发展模式认识的差异，国内外学者和机构对企业社会责任的认识并不一致，即使我国学者的认识也存在差异，最终也导致了众多学者对社会责任会计报告内容认识的分歧。目前对社会责任会计的研究，其中包括对环境会计和资源会计的研究，主要是从传统经济发展的末端治理模式出发来研究会计问题，不能适应发展循环经济对会计发展的要求。例如，上述研究主要侧重对资源的开发利用，而忽略了再生资源的利用和资源再循环，没能很好地将遇到的循环经济问题纳入会计研究的范围。

第二，对体现循环经济理念的社会责任会计要素、会计概念缺乏系统严谨的研究。首先，目前对社会责任会计概念的研究较少且不够严谨，例如社会责任会计究竟有哪些要素还存在严重分歧，社会成本、社会效益究竟包括哪些内容还远没有形成共识；其次，由于目前研究主要从传统经济模式或末端治理模式角度研究社会责任会计问题，所以它们对社会责任会计要素及会计概念的研究很难体现循环经济的要求。所以，要推动体现循环经济理念的社会责任会计工作，就必须解决好社会责任会计相关概念问题。

第三，对社会责任会计确认与计量的研究存在明显的不足。社会责任会计最终应该能够计量并报告企业的社会收益，而社会收益是社会效益减去社会成本后的余额。前述研究对如何确认、计量社会资产、社会成本和社会效益研究不足，社会责任会计的计量方法缺乏可操作性，这些必然影响到社会责任会计的实施。

第四，缺乏对社会责任成本分配的研究。企业生产产品时由于耗用资源、污染环境等要承担社会责任成本，以实现对资源消耗的成本补偿要求，实现循环经济发展。此时就存在两种以上的产品要共同承担某一项社会责任成本的问题，因此需要对该项社会责任成本在不同产品之间进行分配。不考虑各种产品耗费的资源多少或环境的影响大小，而直接按照传统的产品成本分配方法，可能会导致资源环境友好型产品丧失市场份额，从而引起企业的次优化决策。所以在循环经济理念下，必须考虑产品耗费的资源多少或环境的影响大小等因素来进行社会责任成本的分配，但实际上目前此类研究甚少。

第五，缺乏对体现循环经济理念的企业综合业绩考核或生态效率评价方法、指标的研究。建立社会责任会计的最终目标就是实现社会效益的最大化，实现企业目标和社会目标的统一。它也是意欲通过提供社会责任信息引导企业、投资者及其他相关者做出符合循环经济发展的决策。那么怎样以及采用什么指标来考核企业履行社会责任的综合业绩，是一个值得研究的问题，然而目前此类研究较少。

第六，缺乏对社会责任会计报告、制度准则以及监督机制的研究。目前西方国家的社会责任会计主要围绕计量、报告问题，最终的落脚点是提供有用的社会责任会计报告，他们建议制定报告及审计标准（Hess，David，2001），我国研究社会责任会计体系建设问题也应该在此方面有所突破，以指导并监督企业开展社会责任会计与报告实务，并促进企业披露社会责任会计信息的可比性和完整性。

三、基本内容：系统研究社会责任会计体系建设与创新的构想

建立与循环经济理念相适应的社会责任会计体系，既是一个极为重要的理论问题，也是一个现实的会计管理问题。针对上述目前研究的不足，循环经济理念下的社会责任会计体系建设与创新研究可从以下几个方面展开。

（一）循环经济理念下社会责任会计体系建设的基础理论研究

这一研究的目标是确立地位，界定内涵。主要是针对目前人类所共同面临的环境和资源问题，立足于推行循环经济理念，运用可持续发展理论、循环经济理论、大循环成本理论、社会成本理论和生态经济学等理论原理，厘清可持续发展、循环经济、企业社会责任和社会责任会计之间的理论关系，明确社会责任会计的建立和完善对实现可持续发展及推行循环经济的理论价值与实践意义，解除目前理论界、实务界对企业社会责任和社会责任会计的模糊认识。在此基础上，初步界定企业社会责任、社会责任成本、社会责任负债和社会责任效益的内容，以便为进一步准确界定社会责任会计要素概念提供理论铺垫，弥补目前对社会责任会计某些要素认识的分歧。

（二）循环经济理念下社会责任会计体系建设与执行的实证研究

这一研究的目标是了解现实，总结经验。主要是对一些发达国家和我国的社会责任会计体系建设与执行进行实证研究，客观地评价各国在社会责任会计体系建设与执行方面体现循环经济理念要求的情况，并总结经验教训，如是否认同循环经济理念、强调循环经济下企业应该承担哪些社会责任、会计如何反映和监督企业履行社会责任、如何考核企业履行循环经济理念下的社会责任业绩等。通过调查访谈和实地研究的方式了解我国企业社会责任会计信息的供求状况以及企业贯彻循环经济理念、承担社会责任的情况，为构建符合我国实情的社会责任会计体系框架和规范建设提供基础数据，为设计相应的社会责任或企业综合业绩考核指标创造条件。

（三）我国循环经济理念下的社会责任会计理论体系框架研究

这一研究的目标是构建框架，创新体系。主要是结合会计学、循环经济学、资源经济学、生态经济学、管理学等多学科综合知识，借鉴国外成功经验，立足于中国国情，以会计学基本理论为基础来研究建立我国循环经济理念下的社会责任会计理论体系框架，阐明循环经济理念下的社会责任会计目标、会计要素与概念体系；在厘清循环经济理念下企业产品成本的构成、企业资源的价值构成与价格确定方法以及企业资源损失的构成、确认、计量原理与方法的基础上，研究社会责任成本、社会责任负债和社会责任效益的构成、确认、计量原理与方法，创建体现循环经济理念的社会责任成本分配方法；完善循环经济理念下的企业社会责任会计信息构成与报告模式，构建体现循环经济理念的企业综合业绩考核或生态效率评价方法和指标体系，以正确评价企业业绩。

（四）我国循环经济理念下的社会责任会计规范体系建设与实施研究

这一研究的目标是完善规范，推进实施。主要是在前述研究的基础上为我国社会责任会计规范体系的建设与实施提供政策建议。例如，如何建立体现循环经济理念的社会责任会计准则与制度以推动其实施，以及如何建立健全其他相关法规，如颁布《循环经济促进法》、在《公司法》中强化循环经济理念、强化企业社会责任等；如何建立并完善企业社会责任会计的监督和检查机制，以及如何健全产品定价机制，引导体现循环经济理念的绿色消费，使“企业公民”与社会责任的理念能够体现于企业的日常经营活动中；如何健全企业及企业管理人员的业绩考评机制，将与社会责任会计相关的考核指标纳入其考核指标体系之中，并使其能够落到实处；等等。

主要参考文献

［美］哈罗德·孔茨．管理学．北京：经济科学出版社，1993

［美］米尔顿·弗里德曼．资本主义与自由．北京：商务印书馆，1987

[美] 托尼·蒂克．企业社会会计．北京：中国社会科学出版社，2000

[英] F. A. 哈耶克著，冯克利等译．致命的自负．北京：中国社会科学出版社，2000

[英] 特雷佛·干布林．社会会计学．上海：上海三联书店出版社，1984

陈清泰．可持续发展与企业的责任．施工企业管理，2005（3）

陈玉清，马丽丽．上市公司社会责任会计信息市场反应实证分析．会计研究，2005（11）

邓小洋，胡宏亮．试论社会责任会计．黑龙江财专学报，1996（1）

耿建新，焦若静．上市公司环境会计信息披露初探．会计研究，2002（1）

郭锐等．辽宁上市公司社会责任会计信息的实证研究．理论界，2006（7）

何红渠．企业社会责任会计初探．中南工业大学学报（社会科学版），1999（6）

黎精明．关于我国企业社会责任会计信息披露问题的研究．武汉科技大学学报，2004（3）

李建发，肖华．我国企业环境报告：现状、需求与未来．会计研究，2002（4）

李健．略论我国企业社会责任会计信息披露．南华大学学报（社会科学版），2006（3）

李立清，李燕凌．企业社会责任研究．北京：人民出版社，2005

李连华．环境会计学．长沙：湖南人民出版社，2001

李昕．对我国建立社会责任会计体系的几点思考．吉林省经济管理干部学院学报，2002（3）

林金高．石油、天然气会计问题研究．大连：东北财经大学出版社，2002

刘长翠，孔晓婷．社会责任会计信息披露的实证研究．会计研究，2006（10）

刘长翠．试论社会责任会计的几个问题．财会通讯，1997（7）

刘华，曹钻．企业社会责任会计刍议．南华大学学报（社会科学版），2003（3）

刘俊海．公司的社会责任．北京：法律出版社，1999

刘秀琴．构建我国社会责任会计的设想．上海会计，2003（5）

卢代富．企业社会责任的经济学与法学分析．北京：法律出版社，2002

罗金明．基于和谐社会的社会责任会计理论框架研究．经济问题探索，2006（12）

孟凡利．环境会计研究．大连：东北财经大学出版社，1999

牛文元．循环经济：实现可持续发展的理想经济模式．见中关村国际环保产业促进中心编著．循环经济：国际趋势与中国实践（序），北京：人民出版社，2005

祁新娥．社会责任会计有关问题探讨．财会月刊，1999（10）

宋献中．建立我国社会责任会计的总体构思．财经理论与实践，1997（5）

宋献中等．企业社会责任会计．北京：中国财政经济出版社，1992

王立彦等．我国企业环境会计实务调查分析．会计研究，1998（8）

文建平．浅谈社会责任会计理论结构．财会研究，1999（12）

吴俊．关于社会责任会计的几点思考．会计研究，1994（6）

肖淑芳，胡伟．我国企业环境信息披露体系的建设．会计研究，2005（3）

许家林，蔡传里．中国环境会计研究回顾与展望．会计研究，2004（4）

许家林，孟凡利．环境会计．上海：上海财经大学出版社，2004

许家林，王昌锐．资源开发行业会计准则建设问题．中南财经政法大学学报，2004（5）

许家林，王昌锐．论环境会计核算中的环境资产确认问题．会计研究，2006（1）

许家林．社会责任会计的创立及其基本结构．中国农业会计，1997（3）

许家林．资源会计研究．大连：东北财经大学出版社，2000

许家林等．资源会计学的基本理论问题研究．国家自然科学基金项目结题报告，2006

阳秋林，李冬生．社会责任会计涵义探析．山东财政学院学报，2006（1）

阳秋林．刍论社会责任会计的计量方法．财会研究，2003（1）

阳秋林．构建中国社会责任会计报告的新框架．财会研究，2005（6）

喻小明，万玉兰．建立社会责任会计的几点思考．华东经济管理，1999（1）

岳彦芳，袁晋芳．循环经济下社会责任成本信息揭示．中央财经大学学报，2005（8）

翟新生．自然资源会计．成都：西南财经大学出版社，1997

张惠中．社会责任会计理论探析．浙江经专学报，1994（1）

张亚梅．论社会责任会计．经济问题探索，2001（6）

Adolf A. Berle. 1932. For Whom Are Corporate Manages Trustees: a note, 45Harvard Law Review

Brian B. Stanko, etal. . 2006. Environmental Accounting. Business & Economic Review. April-June

E. Merrick Dodd. 1932. For Whom Are Corporate Manages Trustees? . 45 Harvard Law Review

Gray R. D. Owen and K. Maunders. 1987. Corporate Social Reporting: Accounting and Accountability. Englewood Cliffs, NJ: Prentice Hall International

Hess, David. 2001. Regulating Corporate Social Performance: A New Look at Social Accounting, Auditing, and Reporting. Business Ethics Quarterly, Vol. 11 Issue 2.

Jensen D. & C. Unger. 1991. Environmental Liability. Denver Business (April/May)

Johnson, Homer H. 2003. Does it pay to be good? Social responsibility and financial performance. Business Horizons, Vol. 46 Issue 6

Lehman, Glen. 1999. Disclosing New Worlds: a Role for Social and Environmental Accounting and Auditing. Accounting, Organizations & Society. Vol. 24 Issue 3

Mathews, M. R. 1993. Socially Responsible Accounting. New York, NY: Chapman & Hall

Mathews, M. R. 1995. Social and Environmental Accounting: a Practical Demonstration of Ethical Concern? Journal of Business Ethics (August).

Nicolas Antheaume. 2004. Valuing External Costs-From Theory to Practice: Implications for Full Cost Environmental Accounting. European Accounting Review, Vol. 13, No. 3

Rao, Spuma M. ; Hamilton III, J. Brooke. 1996. The Effect of Published Reports of Unethical Conduct on Stock Prices. Journal of Business Ethics, Vol. 15 Issue 12

Rezaee & Zabihollah. 1998. Review on Studies in Accounting History. Atlantic Economic Journal, Vol. 26 Issue 2

Sylic Mobley. 1970. The Challenges of Social Responsibility to Economic Accounting. The Accounting Review, 11

Unethical Conduct on Stock Prices. Journal of Business Ethics, Vol. 15 Issue 12

（本文刊于《财会通讯》2008 年第 3 期）

专题三

会计研究方法研究

论我国会计科学研究方法的研究与学术规范建设*

为了推进我国哲学社会科学研究的规范化建设工作，2004 年 8 月 26 日，教育部正式发布了《高等学校哲学社会科学研究学术规范（试行）》，对优化研究方法、倡导学术道德与完善学术规范问题提出了新要求。会计科学作为社会科学体系的一个重要组成部分，有着悠久的发展历史和丰富的实践基础，在现代科学体系中已经占据着重要的学术地位，但在研究方法以及学术规范建设与应用方面同其他学科还有一定的差距，特别是在会计学专业学术期刊的学术规范导向，以及对学生进行学术规范意识的培养与训练等问题上更显薄弱。因此，专门探讨会计科学研究方法以及会计科学研究的学术规范建设问题，对于推动我国会计科学的发展具有重要意义，本文拟就此问题做初步讨论。

一、会计科学研究方法问题需要专门研究

科学发展的历史已经证明，不同学科能否运用正确而科学的研究方法对其成果的科学价值尤为重要。可以说，一门学科是否具有比较系统的研究方法与完整的学术研究规范并得到较好的运用，也是其是否成熟的重要标志之一。这诚如俄罗斯著名学者巴甫洛夫所

---

* 本文系 2006 年度国家自然科学基金课题——《会计规范全球协调与趋同中的根本性问题研究》（70672115）的阶段成果，本文的写作得到 2005 级博士生蔡传里的协助，其负责整理了第三部分的文献综述内容。

说："初期研究的障碍乃在于缺乏研究方法，无怪乎人们常说，科学是随着研究方法所获得的成就而前进的。研究方法每前进一步，我们就更提高一步，随之在我们面前也就开拓了一个充满种种新鲜事物的、更辽阔的远景。因此，我们头等重要的大事乃是确定研究方法。"① 现时学术环境下人文社会科学领域中的研究成果，一般均以专著、论文和研究报告等基本形式来表达，其研究方法是否科学、表达形式是否符合学术规范，不仅将影响到理论研究成果的扩散程度，而且还会影响到各学科的学术地位以及其他学科对本学科研究成果的认同程度。

科学研究活动的正常开展还要受到研究对象和研究方法的影响，任何一门科学的形成都离不开研究方法，甚至可以说，科学的发展就是依靠方法的发展。方法的枯竭是科学的停滞，方法的繁荣则会促使科学的发展。著名学者唐钺曾于 1923 年在"科学的范围"一文中明确指出："大地间所有现象，都是科学的材料。天地间有人，我们就有人类学、人种学、人类心理学等。天地间有鱼，我们就有鱼学，大地间有艺术，我们就可以有艺术学，天地间有宗教，我们就可以有宗教学。说艺术、宗教的科学的研究是科学，不是说艺术、宗教就是科学，同说鱼的科学研究是科学，不是说鱼就是科学一样。"② 由此可见，称某种对象的研究为科学，并不是就对象而言的，而是就研究活动（研究方法）本身而言的，即一门学科的成立决定于其研究方法，一门学科的发展也是决定于其研究方法。既然会计学是人类社会科学体系的一个重要组成部分，则研究方法便会对其发展产生重要的影响。因此，会计科学研究方法也可以作为整个会计科学体系中的一个专门问题来进行研究。

① 编委会：《巴甫洛夫选集》北京：科学出版社，1995 年，第 49 页。

② 李承贵：《通向学术真际之路——中国现代学术研究方法史论》南昌：江西人民出版社，2002 年，第 356 页。

二、会计科学研究方法研究的历史回溯与现状评析

（一）西方会计科学研究方法的发展阶段

大多数学者认为，西方会计理论界有关会计研究方法问题的专门研究是随着对会计理论研究方法的运用而发展变化的。而西方会计理论研究方法的发展大致可以划分为两个不同的时期（葛家澍、林志军，2001）。

1. 规范研究方法占主导地位时期（20 世纪 60 年代以前）：形成两大学术派别

人类进入 20 世纪之后，美国、英国、澳大利亚、加拿大和新西兰等英语国家成为现代会计理论的开拓者，尤其是美国居于明显的领先地位。美国会计理论发展的社会经济背景是，经济的迅速发展和资本大规模积聚与集中，以及美国会计教育的发达和会计学博士人数激增，由此而导致其现代会计理论研究上呈现出如下三个方面的主要特点：第一，研究群体的变化。除为数众多的会计学者从事会计理论研究外，一些重要的会计专业团体，包括美国注册会计师协会、美国财务会计准则委员会、美国会计学会等权威性会计团体，大力推动了会计理论研究工作。第二，研究方法的变化。在会计理论研究工作中，以演绎法替代了归纳法，由描述性会计理论转变为规范性会计理论，即强调会计理论高于会计实践和对会计实践的指导作用，要求首先确定会计目标，然后根据既定的会计假设推导出会计理论。第三，研究观念的变化。普遍接受了经济学家的价值和收益等新的概念，并将它们引进于会计理论，强调会计的社会经济职能，即会计职能必须适应社会经济发展的需要，并且不断地予以发展和变革，从而扩大了会计理论研究的领域，其中包括通货膨胀会计、人力资源会计、社会责任会计和国际会计的发展。

因此可以说，现代会计理论的发展主要是进入20世纪以后的历史时期。在此之前的会计理论几乎纯属实用主义的，并且缺乏系统的理论阐述，即使所做的理论阐述也大多是描述性的，普遍较为缺乏对会计实务的评价和指导。1968年以前，西方会计学者为探求会计科学真谛，全面运用规范研究方法形成了一系列描述性理论和指导性观点，从而形成了两大学术派别，即以归纳法作为研究方法所形成的理论流派——“归纳会计学派”和以演绎法作为主要研究方式进行会计理论研究所形成的学术派别——“演绎会计学派”，并各自形成了具有自身特点的代表性理论文献。诸如：C. E. 斯普拉格（Charles Ezra Sprague）的《账户的哲学》（The Philosophy of Accounts，1907）、W. A. 佩顿（William A. Paton）的《会计理论——兼论公司会计的一些特殊问题》（Accounting Theory-With Special Reference to the Corporate Enterprise，1922）、J. B. 坎宁（John B. Canning）的《会计学中的经济学》（The Economics of Accountancy，1929）、A. C. 利特尔顿（A. C. Littleton）的《1900年前的会计发展》（Accounting Evolution to 1900，1933）、K. 麦克尼尔（K. Macneal）的《会计中的真理》（Truth in Accounting，1939）、W. A. 佩顿（William A. Paton）和A. C. 利特尔顿（Ananias Charles Littleton）的《公司会计准则绪论》（An Introduction to Corporate Accounting Standards，1940）、A. C. 利特尔顿（Ananias Charles Littleton）的《会计理论结构》（Structure of Accounting Theory，1953）、A. C. 利特尔顿（Ananias Charles Littleton）和V. K. 齐默尔曼（V. K. Zimmerman）的《会计理论：连续性与变化》（Accounting Theory：Continuity and Change，1962）、埃尔登S. 亨德里克森（Eldon S. Hendriksen）的《会计理论》（Accounting Theory，1965）、美国会计学会（American Accounting Association）的《基本会计理论》（A Statement of Basic Accounting Theory，1966）、井尻雄士（Yuji Ijiri）的《会计计量基础——基于数学、经济学及行为学的探究》（The Foundations of Accounting Measurement：A Mathematical，Economic，and Behavioral Inquiry，1967），以及井尻雄士（Yuji Ijiri）的《会计计量理

论》（Theory of Accounting Measurement，1975）和美国财务会计准则委员会（Financial Accounting Standards Board）的《财务会计的概念》（Statements of Financial Accounting Concepts，1978 ~ 1984）等。这些经典性规范会计理论著作的出版，提出和完善了会计理论的框架，极大地丰富了会计理论体系的内容，推动了会计实务的发展。但在这些著作中，绝大部分理论观点都是或者主要是演绎法的产物，其显著特点是应用演绎法和归纳法推导出一般性结论。

2. 实证研究方法出现并占据主流地位时期（20 世纪 60 年代以后）：实证会计学派的形成

20 世纪 60 年代以前的很长一段时间内，西方会计理论研究的方法重点主要放在规范研究上。后来随着会计理论和实践的发展需要，实证研究方法被逐步引入并得到迅速推广，对丰富会计研究的手段甚至对促进学科建设都产生了重要的影响。后来所称的"实证会计学派"即是运用实证研究方法作为主要研究方式进行会计理论研究所形成的学术派别，它主要是指通过搜集被观察事物或者现象的经验性（或历史性）数据来验证一些理论假设或者命题，借以建立相应的理论体系。所以，实证法作为构建会计理论的一种方法，就是要根据实际效用或实际的因果关系来选择会计概念、原则、准则和各种程序，它的方法论基础建立在价值中立、强调可证伪性和可重复性三个基本观点之上（葛家澍、刘峰，1998）。

事实上，实证研究方法最初起源于西方哲学流派中的实用主义(Positivism)。首先是 19 世纪 50 ~ 70 年代以孔德和斯宾塞为代表的实证主义思想，继而是以马赫为代表的马赫主义思想、20 世纪 20 ~ 30 年代以石里克为代表的逻辑实证主义思想，以及后来的朴素证伪主义、精致证伪主义思想，即所谓"证伪主义哲学"。美国著名会计学家威廉 · H. 比弗（William Henry Beaver，1999）认为，西方实证会计研究方法之所以产生于 20 世纪 60 ~ 70 年代的美国，是由于三个方面的原因。第一，是社会经济环境的变化。1929 ~ 1933 年起始于美国的经济危机，迫使美国等西方国家先后采用凯恩斯的经济思想，故20世纪60年代起美国社会经济源自于经济学的反传统的思潮，为实证会计的产生提供了合适的“温床”。第二，是经济学和财务学的影响。经济学对会计理论的影响由来已久。从佩顿开始，早期的一些学者无不从经济学理论中吸取较为成熟的概念来改造或建立会计的理论体系。第三，是专家学者的努力。在实证会计的产生和发展过程中，贡献较大的学者主要有芝加哥大学的鲍尔、布朗、比弗、简森、瓦兹、齐默尔曼等人。

20世纪60年代中期以后，西方会计理论界将实证研究方法运用会计理论的研究领域，历经了从单一研究过渡到综合研究的过程，大致经过了四个演变时期，即20世纪50年代到60年代实证经济学的研究方法开始由部分学者引进会计理论研究领域、20世纪60年代末至70年代初实证会计研究的范围开始侧重于会计信息与资本市场的关系、20世纪70年代中期起实证会计的研究方法开始用于会计政策的选择，以及20世纪80年代以后实证会计研究成为美国会计界的主流研究方法，从而导致新的会计理论研究流派——“实证会计学派”形成，并在新的思维模式上形成了富有特色的实证会计理论体系。1986年，对建立实证会计理论有着历史性贡献的美国罗切斯特大学威廉·E. 西蒙工商管理研究生院罗斯·L. 瓦茨（Ross L. Watts）和杰罗尔德·L. 齐默尔曼（Jerold L. Zimmerman）教授正式出版了合著的《实证会计理论》（Positive Accounting Theory, 1986）一书，该书不仅对其具体方法进行了全面阐述与深入讨论，还对在此之前近20年内会计理论界运用这一方法研究会计问题所形成的会计理论进行了全面梳理，从而标志着实证会计研究方法体系正式形成。

（二）中国会计科学研究方法研究的现状分析

1. 会计科学研究方法研究的进程与特点

与西方会计界相比，我国会计理论研究起步较晚且多受干扰，直至20世纪70年代仍收效甚少。因此，曾有学者将我国会计理论研究方法的研究历程划分为三个阶段，即会计理论研究方法研究的朦胧期（1978年以前）、会计理论研究方法研究的破题期（1978～1990年）和会计理论研究方法研究的发展期（1990年以后）（龚光明，1997）。笔者认为，20世纪70年代以来，我国会计科学研究方法的研究进展与主要特点如下：

（1）20世纪70年代末期之前，会计理论研究内容中尚未涉及此类问题。在此之前，人们较多关注的是会计技术方法的运用性问题，而会计理论研究方法则大多纳入学者个人的学术修养范畴，还没有作为会计理论的一个重要内容提到议事日程。

（2）20世纪70年代末到80年代初，会计理论研究上关注不够。十一届三中全会以后，会计理论研究的气氛开始趋于活跃，突出地表现为对会计基本理论中会计本质、会计职能、会计对象和会计目标等问题的研究，但会计研究方法问题也随之引起会计学界的注意，一些学者按照马克思主义认识论的观点，提出要更新和发展传统的会计研究方法，并主张运用辩证逻辑和系统的方法来研究会计理论，但这一时期专门研究会计研究方法的论文并不多。

（3）20世纪80年代中期，开始提出进行会计研究方法的专门研究问题。有学者提出要对会计的研究方法问题进行专门研究，认为新中国成立以来在会计理论研究中广泛运用的方法论有归纳与演绎、政策规范、调查分析、广泛联系、比较研究等五种；随着科技的发展，会计理论研究应该引入一些新的方法论，如社会和经济价值方法论、行为论、系统论、信息论和控制论等；会计理论研究的方法论要解决如何正确认识方法论、传统方法论与新方法论如何结合，以及发展与完善会计理论研究的方法论等三个问题（周忠惠，1984）。

（4）20世纪90年代初期，会计研究方法的研究引起会计学界的普遍关注。在有关刊物上陆续发表了有关会计研究方法的文章，明确提出：探讨会计理论研究方法具有重要意义，它是会计基础理论的重要组成部分，具有现实必要性；探讨会计理论研究方法具有重要的理论依据；科学研究的方法体系应当由哲学方法、一般科学研究方法和特殊科学研究方法所构成；会计科学研究方法与会计科学的发展相辅相成；会计研究的主要方法由哲学方法、经验方法、实证方法、历史方法、逻辑方法、比较方法、数学方法、系统科学方法、移植方法和开拓方法等十个部分所构成（徐兴恩，1991）。也有学者提出，会计研究方法的选择取决于研究的目的与需要、对研究对象本质的认识程度、对研究方法本质的认识程度、研究者本人的思维定式和兴趣爱好等四个因素的影响；会计理论的评价应当包括理论结构的评价与理论功能的评价（周忠惠，1993）。

（5）20 世纪 90 年代中期，倡导召开会计研究方法的专题研讨会。1996 年 8 月，由天津财经学院（现天津财经大学）的博士生导师于玉林教授发起并在长春税务学院召开了“全国首届会计方法研讨会”。会上主要探讨了会计研究方法及其体系的建设问题，会后，从提交给本次会议的 30 多篇论文中，选出 17 篇有关会计研究方法的论文，发表在长春税务学院主办的《税务与经济》1996 年增刊号“全国首届会计方法研讨会专辑”中，从而构成了国内会计学者较为集中地研究会计研究方法的一项直接成果。

（6）20 世纪 90 年代中期以后，会计理论研究方法的研究与应用进入了一个新的发展时期。它主要体现在三个方面：首先，是《会计研究》等主流专业会计期刊开始关注会计研究方法问题。1997 年，《会计研究》在第 7 期专门发表了一组会计研究方法的论文，这些论文除了介绍相应的会计研究方法外，着重对中国会计研究方法的取舍问题进行了讨论。其次，是实证会计研究方法开始比较广泛地运用于会计研究领域。这一状况主要得益于 1995 年开始每年举办的中国会计教授会与中国会计学博士生联谊会的努力。在部分海外华人会计学者的强烈呼吁与积极推动下，在反思国内流行会计研究方法的同时，强调研究会计理论时问题要小、方法要细和证据要实等理念，这些基本理念对会计研究方法的研究与运用产生了一定的导向与影响（李志文，1997）。自此之后，上海财经大学的会计学博士论文写作方式率先开始向实证研究方法过渡，清华大学、北京大学、吉林大学和重庆大学等高校会计学系对实证会计研究方法的研究与运用也起到了重要的推进作用。此外，《经济研究》和《管理世界》等高端期刊也开始刊登学者们运用实证方法研究会计与资本市场关系的论文。最后，是部分有关会计研究方法的专著与译著相继问世。其中较具影响力的主要有：1990 年，由黄世忠与陈少华等译，中国商业出版社出版的美国学者罗斯·L. 瓦茨（Ross L. Watts）和杰罗尔德·L. 齐默尔曼（Jerold L. Zimmerman）合著的《实证会计理论》（Positive Accounting Theory，1986）；1994 年，由西南财经大学出版社出版的周忠惠著《会计研究方法论》；1997 年，由立信会计出版社出版的于玉林著《现代会计方法学》；2001 年，由东北财经大学出版社出版的张朝宓与苏文兵著《当代会计实证研究方法》；2002 年，由经济科学出版社出版的于玉林著《现代会计哲学》和由东北财经大学出版社出版的南京大学会计系课题组主编《中国企业会计问题调查》；2003 年，由中国金融出版社出版的卢永华著《会计科研方法论》；2004 年，由阎达五、戴德明等译，机械工业出版社出版的英国学者鲍普·瑞安（Bob Ryan）、罗伯特·W. 斯卡彭斯（Robert W. Scapens）、迈克尔·西奥博尔德（Michael Theobald）合著的《财务与会计研究方法与方法论》（Research Mathod and Methodlogh in Finance and Accounting，2002）；2006 年，由钱逢胜等译，上海财经大学出版社出版的英国学者马尔科姆·史密斯（Malcolm Smith）著的《会计研究方法论》（Research Mathods in Accounting，2003）。

2. 会计科学研究方法研究的基本态势

前已分析，就我国会计学术界的学术成果而言，学者们有关会计研究方法的研究是从 20 世纪 90 年代开始。为了解学术界对会计研究方法问题研究的基本态势，我们特别选取了由北京大学图书馆评出的17种会计类核心期刊①，以及《经济研究》、《管理世界》和《数量经济与技术经济研究》等杂志为研究对象，分析它们自1991年以来刊登会计研究方法研究论文的情况，了解我国会计研究方法研究的现状及规律。但据我们观察，在我们选取的上述统计对象分析群中，审计类刊物②、《财贸经济》、《经济研究》、《管理世界》、《数量经济与技术经济研究》几乎没有刊登过有关会计研究方法研究的文章，所以下面的统计分析是基于除这8种刊物以外的12种会计类核心期刊而进行的③。据我们初步统计，从1991年到2005年间，发表在上述12种会计类核心期刊上涉及会计研究方法研究的文章共有136篇，这些论文基本反映了我国会计研究方法研究的基本态势。下面从两个不同的角度进行简要分析。

（1）各种专业期刊刊登会计研究方法专门研究论文的数量结构。12种会计类核心期刊发表会计研究方法研究论文的数量结构，如表1所示。

从表1资料可以看出，我们纳入统计分析范围的12种会计类核心期刊在1991～2005年间，《会计研究》刊载有关会计研究方法的文章数量最多，总计有28篇，占20.59%，其次则分别是《财会月刊》、《财会通讯》和《四川会计》（均占10%以上）。上述四种期刊总计刊发了关于会计研究方法研究的文章87篇，占总数的63.97%。由此可见，20世纪90年代以来，随着我国改革开放的进一步深入，我国社会主义市场经济体制的确立，我国会计理论界与

① 这17种会计类核心期刊分别是《会计研究》、《四川会计》、《上海会计》、《广西会计》、《财会通讯》、《财会月刊》、《财务与会计》、《财会研究》、《财经理论与实践》、《当代财经》、《审计理论与实践》、《审计研究》、《审计与经济研究》、《中国农业会计》、《中国审计》、《财贸经济及山西财经大学学报》。此处的顺序是按照北京大学图书馆主编的《中文核心期刊要目总览》（北京大学出版社2000年版，第18页）排列的，下同。其中《广西会计》、《四川会计》2004年以后已经停刊。

② 包括《审计理论与实践》、《审计研究》、《审计与经济研究》、《中国审计》。

③ 这12种会计类核心期刊分别是《会计研究》、《四川会计》、《上海会计》、《广西会计》、《财会通讯》、《财会月刊》、《财务与会计》（简称财务会计）、《财会研究》、《当代财经》、《中国农业会计》（简称农业会计）、《财经理论与实践》（简称财经理论）及《山西财经大学学报》（简称山财学报）。

实务界对会计研究方法的研究也在加强。另外，《会计研究》作为我国会计类的权威期刊，在会计研究方法研究中也发挥了导向作用，《财会通讯》、《四川会计》和《财会月刊》等则推动了会计研究方法的讨论和普及，我们也应充分利用这些期刊的优势来促进会计理论工作者对各种会计研究方法的理解与应用。

（2）各种期刊刊登会计研究方法专门研究论文的内容及年限分布。12 种会计类核心期刊在不同年份内发表会计研究方法研究论文的内容结构，如表 2 所示。

从表 2 的统计分析结果，可以发现如下三个方面的主要特点：

第一，1991 ~2005 年这 15 年间，会计研究方法研究经历了一个逐渐升温又逐渐降温的反复过程，其中 1997 年是分界点。1997 年是会计研究方法研究的高峰期，在我们统计的 12 种会计类核心期刊中，1997 年一年总计有 22 篇关于会计研究方法研究的文章问世，占 16.2%，与 1991 ~1996 年六年间的总数相当，可见这一年人们对会计研究方法研究的热度之高。正是在 1997 年，《会计研究》共刊发研究方法研究论文 8 篇，约占当年 12 种会计类核心期刊刊发研究方法研究论文总数的 1/3，其中 1997 年第 7 期《会计研究》则刊发了 7 篇此类论文，而这 7 篇论文中又有 5 篇涉及实证研究方法，足见《会计研究》对研究方法研究特别是实证研究方法研究的重视及推动作用，也正是这一时期实证研究方法研究的兴起，导致了从 1997 年开始出现了有关规范研究方法与实证研究方法比较及选择问题的研究。

第二，比较重视对哲学方法和一般方法的研究而忽视具体方法特别是新型方法的研究。在 1991 ~2005 年的 15 年间，我国会计研究人员对会计研究方法的研究主要集中于对会计研究方法的综合研究，即主要是就会计研究方法的意义、会计研究方法的哲学基础、数学方法在会计研究方法中的运用以及各种会计研究方法的综合介绍等方面进行阐述，这方面的研究论文有 40 篇，占 29.41%。其次是专门对实证会计研究方法的研究，总计有 39 篇，占 28.67%。排

表 1　　各种期刊刊登会计研究方法研究相关文章的数量结构分析表

期刊名称	《会计研究》	《四川会计》	《上海会计》	《广西会计》	《财会通讯》	《财会月刊》	《财务与会计》	《财会研究》	《当代财经》	《农业会计》	《财经理论》	《山财学报》	合计
数量（篇）	28	16	9	5	20	23	9	3	9	11	2	1	136
比重（%）	20.59	11.76	6.62	3.69	14.71	16.91	6.62	2.20	6.62	8.09	1.46	0.73	100

表 2　　各种期刊刊登会计研究方法研究相关文章涉及的主要内容及年限分布分析表

项目		1991年	1992年	1993年	1994年	1995年	1996年	1997年	1998年	1999年	2000年	2001年	2002年	2003年	2004年	2005年	合计	
																	数量（篇）	比重（%）
A		0	1	0	1	0	0	0	0	0	0	0	0	0	0	0	2	1.47
B		1	0	1	1	0	0	9	7	3	3	3	2	2	5	2	39	28.67
C		0	0	0	0	0	0	2	0	0	0	0	0	0	0	1	3	2.21
D		0	0	0	0	0	0	1	1	0	2	2	2	5	0	0	13	9.56
E		0	0	0	0	1	0	0	0	0	1	1	0	0	0	0	3	2.21
F		0	0	0	0	0	0	3	2	1	2	3	2	0	2	0	15	11.03
G		0	0	0	1	0	3	1	1	3	3	2	1	0	0	1	16	11.76
H		0	0	0	0	2	1	0	1	0	1	0	0	0	0	0	5	3.68
I		1	2	2	3	1	4	6	2	6	4	0	3	1	3	2	40	29.41
合计	数量（篇）	2	3	3	6	4	8	22	14	13	16	11	10	8	10	6	136	—
	比重（%）	1.47	2.21	2.21	4.43	2.94	5.88	16.2	10.3	9.56	11.7	8.09	7.35	5.88	7.35	4.43	–	100.00

表 2 中：A——规范研究方法研究；B——实证研究方法研究；C——案例研究方法研究；D——事项研究方法研究；E——实验研究方法研究；F——规范研究方法与实证研究方法比较研究；G——研究方法体系研究；H——国外研究方法状况介绍研究；I——研究方法综合研究。

在实证会计研究方法研究文献数量之后的是关于会计研究方法体系研究的论文，总计有16篇，占11.76%。我们知道，一般认为会计研究方法包括规范研究方法和实证研究方法两大类，而其各自又包括许多具体的研究方法，但从表2可知，我国会计研究人员对其中具体方法特别是新型研究方法如实验研究方法、案例研究方法等的研究不多也欠深入。

第三，会计研究方法研究的发展与经济发展水平、会计理论研究发展水平相联系。从15年来我国会计研究方法研究的发展态势可见，会计研究方法研究的发展与经济发展水平、会计理论研究发展水平是一致的。可以说，一国会计理论及其实务（包含会计研究方法）的发展归根到底取决于该国的经济发展水平，一种会计研究方法的产生、发展与社会环境发展和会计实践发展有着必然的联系（刘玉廷，2000）。在20世纪90年代前期，我国社会主义计划经济还占相当比重，经济体制、经济发展水平与西方发达国家还存在很大差距，会计制度规范较为混乱，亟待建立一套适合我国国情的会计规范体系，因此当时主要集中于规范研究方法的研究。20世纪90年代中期，随着“两则”、“两制”以及具体会计准则的颁布实施、社会主义市场经济的逐步确立、资本市场的逐步形成与发展，我国会计管理模式也开始由计划经济模式向市场经济模式转变，会计准则开始与国际接轨，中国会计理论工作者的目光转向借鉴国外会计理论的研究成果来拓宽中国会计理论研究的视野，实证会计研究方法开始引起学者的关注。资本市场的发展迫切需要进行对会计信息与资本市场关系的实证研究，资本市场的规范亟须实证会计研究的指导，资本市场的发展也为逐步进行实证会计研究创造了条件。《企业会计准则》的颁布，有中国特色会计理论体系的建立，为进行实证会计研究提供了广阔的领域，而会计准则的制定和实施亟须对企业的会计政策选择进行实证研究，提高会计理论对实践的指导作用（赖文章等，1999）。近年来，随着资本市场的日益完善与开放，投资者风险意识的日益提高和对会计信息的日益关注，会计信息使用者产生了更多的信息需求，这就产生了讨论应用事项法的必要。而数据库技术、计算机网络等信息技术的发展，历史成本法、公允价值、成本与市价孰低法等多重计量属性的广泛认可与应用，以及信息使用者素质的提高，这些都为事项法的应用提供了可能，正是在这样一种经济发展水平、会计理论研究水平条件下，事项法研究才日益引起学者的关注。与此同时，由于我国实行社会主义市场经济体制并积极开拓资本市场时间不长，在其发展过程中会产生许多新的会计问题，这就要求我们注重新的会计研究方法（如案例研究法、实验研究法等）的研究与运用。

3. 会计科学研究方法研究的主要问题

经过近 20 年的探索，我国会计研究方法研究不仅取得了一定的专门成果，同时也为我国会计理论研究奠定了较为坚实的方法论基础。这些成果主要表现在会计研究方法的定位、主要会计研究方法的特点、会计研究方法体系，以及会计研究方法的运用选择等四个方面。但这些研究还存在着以下几个方面的主要问题：

（1）研究内容涉及面广但须进一步深入。由于会计实践内容的不断丰富与变化，会计理论研究的内容也不断地从简单转向复杂，与之相适应，会计研究方法的研究也需要不断地扩展与创新。但从总体上看，我国会计研究方法的研究与应用尚处于起步阶段，不仅与国外同行有较大距离，在一定程度上甚至落后于我国管理学科领域内的其他学科（张朝宓、苏文兵，2001），会计研究方法研究还欠深入，难以适应会计理论研究发展的需要。部分学者在讨论会计研究方法时，只是简单地从定义上加以认识，不能从研究方法研究成果的成功案例、各种研究方法的经济后果、各研究方法所受的环境因素限制、如何规范运用相关研究方法等角度进行深入分析。最终可能导致传统的研究方法不能得到完善，有的甚至被丢弃，一味对西方的会计研究方法采用拿来主义，这不利于建立有中国特色的会计理论与方法体系。

（2）研究内容缺乏连贯性且需加强系统性研究。曾有学者提出，会计研究方法的亚方法论是系统论（王华，1996）。从前述会计研究方法研究成果的回顾中可见，会计研究的方法确实很多，但目前的论文较多只是对几种常见的研究方法进行简单介绍，而缺乏对各种会计研究方法进行系统详细的研究。有的学者也只是讨论某一两种研究方法，发一两篇文章后即不进行连续深入的分析。虽有关于会计研究方法的著作，但数量较少且不能形成"百花齐放，百家争鸣"的学术环境，而有关著作的内容也只是涉及到某一方面，这也限制了会计研究方法研究的系统开展。所以目前需要有人能够静下心来琢磨这一相对比较枯燥的会计理论问题——会计研究方法研究，需要运用哲学、经济学、社会学、伦理学等多种知识作指导，来系统深入地探究各种会计研究方法的具体内容。与此同时，有关专业期刊应该发挥其诱导作用，鼓励学者们就会计研究方法问题发表系列文章，以推动会计研究方法研究的系统开展。

（3）会计研究方法体系基本成熟但需进一步完善。会计作为一门独立学科，必然有其自身的特殊研究方法。会计理论越是受重视，越是向更高的研究层次迈进，就越是容易暴露出会计理论研究自身所存在的问题，这些问题归根到底都是会计理论研究的方法问题，因此，重视方法论的研究应是当前我国会计理论研究的重要课题之一（李传忠，1997）。有关会计研究方法体系问题，曾有学者提出了二层次论、三层次论、四层次论等学术观点，有的还提出了会计研究方法体系的框架图，这更有利于对这一体系的理解。可见，目前会计研究方法体系已基本成型，主要问题是需要结合前述系统深入研究会计研究方法，总结各种有关会计研究方法体系的优势与不足，理顺各种研究方法的逻辑关系，提出一套完善的、符合实际的会计研究方法论——会计研究方法体系，使得据此进行的会计理论研究成果既具有完善的理论价值，又经得起实践的检验。

（4）比较重视规范研究方法和实证研究方法的结合但需加强实验研究、案例研究、调查问卷研究等方法的研究。表1～表2的统计分析结果可见，实证研究方法已经引起我国会计理论界和实务界的广泛重视，且取得了许多重要的研究成果。但目前普遍存在一种认识偏见，认为只有那种以数理统计和数学模型为基础的研究才是“真正意义上”的实证研究①，而实证研究中的实验研究、问卷调查、案例研究等没有引起足够的重视。实际上，目前中国的资本市场仍处在逐步形成时期，资本市场建立的时间较短，相关法规尚不健全，许多数据的可比性不强，进行多方位、多角度的实证研究可资利用的资料较为缺乏，运用“欠实数据”进行实证研究的论文结论很可能也会呈现先天不足，为实证而实证的论文对会计理论的创新并无实际效用。在我国具有中国特色社会主义市场经济的运行过程中，必然存在许多不同于一般市场经济和资本市场的特殊会计问题。因此，我国现阶段乃至将来一定时期内，会计理论研究应当坚持实践是检验真理的唯一标准的原则，在研究过程中，充分注意规范研究方法与实证研究方法的统一和有机结合，同时更应该重视实验研究、问卷调查和案例研究等实证研究方法的研究与应用，从而有利于总结我国会计工作中的失败与成功经验，进一步丰富和完善具有中国特色的会计理论与方法体系。特别需要指出的是，在现行学科交叉的研究环境下，会计理论研究方法的结合运用已经是一个重要的发展趋势。因此，我们应当充分认识到，不同的会计理论研究方法均有其存在的基础，会计研究方法的选用会随着会计理论研究的供需变化而不断地发展与变化，研究方法的选用就应当依据研究内容的特点来决定取舍。如果我们在研究工作中不充分考虑研究对象的特殊性与复杂性，那么其研究结论的权威性就会受到影响。因此，在一项具体研究活动中，我们既要对研究方法的“性能”有充分的认识，也要对研究对象的特点有所把握，以避免研究方法与研究对象之间出现“互斥”现象。与此同时，由于学术研究中普遍存在的主观性（指在人文社会科学研究中所表现出来的价值追求、

① 在这里，我们把它称为是一种狭义的实证研究。

观点指导和意识形态的渗透）和客观性（指人文社会科学研究中所应当具有的事实性、资料性和科学性）对研究过程及其结果所产生的影响，我们还需要随时调整因两者之间关系不协调而产生的研究困惑。所以，我们在会计科学研究方法的应用上就不能千篇一律，应当因时因事因地制宜。

（5）会计研究方法的普及度不高，尚需进一步加强开展会计研究方法教育。长期以来，对会计研究方法本身的研究和利用一直是我国会计研究领域一个薄弱环节，这一点已经成为我国会计理论发展的一个制约因素。所以，我们应该加强会计研究方法的教育和培训，如开设研究方法课、组织专门研讨会、组织专门书籍的出版与发行、对高等院校的有关教师进行会计研究方法的培训等。与此同时，还要加强与会计研究相关知识（包括契约理论、博弈论、计量经济学等）的学习，为使用这些方法进行会计科学研究提供扎实的理论基础，以使会计理论研究的后来者能够开拓出我国会计理论新的天地与新的空间。

三、我国会计科学研究方法研究的主要学术观点评析

经过20世纪80年代初期至今二十多年的探索，我国会计研究方法研究已经取得一定的成果。根据我们的初步分析与归类，所形成的主要学术观点集中在以下五个方面：

（一）关于会计研究方法的内涵及理论定位问题

1. 关于会计研究方法的内涵与范围

从总体上看，目前关于会计研究方法的内涵还有些含混。有学者曾经指出，目前学界将会计研究方法、会计学研究方法、会计理论研究方法、会计方法、会计方法论、会计技术方法这些概念混用，在一定程度上影响了对会计研究方法的研究（龚光明，1997）。

正是在这一相对含混的概念下，对会计研究方法即有不同的认识：有认为其包括会计核算方法、会计管理方法、会计教育方法和会计理论研究方法，会计理论研究方法是指在会计理论研究过程中为达到一定目的需获得更多知识而运用的研究手段、技巧、方法和途径（吴祥云，1997、2000）；有认为其是指会计人员探讨会计工作规律和会计历史发展规律的手段、方式、程序和措施的总称（田昆儒，1999；杜景来，2001）；有认为其是指人们探索和认识会计理论的途径，是会计基础理论的重要组成部分（范永武、杨金忠，1995）；有认为其是在会计理论体系之外，以会计理论研究为对象的，或者说以会计理论研究为任务的研究模式和规律的手段（王春燕，2004）；有认为其是指为发展和完善会计理论在收集和整理会计实践经验数据并开展理性思维的过程中所采用的一切途径、手段、工具和方式（王雄元、严艳，2003）；也有认为其不应该包括核算方法、预测方法、分析方法等技术方法，不应该包括会计确认的方法、会计计量的方法、会计记录的方法和会计报告的方法；还有学者认为，会计研究方法只应包含会计理论研究中特有的方法，而不应该包含其他学科所共用的研究方法如数学法等。

2. 关于会计研究方法的理论地位

许多学者对会计研究方法在会计理论体系中的位置做了讨论并提出了各自的观点。刘玉廷（2000）认为会计研究方法是进行会计理论研究的前提，是会计理论体系的重要组成部分；王雄元、严艳（2003）认为会计研究方法是会计理论体系的核心；吴水澎（1996）则进一步把会计研究方法看作为会计基本理论的重要组成部分，列为会计理论体系中的最高层次；吴祥云（1997）和苏武俊（1999）等对会计研究方法的作用做了一个很好的概括，提出没有会计研究方法就不能产生会计理论，会计理论研究方法贯穿于会计理论研究的始终，其成果可以直接指导、丰富和发展会计理论体系。

（二）关于会计科学研究主要技术方法的特点与应用问题

会计系统作为一个由相互联系、相互制约的若干部分所组成的一个整体，具有联系性、开放性、动态性、层次性等复杂特点。由于会计系统存在上述复杂性，客观上要求对会计系统的研究应当从多角度、全方位来实施，也只有采用多种研究方法，才能揭示会计系统的内在规律，发展会计理论和会计实务。正因如此，不同学者从不同角度介绍讨论了不同的研究方法在会计研究工作中的应用性问题并提出了相应的认识。

1. 关于归纳研究法

归纳法亦称归纳推理，是一种由具体到抽象、由个别到一般的逻辑方法。也就是说归纳法要通过观察和研究具体事物或现象，从而得出具有普遍意义的客观规律，这种研究方法对于各种不同门类的科学研究均有普遍的实用价值，学者们对这一方法运用于会计科学研究的利弊进行了讨论。有的认为，将归纳法应用于会计理论研究上，也即从大量的会计现象或事实中概括出有关会计的概念或原理、最后再将其表述为会计理论。所以它的主要特点在于强调会计实务，把会计实务看成是发展会计理论的基础（劳秦汉，2002）。也有的认为，归纳法在会计理论研究中的运用有两种情况：其一，是从观察企业财务信息开始，以重复发生的关系为基础进而概括会计假设和会计原则，即从会计实务中归纳出某些结论；其二，是广泛收集已有的会计文献资料，并就某个具体的认识进行概括和总结，即对已有的会计理论进行归纳（吴祥云，1997）。可见，在会计理论研究中，运用归纳法可以不受预定的模式所束缚，并把理论概念或结论建立在大量现象分析的基础之上。但其缺陷则在于因研究者的观察对象与范围有限，每个企业或经济组织的情况不同，有关的内在联系或数据关系也可能不同，从而使归纳概括的结论难免以偏概全，故其结论的正确与否取决于对事物观察的程度。当只观察有限的事物时，用完全归纳法往往能得出正确的结论；当观察对象的数量无限时，其结论的准确性就难能可靠。

2. 关于演绎研究法

演绎法亦称演绎推理，它是由一般性原理推导与一般性原理有关的个别事实（或结论）的逻辑方法。它是从一定的概念和原理出发，推导出个别结论，即从一般到具体的一种思维方法，它的基本程序是前提命题——推导结论——验证——具体问题，可见演绎法主要采用三段论（大前提、小前提、结论）的形式，其中大前提是应用归纳法而得出的一般性结论。由于演绎法强调各概念之间、各程序之间、各标准之间的逻辑统一，可以保持相关概念之间的内在关系，使理论构建具有逻辑严密性，所以演绎法较归纳法有长足的进步。有学者认为，在会计理论研究中，采用演绎法一般都以会计假设、目标、对象等基本概念为起点，推导出能指导会计实务的原则、准则及相应的会计程序方法的逻辑较为严密的会计理论（劳秦汉，2002）。但演绎法需要确定具有一般原理的前提，由于前提本身是需要验证的，因而所推导出的理论体系具有或然性，即前提正确，则理论体系亦正确；前提错误，理论体系亦错误，但前提是否正确在演绎范围内是无法解决的。

为了避免传统演绎法中前提命题可能存在错误的不足，有学者提出，传统演绎法正朝着可观察、可检验的演绎法转化。可观察、可检验的演绎法的推导程序为：前提命题（假说）→逻辑、演绎推理→推导结论→转换为可检验的实践命题→观察、检验→修正、完善推导结论→验证→具体问题。传统演绎法朝着可观察、可检验的演绎法转化的原因在于：现实实践中，涌现出许多亟待解决的会计问题，这些问题的解决要求研究人员在采用演绎法时，根据由初始条件构成的前提，演绎出能够用具体事实加以论证和检验的实践命题，然后将这些命题用实践和观察的结果加以对比和分析，以检验理论或假说的现实意义和实际意义（陈海声，1997）。可观察、可检验的演绎法的优点在于其可使会计研究不以理论的提出而告结束，而是需要研究者对提出的理论或假说做进一步的实践检验，设计一套可供操作的实施计划、方案或措施，以获得经验数据，使理论方案得到进一步完善，这也是确保会计理论发挥解释和预见功能，以及人们认可理论的重要条件，从而导致了传统演绎法朝着可观察、可检验的演绎法转化。

3. 关于实验研究法

实验研究方法，是由研究者根据研究问题的本质内容设计实验，控制某些环境因素的变化，使得实验环境比现实相对简单，通过对可重复的实验现象进行观察，从中发现规律的研究方法。从研究过程的大体步骤来看，实验方法通常可分为以下几个步骤：在对现实经济生活中各种现象作观察思考并对有关文献进行回顾分析的基础上，确定研究问题；根据理论，作出合乎逻辑的推测，提出假设命题；设计研究程序和方法；搜集有关数据资料；运用这些数据资料对前面提出的假设命题进行检验；解释数据分析的结果，提出研究结论对现实或理论的意义以及可以进一步研究或改进的余地。在实验研究中特别引人注目的是第三个步骤——实验设计过程，它是实验研究的核心。实验研究用以检验假设的数据是对实验现象观察得到的，因此实验的设计如何直接关系研究成败。由于目前的实验研究成果多数需要对观察数据做统计分析，因此，许多人把“实验研究（experimental research）”归入“实证研究（positive research）”。其实，“实验研究”与通常意义的“实证研究”是有区别的，其主要表现在于通常意义的“实证研究”应用的数据来自经验，如统计资料或报纸杂志（即现实世界中存在的数据），人们有时把这类“实证研究”直接称为“经验研究（empirical research）”，而“实验研究”中用于假设检验的数据来自研究者自己设计的实验。总之，运用实验研究方法是有相当难度的，尤其是实验的设计，不仅依赖于研究者本人的知识、经验，甚至灵感，而且实验的设计存在一个不断试验改进、相互借鉴与逐步完善的过程（张朝宓、苏文兵，2001）。

4. 关于案例研究法

案例研究方法是通过观察现实世界所发生的典型案例，对案例进行分析研究，寻求理论与实务之间的差距，进而根据研究结果，为理论的发展完善和实务的改进提供有益的意见和建议，也可以将案例研究应用于教学，以便学生理解理论的精髓。案例研究根据其研究目的的不同有描述性案例研究、演示性案例研究、实验性案例研究、探索性案例研究、解释性案例研究等种类。因此，有学者认为案例研究法在会计中的应用，从大的方面说属于实证研究的一种（郝振平，1997）。也有学者认为案例研究不仅是实证研究的一种研究方法，也可以是一种规范研究方法（赵兰芳，2005）。我国的传统一直强调理论联系实际、注重调查研究和“解剖麻雀”，因此案例研究法在我国会计研究中的应用有着良好的基础。我国会计界可以将案例研究法作为一种会计研究方法进行研究和有意识地加以运用，以丰富我国会计研究的方法和手段，提高我们的会计研究水平。也有学者提出，会计案例研究既是会计理论研究的需要，也是会计教学改革的需要，关注会计案例，运用规范研究、实证研究及典型案例分析相结合的方法，分析典型案例对会计改革的启示，将有助于我们更好地认识、理解和运用会计理论，更好地为经济建设服务（秦中艮等，2002）。因此，在会计科学研究中，人们可以大量运用相关的经济案例来阐明一个会计学原理，来证明一个会计学规律，这使得复杂繁琐的会计学知识通俗化，从而更容易得到人们理解。

会计中的案例研究一般包括理论准备、收集证据、评价证据、确定和解释模式、理论发展和撰写报告等步骤。针对这些步骤，郝振平（1997）提出利用案例研究应注意五个问题：一是避免试图选择“代表性”案例的倾向，不应将案例视为样本，避免通过案例研究进行统计推断；二是不一定要找到解决问题的答案，会计案例研究致力于实务解释和理论验证，使人们对案例所反映出的问题及其所处的社会环境有更深层次和更丰富的理解，这将有助于人们解决问题；三是注意确定会计案例中所涉及的被研究主体的时空范围和主题范围；四是尽可能减少偏见；五是需要保持研究人员与被研究者相互关系方面的道德标准，处理好获取机密信息的必要性和利用这些信息的可能性之间的平衡关系。

5. 关于实地研究法

实地研究是研究者们深入企业组织现场针对实际作业或过程，通过直接观察或访谈等方法，获取研究数据，从而取得真实和精确的研究结果的一种实证研究方法。所有的实地研究方法都包括了对某一组织的成员（作为研究对象）进行不同层次的观察、乃至参与他们的活动等手段。实地研究方法在西方管理会计研究中的兴起始于20世纪80年代中期，当时管理会计中实地研究的直接目的是试图弥补理论和实践之间的差距，从而保证“理论指导实践”的生命力。王光远、贺颖奇（1997）提出，只有以实地为基础的研究，才能把握和了解时代不断革新的脉搏；只有通过实地观察与调查，才能真正了解企业组织的管理决策者所关心的实际问题，在此基础上提出的解决问题的方案和进行的理论概括才具有真正的价值。朱元午、朱明秀（2004）认为，实地研究有利于规范研究与实证研究的结合、有利于提高所应用信息的质量、有利于拓展更广阔的研究空间、有利于帮助特定企业解决实际问题、有利于培养研究人员的负责精神和良好习惯。当然实地研究也存在诸多局限，诸如：比较偏重于个体问题的研究和解决，不一定具有普遍的推广应用价值；会导致对面上问题的忽视；对接受委托的实地研究而言，其研究目标、过程和结果都极易受到委托者价值取向的影响；研究费用比较高等。近年来，我国也出现了理论研究者运用实地研究方法对我国企业成功的管理会计案例进行归纳和理论总结的实例，实地研究方法在管理会计研究中目前受到了前所未有的重视，并且取得了一定的成果。但由于受体制性制约、研究人员素质制约和研究经费不足制约的影响，管理会计研究中对实地研究方法的采用还处在一个相对稚嫩的阶段（孙菊生，2000）。

在实地研究方法的发展史中曾经产生了芝加哥社会学派、存在主义学派和三分论学派等不同的流派，这些流派之间最关键的区别就是看一看实地研究者是试图从一个“客观的”局外人的身份来理解一个组织（即逻辑经验主义的观点），还是从一个局内人的角度通过直接参与一个组织的活动而达到理解这个组织的目的（即人种分类学的观点）①。孙菊生（2000）认为，要对某种管理会计方法在组织中的应用进行实地研究，研究人员就必须深入到组织体系之中，以一名内部人的角度进行观察、体验、记录和分析。唯如此，得出的研究结论才可能更加符合实际。

根据美国著名管理学家卡罗伯特·普兰教授等的研究，实地研究的基本步骤可归纳为：项目选择→研究设计→数据的表达与解释→研究结果评价②。王光远、贺颖奇（1997）在此基础上指出，在管理会计中实地研究项目的选择要遵循现实性、理论性和创造性原则；实地研究的设计要注意考虑研究设计对研究的内在效度和表面效度的影响，要针对选定的管理会计研究项目选择研究现场（或样本），采用恰当的实地方法（直接观察法、自然实验法或访谈调查法）收集研究项目所需的数据，并重视“三角剖析”，综合使用各种方法对各种变量数据进行充分分析；在进行实地研究数据的表达与解释时，要考虑数据的表面效度、确定数据的意义、数据要和管理会计理论相联系三个一般原则性因素；进行实地研究结果的评估时，要考虑它对管理会计实践和理论发展这两方面的潜在影响。

6. 关于调查研究法

调查研究是通过统计抽样技术来获取某方面截面数据的一种实

---

① 这三大流派在实地研究法的区别请参见：孙菊生．2000．实地研究方法在管理会计中运用现状的评价．财会通讯，11：8～11。

② 转引自王光远、贺颖奇．1997．当代管理会计研究方法的新发展．会计研究，1：22～27。

证研究方法。调查方法主要包括邮寄问卷调查、面对面采访以及电话采访等，也是我国各学科研究者应用比较成熟的方法。相对实验研究法而言，调查研究法具有在真实环境中调查需要研究问题的优越性，而且由于调查的方式多样，可以一定程度地控制支出。但是调查研究法有其明显的不足：首先，是自变量不能像在实验室中那样便于操纵，没有对自变量变化的控制，自变量与因变量之间的因果关系就难以证实；其次，是问卷中词不达意或问题安排不当都可能导致结果出现偏差；其三，是容易找错调查对象，尤其是在电话调查中；最后，是当调查人员面对电话或拒访者时，一些调查研究难以开展。尽管调查研究法存有上述弊端，但它却也能够产生可靠、有用的信息，特别是在收集有关受众信息方面特别有效。一般情况下，为了保证访谈的效果，研究者就要在所界定的访谈范围内，合理地安排访谈顺序、明确访谈主题，并要尽量对涉及特定会计研究项目的所有人员进行访谈调查（王光远、贺颖奇，1997）。

我国的会计实证研究最初就是以问卷调查形式出现的，这种方法目前在会计领域得到了长足的发展。问卷调查研究一般包括以下过程：确定研究问题——设计调查问卷——选择样本、发放问卷——收回问卷、统计分析——撰写报告。虽然调查问卷的最终报告只包括这一过程的部分内容，但一项成功的问卷调查研究需要花费研究者大量的时间和精力，从问卷的设计、发放、回收到统计分析的结束一般都要历时半年以上，所以通常都是合作或以课题小组形式来研究的。在确定研究问题的时候，有两个基本方法需要加以考虑：一是问题必须将期待的信息明确无误地传给应答者；二是问题应当措辞准确，以确保应答者的回答能准确地反馈给研究者。问卷的设计取决于收集资料拟选择的方法，邮寄调查问题必须易读易懂，因为应答者无法得到其他的解释。为团体调查而写的问题必须简明扼要，以便于应答者回答；在面对面调查中，由于访问者在场，应答者可能对一些敏感问题不大愿意回答，因此，访问者必须审慎地处理这些问题。问卷的设计上，还必须始终紧扣研究的基本目的，对表述问题的措辞、安排问题的顺序和问卷设计的长度都需要认真考虑。

7. 关于事项研究法

事项法也称“使用者需要法”，是指按照具体的经济事项来报告企业的经济活动，并以此为基础，重新构建财务会计的确认、计量和报告的理论与方法。这里的“事项”是指可以观察到的、亦可用会计数据表现其特性的具体活动、交易和事件。事项法的思想产生于20世纪60年代，其主要倡导者是美国会计学者乔治·索特，他在1969年发表的《构建基本会计理论的“事项法”》一文中，较为全面地阐述了以事项法为基础所形成的基本会计理论。索特将现行的财务会计称为“价值法”，即会计信息主要属于价值信息，并主要通过几张总括的通用报表传递给信息使用者。事项法认为，财务信息的使用者人数众多，形式各样，会计人员不应试图将主要的财务报告指向特定的使用者，财务会计最主要的任务应当是向信息使用者报告企业发生的具体经济事项，提供尽可能多的“原汁原味”的数据信息，让信息使用者选择于己有用的信息，而无需编制通用的财务报表。根据学者们的归纳和总结，事项法和价值法在会计目标、信息收集对象的范围、数据汇总的程度、使用的物质技术基础和提供信息的时间、计量属性、事项特征揭示、会计信息可比性的实现①和对会计报表的认识等方面存在区别②（吴俊等，1994；

---

① 对此不同的学者有不同的看法，陈岳（2003）、李桂荣（2003）认为在价值法下提供的财务报表，由于采用统一的格式、统一的标准，更有利于提高财务信息的可比性。而娄权（2000）、林雄伟（2002）则认为在价值法下相同或相似的交易或事项由于历史、经济、文化和制度上的原因，而在世界各国各地采取了不同的会计处理方法，所产生的会计数据对同一使用者可能会产生不同的判断，从而丧失了会计信息的可比性；而事项法从使用者的角度出发，将事项列示于财务报表，使用者按自己的理论和方法对相似事项进行处理，对不同企业的财务状况进行比较，事项法使会计信息更具可比性。

② 事项法与价值法的具体区别请参见：李桂荣.2003. 对会计理论研究“事项法”的再认识. 当代财经，6：111～114；林雄伟.2002. 以事项法为基础构建会计信息系统. 财会通讯，12：10～12；宋献中等.2003. 事项会计与传统财务会计的比较分析. 财会月刊，7：33～34。

娄权，2000；宋献中等，2003）。

尽管事项法是以“事项”作为数据处理的起点并贯穿整个处理与报告过程，但也具有一定的优势与局限。事项法的优势主要体现在：尊重信息使用者的个人偏好，能够更好地满足信息使用者个性化的信息需求；提供多重计量属性，有利于更真实、客观地反映企业的经济活动，使会计不仅能够反映过去，还能立足现在和展望未来，提高会计信息的预测价值；可以在一定程度上解决信息不对称问题，提高会计信息的可靠性和相关性；有利于克服现行财务报表项目的不确定性所导致的误解和混乱；有利于提高会计信息的及时性。也正如此，宋献中等（2003）认为按事项法建立的会计信息系统能更好地实现“受托责任观”与“决策有用观”的统一，有利于实时报告系统的推行；陈岳（2003）则指出事项法会计因其所提供信息的简明、易懂而使会计准则的国际协调变得较为容易。事项法的主要不足在于：关于“事项”的标准不完善；事项法所要求的多重计量属性难以做到；信息储存和呈报太多，增大了会计人员的工作量和信息使用者的信息获取成本，而且信息使用受使用者会计知识的限制，不利于信息的有效利用；记录每一事项的全部情况是较困难的，也是不必要的，有可能导致资源的浪费；按事项法提供信息降低了会计信息的可比性；计量所有相关信息可能导致信息超载。

由于事项法存在上述优势和不足，不同学者对事项法的应用前景做了不同的预测。李桂荣（2003）指出由于计算机网络技术的发展、会计界对计量属性研究已取得了很大进展、信息使用者素质的提高，事项法的应用条件日趋成熟，所以他认为正如现行的会计理论并不完美一样，也许事项法的广泛采用在近期或许还不太现实，但在改进现行财务报告时适当借鉴事项法的思想是大有裨益的。陈韶君（2001）则认为按事项法建立的事项会计更能适应经济发展的需要，更能满足信息使用者的信息需求，它将成为未来会计的发展趋势，在信息时代，事项法将在网络会计的支持下大有可为。娄权

(2000) 则坚信事项法必将取代价值法。但在会计模式发生重大变革之前，以价值法为基础，同时按重要性原则披露更多的相关事项（如会计变更、关联方等），让使用者获得更充分更全面的会计信息，或许是我们现实的选择。

（三）关于规范研究与实证研究方法的比较问题

20 世纪 90 年代中期以来，学界关于规范研究与实证研究方法孰优孰劣的讨论成为会计研究方法研究的一个重要方面，其焦点主要集中在三个方面：

1. 关于规范研究的特点与应用

规范研究方法是指主要利用演绎方法，由普遍性原则推导出个别结论的一种推理方法。会计研究中的规范性方法是指那种从目的和假设出发，从中导出为实际应用提供依据的合理原理和原则。规范性方法不受现实事物的影响，它并不关心会计“是什么”而强调“应该是什么”，因而会计理论研究者常常从特定的价值判断基础出发，力求从逻辑高度概括出最优的会计实务是什么，进而指导会计实务，实现会计实务的规范化，其现实目的就是为制定会计准则（制度）服务的，采用规范研究方法得出的会计理论称为规范会计理论。由此可见，规范研究法主张应不受会计实务的影响去发展会计理论，强调会计理论应当高于会计实践并指导会计实践，其贡献是使传统会计所提供的会计信息具有很大的可比性，从而提高了会计信息的效用（张昌仁，1996）。

2. 关于实证研究的特点与范围

实证研究方法是通过一定的观察、分析、试验，对于已经事先确定的假设进行检验，以求得近似结论的一种方法（朱小平、肖雪莹，2000）。杨兴全和郭桂花（1998）认为实证会计研究方法要求对现实提出一些假说或假定，然后通过经验或实际证据来证明，进而取舍有关的会计原则、准则和程序，直至整个会计理论体系。裘宗舜和艾健明（2001）则把实证研究法看成是规范研究法相对的概念，认为实证方法是指与规范性方法相区别的，通过观察或实验取得数据，并对这些数据进行分析、测试而形成结论的一种研究方法。实证方法受西方实证主义哲学的影响，立足于客观存在的事实，强调会计“是什么”的观点，因而实证会计理论研究者主张要像自然科学那样，以观察到的事实资料和感性认识为依据，揭示出会计现象层面的规律，从而为解释现行会计实务和预测未来实务提供理论依据，并以此来构建真正科学的会计理论体系。采用实证研究方法得出的会计理论称为实证会计理论。由于会计实证研究中收集的数据资料局限在过去发生的事实上，因此注定了实证会计理论只能从现实的角度出发，解释和预测会计实务，验证已有的会计理论。

实证研究的一般过程是建立研究课题——寻找相关理论——提出假设或命题——将假设或命题具体化以便于操作——设计研究方案（进行调查设计或试验设计）——搜集数据资料——分析数据以检验命题或假设——分析研究成果。针对这样一个研究过程，陈汉文和林志毅（1997）、薛祖云和徐玉霞（1998）等认为，会计的不确定性决定了会计应是一门实证科学，并把实证研究过程划分为选择研究课题——理论实证研究——经验实证研究三个部分。也正是由于会计的不确定性，使得会计研究者们或放宽假设，或修改前提限制，或一反传统逆向假定，来构建和拓宽其研究领域，致使会计假定的限制越来越呈现多元化特征。肖泽忠（1993）和邱宜干（2000）等专门撰文对实证会计研究的方法和过程（特别是指出了每一步应注意的问题和方法）做了较详细介绍，对学者们进行实证会计研究具有借鉴意义。由于实证研究方法以假设前提为基础，所以要确保实证会计研究得出真实的结论，必须保证实证研究的假定前提真实和推理有效。汤云为和赵春光（2001）提出，20 世纪 20 年代以来，由于数理工具（包括计量经济学、统计学、博弈论等）

在会计研究中得到越来越普遍的运用，一些杂志也越来越倾向于刊发有数据的会计研究文章。但数理方法毕竟只是一种研究工具，因此，必须要关注和警惕滥用数学的现象。我们没有理由认为复杂的数学方法比简单的论证方法更为有用，重要的是根据研究内容与目标来选择更合理的方法。

与实证研究方法涉及的范围相关联，许多学者对经验研究与实证研究的关系也存有疑义。汤云为与赵春光（2001）、刘运国（2002）等从广义和狭义两个角度来认识实证会计研究和经验会计研究。他们认为从广义上看，由于二者研究和论证的过程基本相似，经验研究与实证研究是可以等同的；在狭义上，经验研究的含义更广。胡志颖（2004）认为实证会计研究有广义、比较狭义、狭义三个层次的含义，而经验会计研究是属于第二层次的实证研究概念，其研究范围只涉及财务会计领域。汤云为、赵春光（2001）认为，广义的实证会计研究包括实验室实验、实地试验、实地研究或案例研究、调查研究和档案研究等五种主要研究方法，所研究的领域包括财务会计、管理会计和审计的各个方面；狭义的实证研究多指档案研究，主要涉及关于财务会计的研究，也有一些关于审计的研究。刘运国（2002）认为从狭义角度看，经验研究包含了实证研究，实证研究重在“证”，即“论证过程”，也就是“假设——数据——检验”的关键环节，而经验研究则更强调研究的数据资料的来源，研究证据的取得是来自于经验或观察。他也认为经验研究主要用于管理会计领域，并直接把经验研究方法定义为是融合自然科学方法和社会科学方法的一种科学的管理会计研究方法，同时按取得经验数据的方式不同，把管理会计的经验研究分为档案数据研究、实地（或案例）研究、调查研究和实验研究四种主要研究方法。王开田和李连军（2003）也认为经验研究包含实证研究，并指出有理论框架、还有假设检验型的研究才称之为“真正意义上”的实证会计研究。葛家澍和刘峰（2000）则指出，与传统的规范研究相对应的实证研究，实际包括经验会计和实证会计，并指出经验会计和实证会计在理论基础和研究对象上存在差别①。

3. 关于规范研究和实证研究的比较

（1）研究范式确立的方法论基础的比较。规范研究法的方法论基础为传统的思辨哲学，传统思辨哲学强调理性思维的作用。而实证研究方法的形成主要受实证主义哲学思潮的影响，它的主要哲学基础是证伪主义（盖地等，2002；杨雄胜等，2004），实证会计理论的研究也受试错法的影响（陈汉文、林志毅，1997），证伪主义在当今会计研究中得到越来越广泛的应用。这样在方法论上，规范法与实证法在价值判断、证伪性、重复性三个主要方面存在分歧或区别，因此，实证会计理论的方法论在价值中立、可证伪性、客观性、可重复性方面存在优势，实证研究方法更具科学性（劳秦汉，2002）。但林志毅（1994）和盖地等（2002）对此提出了疑问，认为实证研究法是否包含价值判断是相对的，“价值中立”难以完全恪守；观察渗透着理论，经验检验未必具有真正的客观性，“客观观察”或“不包含任何价值判断”并不是实证会计理论的特点，更不是其区别于规范性会计理论的特点。刘峰（1997）则指出实证研究方法包括假设和验证，而假设的提出具有规范研究的特性，这些思想的形成，具有不可重复性。陈汉文和林志毅（1997）、朱小平和肖雪莹（2000）等则认为，到目前为止，我国会计界对实证会计仍缺乏深层次的理解，特别是对实证会计的方法论基础问题缺乏深层次的分析。在具体方法的运用上，规范研究的研究方法不很统一，既可用演绎法，也可用归纳法，但以演绎法为主。由于证伪主义彻底否定了归纳法，故实证方法论的推理方法只能是演绎法，并且主要是假说演绎法。黄海玉（2002）认为实证研究方法在整个过

① 葛家澍、刘峰（2000）认为经验会计主要研究的是资本市场上公开披露的会计信息（如盈利数据等）与股票报酬之间的内在联系，它建立在有效市场假设、资本资产定价模型等理论基础上；实证会计则以代理理论和契约理论为依据，讨论不同的契约安排下（如管理层与董事会订立了分红契约），管理当局如何选择会计政策。

程中，使用了归纳、分析、比较、综合与数学等基本会计研究方法，其中实证研究法特别强调数学方法，所以规范法和实证法没有必要也无法截然分开，它们都是在会计理论研究过程中所采用的不同基本方法的组合，只是前者突出的是归纳或演绎，后者突出的是数学方法，同样的是两者研究的成果都要回到会计实践中去应用与检验。

(2) 两类研究范式对会计理论发展作用的比较。一般认为，利用规范研究方法得出的会计理论为规范会计理论，它是一套关于会计“应该是什么”的系统知识体系，旨在通过一系列基本会计原则、会计准则的规范性要求，从逻辑高度上概括或指明最优化会计实务是什么，进而指导会计实务，实现会计实务的规范化。利用实证研究方法得出的会计理论为实证会计理论，它是一套关于会计“是什么”的系统知识体系，它的目的是通过会计现象层面规律的揭示，为解释现行会计实务和预测未来会计实务提供理论依据。但由于实证研究方法更重视科学性，规范研究方法更重视哲学性，所以两者在会计理论研究中作用是不相同的。有些实证成果对理论和实务是有直接贡献的，但大多数实证成果不能直接作用于理论或实务，而只是有间接的贡献。归纳多位学者的观点，利用实证研究法进行会计理论研究的作用在于：第一，是实证会计研究从评价规范会计研究所依据的前提入手，对规范理论赖以依存的前提的现实有效性进行检验，采用“实践——认识——再实践——再认识”的模式，冲击到传统会计理论研究，使理论具有更强的务实性和实践性，使会计理论朝着更为科学的方向发展。第二，是运用实证会计研究得到的实证理论利于解释现行会计实务和预测未来，实证会计研究使会计理论研究的目标从理想转向现实。第三，是实证会计研究十分重视对会计行为及其动机的研究，并大量引进了经济学的研究成果如产权理论、契约理论、企业理论，拓宽了会计理论研究的视野和范围，得出了许多规范会计研究所不能认识的有益结论。第四，是实证研究所形成的一些经验规律，丰富了会计理论的宝库。

相应地，利用规范研究方法进行会计理论研究的作用表现在：一是规范会计研究对理论的论证具有重要作用；二是规范会计研究可从理论命题推导出事实命题，也可用来解释已知的会计理论或会计行为；三是规范会计研究同时还对已有会计理论进行逻辑检验，以发现错误理论及现存理论的内部矛盾，它有利于保证会计理论的逻辑严密性；四是理论的发展创新多依赖于规范研究，现代会计理论的绝大部分精华大约都是规范研究的成果（刘峰，1997；杜兴强，1998；吴革，2000；等等）。

（3）两类研究范式主要缺陷的比较。任何事物都存在两面性，实证研究法和规范研究法有其作用或优点，必然也存在其缺陷或不足。根据张昌仁（1996）、刘峰（1997）、吴祥云（1997）、吴革（2000）、朱元午和朱明秀（2004）等学者的观点，两种研究方法的主要缺陷可做如下概括。规范会计研究方法的缺陷是：一是忽略了对作为演绎逻辑推理起点的假设或前提的判别和检验，规范研究对所提出观点的支持性研究上，远逊于实证研究；二是忽视了会计信息具有一定的经济后果，不重视会计主体的行为因素，仅将会计环境中的不同利益集团简化为一个总体来看待；三是分析得到的结果往往由于缺乏经验支持而仅代表了“闭门造车”式的个人观点和论断，忽视对已有会计理论的检验，因而其形成的整个会计理论框架仍摆脱不了“空中楼阁”的尴尬。实证会计研究方法的局限性则主要表现在：第一，是力图用有限的事实和现象去证明普遍命题，因而其研究结果不可避免地具有偶然性；同时在选题范围上具有相当大的局限性，而对一些可能更为重要的会计基本理论如基本会计概念等被排除在外而不去实证或得不到实证。第二，是强调模型化和定量化，而忽视了某些自认为是次要的因素，结果导致研究对象过于简化和研究的系统性偏差①；高深复杂的数学模型，运用起来

① 如政治成本和契约成本等无法进行明确的定义，并加以数量化，只能利用替代变量来表示，这些替代变量能否达到应有的效果，值得怀疑。

受到限制。第三，是在进行会计理论研究的过程中完全排除价值判断，不尽合理。第四，是实证会计研究方法和规范会计研究方法相比往往具有时间上的滞后性，实证研究在新观点的提出上，将远远落后于规范研究，也落后于多变的市场经济环境对会计学科的要求。第五，是实证研究由于只从现实中寻找答案，导致相当多复杂的研究最后得出的结论仅仅是重复，对整个会计理论并无贡献，不能带来会计理论的真正进步；而且在不成熟的市场经济条件下，因受各种因素限制，得出的实证会计理论对指导会计实务方面的效果不及规范性会计理论。第六，是实证会计研究方法的假设、经济理论基础等也存在疑问。第七，是受证伪主义的约束，把研究的范围限定在"可证伪"的内容上①，具有很强的功利性，对理论的丰富和发展极为不利。第八，是从目前实证研究的内容来看，几乎都存在解释单一会计方法的现象，极少对会计方法的综合选择作研究，其结论相对而言比较零散，难以全面概括、升华。

（四）关于会计研究方法体系的结构问题

会计理论研究方法体系是一个复杂的系统。在这个体系中，各种方法不是互相孤立、互不相关和互相割裂的，而是互相联系、互相依赖，为完成共同会计目标而组成的有机整体。关于会计研究方法体系的结构问题，学界的观点主要有二层次结构、三层次结构和四层次结构三类观点。

1. 二层次结构

林志毅（1994）将会计研究方法分为哲学方法论和具体研究方法两个层次，他认为哲学方法是一切研究的最高指导思想，并进一步将具体研究方法按其适用范围分为一般方法和特殊方法；就会计

---

① 局限于研究会计信息披露与资本市场的关系、会计政策的选择以及审计签约与执业过程中各因素影响问题，对于财务会计概念框架、会计基础假设、公认会计原则等问题的研究则无法涉足。

理论研究的现状而言，尚未形成专属于该领域的特殊方法，目前所采用之具体研究方法均为一般方法。卢永华（2000）没有考虑会计研究的特殊方法，直接将会计研究方法体系划分为马克思主义哲学的认识论和一般科学研究方法两层，其中一般科学研究方法包括感性认识方法、理性认识方法和理论检验方法。范永武、杨金忠（1995）则居于前两种观点之间，他虽然也将会计研究方法体系分为方法论和会计研究的具体方法，但其方法论是包括哲学、逻辑学等方法论的一般科学研究方法，而其第二层按原意是指针对会计理论研究的特殊方法，但他举例说我国会计研究的具体方法有归纳法、演绎法、移植法等，最终又落入了一般性方法的范围。阎达五和赵月圆（1996）曾提到研究方法由方法的理论和方法的技术两部分构成，并指出前者形成方法论，在整个方法体系中起主导作用，后者属于操作技巧，解决如何做的问题，它受控于前者。

也许受技术方法思想的影响，张立（1996）认为会计研究方法的核心问题是会计研究的思维方式和思维程序问题，故其将会计研究方法体系按照思维的特点和不同阶段划分为思维的基础方法和思维的技术方法两部分，[①] 并在此基础上构建了会计研究方法体系：前者包括经验认识方法（含观察法与形象思维法，观察法包括资料法与调查法，形象思维法包括联想法与想象法）与理论认识方法（或为抽象思维法，含形式逻辑与辩证逻辑两部分，形式逻辑包括比较、分类、类比、移植、归纳、演绎、分析、综合、概括、证明、反驳，辩证逻辑包括分析与综合、比较与分类、归纳与演绎、抽象与具体）；后者包括数学法、假想法（实证法）和系统法。

2. 三层次结构

学者们一般均将会计研究方法体系分为三个层次，但在三个层

---

① 张立（1996）在其文中指出，思维的基础方法揭示着思维活动的本质及其一般规律性；思维的技术方法是思维基础方法的综合运用和定量化。

次的具体构成上存在较大争论。张昌仁（1996）提出会计研究方法体系划分为非逻辑方法（包括资料法、观察法、调查法、实验法等）、逻辑方法（包括描述法、规范法、实证法、决策法等）和验证方法（包括行为法、实证法、评估法）。并指出非逻辑方法是该体系的基础方法，这类方法运用的质量直接影响着逻辑方法。逻辑方法是该体系的中心环节，它根据非逻辑方法提供的资料和验证方法反馈的信息，构建会计理论。验证方法是该体系的最后环节，它针对逻辑方法提出的会计理论加以检验、修正。王华（1996）认为会计理论研究方法体系作为一个完整科学的方法体系，通常由会计理论的基本研究方法与其所依存的方法论所构成。具体包括三个层次：第一层次，唯物辩证法、历史唯物观和马克思主义认识论——方法论；第二层次，系统理论——亚方法论；第三层次，会计理论研究的基本方法，具体包括比较分类法、分析综合法、归纳法、演绎法、实证法等。同时指出会计理论研究在思维过程中运用的一些技术方法（如数学法）和一些基本研究方法的“变异”（伦理法、社会学方法、经济学方法等）不能归类于思维过程的方法，从其思维方法看均属于归纳或演绎法或是其他方法，只不过在思维过程中楔入了某种既定的思考角度而已，而事项法只是因为其研究对象是经济事项信息而命名的，所以它们都不足以单独作为基本研究方法提出。

而多数学者将会计理论研究方法体系分为方法论、基本方法或一般方法、具体方法或专门方法，认为三者之间有着内在的有机联系：在层次上，前者指导、约束后者，是后者的基础；在内容上，前者依赖、来源于后者，后者是对前者的丰富和发展。学者们在方法论的看法上基本是一致的，认为包括辩证唯物主义、历史唯物主义、邓小平理论、能动的反映论，是会计理论研究方法的最高层次。但在基本方法和具体方法的内容上存在分歧（龚光明，1997；毕秀玲，2000；吴祥云，2000；苏武俊，2001；等等）。

在基本方法方面，周润书、项有志（1999）、吴祥云（2000）、吴祥云、叶郁芬（2000）等认为基本方法是方法论理性思维过程的方法，包括系统科学方法、数学方法、逻辑方法（包括资料法、观察法、调查法、实验法、归纳与演绎、分析与综合、抽象与具体、比较法、分类法、类比推理、假说法等）、历史方法。毕秀玲（2000）认为一般方法包括经验方法和理论方法两种，而实证法是这两种方法之间的桥梁，在方法分类上它并不是一种独立的研究方法，而是以哲学方法为基础、融经验方法与理论方法为一体的综合方法。吴俊、段闻祥（1994）、吴水澎（1996）、龚光明（1997）、苏武俊（2001）等所说的基本方法实质上包含吴祥云（2000）等眼中的基本方法和具体方法，实质上是前述张立（1996）构建的方法体系的全部内容。

周润书、项有志（1999）、吴祥云（2000）、吴祥云和叶郁芬（2000）等认为具体方法是指会计人员进行某一会计问题或课题研究时所采用的研究方法，应该包括实证法、规范法、伦理法、社会学法、经济学法和事项法等，这些具体方法的应用取决于研究目的、研究对象的本质及其规律、研究者的思维水平和思维偏好，它没有现成的既定模式，要依具体情况而定，这些具体方法都将是“复合型”的，是基本方法的组合应用。毕秀玲（2000）认为具体方法包括资料法、观察法、归纳与演绎法、假设法等，而西方国家会计理论研究中所采用的道德法、社会学法、经济学法和事项法等研究方法，只不过是对理论方法中的假说方法的运用。吴水澎（1996，1998）、苏武俊（2001）对具体方法似有所顾忌，只指出现有文献中所提到的会计理论研究方法中的所谓事项法、伦理法、社会学法、经济学法等等，是否应作为具体方法的一部分，有待进一步讨论。吴水澎（1996）还特别指出由于实证法是众多经济理论都必须使用的方法，它并不是会计研究的特有方法（具体方法），会计理论研究中的具体方法需要进一步总结。李玥（1999）则直接指出会计理论研究的具体方法到目前还是一片空白。

此外，吴俊、段闻祥（1994）把具体方法解释为工作方法与步骤，如“选题与计划——收集资料——管理资料——总结提炼——概括出结论”的程序方法。龚光明（1997）则认为具体方法是会计所特有的技术方法，即会计确认的方法、会计计量的方法、会计记录的方法和会计报告的方法。上述观点值得商讨。

3. 四层次结构

从四个层面来构建会计研究方法体系，主要有以下三种主要看法。吴祥云（1997）、裘宗舜、艾健明（2001）认为：第一层次为方法论；第二层次为系统理论；第三层次为会计理论研究的一般方法（逻辑方法和历史方法）；第四层次为会计理论研究的具体方法（包括描述性方法、规范性方法、伦理法、社会学法、经济学法、事项法、实证方法等）。其中裘宗舜、艾健明（2001）还指出，由于数学是运用数字、文字、模型等进行推理的一门逻辑科学，数学方法实质上是逻辑方法的具体运用和说明；从广义上来讲，逻辑方法包括了数学方法。吴祥云（1997）认为数学本身就是一个演绎的体系，是逻辑方法的衍生物，作为研究活动的基础工具之一，从严格意义上看，它不具备方法特征。李玥（1999）将会计理论研究方法体系表述为：第一层次是会计理论研究方法的思想基础；第二层次是会计理论研究的一般适用方法（包括归纳法、演绎法、实证法等）；第三层次是构建会计理论体系的角度和手段（包括伦理学方法、经济学方法、数学、统计等）；第四层次是适用于会计理论研究的具体方法（目前在理论上尚是空白）。许燕（2002）则把会计理论研究方法体系分为会计理论研究方法的思想基础；会计理论研究中思维加工的形式和方法（包括演绎法和归纳法）；会计理论研究的一般运用方法（包括规范研究法和实证研究法）；会计理论研究的具体方法（包括数学、统计、经验等获取感性知识的方法以及研究会计对象的具体步骤和程序）。

（五）关于会计研究方法运用的选择与取舍问题

会计研究方法的选择直接关系到会计研究成果的科学性和精确性，由于会计研究方法选择的不同，即使对同一问题进行考察，也会得出不同的甚至截然相反的会计研究结论，可见，正确选择会计研究方法具有极大的重要性。

1. 关于会计研究方法的选择标准

根据周忠惠（1993）、张立（1996）和娄权（2002）等人的观点，会计研究方法的选择要充分考虑研究主体、研究客体和研究环境各方面的因素，具体选择标准应该包括研究的目的和需要、研究对象的本质及其规律、研究者本人的思维水平和兴趣偏好以及研究的客观条件四个方面。在这些标准的引导下，黄海玉（2002）认为会计研究方法的选择并不是非此即彼的选择，而是指在特定时期进行特定问题研究时，也即在会计理论发展的特定阶段，选择某一种方法为主、其他有关方法为辅的一种研究方法组合，去解决特定问题。

2. 关于会计研究方法的选用现状

赵西卜等人在全面考察了1992～2001年期间《会计研究》全部论文的基础上，发现在发表的1130篇样本文章中，属规范性研究的有1040篇，占92.04%；属实证研究的有90篇，占7.96%①。杨海峰（2004）考察了1993～2002年期间《会计研究》发表的文章情况，发现规范性研究的占92.2%；属实证研究的占7.8%。王雄元、严艳（2003）对《会计研究》1990～2001年间会计理论研究文章中会计研究方法的运用情况进行统计，也发现我国会计研究

① 详细资料请参见：赵西卜等：《我国会计理论研究的发展轨迹与取向——〈会计研究〉十年文章述评》，《会计研究》2003年第4期，第55～60页。

主要以规范法为主，研究方法较为单一，案例研究、实验研究等方法未引起足够的重视，运用较少。自 1991 年以来，尽管实证研究开始逐年上升，但 2001 年占文章总数仅为 10%①。

为什么西方国家流行的实证研究方法在我国运用得比较少，而是规范研究方法占主导地位呢？综合汤云为、赵春光（2001）等的看法是，造成我国目前较少采用实证会计研究方法的主要原因是缺少实证研究的理论条件、经济条件、制度条件和学术环境，具体表现在以下几个方面：我国证券市场起步晚，公司股权比较集中，缺乏较成熟的资本市场；对西方的关于实证会计理论的介绍也较晚，对实证会计研究还没有得到普遍的认可，对实证会计研究的认识也存在一定偏差；很多会计理论研究者缺乏必要的经济学、计量经济学等知识，不具备进行实证研究的理论基础；我国目前数据库不够完善，数据采集困难，从成本效益的角度看，从事规范性研究比从事实证研究更加“划算”；以量取胜的大学晋升制度和学术刊物不鼓励发表实证研究文章的负面影响。

3. 关于规范研究方法与实证研究方法的选择

由于规范研究方法和实证研究方法各有其优缺点，因此许多学者都意识到应该充分利用两者的优势，丰富和发展我国的会计理论研究。王学军和王沛英（2001）指出规范会计研究和实证会计研究优势互补，是会计研究向前发展不可或缺的“两个车轮”。徐晔（1998）认为两大会计理论研究方法应相辅相成、相得益彰，而不应有所偏废，实证会计是规范会计的基础和前提，而规范会计是实

---

① 郑建友（1997）、赖文章等（1999）把我国实证研究呈增长态势的原因归结为：资本市场的规范亟须实证会计研究的指导，市场经济不断完善，证券市场日趋成熟，为实证会计研究提供了良好的宏观环境；会计准则的制定和实施以及新会计业务的涌现亟须对企业的会计选择进行实证研究；规范会计研究的固有缺陷（可信性、理论与实际的脱节）引起人们对实证会计研究的重视；信息处理技术的发展为开展实证会计研究提供了技术支持；一批数学功底较深厚的有志之士，加入到会计研究队伍中来，为我国进行实证会计研究提供了众多人才。

证会计的目的和归宿。刘玉廷（2000）认为会计研究方法之间并不相互排斥而是互为补充的，具体说来，规范研究并不排斥实证研究，因为规范研究的结论需要实证研究加以验证；实证研究也不排斥规范研究，实证研究需要规范研究的结论为基础和前提。那种只能采用单一方法进行会计理论研究的主张是有失偏颇的。

既然规范研究方法和实证研究方法应该结合使用，那么应该如何结合，其中哪一种研究方法应该占主导地位呢？杜兴强（1999）认为根据唯物主义的认识论，我们对会计现象的认识是由一般到具体和由具体到一般的有机结合，因此规范会计研究和实证会计研究不应有所侧重。朱小平和肖雪莹（2000）认为将规范研究作为研究方法的主体，更有利于会计理论的丰富与发展，将实证研究作为辅助手段，能使会计理论对于既定现实有更大的实践指导意义。秦荣生（1997）认为，由于规范化研究存在规范化的逻辑起点、脱离实际的偏好、偏爱于对已成定论问题的论证、法规、制度解释倾向等缺陷，目前需要把重点转向实证的研究方法。覃志刚（2004）认为规范研究的成果，需要实证研究的补充和检验。也有学者从不同的角度来说明规范研究方法与实证研究方法的选择问题。

（1）在会计理论发展的不同阶段采用的不同研究方法。杜兴强（1999）认为整个会计理论的发展过程是前进的上升运动，是向绝对真理逼近的过程。这样，在会计理论不同的发展阶段，其相应的主要的会计理论研究方法也应有区别：在会计理论体系相对稳定的阶段，应主要运用规范研究方法（收敛性思维）继续进行研究，通过辅助性命题克服理论的困难，使理论作为规范较好地发挥作用；当会计理论发展进入显著变动阶段后，需主要采用实证研究方法（发散性思维），持批判的态度从会计实践、现象的经验分析中创造出新的会计理论。进一步地，刘玉廷（2000）认为，由于具有中国特色的会计理论和方法体系正在逐步建立和完善之中，许多基础性理论问题还有待于进一步研究，我国现阶段乃至相当长的历史时期内，规范研究仍应占据主导地位，主张更多地采用规范研究方法；

在坚持规范研究占据主导地位的前提下，注意规范研究与实证研究的统一和有机结合，重视采用实地研究、问卷调查和案例分析等实证研究方法验证规范研究成果；那种以数理统计和数学模型为基础所进行的"真正意义上"的实证研究，现阶段应当少些为宜，待条件和环境成熟时再给予足够的重视。

(2) 在研究对象的不同阶段来选择不同的研究方法。劳秦汉(2002) 等遵循"实践——认识——实践"的思路，认为对同一对象进行会计理论研究的过程中，首先应尽可能排除价值判断，侧重于实证研究，客观地揭示会计现象层面的规律；其次，在此基础上，以指导会计准则的制定为目的，通过理性的价值判断构建规范会计理论；最后，再进一步实证检验，以不断完善和发展会计理论。

(3) 在会计目标系统的不同层次选择不同的研究方法。由于规范会计研究往往从较高的会计理论层面上来把握整个会计理论框架的内在逻辑一致性，而实证会计研究则往往是针对具体的会计理论，所以有些学者（杜兴强，1999；王开田、李连军，2003）认为规范会计研究和实证会计研究与会计目标系统的层次相关，会计目标层次越低，其研究的实证性就越强；会计目标层次越高，越需要对之进行评价，越具有规范性。规范会计研究和实证会计研究是对会计目标不同层次上的研究，角度不一、相互联系、相互补充。劳秦汉（2002）也认为会计理论研究是有层次性的，越是基础性强的理论，越与会计实务相远，就越需用理性思维（规范研究）；越是应用性强的理论，越与会计实务相近，就越需用经验思维（实证研究）。

4. 关于规范研究法与实证研究法的结合：规范——实证（实践）研究法

涉及到规范研究方法与实证研究方法的选择时，从没有哪一位学者提到绝对只用某一种方法而抛弃另一种方法，只不过在某一特定研究对象或某一特定研究阶段应采用某种方法为主、辅用另一种方法。

这说明规范研究方法和实证研究方法的结合是我国会计研究方法发展的主要方向。劳秦汉（2002）指出在它们两者结合的具体方式上有联合应用和分别应用两种①。杨兴全、郭桂花（1998）也提出了规范研究方法和实证研究方法的两种结合方式，即“规范——实证结合式”② 和“实证——规范结合式”③，并认为规范——实证结合方式更适合于会计理论的研究。不仅如此，陈海声（1997）、杜兴强（1997、1998、1999）和杜景来（2001）等还专门撰文对规范——实证研究方法进行了推荐和探讨。他们认为，可以把会计研究的整个过程归纳为“会计理论——会计实践——新的会计理论——……”这样一个循环过程，这样规范——实证（实践）会计研究方法的基本模式是会计理论研究者根据已有的知识，对会计实践和理论发展过程中出现的问题，进行深入的分析，进而提出解决问题的假说，并通过对假说的实践检验、修正，逐渐使假说变为新的会计理论。在这种模式的指导下，规范——实证（实践）研究方法的具体研究程序为：根据自身已有会计实务和知识，判断自身研究能力；设定目的，确立课题；建立概念和理论框架，提出假说；思维模拟检验；社会实践检验（设计方案、收集数据资料、数据分析、数据检验、评价假说）；假说向理论转化，演绎出规范理论。规范——实证（实践）研究方法充分容纳了规范研究法和实证研究法的优点，尽量避免两者的缺陷，它不只是规范与实证会计研究方法的简单结合，具体体现在：第一，是规范——实证（实践）研究方法既考虑了研究对象的逻辑性结构，又以唯物辩证方法论和认识论考虑到认识和实践两个过程的循环往复、螺旋式上升的关系，强调思维逻辑检验与数据检验的结合，使得研究结论经得起实践的检验。第二，

---

① 联合应用是指对同一研究对象在不同的研究阶段分别采用不同的主要研究方法；分别应用是指对不同层次会计理论研究分别采用不同的主要研究方法。

② 指在规范研究的基础上得出结论，然后再用实证研究去证实结论。

③ 指应尽可能地排除价值判断，在实证研究的基础上得出结论，然后树立合宜的价值判断标准，通过理性思维构建规范会计理论。

是规范——实证（实践）会计研究的检验标准是思维模拟检验和社会实践检验的统一，这既保持了假说的逻辑推理的正确性，又使抽象的、定性的、探索性假说向具体的、可量变的理论转化。第三，是规范——实证（实践）会计研究辩证地运用发散性思维和收敛性思维，突出了研究者的主观能动性及认识活动所应遵循的思维规律，因而具有明显的综合及辩证特征，并且具有在不同认识阶段调整认识方法和认识手段的内在调节机制。

5. 关于规范研究方法和实证研究方法的取舍

十多年来，学界围绕着两种研究范式取舍的讨论，在对其进行比较并形成诸多学术认识的基础上，目前的认识有趋统一的取向，其基本认识是：规范会计研究与实证会计研究都有其产生的历史背景和存在的现实基础；规范会计研究与实证会计研究各自的方法论特征决定了两者必然是相互依存的关系，谁也不能替代谁，两者相互交融、相互渗透，因此可将其称之为“规范研究实证化，实证研究规范化”；就会计理论的形成过程来看，实证研究只是完成了从实践到认识这一环节的部分工作，要达到对会计活动本质规律的认识进而形成符合会计活动客观规律的“最佳”会计理论，还必须在实证研究的基础之上进行深入细致的规范会计研究，实证会计研究可以为规范会计研究提供大量的经验资料，规范会计研究可以充分发挥其抽象思维能力，形成具有普遍适用性的符合会计实践活动客观规律的会计理论；应当坚持规范会计研究与实证会计研究的和谐发展，在加大我国实证会计研究力度的同时，进一步完善规范会计研究（盖地、吕志明，2007）。

6. 关于人文诠释研究方法的倡导与我国研究方法现状的反思

针对我国十多年来学界有关规范会计研究与实证会计研究范式取舍的争论，加拿大多伦多大学的终身教授陈孟贤先生最近以一名“旁观者”的身份对这一问题撰专文进行了客观评析（陈孟贤，

2007)。陈教授认为自20世纪90年代开始中国会计理论研究越来越重视实证研究方法，可能与参照英美国家的实证会计研究趋势有关。但他以大量的外文文献分析为基础，通过回顾西方国家几十年来的会计研究历史，发现即使是西方会计学者本身也有很多对实证研究方法的质疑。到了21世纪，西方会计研究界也在尝试寻求超越实证研究方法的其他研究方法，比如人文诠释研究方法等。比较有影响力的人文诠释研究方法有象征互动论、德国批判理论、法国批判理论和构建论等，在国际著名的一流学术期刊上也发表了运用这些研究方法研究会计现象的论文。由此可见，从西方国家近几十年来的会计研究经验上看，是一个从倡导规范研究方法到实证研究方法，又从实证研究方法到人文诠释研究方法的过程。陈教授在该文中提出，西方国家对会计研究方法不同观点反省的经验和教训，对中国很有参考价值。笔者认为，这一独到且有见地的认识，值得我们研究会计研究方法时深思。

四、强化我国会计科学研究方法的研究以推动学术规范建设

研究会计科学研究方法的目的是为了有效地指导我国的会计研究实践。但在科学研究方法指导下进行会计科学研究，不仅需要遵循科学的研究程序的基本规律，更需要将研究成果按照规范的学术要求予以表达，只有这样，才会提高学术成果的社会影响，才可促使会计科学的学科地位不断提升。因此，能否推动会计科学研究的学术规范建设，应当是检验会计科学研究方法研究成果绩效的一个重要尺度。笔者认为，在我国当前的学术环境下，我们需要在强化会计科学研究方法研究的同时，采取一系列有效措施来推动我国会计科学研究学术规范的建设工作。

（一）重视对会计科学研究学术规范的专门研究

从具体内容上划分，会计科学研究学术规范也属于会计研究方

法的内容，学术规范与研究方法具有一种内在的逻辑关系，只有完善的、科学的研究方法作指导，才能形成科学的规范的学术研究成果。因此，会计科学研究方法的研究是会计科学研究学术规范形成的重要基础，也是形成完善的学术规范并推动其遵循的基本保证。可以设想，一名不注重研究方法的学者，或者是没有正确的研究与思维方法的学者，即使其具有一定的研究构想，也可能难以搜集到所需要的研究资料，从而就难以形成有价值的成果。即使形成了有价值的研究成果，如果没有规范的表达方式，其成果也可能难以产生应有的学术影响。

（二）在研究生会计研究方法教学中增加学术规范教育与训练的内容

西班牙的著名教育家奥尔特加·加塞特在谈到大学的使命时曾经指出，大学教育的使命是文化传授、专业教学、进行科学研究和培养未来的科学研究人员（加塞特，2001）。20 世纪 90 年代中期，有学者进行的一项围绕我国会计研究方法教育状况的调查结果显示：极少有硕士与博士论文进行会计研究方法的研究；在相当多的学校里会计研究方法的教育培训并未引起足够的重视，极少开设会计研究方法课；绝大多数导师在学生培训方案中没有会计研究方法这一内容；没有专门针对会计研究方法教学的教材；研究方法在一些学校里并未当作研究生学位论文评价的内容（肖泽忠、潘爱香，1994）。为了加强对研究生科学研究能力的训练与培养，目前国内各会计院校的博士及硕士研究生教育，基本上都设置了会计研究方法课程，这表明了对研究生科学研究能力训练工作的重视程度。但据我们通过不同渠道了解到的信息分析，现在大多数的研究方法课程基本上都将重点放在实证研究方法的介绍与训练上，而疏于对学生学术规范意识的培养与训练。从现时的情况看，会计学术规范的内容应当构成会计研究方法教学的一个重要组成部分，其主要内容可包括三方面的知识：

第一类，是研究过程的学术规范知识。即从研究立题、搜集资料、撰写论文、论文发表到论文评价各个不同阶段的学术规范要求。

第二类，是研究成果表达的学术规范知识。主要是指研究形成的学术成果在专著出版、论文发表、会议交流并结集出版、学生学位论文与研究报告等成果表现形式上，应当按照有关部门颁布的专业标准与要求做出严格的规定，减少随意性。目前的这些标准与规范主要有通用性的学术规范和应用性的学术规范。通用性的学术规范主要包括：国家标准局自1987年以来先后发布的《学术论文写作的国家标准和写作方法（GB7713－2005）》、《文后参考文献著录规则（GB 7714－1987）》、《文献叙词标引规则（GB 3680－1995）》、《出版物数字用法的规定（GB/T 15835－1995）》和《标点符号用法》（GB/T15834－1955）等；国务院发布的《中华人民共和国法定计量单位》（1984年）；国家语言文字工作委员会发布的《人名规范用字表》；中华人民共和国教育部和国家语言文字工作委员会2002年发布的《第一批异形词整理表》；中国科学技术情报所出版的《汉语主题词表（第一分册）》和《世界汉语主题词表》；等等。应用性的学术规范涉及的范围较广。如目前有关专业期刊为了强化发表论文的规范程度，提高其发文的转载率与引用频率，以提高刊物质量与知名度，纷纷出台了相关的学术论文编排规范，大部分专业期刊均在撰稿细则中对学术规范问题做了比较明确的规定。譬如，全国高校文科学报研究会就出台了《中国高等学校社会科学学报编排规范》；《会计研究》杂志在1999年第10期就发布了“根据国家出版署制定的有关标准”所确定的“《会计研究》论文格式要求”，并对论文的基本结构做了比较明确的规定；北京大学图书馆与中国博士后管理办公室制定了《博士后研究报告编写规则》；等等。

第三类，是研究成果运用的学术规范。它主要涉及到会计理论研究的学术道德与学术惯例等方面的问题。譬如，对他人知识产权的尊重，以及对他人学术成果的转引出处的交代等。

（三）倡导研究生导师注重学术规范的自律行为与示范效应

会计科学研究中，需要倡导诚实的科研态度与严谨的学风，而严格的学术规范更需要以学者的学术良知与严格的自律为基础，这诚如默顿所言："这些规范以规定、偏好、许可和禁止的方式表达。它们借助于制度性的价值而合法化。这些通过告诫和凡例传达，通过偏好而加强的必不可少的规范，在不同程度上被科学家内化了，因此形成了他的科学良知，或者用现在人们喜欢的术语说，形成了他的超我。"① 从某种意义上讲，学术规范问题不仅是一个"知识性"问题和技术性问题，更重要的则是一个意识问题以及一个如何加强学术自律的问题。当前，在会计科学理论研究领域里，学术失范现象在老、中、青学者群体里均不同程度地存在着（吉彦波，2000）。造成这一现象的重要原因之一是大多数学校没有开设相关的课程或者是在相关课程中没有传授与此相关的知识，许多导师也很少对学生进行有关学术规范方面的教育与训练，很多学术规范知识仅仅只是靠学生自己在实践中摸索到的。这样，就导致研究生教育中，除了对课程论文缺乏规范化要求外，学位论文不规范的现象相当普遍，而"在职申请学位"者的论文中更显严重。相当一部分研究生在毕业并取得学位之后，又开始从事教学与科研工作，有的很快成为自己单位的学术骨干或研究生导师，于是不规范的学术现象就在无形之中得到了自然性的再生产。据笔者 2005 年对全国部分高校 100 篇研究生学位论文的调查结果的统计分析，会计科学研究学术失范的现象令人担忧（许家林，2005a、2005b）。因此，我们认为，导师的学术自律是解决这一问题的关键环节。导师既要了解学术规范的要求，还要有意识地引导学生适应和遵循学术规范的

① R. 默顿：《科学的规范结构》，转引自杨昌勇所撰《学术论著注释和索引的规范与功能》一文，见《中国社会科学》2002 年第 2 期，第 204 页。

要求，要有意识地对他们进行研究方法及学术规范的训练，从而培养学生的规范性学术习惯。这正如伯顿·克拉克所倡导的那样，研究生导师要真正承担起帮助学生掌握科研程序与方法的职责，要教育学生对思想价值与学术生命有清醒的认识（克拉克，2001；李醒民，2001），以便用规范的学术成果来替代某些功利性的学术垃圾。

（四）充分发挥会计类学术期刊发文导向上的学术规范示范效应

《会计研究》作为我国的权威会计学专业期刊，其所发表的论文在某种意义上代表了会计科学理论研究领域里最集中的成果，它在不同时期所刊载论文中涉及的研究内容、研究方法、研究形式以及研究论文的结构，对会计科学理论研究具有一定的导向作用。《会计研究》自1980年创刊至今经历的四次改版①，在一定程度上体现了会计科学理论研究逐步规范化的轨迹。尽管《会计研究》的稿源比较多，但在这方面的要求相对比较薄弱②。因此，在《会计研究》1995年前所刊载的绝大多数论文中，基本上没有列示参考文献，只是偶尔出现列示参考文献的情况③。此外，论文的注释项也大多数是对直接引用材料出处的交代，而对反映相关信息说明的注释项则较少出现。从1997年开始，在所刊载的论文中虽然逐步出现了参考文献的内容，但这一部分内容的编排大多是根据作者的个人喜好或者习惯，未进行统一的加工与处理，因而显得比较随意。《会计研究》真正开始对学术论文进行学术规范的要求与提示

---

① 1980年创刊时，为16开80内页的季刊；1982年改为16开64内页的双月刊；1995年改为16开48内页的月刊；1999年改为A4版64内页的月刊；2003年改为A4版96内页的月刊。每次改版后的形式与内容均有一定的变化。

② 详见《会计研究》1980年第1期封底的“本刊稿约”内容以及以后有关期次所刊载的稿约。

③ 在《会计研究》1980年第1期刊载的杨继良编译的“西方各国公司的内部转移价格”一文就曾列有3个外文参考文献。

是在1999年①，当时是“根据国家新闻出版署制定的有关标准”，主要从论文的知识产权和结构问题（含论题、摘要、关键词、引言、正文、结论和参考文献）做出规定，但对论文正文的层级结构和论文注释项却没有提出具体要求，这样致使目前发表的论文中，在这两个部分还存在着编排格式不太一致的地方，特别是反映在论文正文内部有些层级标序的编排甚至于存在与学术规范要求相悖的现象。因此，充分发挥重要会计学专业学术期刊的发文导向作用，是提高会计科学研究学术规范水平的一个重要措施。

（五）有效利用会计专业学术会议征文时的学术规范引导

目前，会计理论研究领域里比较有影响的专业学术会议有四类：一是中国会计学会直接主办的综合性学术会议；二是会计学会各专业委员会主办的专题性学术会议；三是中国会计学会教育分会（即中国会计教授会）以及中国会计学会财务成本分会主办的专门性学术会议；四是有关大专院校承办的民间性质的会计专业学术会议。在会议筹备期按惯例主办者均要通过有关媒体公开发布征稿启事。这些征稿启事具有双重功能：一是通过其发布的选题范围可以对会计科学理论研究范围起到一定的引导作用；二是可以对推动会计学专业学术规范的建设起到一定的引导作用。遗憾的是，目前会议征文中对学术规范问题的要求不够，即使是注意到这个问题也没有做出技术上的可操作性的限定。这样，导致所收到的会议论文规范不一与体例不一的现象比较普遍，既淡化了学术研究的严谨性，也会对会议材料的最终结集出版产生一定的影响。为此，我们对《会计研究》自1999年开始强调登载论文的学术规范后的2000～2004年间，其所刊登的学术会议征文材料做了一个简单的统计，其具体情况如下（见表3）：

① 第一次刊登在《会计研究》1999年第10期封三，而后于2002年和2003年多次补充修改后刊登。

表3 《会计研究》2000～2004年会计学专业会议征文学术规范要求情况统计分析表

年份	期	页	征文主题	内容要求	学术规范要求
2004	1	封底	企业内部控制与预算管理	会议主题、选题范围、学术规范、通联信息	无具体的学术规范要求
	2	封三	大型国有企业集团财务管理问题专题研讨会	会议主题、选题范围、学术规范、通联信息	无具体的学术规范要求
		封底	中国会计学会第六届理事会第二次会计暨学术年会	会议主题、选题范围、通联信息	
	3	93	中国会计学会财务成本研究分会2004年年会暨第17次理论研讨会	会议主题、选题范围、论文要求、通联信息	
	4	封底	第五届会计史学术研讨会	会议主题、选题范围、学术规范、通联信息	无具体的学术规范要求
2003	2	63	第五届会计史学术研讨会	会议主题、选题范围、学术规范、通联信息	无具体的学术规范要求
	3	64			
	5	64	民营企业治理与内部控制研讨会	会议主题、选题范围、通联信息	
	6	64	我国会计国际化研讨会	会议主题、选题范围、通联信息	
	7	64	管理会计国际研讨会	会议主题、选题范围、学术规范、通联信息	无具体的学术规范要求
		封底	价值链管理与价值链会计	会议主题、选题范围、通联信息	
2002	2	64	第3届无形资产理论与实务研讨会	会议主题、选题范围、通联信息	
	3	64	会计学博士生联谊会征文启事	会议主题、选题范围、部分论文格式要求，通联信息	无具体的学术规范要求
	4	封底	中国财务发展国际论坛暨首届财务总监峰会	会议主题、通联信息	
	6	64	中国会计学会第六届全国会员大会	会议主题、选题范围、通联信息	

续表

年份	期	页	征文主题	内容要求	学术规范要求
2002	11	63	中国会计与财务研究学术研讨会	会议主题、通联信息	
	12	64	上市公司会计与财务理论国际研讨会	会议主题、选题范围、部分论文格式要求，通联信息	
2001	全年无此项内容				
2000	6	64	中国特色的会计理论与方法体系	会议主题、选题范围、通联信息	
	8	封底			
	11	封三	转轨经济中的财务与会计问题研讨会	会议主题、选题范围、通联信息	

从表3可见，到2004年第4期止，在52期杂志上共刊登了20则比较规范的会计学专业学术会议征文启事，其内容一般均涉及会议主题、选题范围、学术规范要求与通联信息四个方面。其中："会议主题"与"通联信息"的披露率为100%；披露了"学术规范"要求的只有6则，占33.67%，但遗憾的是基本上均无具体的格式要求，而仅仅只是简单地列示论文结构要求的有2则。由此可见，对强化会计科学理论研究成果表达的学术规范观念问题，在会计学专业理论研究领域里还显得比较薄弱，这一状况需要改进。

（六）强化会计科学研究学术规范制度建设与学术规范推广运用情况的监督

目前，我国会计专业期刊的编辑与发表机制中，同行专家的控制结构功能较弱，而编辑则承担了过多的责任和辛劳。改变这种状况的基本措施之一，就是在国家有关专业标准的指导下，制定具有学科特点的会计专业学术规范。首先，是要组织学者在开展专门研究的基础之上建立会计科学的学术规范制度，并制定相应的推动方案。其次，是要形成专门性的会计科学学术成果的基本标准，以此为基础深化为期刊论文、会议论文和学位论文的标准。再其次，是对学术规范的强制推行与运用，可以考虑将学术规范标准的执行情况纳入会计学界不同层次优秀学位论文或者学术论文的评定依据之中。最后，是加大对学术规范遵循情况的批评与监督。会计科学领域里的正常学术争鸣与学术批评也是推动会计理论发展的一种重要力量（于增彪等，2004）。在进行会计科学学术批评时，我们应当把学术规范遵循情况乃至失范现象的批评也纳入其内，通过一定的形式披露与批评学术失范现象，以便给无意性的学术失范者一定的警示，使故意性的学术失范者付出一定的代价，让严重的学术失范者受到制度性的学术惩罚。

主要参考文献

［美］伯顿·克拉克等著．研究生教育的科学研究基础．王承绪译．杭州：浙江教育出版社，2001. 312

［美］华勒斯坦等．开放社会科学．上海：生活·读书·新知三联书店，1997. 1 ~ 34

［美］威廉·H. 比弗著．财务呈报：会计革命．薛云奎等译．大连：东北财经大学出版社，1999. 1 ~ 3

［西班牙］奥尔特加·加塞特著．大学的使命．徐小洲等译．杭州：浙江教育出版社，2001. 6 ~ 10，50 ~ 57

毕秀玲．会计理论研究方法中的几个问题．四川会计，2000（6）：12 ~ 15

陈海声．会计研究方法的六大转变．财会通讯，1997（3）：4 ~ 6

陈汉文，林志毅．规范会计理论与实证会计理论评析及启示．会计研究，1997（7）：10 ~ 11

陈韶君．事项法会计信息系统初探．财会月刊，2001（4）：16

陈岳．事项法会计与会计准则的国际协调．财会月刊，2003（15）：43 ~ 44

陈孟贤．当代会计研究方法：检讨与反思．会计研究，2007（4）：3 ~ 10

杜景来．对规范——实践会计研究方法的认识．财会月刊，2001（2）：5 ~ 6

杜兴强．会计理论研究新方法："规范—实践"方法．财会月刊，1997（6）：12 ~ 13

杜兴强．试论规范会计研究和实证会计研究的互补性．财务与会计，1998

(7)：3

杜兴强．规范会计研究和实证会计研究相结合：规范—实证会计研究．当代财经，1999（7）：31～35

范永武，杨金忠．关于会计研究方法的思考．广西会计，1995（10）：8～11

盖地等．实证会计理论方法论探讨．当代财经，2002（10）：69～73

盖地，吕志明．规范会计研究与实证会计研究评析．会计研究，2002（4）：11～18

葛家澍，林志军．现代西方会计理论．厦门：厦门大学出版社，2001.30～31

葛家澍，刘峰．回眸：20世纪西方会计理论的发展与演变．财务与会计，2000（10）：8～12

葛家澍，刘峰．中国会计大典——会计理论．北京：中国财政经济出版社，1998.56～86

龚光明．关于会计理论研究的方法问题．财会通讯，1997（9）：4～6

郭道扬．中国会计史稿（下）．北京：中国财政经济出版社，1988.367～340

郝振平．会计研究中案例研究方法的应用．会计研究，1997（7）：17～18

黄海玉．对规范与实证会计研究方法的思考．四川会计，2002（9）：9～10

胡志颖．论实证会计理论和研究方法．财会月刊，2004（7）：8～9

吉彦波．学术如何、学府何如．高等财经教育研究．2000（2）：20～25

赖文章等．我国实证会计研究兴起的原因探析．四川会计，1999（9）：12～14

劳秦汉．会计研究的两大主导方法批判．四川会计，2002（4）：12～14

李传忠．论会计理论研究方法体系．南京经济学院学报，1997（3）：55～57

李桂荣．对会计理论研究“事项法”的再认识．当代财经，2003（6）：111～114

李醒民．科学的精神与价值．石家庄：河北教育出版社，2001.519

李玥．会计理论研究方法体系之我见．财会月刊，1999（6）：8～9

李志文．我对会计研究方法的几点认识．中国会计学博士生第二届联谊会交流论文集，1997.1～12

林雄伟．以事项法为基础构建会计信息系统．财会通讯，2002（12）：10～12

林志毅．略论会计研究方法体系．中国农业会计，1994（4）：3～4

刘峰．实证会计的方法论基础及批判．会计研究，1997（7）：2～7

刘玉廷．关于会计研究方法的问题．会计研究，2000（12）：9～15

刘运国．论管理会计的经验研究．当代财经，2002（4）：74～77

娄权．价值法与事项法比较分析．四川会计，2000（12）：10～22

娄权．会计研究手段论．上海会计，2002（8）：45～47

秦荣生．谈我国会计实证研究方法的应用．会计研究，1997（7）：12～13

秦中艮等．未来几年我国会计理论研究的基本走向及会计监管问题的理论——中国会计学会第六次全国会员代表大会暨理论研讨会综述．财务与会计，2002（11）：8～12

覃志刚．对我国会计研究方法的新思考．当代财经，2004（5）：112～115

邱宜干．刍论实证会计研究的方法和过程．财会月刊，2000（18）：8～9

裘宗舜，艾健明．试论会计理论研究方法体系．当代财经，2001（5）：69～72

宋献中等．事项会计与传统财务会计的比较分析．财会月刊，2003（7）：33～34

苏武俊．建立我国会计理论研究方法体系．财经理论与实践，1999（5）：71～73

苏武俊．关于理论研究方法体系的思考．会计研究，2001（5）：56～57

孙菊生．实地研究方法在管理会计中运用现状的评价．财会通讯，2000（11）：8～11

汤云为，赵春光．实证会计研究中的几个问题．会计研究，2001（5）：52～56

田昆儒．试论会计研究方法的多样性及其统合．财会月刊，1999（3）

王春燕．试论会计研究方法的相对独立性．财会月刊，2004（11）：12～13

王光远，贺颖奇．当代管理会计研究方法的新发展．会计研究，1997（1）：22～27

王华．简论会计理论研究方法体系．当代财经，1996（8）：52～55，63

王开田，李连军．实证会计研究的角色定位与范式创新．当代财经，2003（5）：117～120

王雄元，严艳．会计研究方法及其在我国的应用．财会通讯，2003（1）：5～6

王学军，王沛英．会计研究中数量方法应用的哲学基础与实例分析．上海会计，2001（8）：44～46

王云五主编．社会科学大辞典——社会科学的性质及其发展趋势（魏镛）．台湾：商务印书馆，1972．38

吴革．规范会计与实证会计研究方法比较．中国农业会计，2000（9）：8~9

吴俊，段闻祥．我国会计理论研究方法的现实思考．会计研究，1994（5）：37~39

吴水澎．关于会计理论研究方法的四个问题．财会通讯，1996（12）：8~10

吴水澎．论中国特色会计理论的研究方法．财会月刊，1998（4）：3~5

吴祥云，叶郁芬．对建立具有中国特色会计理论研究方法体系的思考．四川会计，2000（9）：6~9

吴祥云．关于规范会计理论和实证会计理论的研究方法．广西会计，1997（12）：27~28

吴祥云．建立具有中国特色会计理论研究方法体系的思考．上海会计，2000（2）：49~51

肖泽忠，潘爱香．会计研究方法教育状况．北京商学院学报，1994（5）：48~50

肖泽忠．实证会计研究的过程．会计研究，1993（6）：16~24

徐兴恩．论会计研究的方法．会计研究．1991（6）：16~18

徐晔．我国实证会计研究状况及前景．四川会计，1998（7）：3~6

许家林．会计学专业研究生学位论文学术规范遵循情况的调查．学位与研究生教育，2005（5）：4~11

许家林．会计学专业研究生学位论文学术规范遵循问题研究——基于对中国大陆17所高校100篇学位论文调查结果的分析与思考．中南财经政法大学会计学院编．会计·审计·财务管理前沿问题研究——第八届海峡两岸会计与管理学术研讨会论文集．北京：中国财政经济出版社，2005.526~563

许家林．现代会计科学理论研究．上海：立信会计出版社，2003.1~5

许燕．会计理论研究方法体系之我见．财会通讯，2002（5）：9~11

薛祖云，徐玉霞．会计理论研究的实证分析和价值判断．财会通讯，1998（9）：9~12

阎达五，赵月圆．我国会计理论研究状况的回顾和瞻望．会计研究，1996（2）：8~12

杨海峰．我国实证会计研究方法应用的透视与述评．财会通讯（综合版），2004（2）：22~27

杨兴全，郭桂花．试论会计规范性研究方法与实证研究方法的结合．广西会计，1998（6）：38~40

杨雄胜等．中国会计研究规范问题探讨．会计研究，2004（12）：29～33

于增彪等．重新审视美国会计对中国会计国际化的影响．会计研究，2004（3）：7～16

张昌仁．对建立会计研究方法体系的思考．财会月刊，1996（7）：7～8

张朝宓，苏文兵．当代会计实证研究方法．大连：东北财经大学出版社，2001. 23～24

张朝宓，苏文兵．会计研究的实验方法．会计研究，2001（3）：43～45

张立．试论会计研究方法．上海会计，1996（11）：30～32

赵兰芳．论案例研究方法在会计领域的应用．会计研究，2005（10）：82～85

周润书，项有志．关于会计理论研究方法体系的探讨．四川会计，1999（12）：3～6

周忠惠．会计理论研究中的若干方法论问题．会计研究．1993（1）：22～28

周忠惠．论会计研究方法论．会计研究．1984（6）：46～48

朱小平，肖雪莹．会计理论研究方法概论．财会月刊，2000（8）：6～9

朱元午，朱明秀．实证研究的先天不足与“后天”缺陷．财经理论与实践，2004（7）：76～80

（本文于2007年7月在“中国会计学会2007年学术年会”上交流，
主体部分刊于《立信会计学院学报》2007年第4期）

会计学专业研究生学位论文学术规范遵循问题的实证研究

——基于对大陆17所高校100篇学位论文调查结果的分析与思考*

在现时的学术环境下，人文社会科学领域里的研究成果，一般均以专著、论文、研究报告等基本形式来表达。但由于信息传播渠道日益拓宽，信息传播形式日益简便，信息传播速度日益加快，故各种研究成果的表达形式是否符合学术规范，不仅将影响到理论研究成果的发散程度，而且还会影响到本学科的地位以及其他学科对本学科研究成果的认同程度。因此，一门学科是否具有比较完整的学术研究规范并得到较好的推广与运用，是其是否成熟的重要标志之一。会计科学作为人文社会科学体系的一个重要组成部分，有着丰富的实践基础和悠久的发展历史，在现代科学体系中已经占据着重要的学术地位。但客观地观察与分析大陆现阶段会计理论研究过程及其成果的表达形式，我们认为离科学的学术规范要求还有一定的差距，特别是在会计学专业学术期刊的学术规范导向，以及对学

---

* 本文系2004年度湖北省教育厅高等学校省级教学研究课题——《会计专业学生理论素养与科研能力的培养模式创新研究》（20040112）的阶段性成果，本文的研究与写作得到2003级硕士生王辉的协助。此外，还要特别感谢：在调查样本搜集的过程中，得到了中南财经政法大学会计研究所的康均博士、张龙平教授和唐国平教授以及南开大学国际商学院的周晓苏教授、武汉大学商学院会计系的王合喜副教授、西安交通大学会计学院的张俊瑞教授、华中科技大学管理学院的周仁俊教授等人的支持；在学位样本论文原始数据的采集与初步整理过程中，得到了中南财经政法大学会计学院的2002级硕士研究生王昌锐、蔡传里、李成艾、王圆、何雁明、王凌云和冯俊以及2003级硕士研究生訾磊、刘公文、王辉、沈王月、夏毅和杜安利等同学的协助，王昌锐和蔡传里同学还先后协助校订了论文初稿的部分文字与数据；在写作过程中，部分观点的形成还得益于与长江大学教育发展研究院的胡成功研究员之间的讨论。

生进行学术规范意识的培养与训练等相关问题上更显薄弱。本文拟以对大陆 17 所高校会计学专业的 100 篇博士与硕士研究生学位论文进行学术规范遵循情况调查所取得的数据分析为基础，就此问题作初步研究并就教于两岸的学界同仁。

一、研究问题的提出

会计科学作为一门具有独立研究对象的学科，主要是对源远流长的人类会计活动进行全面系统的理论总结并认识其运行的基本规律。几千年来，会计科学在其形成与发展进程中，已经先后成功地完成了五次嬗变（许家林，2003），从而分别在不同程度上促使会计科学产生了质的飞跃，使其逐渐形成了一个相对完善的科学体系。

但由于长期以来人们对会计科学的客观地位并未给予正确的认识，致使其在科学领域里的合理定位问题还没有得到应有的认同。历史上就曾有人视会计工作为“雕虫小技”，近代乃至于现代仍有人认为会计并无什么科学可言。尽管一代又一代的会计理论与实务工作者为改变这一不正常的学术状况而做出了不懈的努力，但在整个人文社会科学领域里，会计科学学科地位的重要性仍然没有得到充分地体现。对此，美国著名会计学家 H. R. 哈特菲尔德在一次“美国大学会计讲师学会”上曾有过如下一段发人深省的讲话：“我们确实相信会计学是一门科学，而绝不是像 J. M. 卡图尔们所认为的那样，是一种伪科学。有研究发现，没有一个现实主义者或理想家讨论过会计学。人类学家们鄙视我们，说我们是在玩弄枯燥无味的数字，从来没有大志，从来不去探求事物的真谛；科学家们和技术人士则挖苦说我们只会记录功绩而不会干一番事业。幸运的是，目前情形已经有所改变，各种各样的科学探求与发展，都证明了会计学的学术地位。”① 由此

① 阿迈德·贝克奥伊：《会计理论》，王海明译，西安：陕西人民出版社，1991，第 351 页。

可见，对会计科学的学科地位的认识偏差问题具有一定长期性。

从科学发展的规律上看，一门学科的健康发展不仅需要理论工作者把研究的内容定位于正确的方位之上，更需要在把握学科自身特点的基础之上，通过不断地与其他学科的交叉与融合来汲取其他学科的科学研究成果与研究方法，从而丰富和完善自身的理论与方法体系。早在20世纪90年代初期，大陆众多具有远见卓识的会计理论工作者就开始对会计科学发展趋势以及发展空间进行研究，并提出了若干对会计科学发展具有重要指导意义的战略思想。余绪缨（1992）在论述当代会计科学发展大趋势时，基于高科技发展所导致的科学发展表现为分化与融合的辩证统一特征，强调指出未来会计科学的内容将趋于综合化（多学科交叉化）。1992年10月，郭道扬教授在美国华盛顿召开的第七届国际会计教育会议上所作的长篇演讲中曾经提出：面对经济全球化（*economic globalisation*）格局基本形成的趋势，“在科学研究领域，自然科学家与社会科学家都在重新思考问题、研究问题与认识问题，在多数学科相互渗透、融合及一体化发展趋势中，规划重建本学科的理论基础，改进本学科的理论结构，描述本学科的理论体系与方法体系。①”郭道扬教授在对会计环境、会计形势、会计控制战略和会计教育的历史使命等问题进行充分地阐述后，号召会计学者、会计工作者们在世界或国家范围内为实现大科学、高技术、大经济、大会计以及大教育一体化而奋斗（郭道扬，2003）。蔡凤池（1992）曾专门研究了会计科学的分化与统一的关系，提出只有不断地引进外部学科的新思想、新观念与新概念来充实会计学科，才能丰富和完善会计科学理论。蒋义宏（1994）曾提出，随着经济的发展与科技进步，会计科学将会运用多学科的知识与方法，向着数学化、综合化和社会化的方向发展。罗福凯（1998）认为，在20世纪50年代之后，由于各种科

① 郭道扬：《21世纪的战争与和平——会计控制、会计教育纵横论》，《会计论坛》，2003年第1期，第27页。

学技术的发展开始呈现出指数增长与加速发展的趋势，因而使各门学科克服了发展缓慢、互相封闭与单一发展的模式，致使各门学科之间相互渗透与开放式综合发展，会计科学研究就应当采取以吸收和创造新知识为主的研究方式。于玉林教授也曾多次（2002）提出，随着会计科学向着边缘化、细化和综合化的方向发展，它已经发展成为一个具有较完备的科学体系、具有较为明显的学科特征且由144门相对独立的学科所构成的“会计学科群”，这一学科群包括了基础会计学、职能会计学、部门会计学、综合会计学和专门会计学等不同的内容。由此可见，新经济环境下会计科学体系的发展与壮大，离不开其他学科理论研究成果的支持，更离不开对其他学科科学研究方法的借鉴与运用。会计科学学科群体的扩展以及其学科地位的提升，既体现在理论研究内容的前沿性和研究成果的先进性上，更体现在学术研究成果的规范表达方式上。其他学科对会计科学理论研究成果的认同，也主要是基于其社会贡献和规范表达程度才做出的评价。我们应当看到，尽管会计科学已经取得了令人瞩目的成果，尽管会计科学的学术理论研究非常繁荣且正在逐步向规范化过渡，但与其他学科的发展速度以及对社会经济发展的影响力相比还有一定的差距。特别是体现在会计科学理论研究过程和成果表达的学术规范建设与运用方面，更是亟须加强。

科学的学问出自严谨的学者，严谨的学者缘于较强的学术规范意识。会计科学学术薪火的承接，需要一代又一代会计学人的努力，更需要将学术成果运用规范的表达方式来扩大其学术影响，而会计学专业的博士与硕士研究生这一富有专业潜质的研究群体，正是承接会计科学理论研究学术薪火的重要力量。因此，了解他们在学术研究成果表达上对学术规范的认识与遵循程度，在校期间注重对他们进行会计科学学术规范要求的教育，注重培养他们对学术研究成果予以规范表达的意识，对他们强化会计科学学术规范要求方面的训练，督导他们用规范的学术表达方式来披露所取得的研究成果，应当构成现阶段研究生教育的一项重要内容。正是从这一认识出发，才构成了本问题研究的基本动因。

二、研究对象与程序

尽管对学生进行学术规范意识的培养与运用训练是多方位的，但研究生学位论文的学术规范遵循情况则在一定程度上反映出他们在校期间受到培养、训练与运用学术规范的严谨程度。会计学专业研究生的学位论文基本上是反映我国会计科学理论研究学术规范状况的一面镜子，它既可以反映出培养单位对学术规范问题进行管理的规范程度，也可以折射出各位导师对学生的训练与学术影响状况，因此可以说，它在一定程度上反映出我国会计理论学术界在这个问题上的基本态势。正是基于上述考虑，我们才将本文学术规范的研究解剖对象定位在会计学专业博士与硕士的学位论文上。本研究分四个阶段完成：

（一）确定研究方案与研究方法

在确定研究主题后，即在初步调查的基础之上，多次组织学生交流与讨论，设计出规范的研究生学位论文学术规范遵循情况调查表，其内容涵盖了学术规范基本要素的十二个主题，这样以便对调查获取研究数据的采集、登记与统计分析。在研究方法的运用上，主要是运用传统的描述统计方法，即实行定量分析与定性分析相结合的方法对统计结果进行研究与评价。

（二）确定样本的选取范围

根据会计学科的专业特点，以及大陆[①]各高校会计学科点的布

① 研究的主要对象限于大陆的有关高校是基于对样本取得渠道上的考虑。

局情况，考虑到历史发展原因以及对现时的学科影响，我们将取样的范围初步划分为三类①：第一类，是具有较为悠久的财经教育背景、会计学科建设历史较长且目前设有会计学院（系）的财经类综合性大学；第二类，是具有较为深厚的人文社会科学学科背景、有着一定影响的会计学科建设成就且目前在管理学院（或者商学院）下设有会计学系的多科类综合性大学；第三类，是具有较为深厚的理工科学科背景、有较好的会计学科建设发展趋势且目前在管理学院下设有会计学系（或者专设有会计学院）的理工类综合性大学。

（三）搜集并筛选确定样本

经过我们近两年时间的努力，在对通过不同途径取得的样本进行筛选后，确定了 17 所高校的 100 篇会计学专业研究生学位论文（其中博士研究生学位论文和硕士研究生学位论文各为 50 篇）为研究样本。在筛选时，我们既考虑了论文内容的专业性，也考虑了研究方法上的代表性。对于个别样本的入选，则主要是考虑了其专业性②。

（四）集中采集数据并进行分析研究

为了保证研究数据的真实性以及所采集样本内涵上的一致性，我们对取得的样本所需要研究的数据采取了集中采集的方式。最后，对采集的数据进行比较细致的统计与分析，在充分讨论后才得出研究结论。

---

① 我们这里对学校类别的分类主要是根据学校的发展历史以及目前的学科特点为基本依据，以便于对资料的分析与比较，并不代表其他含义。因此，下面分类中所运用的“综合大学”与“综合性大学”两个概念是在既有相似而又有差异的意义上使用的。

② 样本中有几份属于理工科综合性大学管理学院的博士研究生学位论文，就主要是从其论文内容的专业性角度选取的。由于本研究的主要目的是学术规范问题，专业内容则属于次级重要性的考虑，因而在选样时注重了适当的灵活性。

三、研究样本的结构

（一）会计学博士研究生学位论文的样本结构

本次调查所选取的50篇会计学博士研究生学位论文，答辩时间为1997年~2003年，其中2000年后的有46份，占92%。样本共涉及到4所多科类综合性大学、4所财经类综合性大学和2所理工类综合性大学共10所大学会计学院（系）19位博士研究生导师，其基本结构如表1所示。

表1　　50篇博士研究生学位论文样本结构分析表

样本选取单位		样本时间分布（篇/年度）								涉及导师（人）
类别	学校（首批招生时间）	时间 数量	2003	2002	2001	2000	1999	1998	1997	
财经类综合性大学	上海财经大学会计学院（1982）	10	0	1	7	1	1	0	0	6
	中南财经政法大学会计学院（1987）	10	5	3	1	1	0	0	0	3
	天津财经大学会计学院（1987）	3	0	0	2	1	0	0	0	1
	东北财经大学会计学院（1994）	5	2	0	0	0	0	1	2	1
	小计（56%）	28	7	4	10	3	1	1	2	11
多科类综合性大学	厦门大学管理学院会计系（1982）	10	1	3	5	1	0	0	0	3
	南开大学国际商学院	5	0	2	3	0	0	0	0	1
	复旦大学管理学院会计系	2	2	0	0	0	0	0	0	1
	武汉大学商学院会计系	1	1	0	0	0	0	0	0	1
	小计（36%）	18	4	5	8	1	0	0	0	6

续表

样本选取单位		样本时间分布（篇/年度）								涉及导师（人）
类别	学校（首批招生时间）	时间 数量	2003	2002	2001	2000	1999	1998	1997	
理工类综合性大学	华中科技大学管理学院	3	3	0	0	0	0	0	0	1
	哈尔滨工业大学管理学院	1	1	0	0	0	0	0	0	1
	小计（8%）	4	4	0	0	0	0	0	0	2
合计	篇数	50	15	9	18	4	1	1	2	19
	%	100	30.00	18.00	36.00	8.00	2.00	2.00	4.00	

（二）会计学硕士研究生学位论文的样本结构

本次调查所选定的50篇会计学硕士研究生学位论文，其答辩的时间均为2003年度，共涉及到2所多科类综合性大学、2所财经类综合性大学和3所理工类综合性大学共7所大学会计学院（系）的22位硕士研究生导师，其基本结构如表2所示。

表2　　50篇硕士研究生学位论文样本构成分析表

类别	学校	样本选取		
		数量（篇）	%	涉及导师（人）
财经类综合性大学	中南财经政法大学会计学院	10	20.00	5
	江西财经大学会计学院	10	20.00	4
	小计	20	40.00	9
多科类综合性大学	南开大学国际商学院会计系	10	20.00	3
	武汉大学商学院会计系	10	20.00	4
	小计	20	40.00	7
理工类综合性大学	西安交通大学会计学院	5	10.00	2
	华中科技大学管理学院会计系	4	8.00	3
	天津商学院管理学院会计系	1	2.00	1
	小计	10	20.00	6
合计		50	100.00	22

从表1与表2所提供的数据可以看到，本次调查样本的分布比较均衡，所选样本具有一定的学术代表性。它主要体现在：第一，是在样本的时间区间分布上，主要是选取2000年以来的样本（博士研究生学位论文中占92%，硕士研究生学位论文为100%），具有一定的现实意义①；第二，是从学校的学科特点上看，既有以文科见长的综合性大学的会计学院（系），也有以理工科见长的综合性大学的会计学院（系），更有财经类综合性大学的会计学院（系），样本的代表性较强；第三，是从涉及样本单位的学科影响上看，既有全国首批取得会计学硕士与博士点的授予单位和国家级重点学科建设单位，也有后来逐渐发展壮大的会计学院（系）。

四、研究结果的分析

根据国家有关管理部门所颁发的学术论文规范要求，会计科学学术论文应当由两个大的部分构成：第一部分是前置部分，它一般包括题名、作者、摘要和关键词四项内容；第二部分是论文的主体部分，它包括引言、正文、结论和参考文献四项内容②。我们通过对调查取样的100篇会计学研究生学位论文所采集数据的统计与计算，对上述要素可从以下6个方面进行具体分析：

（一）论文中注释项的运用

在科学研究学术论文中的注释项目作为一种文化现象，其历史

① 笔者认为，在会计学界强调会计科学理论研究成果表达上的学术规范问题可以以《会计研究》1999年第10期上刊登的“《会计研究》论文格式要求”作为一种标志。

② 国家标准局1987年发布的《学术论文写作的国家标准和写作方法（GB 7713－87）》要求，学术论文一般由前置部分（含8项内容）和主体部分（含5项内容）两大部分所构成。而“根据国家新闻出版署的要求”，《会计研究》于1999年第10期刊登的“《会计研究》论文格式要求”中将其规范为8个方面，故笔者以此为依据作为进行学位论文规范遵循情况分析的基本指标。

源远流长。我国古代对典籍的注释就曾采用了注、解、传、笺、疏、章、句等多种形式，在现代学术论著中的注释项虽然已经相对简化，却仍然是论著文本的一个重要附属部分。现代科学学术论文的注释，大体上可以分为两类：一类是对论著内容、语汇的含义等方面不便于在正文中表达的内容所进行的解释说明与评论；另一类则是交代引经据典及旁征博引资料的具体出处（杨昌勇，2002）。现代科学学术论文在注释的形式上有脚注、尾注、旁注和批注等形式，但一般以采用脚注和尾注方式的居多。在 100 份调查样本中，其注释项的具体运用情况为：

1. 50 篇博士研究生学位论文分学校统计分析。

具体情况见表3。

表3　50 篇博士研究生学位论文中的注释项运用情况统计分析表

样本选取			中文		英文直接注释项	合计	
类别	学校	篇数	直接注释项	加注说明		数量	排序
财经类综合性大学	上海财经大学会计学院	10	16.6	34.6	12.0	63.2	7
	中南财经政法大学会计学院	10	135	60.3	25.5	221.8	1
	天津财经大学会计学院	3	133.7	98	27.7	199.3	2
	东北财经大学会计学院	5	17	3.2	3.4	23.6	10
	小计	28	71.5	38.5	17.0	127.4	1
多科类综合性大学	厦门大学管理学院会计系	10	42.2	74.2	26.7	136.2	4
	南开大学国际商学院	5	7.2	40.8	0.8	48.8	8
	复旦大学管理学院会计系	2	28	2	35.5	77.0	6
	武汉大学商学院会计系	1	151	3	0	154.0	3
	小计	18	37.1	53.5	19	105.8	2
理工类综合性大学	华中科技大学管理学院	3	2.3	3.4	3.7	40.0	9
	哈尔滨工业大学管理学院	1	49	0	85	134.0	5
	小计	4	14	25.5	24	63.5	3
合计	数量	50	2726	2144	913	5724	/
	平均		54.5	42.9	18.3	114.5	

从表3所示的注释项数量统计结果可以看到，50篇博士研究生学位论文注释项的平均数量是114.5项（是硕士研究生学位论文注释项平均数量的5.5倍），其中有22人的注释项数量在平均数以上，使用注释项数量最多的有589项，运用注释项数量最少的为7项，差异较大①。若从学校样本的平均数上看，平均数排在前三位的学校分别是中南财经政法大学会计学院、天津财经大学会计学院和武汉大学商学院会计系。若从不同类别学校的平均数上看，则依次为财经类综合性大学、多科类综合性大学及理工类综合性大学。

2. 50篇硕士研究生学位论文分学校统计分析

具体情况见表4。

表4　50篇硕士研究生学位论文中的注释项运用情况统计分析表

样本选取			中文		英文直接注释项	合计	
类别	学校	篇数	直接注释项	加注说明		数量	排序
财经类综合性大学	中南财经政法大学会计学院	10	30.9	3.5	2.1	36.5	1
	江西财经大学会计学院	10	9.3	6.0	0.9	16.2	4
	小计	20	20.1	4.8	1.5	26.4	1
多科类综合性大学	南开大学国际商学院会计系	10	19.3	6.8	6.8	32.9	2
	武汉大学商学院会计系	10	8.3	4.7	1.6	14.6	5
	小计	20	13.8	5.8	4.2	23.8	2
理工类综合性大学	西安交通大学会计学院	5	0.6	2.2	0	2.8	6
	华中科技大学管理学院会计系	4	0	1.5	0	1.5	7
	天津商学院管理学院会计系	1	7	10	8	25	3
	小计	10	1	2.7	0.8	4.5	3
合计	数量	50	688	237	122	1047	/
	平均		13.7	4.7	2.4	20.9	

① 在样本中有5篇论文的注释项数量为0，1篇为1项。经过对论文作者背景的分析发现，多为单证的在职申请学位的论文样本，故将其视为特殊样本进行分析。

从表4的统计结果看，50篇硕士研究生学位论文注释项的平均数量是20.9项（相当于博士研究生学位论文注释项平均数量的五分之一），其中有20人的注释项数量在平均数以上，使用注释项数量最多的为76项，但是却有8篇硕士研究生学位论文的注释项数量为0。若从学校样本的平均数上看，平均数排在前三位的学校分别是中南财经政法大学会计学院、南开大学国际商学院会计系和天津商学院会计系。若从不同类别学校的平均数上看，则依次为财经类综合性大学、多科类综合性大学及理工类综合性大学。

3. 100篇研究生学位论文注释项运用数量的分布区间统计分析

具体情况见表5。

表5　100篇研究生学位论文运用注释项的数量区间分布统计分析表

注释项数量区间（X）	博士研究生学位论文（篇）				%	硕士研究生学位论文（篇）				%
	财经类综合性大学	多科类综合性大学	理工类综合性大学	合计		财经类综合性大学	多科类综合性大学	理工类综合性大学	合计	
X≥500	1	1	0	2	4.00	0	0	0	0	0
499≥X≥400	0	0	0	0	0	0	0	0	0	0
399≥X≥300	1	0	0	1	2.00	0	0	0	0	0
299≥X≥200	3	0	0	3	6.00	0	0	0	0	0
199≥X≥100	11	5	2	18	36.00	0	0	0	0	0
99≥X≥50	0	6	0	6	12.00	0	3	0	3	6.00
49≥X≥25	8	3	0	11	22.00	11	5	1	17	34.00
24≥X≥1	2	2	0	4	8.00	9	9	3	21	42.00
X=0	2	1	2	5	10.00	0	3	6	9	18.00
合计	28	18	4	50	100.00	20	20	10	50	100.00

在会计科学理论研究过程中，学者之间的学术引证是一种规范且科学的学术交流机制，它体现了学术薪火的一种传承关系。从表3～表5的统计结果发现，大约有一半同学的学位论文注释项数量在平均水平之上（博士研究生学位论文为44%，硕士研究生学位

论文为40%），这一点值得欣慰。但值得注意的是，在注释项运用中存在以下几方面的主要问题：第一，是全文无注释，其中博士研究生学位论文有5篇（占10%），硕士研究生学位论文有8篇（占18%）。第二，是直接注释项数量大于加注说明数量。博士研究生学位论文基本上为1∶1，硕士研究生学位论文则为2.9∶1。第三，是引用的外文资料明显不足。博士研究生学位论文中占15.95%，硕士研究生学位论文中占11.65%。第四，是注释项的运用方式不太规范。特别是将注释项文献的交代与文末参考文献的结合显得不足，这样就使得参考文献与注释的关系难以理清。第五，是注释项的列示位置不统一。具体表现为有的用脚注，有的则用尾注。在脚注的编号上又有每页重新编号、每章重新编号和全文总编号三种方式。第六，是注释项顺序列号方式不统一。样本中的注释项顺序号的标示方式有“[1]”、“(1)”、“1”、“①”和“【1】”等多种形式。按照规定，当正文出现注释项时，应当将注释项顺序号用上标标示，但有的论文中却没有按照此要求处理。

（二）论文中参考文献的运用

按照学术论文的通常惯例，在学位论文后一般应列出参考文献（表），其目的有四个方面：一是为了反映出文献具有真实的科学依据；二是为了体现学人严肃的科学态度，分清是自己的观点或成果还是别人的观点或成果；三是为了对前人的科学成果表示尊重，同时也是为了指明引用资料出处，便于检索；四是从文献学研究的角度，可以体现出一种影响因子效能。中华人民共和国国家标准局①发布的《文后参考文献著录规则（GB7714－87）》指出，学术论文正文部分引用参考文献的标注方法可以采用“顺序编码制”，也可采用“著者——出版年制”。采用“顺序编码制”时，要求列于文

① 国家标准局1988年并入国家技术监督局，1998年更名为国家质量技术监督局，2001年成立国家标准化管理委员会。

末的参考文献要按照文中相应的顺序序号列出并一一对应；采用"著者——出版年制"时，要求列于文末的参考文献应当是先中文（按音序）后英文（按字母序）①。在100份调查样本中，其参考文献的具体运用情况为：

1. 50篇博士研究生学位论文分学校统计分析

具体情况见表6。

表6　50篇博士研究生学位论文中的参考文献运用情况统计分析表

样本选取			中文				英文			合计	
类别	学校	篇数	书籍	论文	其他	小计	书籍	论文	小计	数量	排序
财经类综合性大学	上海财经大学会计学院	10	18.3	22.1	5.6	46	17.9	41.8	59.7	104.9	9
	中南财经政法大学会计学院	10	68.9	42.8	2.7	114.4	18.7	30.9	49.6	163.5	2
	天津财经大学会计学院	3	33.7	36.7	21	91.4	20	13.7	33.7	127	6
	东北财经大学会计学院	5	29.8	14	0.8	44.6	5.8	0.8	6.6	39.2	10
	小计	28	40.3	29.6	5.4	75.3	16.3	27.6	43.9	116.5	3
多科类综合性大学	厦门大学管理学院会计系	10	30.1	19.3	9.8	59.2	30.2	35.7	65.9	125.1	7
	南开大学国际商学院	5	22.4	56.4	13	91.8	7	88.2	95.2	183.4	1
	复旦大学管理学院会计系	2	31	24	6.5	61.5	14.5	80.2	94.7	156	3
	武汉大学商学院会计系	1	71	53	0	124	8	9	17	141	5
	小计	18	30.3	32	9.8	72.1	20.8	53.8	74.6	145.6	1

① 我国会计学界的权威期刊《会计研究》要求是采用"著者——出版年制"。该刊首次刊登的"《会计研究》论文格式要求"是我国会计类专业期刊第1次对学术论文的学术规范所做的较为明确的规定，但并未对参考文献的出现方式加以说明（见《会计研究》1999年第10期封3）。2002年，该刊在修改后的"《会计研究》投稿指南"中首次提出，并在以后发表的论文中逐步得到运用（见《会计研究》2002年第1期第63页）这一规定，对会计学术规范的推动具有导向作用。

续表

样本选取			中文				英文			合计	
类别	学校	篇数	书籍	论文	其他	小计	书籍	论文	小计	数量	排序
理工类综合性大学	华中科技大学管理学院	3	44.7	34	2.7	81.4	9	54.3	63.3	144.7	4
	哈尔滨工业大学管理学院	1	14	16	3	33	37	45	82	115	8
	小计	4	37	29.5	2.8	69.3	16	52	78	137.3	2
合计	数量	50	1821	1523	337	3681	893	1948	2841	6431	/
	平均		36.4	30.5	6.7	73.6	17.9	39	56.9	128.5	

从表6所列示的博士研究生学位论文统计结果可见，其参考文献平均数为128.5项（是硕士研究生学位论文平均数的2.8倍），超过平均数的有29人（占58%）。博士研究生学位论文参考文献的平均数量最高的是南开大学国际商学院，为183.4项（而中文参考文献数量最高的是中南财经政法大学会计学院，为114.4项，英文参考文献数量最高的是南开大学国际商学院，为94.7项），其中最高的单篇参考文献数达到271项，最少的为5项①。若从学校样本的平均数上看，平均数排在前三位的学校分别是南开大学国际商学院会计系、中南财经政法大学会计学院和复旦大学管理学院会计系。若从不同类别学校的平均数上看，则依次为多科类综合性大学、理工类综合性大学和财经类综合性大学。

2. 50篇硕士研究生学位论文分学校统计分析

具体情况见表7。

① 还有2篇论文没有列示参考文献，我们在统计时将其视为特殊样本处理。

表 7 50篇硕士研究生学位论文中的参考文献运用情况统计分析表

样本选取			中文				英文			合计	
类别	学校	篇数	书籍	论文	其他	小计	书籍	论文	小计	数量	排序
财经类综合性大学	中南财经政法大学会计学院	10	23	28.7	0.2	51.9	4.1	2.6	6.7	58.6	1
	江西财经大学会计学院	10	10.2	19.7	1.0	30.9	3.8	5.8	9.6	40.5	61
	小计	20	16.6	24.2	0.6	41.4	4.0	4.2	8.2	49.6	1
多科类综合性大学	南开大学国际商学院会计系	10	10.2	14.5	1.5	26.2	1.6	11.6	13.2	39.4	7
	武汉大学商学院会计系	10	7.9	24.1	0.3	32.3	2.9	8.0	10.9	43.2	5
	小计	20	9.1	19.3	0.9	29.3	2.3	9.7	12.1	41.3	3
理工类综合性大学	西安交通大学会计学院	5	11.6	20.2	3.2	35	3.6	7.0	10.6	45.6	4
	华中科技大学管理学院会计系	4	15.5	15.8	0	31.3	2.25	14.5	16.8	48	2
	天津商学院管理学院会计系	1	8	9	0	17	3	27	30	47	3
	小计	10	12.8	17.3	1.6	31.7	3.0	12.0	75.0	46.7	2
合计	数量	50	641	1043	46	1730	154	400	554	2284	/
	平均		12.8	20.9	0.9	34.6	3.1	8	11.1	45.7	

从表7所列示的硕士研究生学位论文统计结果可见，论文中参考文献的平均数为45.7项，其中有23人（占46%）达到了平均水平，硕士研究生学位论文参考文献的平均数量最高的是中南财经政法大学会计学院，为58.6项，所选样本中达到了平均数的人数为100%。参考文献运用最高的为86项，最少的为27项，其平均程度要好于博士研究生学位论文。若从学校样本的平均数上看，平均数排在前三位的学校分别是中南财经政法大学会计学院、华中科技大学管理学院会计系和天津商学院会计系。若从不同类别学校的平均数上看，则依次为财经类综合性大学、理工类综合性大学和多科类综合性大学。

3. 100篇研究生学位论文参考文献运用数量的分布区间统计分析

具体情况见表8。

表8 100篇研究生学位论文中参考文献运用数量的区间分布统计分析表

参考文献数量区间（X）	博士研究生学位论文（篇）				%	硕士研究生学位论文（篇）				%
	财经类综合性大学	多科类综合性大学	理工类综合性大学	合计		财经类综合性大学	多科类综合性大学	理工类综合性大学	合计	
300≥X≥200	2	4	0	6	12.00	0	0	0	0	0
199≥X≥100	13	9	4	26	52.00	0	0	0	0	0
99≥X≥50	10	4	0	14	28.00	12	4	3	19	38.00
49≥X≥25	2	0	0	2	4.00	8	16	7	31	62.00
24≥X≥1	0	0	0	0	0	0	0	0	0	0
X=0	1	1	0	2	4.00	0	0	0	0	0
合计	28	18	4	50	100.00	20	20	10	50	100.00

从表6~表8的统计结果看，大约有50%的学位论文参考文献数量在平均水平之上（博士研究生学位论文为58%，硕士研究生学位论文为46%），这一点值得欣慰。但值得注意的是运用参考文献中存在以下几方面的主要问题：第一，未列出参考文献，其中博士研究生学位论文有2篇（占4%）。第二，参考文献的导出方式不统一。有的使用“顺序编码制”，有的则使用“著者——出版年制”。在博士研究生学位论文中采用“著者——出版年制”的居多，在硕士研究生学位论文中则采用“顺序编码制”的居多，只有16篇采用了“著者——出版年制”导出参考文献，占样本的32%。第三，文末所列参考文献没有与文内的出处结合。有的论文在正文中有“著者——出版年制”的标示，但是在文末的参考文献中却无文献；有的则是参考文献中列有文献，前文未见引注。因而，有随意列出参考文献充抵门面之嫌。第四，所列参考文献的位置不一致。表现为有的列在章

末，有的列在全文末。第五，参考文献中引用的外文资料明显不足，特别是硕士研究生学位论文较为明显。在50篇博士研究生学位论文样本中的平均数为56.9篇，占参考文献总平均数128.5项的44.3%；而在50篇硕士研究生学位论文中的外文参考文献平均数则为11.1篇，只占参考文献总平均数45.7项的24.3%。这一点与港、台地区学位论文中引用大量的外文参考文献有一定的差距。

4. 100篇研究生学位论文参考文献列示方式的分类统计分析

文后附列参考文献的列示方式应当具有一定的规则。根据中华人民共和国国家标准《文后参考文献著录规则（GB7714－87）》的基本要求，参考文献中一般应当列有参考文献的序号、著者或者责任者、文献名及版本、文献类型及载体类型标识①、出版事项（出版地、出版者、出版时间、卷期号等）、文献出处或电子文献可获得地址、参考文献起止页码等要素信息。按照这一要求，我们对所调查的100篇论文的情况统计分析如下（见表9）：

表9　100篇研究生学位论文中的参考文献列示方式规范执行情况统计分析表

项目			博士研究生学位论文		硕士研究生学位论文*		合计	
			数量	%	数量	%	数量	%
(1) 文献排列顺序	顺序数字号排列形式及数字后标点的标示	[1]	8	16.0	32	64.0	40	40.0
		(1)	2	4.0	0	0	2	2.0
		1	2	4.0	2	4.0	4	4.0
		1、	3	6.0	0	0	3	3.0
		1.	21	42.0	16	32.0	37	37.0
		无顺序号	15	30.0	0	0	15	15.0
		合计	50	100.0	50	100.0	100	100.0

① 国家标准局对论文中的文献标识的基本要求是：杂志［J］；专著［M］；论文集［C］；学位论文［D］；研究报告［R］；专利文献［P］；国际标准与国家标准［S］；报纸文章［N］；电子文献［文献类型/载体类型，具体类别较多，此处从略］；等等。

续表

项目			博士研究生学位论文		硕士研究生学位论文		合计	
			数量	%	数量	%	数量	%
(2) 文献责任作者	作者后标点符号的标示	张三、	4	8.0	5	10.0	9	9.0
		张三.	17	34.0	5	10.0	22	22.0
		张三,	17	34.0	22	44.0	39	39.0
		张三:	7	14.0	15	30.0	22	22.0
		张三	5	10.0	3	6.0	8	8.0
		合计	50	100.0	50	100.0	100	100.0
(3) 文献题名	题名标点的标示	用“《》”标示	31	62.00				
		用分号“”标示	4	8.0				
		用下划线标示	1	2.0				
		无标示	14	28.0				
		合计	50	100.0	50		100	
	文献类别标识的标示	有标识［J］……等	2	4.0				
		无标识	48	96.0				
		合计	50	100.0	50		100	
(4) 文献中的著作出版信息	出版版次的标示	有	5	10.0				
		无	45	90.0				
		合计	50	100.0	50		100	
	出版城市的标示	有	11	22.0				
		无	39	78.0				
		合计	50	100.0	50		100	
	出版机构的标示	有	50	100.0				
		无	0	0				
		合计	50	100.0	50		100	
	出版时间的标示	有	50	100.0				
		无	0	0				
		合计	50	100.0	50		100	

续表

项目			博士研究生学位论文		硕士研究生学位论文		合计	
			数量	%	数量	%	数量	%
(5) 文献中的期刊出版信息	刊名标示方式	有“《》”	27	54.0				
		无“《》”	23	46.0				
		合计	50	100.0	50		100	
	刊物卷(期)的标示方式	2001年第1期	23	46.0				
		2000 (1)	5	10.0				
		2000.1	6	12.0				
		2000. (1)	3	6.0				
		2000, (1)	1	2.0				
		2000, 1	5	10.0				
		无	7	14.0				
		合计	50	100.0	50		100	
(6) 参考资料出处交代	详细页码出处标示方式	第34~36页	3	6.0				
		34－36	6	12.0				
		34~36	2	4.0				
		无	39	78.0				
		合计	50	100.0	50		100	
(7) 文献末	标点的运用方式	有标点“。”	21	42.0				
		有标点“;”	1	2.0				
		有标点“.”	2	4.0				
		无标点符号	26	52.0				
		合计	50	100.0	50		100	

注：*硕士研究生学位论文的参考文献仅对参考文献的排列顺序与责任作者前两项进行了统计，后面的其他项目未予统计。

从表9所显示参考文献排列情况的统计分析上看，在100篇样本中，文后附列参考文献的列示形式极不规范，主要表现在列示方式比较随意，特别是在每条参考文献要素内容的排列顺序上，更是各行其是，结果相当混乱。综合起来，主要有以下十个方面的问题：第一，中英文参考文献列示的前后顺序不一。按照规定，应当先中文

（按拼音序），后英文（按照字母序）。实际情况则为：有的是英文在前，中文在后；有的是中文在前，英文在后；更有的是中英文交叉排列；还有的是分成几类（如书目、论文、法规、英文参考文献）后排列。第二，是参考文献顺序列示的序号运用与否上有两种形式。100 篇样本中，85% 的有序号，15% 的无序号。有序号的，在标示方式上有“1”、“1.”、“1、”、“[1]”和“(1)”5 种形式；无序号的，则随意排列。第三，是参考文献作者的标示方式上有 5 种格式。如作者为“张三”，则标示为“张三、”（占 9%）、“张三.”（占 22%）、“张三,”（占 39%）、“张三:”（占 22%）和“张三”（占 8%）等。第四，是参考文献题名的标示方式上有 4 种格式。有的用“《》”（占 62%），有的用“”（占 8%），有的用下划线（占 2%），有 28% 的没有用标点。第五，是参考文献类别的标示符号使用上不一致。100 篇样本中，使用文献类别标识的占 4%，未使用的占 96%。第六，是参考文献中论著的出版版次信息交代上不一致。100 篇样本中，10% 的有版次信息，90% 无版次信息。第七，是参考文献中论著的出版区域信息交代上不一致。100 篇样本中，22% 的有区域信息，78% 无区域信息。第八，是参考文献中论文期刊名的标示方式不一致。100 篇样本中，有 54% 用“《》”标示，46% 没有“《》”。第九，是参考文献中论文出处期刊卷（期）次信息的列示方式不一致。若为“2000 年第 1 期”，则有“2000 年第 1 期”（占 46%）、“2000（1）”（占 10%）、“2000. 1”（占 12%）、“2000.（1）”（占 6%）、“2000,（1）”（占 2%）、“2000，1”（占 10%）和 2002/1、2000 年一期、2000 年 01 期、第 1 期和 1 期等不规范标示形式，还有 14% 的没有标示期（卷）次。第十，是参考文献中参考内容析出的详细页码出处标示不一致。若出处为“第 34 – 36 页”，则有“第 34 ~ 36 页”（占 6%）、“34 – 36”（占 12%）和“34 ~ 36”（占 4%）三种标示，有 78% 的未标明页码。此外，还有一个比较突出的问题是，在参考文献的信息中，除作者外，对于时间、论题、版次、出处地、出处社、期刊名以及期次等要素的排列次序上，位置不固定，表现为有的列前，有的列后。

（三）论文中图示的运用

在会计科学学术论文中，利用图示来辅助说明学术观点，也是较为常用的一种重要表达方式。正确地运用图示，既可以形象且直观地表达有关理论概念或者相关问题之间的逻辑关系，同时也有助于读者较为直观地理解作者的观点。根据国家标准局发布的《学术论文写作的国家标准和写作方法（GB7713－87）》的基本要求，在论文中凡是出现图示时，应当具有以下五个方面的学术提示：一是有引图用语，诸如“详见图×”；二是有图序编号，诸如“图×”；三是有准确的图名标示，即“××××××图”；四是图的凡例标识与说明清楚、比例准确、排列美观；五是有用图交代，诸如“从图×可见”。在100份调查样本中，图示运用的具体情况为：

1. 50篇博士研究生学位论文中图示运用情况分学校统计分析

具体情况见表10①。

从表10所列示的统计结果可见，50篇博士研究生学位论文的用图平均数为9.4幅（是硕士研究生学位论文样本平均数的3倍）。其中，在论文中运用图示最多的为40幅，但也有8篇论文中没有一幅图示。其他基本情况如下：有引图用语的为85.1%（其中31.9%的引图用语不规范），没有引图用语的为14.9%；有图序号的为85.1%，没有图序号的为14.9%；有图名标示的86.2%（其中60.6%不规范），无图名标示的13.8%；在图版设计上，规范和比较规范的分别占46.8%，较差的占6.4%；有用图引语的为28.5%（其中14.9%的用图引语不规范），没有用图引语的为64.9%。

---

① 在本表及下列有关表格中的“规范”与“不规范”的界定，是我们在对调查数据进行采集与整理时，根据中华人民共和国国家标准《文后参考文献著录规则（GB7714－87）》的基本要求结合样本论文中的具体形式所做的一种判断，这样就不可避免地受到数据采集者个人偏好与标准的影响。

表 10　　50 篇博士研究生学位论文中的图示运用情况统计分析表

样本选取			平均数量	引图用语			图序号		图名标示			图版设计			用图引语		
类别	学校	篇数		有		无	有	无	有		无	A	B	C	有		无
				规范	不规范				规范	不规范		规范	尚可	差	规范	不规范	
财经类综合性大学	上海财经大学会计学院	10	6.8	2.1	3.6	1.1	4.1	2.7	1.4	2.7	2.7	3.6	2.4	0.8	1.8	1.7	3.3
	中南财经政法大学会计学院	10	8.4	4.2	4.1	0.1	7.9	0.5	3.1	5.2	0.1	4.9	3.5	0	2.0	0.3	6.1
	天津财经大学会计学院	3	14.7	13	1	0.7	14.7	0	3.3	9.7	1.7	4.3	8.7	1.7	1.3	3.3	10
	东北财经大学会计学院	5	3.8	2.6	0.6	0.6	2.6	2.2	0	1.4	2.4	1.4	1	1.4	1	0.4	1.4
多科类综合性大学	厦门大学管理学院会计系	10	8.6	3.1	4.7	0.8	5.4	3.2	1.0	5.6	2.0	0.8	7.0	0.8	1.8	3.6	3.2
	南开大学国际商学院	5	18.2	10.2	1.2	6.8	18.2	0	3.4	14.8	0	13	5.2	0	4.2	0.2	13.8
	复旦大学管理学院会计系	2	15.5	10.5	0.5	4.5	15	0.5	8	7	0.5	13.5	1.5	0.5	0	1.5	14
	武汉大学商学院会计系	1	0	0	0	0	0	0	0	0	0	0	0	0	0	0	0
理工类综合性大学	华中科技大学管理学院	3	4.7	1.3	3.3	0	3.7	0	0.3	4.3	0	1	3.3	0.3	1	0	3.7
	哈尔滨工业大学管理学院	1	32	29	1	2	32	0	20	12	0	12	19	1	2	0	30

续表

样本选取			平均数量	引图用语			图序号		图名标示			图版设计			用图引语		
类别	学校	篇数		有 规范	有 不规范	无	有	无	有 规范	有 不规范	无	A 规范	B 尚可	C 差	有 规范	有 不规范	无
合计	数量	50	469	251	148	70	398	76	119	284	66	220	218	31	91	72	306
	平均		9.4	5.0	3	1.4	8	1.4	2.4	5.7	1.3	4.4	4.4	0.6	1.3	1.4	6.1
	%		/	53.2	31.9	14.9	85.1	14.9	25.5	60.6	13.8	46.8	46.8	6.4	13.8	14.9	64.9

表 11　50 篇硕士研究生学位论文中的图示运用情况统计分析表

样本选取			平均数量	引图用语			图序号		图名标示			图版设计			用图引语		
类别	学校	篇数		有 规范	有 不规范	无	有	无	有 规范	有 不规范	无	A 规范	B 尚可	C 差	有 规范	有 不规范	无
财经类综合性大学	中南财经政法大学会计学院	10	3.1	1.8	0.9	0.4	2.8	0.3	0.7	1.7	0.7	1.4	1.6	0.1	0.8	0.4	1.9
	江西财经大学会计学院	10	2.4	0.2	1.9	0.3	0.5	1.9	0.3	0.2	1.9	0.3	2.1	0	0.1	1	1.3
多科类综合性大学	南开大学国际商学院会计系	10	5.3	2	0.7	2.6	4.6	0.7	3.8	0.9	0.6	0.3	4.3	0.7	0.2	0	5.1
	武汉大学商学院会计系	10	1.6	1.2	0.1	0.3	1.5	0.1	0	1.3	0.3	0.8	0.8	0	0	0	1.6

续表

样本选取				引图用语			图序号		图名标示			图版设计			用图引语		
类别	学校	篇数	平均数量	有		无	有	无	有		无	A	B	C	有		无
				规范	不规范				规范	不规范		规范	尚可	差	规范	不规范	
理工类综合性大学	西安交通大学会计学院	5	2.8	2.8	0	0	2.8	0	2.8	0	0	1.0	1.8	0	0.2	0	2.6
	华中科技大学管理学院会计系	4	2.3	1.25	0.3	0.5	1.8	0.5	1.5	0.3	0.5	0	2	0.3	0	0	2.3
	天津商学院管理学院会计系	1	4	0	0	4	4	0	4	0	0	0	4	0	3	0	1
合计	数量	50	151	72	37	42	109	32	72	42	37	32	109	9	15	14	112
	平均		3.0	1.4	0.8	0.8	2.4	0.6	1.5	0.8	0.7	0.6	2.2	0.2	0.3	0.3	2.4
	%		/	46.6	26.7	26.7	80.0	20.0	50.0	26.7	23.3	20.0	73.3	6.7	10.0	10.0	80.0

2. 50 篇硕士研究生学位论文中图示运用情况分学校统计分析

具体情况见表 11。

从表 11 所列示的统计结果可见，50 篇硕士研究生学位论文的用图平均数为 3 幅（为博士研究生学位论文平均数的 1/3）。其中，论文中运用图示最多的为 23 幅，但也有 8 篇论文中没有任何图示。其他基本情况如下：有引图用语的为 73.3%（其中 26.7% 的引图用语不规范），没有引图用语的为 26.7%；有图序号的为 80%，没有图序号的为 20%；有图名标示的 76.7%（其中 26.7% 不规范），无图名标示的 23.3%；在图版设计上，规范的占 20%，较规范的占 73.3%，较差的占 6.7%；有用图引语的为 20%（其中 10% 的用图引语不规范），没有用图引语的为 80%。

3. 100 篇研究生学位论文运用图示数量的分布区间统计分析

详细情况见表 12。

表 12 100 篇研究生学位论文中运用图示数量的区间分布统计分析表

图示数量区间（X）	博士研究生学位论文（篇）				%	硕士研究生学位论文（篇）				%
	财经类综合性大学	多科类综合性大学	理工类综合性大学	合计		财经类综合性大学	多科类综合性大学	理工类综合性大学	合计	
40≥X≥30	0	1	1	2	4.00	0	0	0	0	0
29≥X≥20	3	4	0	7	14.00	1	0	0	1	2.00
19≥X≥10	5	4	0	9	18.00	0	1	0	1	2.00
9≥X≥5	8	3	1	12	24.00	2	3	2	7	14.00
4≥X≥1	7	3	2	12	24.00	11	13	8	32	64.00
X=0	5	3	0	8	16.00	5	4	0	9	18.00
合计	28	18	4	50	100.00	20	20	10	50	100.00

从表 10～表 12 的统计结果看，博士研究生学位论文与硕士研

究生学位论文的样本中均只有38%的学位论文其用图数量在平均水平之上。尤其值得注意的是，在图示运用方面存在以下几方面的主要问题：第一，是无引图用语或者使用不规范的引图用语，如“见下图”或者“见图”等。第二，图面设计比较凌乱。第三，是无引图用语或者使用不规范的引图用语，如“见上图”、“见前图”或“见图”等。第四，是用图号与引图号发生错误，如“如图1~1所示”，实际上为“图1~3”。第五，是图序未编号，有的虽然有编号，但是有中间掉号的现象，如有图1与图3，但是无图2。第六，是图序标序方式混乱，既有按章编序，也有几章合并编序。第七，是无图名。第八，是图名位置随意放置，有的将图名置于图内，有的将图名置于图左，有的还将图序置于右上角。第九，是使用图标不规范，有的图的标示及符号存在错误，有的则没有图标的凡例说明。第十，是图序（名）与表序（名）（共）混用，如用“图表×”，图的名称标为“×××××××表”，而表的名称则标为“××××××图”。此外，还有的论文中虽然列有图表资料，但并无应用说明，似乎该图与论文没有多大的关系。

（四）论文中表格的运用

鉴于会计科学研究内容上的特点，因此在一般的情况下，会计科学论文中数据的测算与表格的运用是必不可少的。根据国家标准局发布的《学术论文写作的国家标准和写作方法（GB7713－87）》的基本要求，在论文中凡是出现表格时，应当具有以下的学术提示：一是有引表用语，诸如“详见表×”；二是有表序编号；三是有准确的表名标示，即“×××××××表”；四是表内项目排列规范；五是表的资料来源交代清楚；六是用表有交待，诸如“从表×可见”。在100份调查样本中，表格运用的具体情况为：

1. 50篇博士研究生学位论文中表格运用情况分学校统计分析

详细情况见表13。

表 13　　50 篇博士研究生学位论文中的表格运用情况统计分析表

样本选取			平均数量	引表用语			图序号		表名标示			表型设计			用表引语		
类别	学校	篇数		有		无	有	无	有		无	A	B	C	有		无
				规范	不规范				规范	不规范		规范	尚可	差	规范	不规范	
财经类综合性大学	上海财经大学会计学院	10	21.3	8.9	3.8	8.6	18.8	2.5	5.2	16.2	0.5	15.4	5.5	0.4	8.3	3.7	9.3
	中南财经政法大学会计学院	10	15.4	7.3	7	1.1	15	0	3.4	12	0	7.3	8	0	0.8	1.6	6.3
	天津财经大学会计学院	3	28.3	24.3	1	3	27.3	1	8.7	18.7	1	3.7	20.3	4.3	3	4	21.3
	东北财经大学会计学院	5	6.4	3.4	2.8	0.2	3.6	2.8	0.8	2.6	3	3	3.4	0	2	0	4.4
多科类综合性大学	厦门大学管理学院会计系	10	16.9	10.3	5.3	1.3	14.8	2.1	6.9	8.0	2.0	10.4	6.3	0.2	5.5	1	10.4
	南开大学国际商学院	5	21	8.8	6.4	5.8	20.4	0.6	0.6	20.4	0	16.2	4.8	0	5.6	0.8	14.6
	复旦大学管理学院	2	45.5	28	2	15.5	44.5	1	23.5	21	1	42.5	1.5	1.5	2.5	2	41
	武汉大学商学院会计系	1	0	0	0	0	0	0	0	0	0	0	0	0	0	0	0
理工类综合性大学	华中科技大学管理学院	3	19	2.7	16.7	0	19	0	0.3	18.7	0	0.3	18.7	0	4.3	0.3	14
	哈尔滨工业大学管理学院	1	31	29	1	1	31	0	10	21	0	22	9	0	2	2	27
合计	数量	50	937	492	264	181	865	72	246	646	45	546	369	22	280	87	570
	平均		18.7	9.8	5.3	3.6	17.3	1.4	4.9	12.9	0.9	10.9	7.4	0.4	5.6	1.7	11.4
	%		/	52.4	28.3	19.3	92.5	7.5	26.2	69.0	4.8	58.3	39.6	2.1	29.9	9.1	61.0

从表13所列示的统计结果可见，50篇博士研究生学位论文的用表平均数为18.7份（是硕士研究生学位论文平均数的3.2倍）。其中，论文中表格数最多的为63份，但也有3篇论文中没有一份表格。其他基本情况如下：有引表用语的为80.7%（其中28.3%的引表用语不规范），没有引表用语的为19.3%；有表序号的为92.5%，没有表序号的为7.5%；有表名标示的95.2%（其中69%不规范），无表名标示的4.8%；在表型设计上，规范的占58.3%，较规范的占39.6%，较差的占2.1%；有用表引语的为39%（其中9.1%的用表引语不规范），没有用表引语的为61%。

2. 50篇硕士研究生学位论文中表格运用情况分学校统计分析

详细情况见表14。

从表14所列示的统计结果可见，50篇硕士研究生学位论文的用表平均数为5.7份（约为博士研究生学位论文平均数的1/3）。其中，论文中表格数最多的为35份，但有9篇论文中没有一份表格。其他基本情况如下：有引表用语的为75.5%（其中21.1%的引表用语不规范），没有引表用语的为24.5%；有表序号的为91.2%，没有表序号的为8.8%；有表名标示的82.5%（其中73.7%不规范），无表名标示的17.5%；在表型设计上，规范的占15.8%，较规范的占71.9%，较差的占12.3%；有用表引语的为31.6%（其中7%的用表引语不规范），没有用表引语的为68.4%。在表格的运用模式上，绝大多数样本均采用网格表方式，只有少数样本采用的是三线表方式。

3. 100篇研究生学位论文表格运用数量的分布区间统计分析

详细情况见表15。

从表13～表15的统计结果看，博士研究生学位论文中有24人的设表数量超过了平均数，占48%；硕士研究生学位论文的样本中有18位同学的设表数量在平均水平之上，占42%。但值得注意的

表 14　　50 篇硕士研究生学位论文中的表格运用情况统计分析表

样本选取			平均数量	引表用语			图序号		表名标示			表型设计			用表引语		
类别	学校	篇数		有		无	有	无	有		无	A	B	C	有		无
				规范	不规范				规范	不规范		规范	尚可	差	规范	不规范	
财经类综合性大学	中南财经政法大学会计学院	10	1.6	1.4	0	0.2	1.5	0.1	0.1	1.1	0.4	0.8	0.7	0.1	0.8	0	0.8
	江西财经大学会计学院	10	3.4	0.8	1.8	0.8	1.8	1.6	0.4	1.3	1.7	1	1.9	0.5	0.4	0.8	2.2
多科类综合性大学	南开大学国际商学院会计系	10	6.7	2.6	1	3.1	6.5	0.2	1.8	4.2	0.7	0.7	4.8	1.2	0.6	0.6	5.5
	武汉大学商学院会计系	10	6.1	3.9	1.2	1	5.7	0.4	0.6	3.6	1.9	1.2	3.9	1	2.2	0.2	3.7
理工类综合性大学	西安交通大学会计学院	5	11	10.2	0	0.8	11	0	0	11	0	0.8	9.4	0.8	2.8	0.8	7.4
	华中科技大学管理学院会计系	4	9.25	2.8	4.8	1.8	8.8	0.5	0	8.8	0.5	0.8	7.8	0.8	0.5	0.4	8.5
	天津商学院管理学院会计系	1	17	8	0	9	17	0	0	17	0	2	15	0	15	0	2
合计	数量	50	287	157	59	71	262	25	29	209	49	46	206	35	71	21	195
	平均		5.7	3.1	1.2	1.4	5.2	0.5	0.5	4.2	1	0.9	4.1	0.7	1.4	0.4	3.9
	%		/	54.4	21.1	24.5	91.2	8.8	8.8	73.7	17.5	15.8	71.9	12.3	24.6	7.0	68.4

是，在表格的运用方面存在以下几方面的主要问题：第一，是无引表用语或者使用不规范的引表用语，如“见下表”或者“见表”等。第二，是表型设计不美观。第三，是无用表引语或者是使用不规范的用表引语，如“见上表”、“见前表”或“见表”等。第四，是用表号与引表号发生错误，如“如表1所示”，实际上为“表3”。第五，是表序未编号，有的虽然有编号，但是有中间掉号的现象，如有表1与表3，但是无表2。第六，是表序标序方式混乱，既有按章编序，也有的是几章合并编序。第七，是有的表格无表名。第八，是有的有表格资料，但无应用表格数据的说明。

表15　100篇研究生学位论文中表格运用数量的区间分布统计分析表

用表数量区间（X）	博士研究生学位论文（篇）				%	硕士研究生学位论文（篇）				%
	财经类综合性大学	多科类综合性大学	理工类综合性大学	合计		财经类综合性大学	多科类综合性大学	理工类综合性大学	合计	
X≥60	0	1	0	1	2.00	0	0	0	0	0
59≥X≥50	0	1	0	1	2.00	0	0	0	0	0
49≥X≥40	4	1	0	5	10.00	0	0	0	0	0
39≥X≥30	2	2	2	6	12.00	0	0	2	2	4.00
29≥X≥20	6	3	1	10	20.00	0	1	0	1	2.00
19≥X≥10	4	4	0	8	16.00	0	5	1	6	12.00
9≥X≥5	6	2	0	8	16.00	4	5	2	11	22.00
4≥X≥1	4	3	1	8	16.00	12	6	3	21	42.00
X=0	2	1	0	3	6.00	4	3	2	9	18.00
合计	28	18	4	50	100.00	20	20	10	50	100.00

（五）论文内部标题的层级设置及标示方式

会计科学学术论文正文的写作，需要一定的结构，也即章、节、目的设置与运用。根据国家标准局发布的《学术论文写作的国家标准和写作方法（GB7713－87）》的基本要求，现在的学术论文一般多以伞式结构作为论文的主体框架，并通过不同层次标题和序号的设置来确定论文的脉络，以通过它们鲜明地突出论文的主要内容，使论文具有一种结构清晰、整洁有序和循序渐进的节奏美感。从我们调查100篇样本的情况看，在论文的结构与层次表达方面存在的比较普遍的问题有：

1. 论文设章的数量差异较大

正确地设计篇章结构，是论文谋篇布局的重要内容之一。50篇博士研究生学位论文样本中共设有324章，平均每篇设章数为6.3章。最高的设有12章，最少的设有4章，其差异在2倍以上。论文正文设章的基本分布状况为：设12章的有2人，设10章的有2人，设9章的有2人，设8章的有12人，设7章的有9人，设6章的有8人，设5章的有13人，设4章的有2人。其中一个特别样本是，在分设四大部内容的情况下再设9章。而50篇硕士研究生学位论文设章的平均数则为4.8章，最高的有7章，最少的则为3章，其差异体现得不是很明显。

2. 论文章、节间引语的运用比较普遍但不规范

章引是指在每章标题与每节标题之间的文字导语，这一方式在学术论文的写作中运用得比较普遍。在50篇博士研究生学位论文样本中，有49人均采用此方式，占98%；没有使用导语的只有1篇。在50篇硕士研究生学位论文样本中则只有36人运用了章引语，占72%，但其中却有33人使用不一致，表现为有的章次有导语，有的章次却没有导语。节引是指在节标题与目标题之间的文字导语，这一方式的运用，博士研究生学位论文明显高于硕士研究生学位论文。在50篇博士研究生学位论文样本中，有41人采用了此方式，占82%，但其中却有36人的部分节次未用导语；没有使用节导语的有9人，占18%。在50篇硕士研究生学位论文样本中，则只有22人运用了导语，仅占44%。

3. 论文章、节、目的序号设置规范不一致且运用矛盾性的不规范标示

首先，是在章次的标示上不一致，大多数用的是文科表达方式，如第一章或第1章。其次，是在节次的标示上，大多采用文科标示方式，如第一节或第1节。但有的论文中章与节的标示不统一，如“第一章”下为“第1节”，或者在“第1章”下为“第一节”等。再其次，是在节次下目的标示比较混乱，具体表现为：一是第一级标题上，有的用文科格式（如“一、”），有的则用理科格式（如“1”）；二是有的直接将第二级标题“（一）”的标示作为一级标题标示；三是有的样本中文理科标示共用，如一级标题用“一、”，而在二级标题却用“1.1”；等等。

4. 论文正文内论点层级标题设置及规范情况统计分析

其基本状况可列表如下（见表16）。

表16　100篇研究生学位论文中的论点层级设置情况统计分析表

项目			博士研究生学位论文		硕士研究生学位论文		合计		相关规范要求	样本中的错误现象
			篇	%	篇	%	篇	%		
样本总数量			50		50		100			
一级标题“一、”	标题单列一行	论点后无标点符号（对）	41	82.0	29	58.0	70	70.0	“一”应单行，其后加顿号再接标题，标题后无标点符号	有的在“一”后不用顿号“、”而用圆点“.”
		论点后有标点符号“。”（错）	9	18.0	21	42.0	30	30.0		
	标题后引语的运用	有引语后进入二级标题	13	26.0	18	36.0	31	31.0		
		无引语直接进入二级标题	37	74.0	32	64.0	69	69.0		

续表

项目			博士研究生学位论文		硕士研究生学位论文		合计		相关规范要求	样本中的错误现象
			篇	%	篇	%	篇	%		
二级标题“(一)”	标题单列一行	论点后无标点符号（对）	38	76.0	32	64	70	70.0	“（一）”后面应无标点符号，若单行标题后不加标点，若接正文则空一格	在“（一）”后有的用顿号“、”，有的用圆点“.”
		论点后有标点符号“。”(错)	7	14.0	0	0	7	7.0		
	标题后连接正文	论点后无标点符号（对）	0	0	0	0	0	0		
		论点后有标点符号“。”(错)	5	10.0	4	8.0	9	9.0		
三级标题“1”	标题单列一行	论点后无标点符号（对）	40	80.0	29	0	69	69.0	“1”后应加标点符号“.”后再接标题，若单行标题后不加标点，若接正文则加“。”	在“1”后有的用顿号“、”，有的用圆点“.”
		论点后有标点符号“。”(错)	8	16.0	4	8.0	12	12.0		
	标题后连接正文	论点后有标点符号“。”(对)	26	52.0	14	28.0	40	40.0		
		论点后无标点符号（错）	0	0	0	0	0	0		
三级标题“(1)”	标题单列一行	论点后无标点符号（对）	15	30.0	17	34.0	32	32.0	“(1)”后不加标点符号直接接标题，若单行标题后不加标点，若接正文则加“。”	在“(1)”后有的用顿号“、”，有的用圆点“.”
		论点后有标点符号“。”(错)	4	8.0	2	4.0	6	6.0		
	标题后连接正文	论点后有标点符号“。”(对)	25	50.0	26	52.0	51	51.0		
		论点后无标点符号（错）	1	2.0	22	44.0	23	23.0		

（六）论文其他要素的规范执行情况

根据国家标准局发布的《学术论文写作的国家标准和写作方法（GB7713－87）》的基本要求，在学术论文中，除了前述相关要素外，还应当有目录、前言（引言）、摘要（中文、英文）、关键词、研究结论、鸣谢等要素。其基本情况的统计分析如下（见表17、表18）：

表17　100篇研究生学位论文中有关要素规范执行情况的统计分析表

项目				博士研究生学位论文		硕士研究生学位论文		合计	
				篇	%	篇	%	篇	%
样本总量				50		50		100	
目录			有	46	92.0	40	80.0	86	86.0
			无	4	8.0	10	20.0	14	14.0
前言			有	19	38.0	40	80.0	59	59.0
			无	31	62.0	10	20.0	41	41.0
摘要	中文摘要		有	50	100.0	50	100.0	100	100.0
		平均字数（字）		2681		2192		2399	
		字数（X）分布	X≥6000	6	12.0	7	14.0	13	13.0
			5999≥X≥4000	5	10.0	3	6.0	8	8.0
			3999≥X≥2000	12	24.0	9	18.0	21	21.0
			1999≥X≥1000	22	44.0	3	6.0	25	25.0
			999≥X≥500	5	10.0	25	50.0	30	30.0
			499≥X	0	0	3	6.0	3	3.0
	英文摘要		有	49	98.0	50	100.0	99	99.0
			无	1	2.0	0	0	1	1.0
关键词	中文		有	38	76.0	50	100.0	88	88.0
			无	12	24.0	0	0	12	12.0
	英文		有	37	74.0	50	100.0	87	87.0
			无	13	26.0	0	0	13	13.0
研究结论			有	35	70.0	19	38.0	54	54.0
			无	15	30.0	31	62.0	46	46.0
文后鸣谢			有	39	78.0	46	92.0	85	85.0
			无	11	22.0	4	8.0	15	15.0
英文缩写*			有	37	74.0	28	56.0	65	65.0
	第一次出现无英文全称的			16	32.0	8	16.0	24	24.0

注：*有的论文中两种情况均存在，即有英文缩写，但有时有英文全称，有时又没有。

表 18 100 篇研究生学位论文中的摘要情况统计分析表

类别		学校	篇数	平均（字数）	排序
博士研究生学位论文	财经类综合性大学	上海财经大学会计学院	10	2700	4
		中南财经政法大学会计学院	10	5550	1
		天津财经大学会计学院	3	3213	2
		东北财经大学会计学院	5	1368	7
	多科类综合性大学	厦门大学管理学院会计系	10	1726	5
		南开大学国际商学院	5	1320	8
		复旦大学管理学院会计系	2	1250	9
		武汉大学商学院会计系	1	2800	3
	理工类综合性大学	华中科技大学管理学院	3	1567	6
		哈尔滨工业大学管理学院	1	1200	10
	合计	数量	50	130340	/
		平均		2681	
硕士研究生学位论文	财经类综合性大学	中南财经政法大学会计学院	10	6310	1
		江西财经大学会计学院	10	2260	2
	多科类综合性大学	南开大学国际商学院会计系	10	760	6
		武汉大学商学院会计系	10	572	7
	理工类综合性大学	西安交通大学会计学院	5	958	4
		华中科技大学管理学院会计系	4	960	3
		天津商学院管理学院会计系	1	800	5
	合计	数量	50	109590	/
		平均		2192	

从表 17 与表 18 的统计结果可见，在论文其他要素的规范执行情况上，其存在的差异相对前几项来说，要少一些，但是也存在如下问题：

1. 目录项

目录是学位论文的一个重要内容，一般均应列示。但在 100 篇调查样本中，有 86% 的样本设有“目录”项（博士研究生学位论文样本中为 92%，硕士研究生学位论文样本中为 80%），有 14% 的样本未设“目录”项。博士研究生学位论文一般均有中英文目录，硕士研究生学位论文中只有江西财经大学会计学院要求硕士研究生学位论文用中英文目录。

2. 前言项

前言①是学位论文的一个重要构成部分，属于整篇论文的引论部分，它一般对论文的写作目的与动因做一些必要的交代，以引出正文。其内容一般包括：研究的理由、目的、背景、前人的工作和知识空白、理论依据和实验基础、预期的结果及其在相关领域里的地位、作用和意义等。在100篇调查样本中，只有59%的样本设有“前言”项（博士研究生学位论文样本中为38%，硕士研究生学位论文样本中为80%），有41%的未设“前言”项②。

3. 论文摘要项

学术论文一般应有摘要项，为了国际交流的需要，还应有外文（多用英文）摘要。摘要是论文内容不加注释和评论的简短陈述，它将论文的核心观点与创新点予以归纳，以便于向阅读者传递论文的核心信息，其作用是使读者不需要阅读论文全文即能获得必要的信息。按照国家标准局发布的《学术论文写作的国家标准和写作方法（GB7713－87)》的基本要求，论文摘要一般应当包含以下内容：(1) 从事这一研究的目的和重要性；(2) 研究的主要内容，指明完成了哪些工作；(3) 获得的基本结论和研究成果，突出论文的新见解；(4) 结论或结果的意义。论文摘要的文字必须十分简练，内容亦需充分概括，篇幅大小一般限制其字数不超过论文字数的5%。如果按照现在国内的惯例，一般情况下，一篇博士论文通常为10万～15万字左右，一篇硕士论文的篇幅为3万～5万字左右来估

---

① 在一般的学术论文中则为引言。

② 作为一个样本群体，中南财经政法大学会计学院硕士研究生学位论文样本中均无“前言”，也许是学校的论文规范未做此项要求，作为特殊样本群体分析。

算，则博士论文的摘要字数为6000字左右，硕士论文的摘要字数应当为2000字左右。在100篇调查样本中，尽管该项的运用率为100%，平均篇幅为2399字（博士论文样本的平均数为2681字，硕士论文样本的平均数为2192字），但是在论文摘要的篇幅上差异较大，分布不均。从分布区间上，篇幅大于6000字的占13%（博士论文样本占12%，硕士论文样本占14%），篇幅在1000字以下的占33%（博士论文样本占10%，硕士论文样本占56%）。博士研究生学位论文摘要数最高的为9000字，最少的为600字，相差为14倍。平均数最高的学校是中南财经政法大学会计学院，平均数为5550字，最低的学校平均数为1200字，相差为3.6倍。硕士研究生学位论文摘要数最高的为7800字，最少的为380字，相差20倍。平均数最高的学校为中南财经政法大学会计学院，平均字数达到6310个字，最低的学校平均数为572字。在100篇样本中，除1人没有英文摘要项外，其他99篇论文均有英文摘要。

4. 关键词项

学术论文中的关键词是标示文献关键性的主题内容经过规范处理的主题词，它是为了方便文献标引与检索工作需要而从论文中选取出来，用以表示全文主要内容的单词或术语。一般情况下，一篇学术论文可选取3~8个词作为关键词，且以《汉语主题词表》和《世界汉语主题词表》[①] 进行规范。在100篇调查样本中：有88%的样本设有“关键词”项（博士研究生学位论文样本中为76%，硕士研究生学位论文样本中为100%），12%的样本未设“关键词”项（均为博士研究生学位论文的样本）；有87%的有英文关键词，有13%的无英文关键词；关键词的数量一般均在3~5个左右，但有一篇论文仅为2个。此外，有的关键词的提炼并不规范，看起来比较随意。

① 有两个标准可供参考：一是由中国科学技术情报所编的《汉语主题词表（第一分册）》（科学技术文献出版社1991年版）；二是国家标准局发布的《文献叙词标引规则（GB3680－1995）》。

5. 研究结论项

学术论文的研究结论部分，应反映论文中通过研究并经过理论分析后得到的学术见解，结论应当是该论文的最终性与总体性的结论，也即结论应是整篇论文的结局，而不是某一局部问题或某一分支问题的结论，更不是正文中各段小结的简单重复。结论应当体现作者更深层的认识，且是从全篇论文的全部材料出发，经过推理、判断和归纳等逻辑分析过程而得到的新的学术总观念与总见解。从这一要求出发，论文的研究结论就应该准确、完整、明确和精练。该部分的内容一般应包括以下几个方面：（1）本文研究结果说明了什么问题；（2）对前人有关的看法做了哪些修正、补充、发展、证实或否定；（3）本文研究的不足之处或遗留未予解决的问题，以及解决这些问题可能的关键点和方向。论文的研究结论应当措辞严谨、逻辑严密、文字具体，应当与有关的法律条文一样，按顺序 1、2、3……列成条文，用语斩钉截铁，且只能作一种解释，不能模棱两可、含糊其辞。文字上也不应夸大，对尚不能完全肯定的内容注意留有余地。但在 100 篇调查样本中，有 54% 的样本有专门的“研究结论”项（博士研究生学位论文样本中为 70%，硕士研究生学位论文样本中为 54%），有 46% 的样本中无“研究结论”项（博士研究生学位论文样本中为 30%，硕士研究生学位论文样本中为 46%）。由此可见，这一问题还未引起足够的重视。

6. 其他项目

第一，是文末的“鸣谢”项①。在 100 篇调查样本中，85% 的有该项，15% 无该项。第二，是英文专有名词的缩写问题。按照惯例，对论文中有关国家及其组织等专有名词的英文缩写，当其第一次出现时，应当用中文写出全称并在括号内注明英文全称及简写的

① 在样本中，该项大多是与论文的“后记”结合在一起表达的。

外文大写字母符号组合，而后才能用外文简称。在100篇调查样本中，有65%的样本表达规范，有25%的样本存在不规范表达的问题。第三，是世纪、年代与数字方面表达的问题。第四，是计量单位的不规范表达问题。第五，是公式的表达与运用问题。第六，是标点符号的运用问题。第七，是文档优化问题。第八，是行文的文法问题。限于时间与篇幅，不一一分析与说明。

五、研究结论与局限

（一）研究结论

通过对上述100篇研究生学位论文样本的分析，我们可以得出如下五个方面的研究结论：第一，20世纪80年代以来，尽管在中国会计学会成立后对会计理论研究工作进行了强有力的指导与推动，但却一直疏于对学术成果表达规范的研究与建设，因此，会计科学理论研究学术成果表达的规范性与其他学科具有一定的差距。第二，尽管会计学专业博士研究生与硕士研究生的学位论文学术规范执行情况并不一定能够代表大陆会计界研究成果表达的全貌，但受现行大陆研究生培养体制所决定，抽样调查与分析的统计结果还是具有一定的参照意义。由此我们认为，现行会计科学研究成果表达方式上的学术规范遵循程度不容乐观。第三，由于不同学校具有不同学术发展背景与不同的学科特点，因而对学位论文就有不同的规范要求，由此形成了学校之间论文规范程度上的较大差异，但从总体上看，不管是硕士论文还是博士论文，它们离国家有关学术论文规范的标准要求还有相当大的差距，且遵循程度极不均衡。第四，由于部分学校学位论文学术规范要求的表达本身就不规范[①]，因而，使学生在论文的完成阶段无所适从，或导师对学生的要求与

① 有的学校在网站主页上所贴出的学位论文规范格式，在要求上本身就存在着许多不规范之处，致使学生无所适从。

学校规范形成冲突，这也是形成研究生学位论文表达不规范的一个重要原因。第五，会计学专业的研究生作为会计科学理论研究的一支重要力量，强化对他们学术规范意识的培养与训练刻不容缓。

（二）本文研究的局限

本文的重要意义主要在于以国家有关部门颁布的学术论文规范表达标准为参照要求、以研究生学位论文样本表达上的学术规范现状初步分析为基础，提出了对现阶段会计科学理论研究要强调学术规范问题的警示。尽管由于样本选取上的限制决定了研究结论的普遍性上可能有局限，但其研究方法、研究内容及其研究结论均可作为深入研究本问题的一个基础。我们认为，本文研究结果的局限性主要体现在：

1. 样本选取的代表性问题

本调查所得的样本只是在适当考虑有关学校学科特点及学科发展特点代表性的前提下，更多的是根据我们取得样本时的方便程度，有些具有一定特点和代表性的学校未能取得样本，这是一个缺憾。特别是在文中所涉及的有 3 所多科类综合性大学和 2 所理工类综合性大学博士论文样本的选取对象均属管理学院所培养的管理专业的博士生论文，但考虑到其撰写论文的专业方向基本上是属于会计方面的选题，故将其作为样本选取。由此也可以看出，文中涉及的问题在管理类其他专业的学位论文中可能也是一定程度上存在的。

2. 样本选取的时间问题

本调查所选样本一般为学生答辩时所用的论文，也许各样本对象的论文在答辩后会根据答辩委员会的建议进行修改与完善，上述问题也就可能会在一定程度上得到修正与补充，这样就会使实际状况与本研究的结论之间出现一些偏差。但是我们认为，作为提交给答辩委员会所运用的论文，其学术规范的遵循情况也是对论文评价时需要加以考虑的因素之一①。

3. 研究样本分析的差异揭示问题

在本文的分析中，缺乏比较差异数据的揭示，这是本文主要运用描述统计方法进行研究的一个缺憾。但从会计科学理论研究特点上看，仅就本文的主体研究内容而言，其差异的揭示可以是建立在从下述三个方面进行比较的基础之上：一是大陆会计学专业学位论文现状与客观标准或者要求的比较②；二是大陆会计学专业学位论文现状与有关国家或者地区现状的横向比较，如与港、澳、台地区的会计学专业论文或者是与国外某个国家的某所学校的论文情况进行比较；三是大陆会计学专业学位论文现状与不同时期的状况进行纵向比较，譬如，将20世纪80年代的论文、20世纪90年代的论文与进入21世纪后的论文进行比较以发现差异，这样所揭示出来的问题可能就更有说服力，但限于条件本文还未涉及。

4. 样本涉及的范围问题

会计科学理论研究的成果有多种表现形式，但本文的样本仅限于博士与硕士研究生的学位论文，如果我们将文献的范围涉及更广泛一些（譬如，对《会计研究》、《中国财务与会计研究》、《中国会计评论》和《会计论坛》等杂志刊载论文进行学术规范遵循程度分析，或者将大陆的重要专业学术期刊的学术规范遵循情况与港、澳、台地区的会计学专业期刊或者是与国外某会计学专业期刊刊载论文的学术规范遵循情况进行比较与分析），所得出的结论将会更加全面，也可能会具有更普遍的学术指导意义。在进行这个项

① 通常的论文评语中就有涉及论文本身学术规范执行情况的评价内容。

② 根据我们的了解，目前还没有一个相对比较一致的标准，各校由于其主流学科性质的差异，导致其出台的学位论文格式与要求上的差异较大。由此带给我们的启示是，我们是否需要建立一个相对统一的学术规范标准呢？就笔者个人的意见，建立这样一个标准迫在眉睫。如果没有这样一种想法，我们不会花费如此大的精力去对这个问题进行如此琐碎的研究。

目研究之前，我们虽然考虑到了这个问题，但限于精力暂时还没能深入进行这方面的研究。

5. 研究内容涉及的范围问题

实际上，学术规范所涉及的范围很广，本文所讨论的问题还仅仅只是与学位论文的最终成果相关的一些主要的学术规范方面的项目，至于其他项目，还需要专门进行研究。

六、研究启示与思考

前已述及，科学的研究程序与规范的学术表达是提高学术成果的社会影响并促使其学科地位得以提升的一种重要方式。会计科学理论研究学术规范的遵循程度，将在一定程度上影响到会计科学学术地位的提升。因此，需要不断地优化现阶段会计科学理论研究的学术环境，特别注重对会计学专业研究生的学术规范教育与训练，以便进一步加强会计科学理论研究的学术规范建设，为提高会计科学的理论研究水平和会计科学学科地位创造条件。限于篇幅，将另文专述。

主要参考文献

[美] 伯顿·克拉克等著．研究生教育的科学研究基础．王承绪译．杭州：浙江教育出版社，2001. 312

[美] 约翰·范德格拉夫等著．学术权利——七国高等教育体制比较．王承绪等译．杭州：浙江教育出版社，1989

[西班牙] 奥尔特加·加塞特著．大学的使命．徐小洲等译．杭州：浙江教育出版社，6 ~ 10；50 ~ 57

蔡凤池．论会计科学的分化与统一．会计研究，1992（3）：24 ~ 24

郭道扬．21 世纪的战争与和平——会计控制、会计教育纵横论．会计论坛，2003（1）：27

吉彦波．学术如何、学府何如．高等财经教育研究，2000（2）：20 ~ 25

蒋义宏．会计的多学科研究及其发展趋势．上海会计．1994（6）：2～4
李醒民．科学的精神与价值．石家庄：河北教育出版社，2001. 519
卢少华．会计科研方法论．北京：中国金融出版社，2003
罗福凯．会计学科的创新与发展思考．经济科学，1998（6）：64～69
许家林．现代会计科学理论研究．上海：立信会计出版社，2003. 5～6
杨昌勇．学术论著注释和索引的规范与功能．中国社会科学，2002（2）：192～204
杨雄胜主编．中国企业会计问题调查．大连：东北财经大学出版社，2002
于玉林．论"大会计学"的形成与发展．会计论坛，2003（2）：12～24
于玉林著．现代会计方法学．上海：立信会计出版社，1997
于增彪等．重新审视美国会计对中国会计国际化的影响．会计研究，2004（3）：7～16
余绪缨．当代会计科学发展的大趋势．厦门大学学报（哲社版），1992（1）：35～46
张朝宓等．当代会计实证研究方法．大连：东北财经大学出版社，2001
周忠惠．论会计研究方法论．会计研究，1984（6）：46～48
周忠惠著．会计研究方法论．成都：西南财经大学出版社，1993

（本文于2005年7月在"第8届海峡两岸会计与管理学术研讨会"上交流，其主体内容刊于《学位与研究生教育》2005年第5期）

论会计专业论文写作的学术要求与学术规范*

会计理论研究工作中，当研究人员根据研究目标，按照一定的研究程序完成研究任务后，所形成的研究成果必须要以一定形式反映出来，论文就是最基本的一种表现形式。论文写作并不是一件可以随意而为之的事，它不仅要遵循一定的基本程序，也要具备一些共同的主体学术要素，同时在其表达上更是应当遵循相应的学术规范。只有这样，所完成的论文才具备相应的文献价值并产生相应的学术效益与学术影响。本文拟围绕这一主题作简要描述与讨论。

一、会计专业论文写作的基本要求

（一）会计专业论文是学术论文的一种

什么是学术论文？中华人民共和国原国家标准局发布的《科学技术报告、学位论文和学术论文的编写格式（GB7713－87）》中指出："学术论文是指某一学术课题在实验性、理论性或观测性上具有新的科学研究成果或创新见解的知识和科学记录；或是某种已知原理应用于实际中取得新进展的科学总结，用以提供学术会议上宣读、交流或讨论；或在学术刊物上发表；或作其他用途的书面文

* 本文系2008年度中南财经政法大学研究生教育创新基金课题——《提升研究生科研能力的培养模式创新研究——以会计学专业为例》（2008JG05）的阶段成果。

件。”简而言之，学术论文就是用来进行科学研究和描述科研成果的文章，它既是探讨问题进行科学研究的一种手段，又是描述科研成果进行学术交流的一种工具。一般意义上的学术论文，应当具有四方面的特点：

第一，是学术性。它指研究与探讨的内容具有专门性和系统性，即是以科学领域里某一专业性问题作为研究对象。不仅从内容上看，学术论文的专业性较强，而且从语言表达上看，学术论文很多是采用专业术语、专业性图表和专门符号表达内容的，它的读者主要是专业上的同行。因此，为了把学术问题表达得简洁、准确和规范，文中会涉及较多的专业用语。

第二，是科学性。它指研究与探讨的内容要准确、思维要严密、推理要合乎逻辑。这即要求作者在立论上必须从客观实际出发，不得带有个人好恶与偏见，不得主观臆造，在此基础上得出符合实际的结论。因此，在论据上，就应当尽可能多地占有资料，以最充分的、确凿有力的论据作为立论的依据；在论证时，就必须经过周密的思考，并进行严谨地论证。

第三，是创新性。它要求作者有自己独到的见解，能提出新的观点和看法。创新性是科学研究的生命，学术论文的科学价值就表现在其具有创新性上。创新性可以表现为是填补空白的新发现、新发明和新理论，是在继承基础上发展、完善和创新，是在众说纷纭中提出自己的独到见解，是推翻了前人的某种定论，是对已有资料作出创造性综合等。有时在论文中所体现出的新思路、新方法、新体系和新因素等，也可视为一种创新。

第四，是理论性。它指论文中体现出作者思维的理论性、论文结论的理论性和论文表达的论证性。学术论文与一般议论文不同，它必须有自己的理论论证，不能只是材料与文献的简单罗列，应当是在对大量的事实、材料和文献进行分析、研究的基础之上，使感性认识上升到理性认识。

学术论文按内容的学科性质，可分为自然科学论文和社会科学论文。会计专业论文是社会科学研究论文的一种，它是系统地阐述、讨论或研究、探讨某个会计专业问题的文章。会计专业论文按撰写要求可分为学术论文和一般论文，按用途可分为会计科研成果论文、会计业绩考核论文和会计专业学位论文等。

（二）会计专业论文写作的基本要求

首先，是会计专业论文写作的内容要求。所撰写的会计专业论文，在内容上应当力求做到：一是准确性，即论文的内容从实际出发，正确地反映客观事物的性质、发展过程和规律。写作中要充分运用逻辑思维：要准确地运用各种概念，概念的定义（或内涵定义）和外延要准确，不得模棱两可，似是而非；判断要明确，对客观事物的分析，要揭示其性质和规律，明确肯定或否定，真或假，正确与错误，广度和深度，或不同程度之间的界限；推理要科学，根据已知的判断（前提）引出新的判断（结论）是科学的，论证清楚，认识正确。二是鲜明性，即论文能以简明的语言，明确表明作者的观点。三是生动性，即论文的内容要采用生动的语言和具体的事实来反映事物的发展变化和趋势。四是合规性，即论文既要在内容上符合国家的路线、方针、政策、法律和制度，也要在形式上符合国家有关部门论文学术规范要求。五是理论性，即论文的观点和论证要符合科学原理。六是创新性，即论文具有一定的新内容，如新建议、新措施、新方法、新公式、新模型、新资料、新证明、新概念、新设想、新理论和新体系等。七是层次性，即论文的层次结构合理，同一层次的篇幅基本均衡。八是精细性，即论文中要避免出现常识性错误，如立论不当、资料不实、分析绝对化、概念不准确、判断不科学、推理不合理、结构不严、内容前后矛盾不协调、字句含糊和标点符号不准确等。九是完整性，即论文的学术要素齐全与规范。

其次，是会计专业论文写作的法律要求。应当做到：一是要有尊重他人知识产权的意识，即对论文中引用和借鉴他人的研究成果时，应当严格遵守《中华人民共和国著作权法》的要求，按照国家有关规定中所确定的著录规范要求，列出注释与参考文献的详细信息。二是要有保护自己知识产权的意识，对凡是属于自己独创性论文中所形成的观点、材料和数据等形式的成果，发现他人的论著借鉴运用，但未用规范方式加注与列作参考文献时，应当保留根据《中华人民共和国著作权法》所赋予追究使用者相应法律责任的权利。三是应当透彻理解《中华人民共和国著作权法》中有关侵权行为的界限，如根据该法第五条规定的精神，在论文中使用法律、法规，国家机关的决议、决定、命令和其他具有立法、行政、司法性质的文件，及其官方正式译文、时事新闻、历法、通用数表、通用表格和公式等，不属于剽窃和抄袭他人作品的行为。

二、会计专业论文的基本撰写程序

（一）选定论题

首先，是正确选定论题意义重大，它关系到能否完成研究任务。如果论题过大，到时可能会因多种因素影响而难以完成；如果论题过小，不能达到研究水平。选定论题的前提是选择研究主题，它是确定研究对象，选择所要解决的问题。狭义地说，是指选定写文章或者著作的题目；广义地说，是选择科研领域，确定科研方向。

其次，是需要注意与选定论题有关概念内涵上的区别。一是课题。它是指某一学科重大的科研项目，它的研究范围比论题大得多，如“面对经济全球化环境的中国会计规范体系建设问题”。二是论题。它指在研究过程中所确定的论述范围或研究方向，也就是是解决前面说的“写什么”的问题，它属于内容要素，如“关于会计委派制的问题”。三是标题（题目），它是准确概括文章内容的一句话或一个词组，它要根据内容来确定，它属于形式要素，它可以在文章写成后加上去，也可根据内容改换，具有较大弹性。有的文章标题可以明显地揭示出论题，如“会计委派制利大于弊”。有些文章从标题上看不出论题的内容，如“浅谈会计委派制”、“会计委派制的若干分析”。在选定论题时有一个思路问题，就是把小题做大还是把大题做小？著名语言学家王力教授在20世纪80年代初期在中国社会科学院的一个演讲中曾经强调，研究生论文写作时尽量要把小题做大。他曾经举例说，汉语中的一个字都可以做成一篇论文。

再其次，是选定论题时需要思考以下六个因素。一是我应该研究什么问题？这要与个人的专业方向相结合，有大问题、中问题与小问题之分。各个专业领域里的问题非常多，只要你处处留心就有值得研究的问题。二是我喜欢研究什么问题？这要与个人兴趣结合起来，既有长期性跟踪的专业性问题，也有临时性需要研究的热点问题，另外还有完成任务性的命题式问题，如课题研究。三是我能够研究什么问题？这要与自身的研究能力结合起来，在确定目标时要量力而行，把长期研究、中期研究和短期研究进行组合。四是了解别人已经研究了什么问题？这里提倡广泛搜集资料并追究根底，兼听则明，偏听则暗。五是了解别人从什么角度研究此问题？它的研究视角是什么。因为同一个研究问题的不同研究视角，就有不同的研究结论，这里要注重切入点选择与学科交叉性的研究。六是了解别人是怎样研究这个问题？同样问题的研究，由于研究方法不同，就会有不同的研究结论，因此要注重研究方法与研究技术的掌握。

最后，是选定论题阶段应当注意的主要问题。一是要掌握选题原则，既要有创新精神，又要从实际出发；二是要明确选题范围，可包括会计实务工作、会计管理体制、会计基础理论研究和会计教育等方面的内容；三是要优化选题方法，既可在命题中选（如根据相关的《论文选题指南》选定），也可自行选定。在选定论题上，要避免一般化、表面化、雷同化、陈旧化、宽泛化和琐细化。

（二）搜集资料

按照确定的选题和内容，通过各种方法搜集大量的资料，才能为科学研究打下坚实的基础。有了丰富的资料，才能研究客观事物的历史发展和现实状况，揭示其影响因素、发展趋势和规律，并预测未来可能出现的变化。通过各种方法搜集大量的资料，才能为科学研究提供可靠的依据。科学研究需要占有的大量资料，不仅有数量要求，而且要有质量的标准。只有搜集的资料是真实的，才能为研究成果也具有真实性提供可靠的依据。

搜集资料的要求：一是搜集的资料要全面，要有针对性；二是搜集的资料要真实，要有客观性；三是搜集资料的方法要广泛，包括资料法、观察法、调查法和实验法等。

（三）拟定提纲

第一，拟定提纲的作用很关键。现实中，有不少会计专业研究人员都有这样的感受：当某种思想在你的头脑中奔涌，感觉已经酝酿成熟，满怀激情地拿起了笔想写出来，但是一旦动笔，思想却在笔头上凝固起来了，写不出或写不下去；或者是在一项科研任务即将结束时，脑子里装着许多材料，观点已经形成且有价值，想写但就是无从下手。凡此种种，并非由于“懒”，而是由于感到“难”。由于遇到了难题，多少影响了写作论文的信心。拟定论文写作提纲就是解决“开头难”的一个重要步骤。拟定提纲就是确定论文的总体布局，先设计后施工，开始对客观事物进行研究。有了论文提纲，才能对搜集的资料进行加工，形成规律性的认识；才能安排论文的结构，形成全面的观点；才能排列问题的顺序，使观点鲜明。撰写论文如果没有提纲，下笔千言，实际上可能离题万里，是为大忌。

第二，拟定提纲分两个步骤。首先，是拟定粗纲（一层结构），即以中心论点（主题或主题思想）为纲展开的各种论点（观点），作为大的部分，并按顺序确定大的标题。这种提纲只有大标题的一个层次，是体现论文题目的中心论点的各种论点。它是在对搜集的资料进行深入研究的基础上形成的，往往要经过多次思考才能确定。其次，才是拟定细纲（多层结构），在粗提纲的基础上，在每个大的部分大论点之下，形成相互依存的多层的小论点；也就是在大标题之下有小标题，小标题之下有论点或论据或资料来源。细提纲是粗提纲的细化，大论点中有小论点，层次分明，便于写作。根据研究任务和论文题目的内容，提纲可以是两层结构，或三层结构、四层结构、五层结构（如上例格式）等。

第三，拟定提纲构思逻辑。一是构思论文主题，即拟传递的主要信息；二是构思论文形式，即拟以什么方式传递信息，是论文、调查报告还是实证分析报告等，还是写纯理论性、普及性、应用性论文；三是构思（确定）研究方法，即采用规范法还是实证法；四是构思论文范畴，即怎样写，写多宽，大致涉及哪几个方面的问题；五是构思论文布局，即其论述与表达的逻辑关系；六是构思论文的写作技巧，即文章如何切入与如何切题；七是分析读者对象，即考虑论文读者的不同需求与供给均衡关系；八是分析不同论文要求上的特点，以提高创造性劳动的效率。

第四，拟定提纲的基本要求。拟定提纲时，应当做到：要以中心论点（主题或主题思想）为纲；要注意结构完整以全面论证中心论点；要注意内容前后的顺序以反映论文结构的层次关系；要注意内容的逻辑性以反映事物的必然联系；要注意文章的体裁以反映不同特点；要注意逐步形成提纲并经过多次修改确定。

（四）撰写初稿

论文的初稿要按照论文的组成部分和拟定的提纲分层次（部分）编写，原则上要按照论文的先后逻辑顺序完成论文引论、本论和结论（或结尾）的拟稿工作，以及主要参考文献的列示工作。撰写初稿时要求做到：一是尽量提高撰写初稿的质量，切实做到以论为纲、观点与材料统一、逻辑思维严谨、论文层次清晰、文字表达精炼。初稿的写作方式有手写与机写两种，目前一般均采用机写方式，但不同方式各有其优势与不足。

因此，在论文初稿写作时，需要做到：集中主要精力，抓住灵感不放；围绕主要线索，细节无须纠缠；行笔信马由缰，篇幅不受约束；随记相关联想，争取一气呵成；及时补充遗漏，格式稍加整理。而且需要注意的是，为了集中精力完成初稿，标题可以暂不考虑，内容可以信马由缰，拦路虎可暂时搁置，数据可以暂不测算，篇幅可以暂不限制，出处可以暂不查实，要尽快搭起论文框架。

（五）修改初稿

修改初稿是提高认识和提高论文质量，以便更好地完成科研任务的一个重要程序。修改初稿的步骤：一是通读初稿，以找出存在的问题和缺点；二是修改与调整结构；三是进行内容上的修改、补充与调整；四是进行语言修饰，逐一审读和修饰论文内容的段落、句子、字、词和数码等，以使其符合相应论文规范的要求。

（六）论文定稿

编写的初稿在按照拟定提纲的要求经过反复修改、补充与核对后方可定稿。作者判断定稿的标准，是论文的观点（中心论点、基本观点和具体论点）正确，论据（理论和实践依据）合理，结构（文章体系）严谨，文字通顺，资料真实。论文定稿后，还要认真做好誊正、校对和署名等技术性工作。

三、会计专业论文的主体学术要素

根据国家标准委员会发布《中华人民共和国国家标准——科学技术报告、学位论文和学术论文的编写格式》（GB7713－87）的要求，一般的会计专业论文应当具有如下十项基本的学术要素。

（一）标题与署名

论文标题是论文内容的高度概括，它的一般要求是概括全文、吸引读者、便于检索、意明简短（20 个字以内）、避免空洞、少用问题型标题。在特殊情况下，可以用以下两种方式：一是分段标题的方式，如“会计诚信：永恒理念下的沉重话题”、“会计信息·会计意识·会计环境”和“无形资产保护：类型·层次·目标”等。二是主副标题的方式，如“论我国会计科学研究学术规范的建设与运用问题——基于 100 篇会计学研究生学位论文学术规范遵循情况调查结果的分析与思考”。论文作者的中文署名置于中文标题下一行。作者姓名的译名署名置于外（英）文标题下一行，中文译名一般用汉语拼音：姓前名后，中间为半角逗号并空格（即“,”）；姓氏的第一个字母大写，复姓连写；名字的首字母大写，双名中间空一格；名字不缩写；斜体。如：*Zhang*，*Ying*（张颖）；*Wang*，*Xi lian*（王锡联）；*Zhuge*，*Hua*（诸葛华）。

（二）中外文摘要

摘要是论文内容的简要陈述，它要尽量反映论文的主要信息，应当包括研究意义、目的、方法、成果和重要结论，以及论文内容中最重要的部分，以供读者了解论文全貌并吸引其通读全文。摘要具有相对的独立性和完整性，其间不应含图表和注释。若论文摘要中需分层次表述内容时，一般应采用文字表达的方式，而不宜使用数字表达的方式。论文的中文摘要字数一般控制为按照论文总字数的5%，即200～800字。摘要放在论文之前，但其撰写应当是在论文完成之后。注意在摘要中要适当地运用一些过渡性和串连性语言，以避免句子的结构过于呆板。外文摘要项的英文标示词用“Abstract”，其摘要内容应当与中文基本一致。

（三）关键词

关键词是反映论文主题内容的名词，是供文献检索使用的重要信息。关键词的词条应为通用词汇，一般要求使用《世界汉语主题词表》中所罗列的专有名词，不得自造关键词。关键词一般为3~5个，每个关键词为2~6个字，按其外延层次（学科目录分类）由高至低顺序排列。中文"关键词"应当排在"摘要"正文下一自然段，每个关键词间用分号"；"分隔。外文关键词排在外文摘要正文下一自然段，且与中文关键词严格一致。英文关键词用"Key words"，后接英文状态下的冒号"："，其间用英文状态下的分号"；"分隔。第一个关键词的第一个字母可大写。

（四）目录

目录是论文内容的主要线索，它的功能是为了帮助阅读者较快地了解论文的主体结构。一般论文不需要目录，但是较长的论文在必要时可以考虑加一个目录。按照现在学士以上学位论文的篇幅要求，需要增加一个目录。目录内容应当层次清晰，并与正文题序层次、标题内容与所处论文的页序完全一致。主要包括引论（或导论、绪论）、正文主体（一般只到二级标题，即条次与款次）、结语（或结论）、主要参考文献、附录和后记等项。若论文中专设目录时，目录应单设一页。目录下各项内容应标明与论文正文中相应内容相互对应的页序，标题与页序之间的空格应当用中圆点填充。

（五）正文

论文正文部分包括引论（或导论、绪论）、论文主体及结语（或结论）三个主要部分，各部分的基本要求如下：

第一，引论（引言）。论文的引论部分主要说明论文选题的目的和意义、国内外相关文献的简要评述，以及论文所拟研究的主要内容。"引论"可作为一个单独条（如"一、"）次排列，但在标题前不加题序。一般情况下，论文应当有“引论”项，其内容不宜分设款（如“（一）”）和目（如“1.”）来表达作者观点，但可用文字表达必需的层次。如果引论内容不长，也可不列“引论”字样作为标题，只用一个自然段综合表达即可。引论的内容一般包括：研究目的和背景；前人已取得的成果，尚未解决的问题，目前研究态势；研究的理论意义、政策意义与现实意义。引言要开门见山，言简意赅并揭示主题；不要云山雾罩，不见天日，难见主题；避免自我吹嘘，贬低别人。

第二，本论。它亦称正文，是论文的主体与主干，是论文的主要组成部分，要求紧扣主题、层次清楚、逻辑性强、文字简练、表达通顺、标点符号使用得当、文法规范、图表规范、整洁、美观，引注准确，重点突出。在本论写作中，要依据拟定的提纲和搜集的资料，围绕主题和论点安排材料，按照提出问题——分析问题——解决问题的思维方式，进行充分的论证，表明所取得的研究成果。本论一般有三种结构：一是并列式，即各个大层次（大标题）之间，在论述问题的若干方面为并列、平行关系；二是递进式，即各个大层次（大标题）之间，对所论述的问题呈层层递进、步步深入的递进关系；三是总分结合式，即各个大层次（大标题）之间，对所论述的问题，先总体论述、后作分别论述的总——分结合式，或先作分别论述、后作综合论述的分——总结合式。由于本论内容丰富，若篇幅较长时，可以采用多层结构，内部划分若干部分，再列明几级标题（大标题、小标题）或用层次级别顺序号来表示；内容简单，篇幅较小时，也可以采用一层结构，只划分大的部分，仅列明大标题，或用一级顺序号来表示即可。

第三，结语。对于内容丰富、篇幅较长的学术论文，可以在本论之后写结语。它是整个论文的总结，应以简练的文字说明论文所做的工作以及所得到的主要结论，也可涉及论文存在的研究局限和需要进一步研究的问题等。结论是论文创造性研究的结晶与精华，要以严肃的态度、准确的文字和适当的词语来如实表达。结语一般不宜过长。它可以作为一个单独条次排列，但在标题前不加题序。如果结语内容不长，也可不加“结语”字样，而只是在正文后另起自然段写出结语类的文字即可（如：综上所述……），但宜在段前空一行。对于一般性篇幅不长的学术论文，可以不写结论，仅视与前言和本论的需要相衔接而写相应的结尾。

（六）注释

在学术论文写作中，注释项目作为一种文化现象的历史源远流长，它体现了对他人研究成果的一种尊重与知识产权保护意识。早在我国古代，对典籍的注释就曾采用了注、解、传、笺、疏、章、句等多种形式，在现代学术论著中的注释项虽然已经相对简化，却仍然是论著文本的一个重要附属部分。在论文中运用注释方式时，要注意如下问题：

第一，注释范围。论文中的注释主要用于以下三个方面：一是直接引文注释，即文中引用他人原话和相关资料所载数据时对出处的交代；二是间接引用注释，即文中吸收他人观点时对出处的交代；三是内容说明注释，即对文中需要补充说明而在正文中又不便详细阐述的其他问题所做出的解释。一般情况下，不能采用转引方式。

第二，注释形式。注释的形式有三种：一是脚注（置于每页页脚，可每页重新编序号或者全文总编序号）；二是尾注（置于全文末尾，全文总编序号）；三是旁注（用括号说明前面的某一内容）。但现代论文中的注释一般采用随文加注，并多以脚注形式标注。

第三，注释序号。注释序号一般以带圈的数字用上标编号，如“×××××①，……”（提倡用 word 软件的“插入”——“脚注”中的自动编码功能）。注释的序号每页从“①”起重新编号，且不宜直接置于单列一行的条、款、项、目上，也不宜直接置于相关表格名、插图名以及公式之后，而应当置于相应的导入性文字中。除直接引注外，注释序号一般宜插于文尾的标点符号内。

第四，是注释格式。注释的内容用小五号宋体（即通用 word 软件的默认标准）。注释中凡是涉及引用相关文献时，其标示内容及格式规范与后述参考文献的要求相同。

（七）主要参考文献

在论文篇后附参考文献，表明作者在研究过程中参阅其他资料的情况，表明学术界对该论文题目的研究情况，为他人继续研究提供线索。论文中的参考文献项，需要注意以下问题：

第一，涉及范围。主要参考文献是指与论文内容有密切关系，且在写作中部分参考或者借鉴了他人文献的观点和材料时，为了对其成果表示尊重，同时也为了指明主要资料出处并便于检索而列出的一项论文要素。其范围不仅包括注释中已涉及的文献，还可包括论文写作过程所涉及的其他文献。但不能列示阅读或者是与其没有多大关系的文献，因此，要避免出现列示参考文献时的“充门面”等不正常现象。

第二，列示数量。主要参考文献应当列于文末，可另起页。一般情况下，论文后附主要参考文献的列示数量应当没有规定限额。但有时有些学位论文的学术规范要求有一定的数量。如，有的学校现行本科学士学位论文的参考文献就要求不少于 15 项（其中至少应包括 3 部以上的著作，还应当至少包括 2 项以上的外文文献）。

第三，列示顺序。主要参考文献列示顺序一般是中文在前，外文在后。中文文献按第一作者姓氏的拼音顺序排列，外文文献按第一作者名的字母顺序排列，第一作者相同的文献则按发表时间顺序排列。

第四，列示格式。主要参考文献的字号一般用小于正文半号的字体。各条参考文献首行缩进两个字符后列序号（如果没有特殊要求，也不必列示序号），序号一般在方括号（即“[×]”）内列示，括号后空一格，再接相应的文献信息。一项文献的信息列示超过一行时，宜采用“悬挂缩进”格式。中文文献各要素之间的小圆点宜用全角状态下的圆点符号（即“.”），外文文献中的论题宜用斜体标示。著作类文献凡属第1版时则不必标明版次信息。

第五，著者列示。主要参考文献的主要责任者列示方法为：中文著者先姓后名，外（英）文著者先名后姓。列示时无须标明编著形式（如：“张光明著”只标“张光明”，但译者需要注明，并用逗号“，”分隔，如：“李有明，译”）。一项文献涉及多个责任者时，应分别处理：外文著者只需标注第一个著者的姓名，空一格后附“etc.”；中国著者应标注至第一、二、三著者的姓名，三位以后的著者则以“等”字省略，各作者姓名之间以及所列示的最后一位作者姓名与“等”字之间均用逗号“，”分隔。

第六，列示格式。主要参考文献一般可分论著图书类、译著图书类、学术刊物类、学术会议类、学位论文类、报纸、在线文献和其他文献等不同类型，不同类型的文献主要项目均包括作者、文献名、文献类型及载体类型标识（如期刊类为“[J]”）、版（期）次（第1版不必标注）、出版地、出版者、出版年和引用部分起止页等基本信息，但据文献特点在列示方式上有所差异。除此之外，在论文写作中，若还涉及到科技报告和专利等其他类型的文献时，可以根据需要自行参考国家标准管理委员会2005年10月1日发布的中华人民共和国国家标准——《文后参考文献著录规则》（GB/T7714－2005）的要求作相应处理。

（八）附录

附录为论文的非必选项，它的主要内容可包括放在正文内显得过于冗长的公式推导、复杂的数据图表、论文使用的专门符号内涵释义、计量单位缩写表、专有名词缩写表和检索表，以及软件程序的有关说明等。若无需要，也可不单列此项。附录应另起一页。附录编序前应当冠以“附录”两字（如：“附录一”、“附录×”）。

（九）后记

后记为非必选项，它的主要内容可以是作者对论文过程的记录与写作感悟，也可以是对给予指导或协助完成论文工作的组织与个人表示感谢。后记文字要简洁、得体、实事求是，切忌浮夸和庸俗之词。后记应另起页。后记内容的版面要求与正文相同，文内顺序宜用文字表达。

（十）鸣谢

论文中的鸣谢部分主要体现三层意思：一是对论文写作过程支持者和指导者的感谢，如国家自然科学基金课题立项资助的感谢等；二是对论文写作中所引用或者参考文献作者的感谢；三是对论文编辑与发表过程中匿名审稿者和编辑的感谢。在表达方式上，有文题“鸣谢”方式和文末“鸣谢”方式。文题“鸣谢”一般用“*”脚注方式；文末“鸣谢”有的单列，也有与“后记”结合在一起。论文中是否有该项，由作者自行决定。若从学术礼节的角度，一般宜有此项内容。

四、会计专业论文的主要表达规范

（一）行文

第一，用字规范。论文中所用汉字必须使用国家语言文字工作委员会公布的规范汉字，在文本状态下，所有文字必须字面清晰，若必须更改，要使用国家新闻出版总署规定的标准校对符号，不能随意涂抹。

第二，段首规范。论文的每一自然段、每一层次单行列示的题序和标题前均按汉字书写习惯缩进（即首行缩进两个字符，专门规定“居中”的除外），而不宜按英文格式悬挂缩进。一般情况下，英文文字的首段左边应顶格，但从第二自然段开始左边需空两个半角字符。

第三，字符规范。论文中所有中文表述内的标点符号应当统一用全角状态下的字符；论文中所有英文大、小写与标点符号一般宜用“新罗马体（Times New Roman）”半角字符。而所有英文间的标点符号则统一用半角字符，但均应在标点符号后加一空格。论文中凡是涉及阿拉伯数字的宜用半角字符（如 12345），而不宜用全角字符（如 12345）。

第四，避免背题。论文中凡是单列一行的各级标题均不得背题（即标题出现在某页的最后一行，内容在次页），必要时应强制使用相关软件中另起一页的排版功能。

（二）正文文本

论文中除“引论（或导论、绪论）”部分和“结语（或结论）”部分不需列出题序外，其他表明论文层级的内容应当统一由题序数字和标题表明相应的层次。正文的标题序号一般可用中文（一级标题与二级标题）和阿拉伯数字（三级标题与四级标题）混和标示（或者仅用阿拉伯数字）。在格式上有文科格式和理科格式两种，不论采用哪种格式，均需要注重全文的规范性与统一性。论文中的级次，一般宜以四级为宜。若无特别需要，文中不宜用特殊符号来标示论文的各级层次（如：“•”和“■”等）。除章节之外的论文层级的具体要求如下：

第一，条次格式。条次是正文的第一层次，在标题前以“一、”、“二、”等表示题序。如第一条则标示为：“一、×××××××”。题序和标题占一行，一般居中，题序和标题之间用顿号间隔（而非下圆点“.”），结尾处无标点符号。

第二，款次格式。款次是正文的第二层次，在标题前以“（一）”、“（二）”等表示题序。如第一条第一款则标示为：“（一）×××××××”。题序和标题占一行，行首空两格，题序和标题之间不加标点，结尾处无标点符号。特殊情况下，可接着“（一）××××××××”后空一格，再接着叙述内容亦可。

第三，项次格式。项次是正文的第三层次，在标题前以“1.”、“2.”等表示题序。如第一条第一款第一项则标示为：“1. ×××××××”。题序和标题占一行，题序和标题之间用下圆点（用英文全角“.”）间隔（而非顿号“、”），结尾处无标点符号。

第四，目次格式。目次是正文的第四层次，在标题前以“(1)”、“(2)”等表示题序。如第一条第一款第一项第一目则标示为：“（1）×××××××”。题序和标题占一行，行首空两格，题序和标题之间不加标点，结尾处无标点符号。若题序和标题不单独占一行时，则在标题后加句号，后面接着叙述内容即可。

第五，其他格式。当条、款和项次下不单设层次时，也可在正文的同一段落中用“（1）……；（2）……；（3）……。”等的行文方式列举事项，显示层次。但若在条（或款、项）次下不设单列的层级（或者在目次下还要分层次）时，可在正文的同一段落（或者分段）中采用文字顺序词，如“一是……；二是……；三是……。”等类似的行文方式。若在文中使用“首先”、“其次”或“第一”、“第二”或“其一”、“其二”等顺序词时，其后不能使用顿号“、”，而必须使用逗号“，”，且其编序一般以五号为宜。

（三）表格

表格是会计专业论文写作中必须运用的一种专门技术。在论文中凡涉及表格运用时，应当满足六方面的基本要求：

第一，表格编序。论文中的表格应当统一编序（如：表1；若论文分章的情况下，则分章编序，即“表章序——表序”，下同），采用方式应与插图和公式的编序方式统一。表序用阿拉伯数字，且必须连续，不得重复或跳跃。每个表格应拟表名，如“××××××表”。

第二，表格导入。论文中凡导入表格时，均应使用类似“见表

×所示”的导入语，不宜用“见下表所示”。表格导入语不宜直接用于论文各层级的标题中，如：“1. ××××××（详见表1）”。

第三，表序表题。表序和表题间空两格，置于表格上方，居中，标为“表×　×××××××表”。

第四，表格设计。表格形式全文应当统一，可选用上下有线而左右无线的开口式表格、四边有线的封闭式表格或三线式表格等，设计上应当尽量简洁且排列整齐美观（如表内出现换行时，即可考虑取消页面设置定义的“间距”限制）。表格中各栏都应标注相应的计量单位，或者在表头靠右边注明相应的主要计量单位（如“计量单位：元”），右缩进两格。

第五，表内内容。表内文字或数字须上下对齐，相邻栏内的数值相同时，不能用“同上”、“同左”或其他类似用词，应一一重新填注。表格内各项目栏内容（或数据）的字号可根据需要适当调小（宜用小于正文半个字号），但全表的字号应当统一。一般情况下，表内数据来源的交代用注释形式提供即可，若有特别需要时，也可于表底另设一段专列“资料来源：”项（首行缩进，小于正文半号楷体，内容转行时则悬挂缩进两个空格）。一般情况下，表序、表题、表格与表底所附必需的“资料来源”项最好同页，若表格实在需要分页时，表格标题行应当重复。

第六，表格运用。论文中凡运用表格数据时，均应使用“见表X所示”的使用语，不宜用“见上表所示”。

（四）插图

图示是表达论文观点的一种重要形式，它在会计专业论文写作中必不可少。论文中凡涉及图的运用时，应当满足四个基本要求：

第一，插图编序。论文中的插图要精选。图序方式应与表格和公式的编序方式统一。图序统一用阿拉伯数字（如：图1；若论文分章的情况下，则分章编序，即“图章序——图序”，下同）且必须连续，不得重复或跳跃。若全文仅有一个插图时，亦可在图题前加“附图”字样。论文中的插图以及图中文字符号要绘制清晰。

第二，插图导入。论文中凡导入插图时，均应使用类似“见图×所示”的导入语，不宜用“见下图所示”。插图导入语不宜直接用于论文各层级标题中，如：“3. ××××××（详见图1）”。

第三，图序图名。插图的结构设计上应简洁且排列美观，线条之间的关系清楚（选用箭头）并尽量减少交叉。图序和图题置于插图下方，标为“图×　×××××××图”，居中。若某插图由若干个分图所组成，则各分图用“图×a”、“图×b”、“图×c”……标出。插图内有关文字的字号可根据需要适当调整。一般情况下，插图来源的交代用注释形式提供即可，若有特别需要时，也可于图序和图题下另设一段专列“资料来源：”项以及“图标说明项”（首行缩进，小半号楷体）。插图、图序、图名及必需的“资料来源”和“图标说明项”必需排于同一页内。

第四，插图运用。凡在论文中运用插图资料时，均应使用“见图×所示”的使用语，不宜用“见上图所示”。

（五）公式

公式也是会计专业论文写作中经常遇到的问题之一。在论文中凡涉及公式运用时，应当满足五个方面的基本要求：

第一，公式编序。论文中的公式应标注序号并加圆括号，序号一律用阿拉伯数字连续编序，编序方式与表格和插图统一，如：“（式1；若论文分章的情况下，则分章编序，即式章序——式序，下同）”。公式的序号“（式×）”排在公式版面内容居中并靠右侧，且全文所有公式的右边页距应当相等（可统一右缩进两个字符处理）。

第二，公式导入。论文中凡导入公式时，均应使用类似“见式×所示”的导入语，不宜用“见下式所示”。公式导入语不宜直接用于论文各层级标题中，如：“3. ××××××（详见式1）”。

第三，公式格式。公式格式编排时，凡是数学类公式均应使用

word 软件或其他软件中附带的“公式编辑器”进行编辑，文本类公式亦可采用其他方法编辑。公式主体应当单列一行，居中，具体公式与表示序号的“（式×）”之间不需要加虚线连接。

第四，公式运用。论文中凡是运用公式时，或者是对公式的某值内涵进行解释时，均应采用“式×中”的使用语，而不宜用“见上式”、“上式中”、“（式×）中”和“式（×）中”。

（六）数字

第一，年代标示。公历世纪、年代、年、月、日和时间均应采用阿拉伯数字，如“2000 年”、“2007－03－18”和“20 世纪 50 年代”等，但模糊的年代数可用汉字表示，如“二十世纪五六十年代”等。避免使用“本世纪”和“上世纪”，可用“下世纪”。公历年份不能简写，如“2000 年”不能写成“00 年”。

第二，数值标示。各种计数、计量以及确切的数字均采用阿拉伯数字，如“10 位专家”和“30 个项目”等，但模糊的数字须使用汉字，如“十多位专家”和“三四十个项目”等。数值的有效数字应全部写出，如“5%～8%”不能写成“5～8%”等。

第三，数码标示。数码千分位使用空格（国际标准），不宜使用逗号（美国标准），如“123456 元”应写为“123 456 元”，不宜写成“123，456 元”。负数一律写成“－123”（负号用宋体）。两组以上的阿拉伯数字组之间如果没有计量单位，就不宜直接使用顿号，必须用逗号连接，如“三种产品的产量分别为 200，250 和 300 件”，但如果有计量单位时，则可使用顿号，如“三种产品的产量分别为 200 台、250 套和 300 件”。

第四，数区标示。数字和时间的区间不得使用连字符“－”或一字线“—”，而应使用“标点符号”中的波浪线“～”。如：“x 的取值范围为 0～30”不能写成“x 的取值范围为 0－30”，“论文写作时间为 2001 年 11 月 28 日～2002 年 5 月 28 日”不能写成“论文写作时间为 2001 年 11 月 28 日－2002 年 5 月 28 日”。但若仅表示年份区间可用连字符“-”（如：“2005-2006”）。参考文献页码的区间范围用英文状态下的连字符“-”表示，而不用中文中的一字线“—”与波浪线“~”。

第五，其他标示。其他特殊要素的标示方法按原国家技术监督局1995年12月13日发布的中华人民共和国国家标准——《出版物数字用法的规定》（GB/T15835-1995）的要求执行。

（七）软件

软件设计中的流程图和源程序清单，一般应当按软件文档格式作为“附件”在论文后列出，不列入论文内。特殊情况下不便列出时，可另外展示。

（八）其他

第一，规范用词。行文时要注意：区分“必须”与“必需”等类似的近似词组；区别“帐”与“账”等类似相形字使用时的微妙差别；统一使用“其他”、“人才”等词组，不得使用“其它”、“人材”。具体用法可参照中华人民共和国国家语言文字工作委员会2001年12月19日发布的《第一批异形词整理表》（2002年3月31日起试行）的要求。

第二，标点符号。标点符号的使用方法按原国家技术监督局1995年12月13日发布的中华人民共和国国家标准——《标点符号用法》（GB/T15834-1995）执行。

第三，计量单位。计量单位的定义和使用方法按中华人民共和国国务院1984年2月27日发布的《中华人民共和国法定计量单位》及国家计量局的有关具体规定执行。

第四，英文简称。论文中有关国际性组织的专有名词英文缩写首次出现时，要用中文写出全称，并在括号内注明英文全称及简写的英文大写字母符号组合，后文才能用英文简称。例如：“2001年，中国加入世界贸易组织（World Trade Organization，简称WTO）

后……。根据 WTO 规则要求……”。

第五，英文人名。注意区别外国人名中的分隔符（如马克·吐温）与英语中的缩写符（如 A. C. Littleton）使用上的区别。如：卢卡·帕乔利（Luca Pacioli）、罗伯特·S. 卡普兰（Robert S. Kaplan）。

第六，其他事项。其他未涉及的论文写作中的有关事项，可参照原国家技术监督局 1987 年发布的 GB/7713－1987——《科学技术报告、学位论文和学术论文的编写格式》执行。

主要参考文献

教育部社会科学委员会．高等学校哲学社会科学研究学术规范（试行），2004

王力等著．怎样写学术论文，北京大学出版社，1981. 1～10

许家林．毕业论文的基本要素与规范．中南财经政法大学报．2004，第 154～157 期

许家林．会计学专业研究生学位论文学术规范遵循情况研究．学位与研究生教育，2005（5）：4～11

许家林．中国大陆 17 所高校 100 篇学位论文调查结果的分析与思考．见中南财经政法大学会计学院编．会计·审计·财务管理前沿问题研究——第八届海峡两岸会计与管理学术研讨会论文集．北京：中国财政经济出版社，2005. 526～563

许家林．论本科生论文写作训练的几个基本问题．财经政法资讯．2005（2）：3～14

于玉林．现代会计方法学，上海：立信会计出版社，1997. 87～254

于玉林主编．新编会计操作方法全书．沈阳：辽宁人民出版社，1994. 1307～1320

赵德馨，周秀鸾编著．社会科学研究工作程序．北京：中国财政经济出版社，1987. 4

中华人民共和国国家标准局．GB7713－87：科学技术报告、学位论文和学术论文的编写格式．1987

中华人民共和国国家技术监督局．GB/T15835－1995：出版物数字用法的规定．1995

中华人民共和国国家技术监督局．GB/T15834－1995：标点符号用法．1995

中华人民共和国国家质量监督检验检疫总局、中国国家标准化管理委员会．国家标准 GB7714－2005：文后参考文献著录规则．2005

中华人民共和国国务院．中华人民共和国法定计量单位使用方法．1984

中华人民共和国著作权法，http：//www. edu. cn/20011105/3008137. shtml，2008－01－29

中南财经政法大学教务处．中南财经政法大学本科生毕业论文（设计）撰写规范（试行），http：//jwc. znufe. edu. cn，2008－01－29

（本文刊于《会计之友》2008 年第 6 期）

专题四

会计教育与教学研究

论经济全球化下的会计教育国际化*

近20年来，随着科学技术的发展，在国际经济领域里，由于金融、通讯、基础设施、公司组织形式、交通运输、流通领域、个体消费行为和价值观念等发生的巨大变化，国与国之间的经济活动出现了不同方式的跨越式扩张和多层次融合，促使经济活动从国内走向全球并实现经济的社会化与全球化。与经济全球化趋势相适应，会计国际化和会计全球化等一部分新的观念逐渐演变形成，会计教育国际化的问题也开始成为会计理论与学术界关注的重要问题之一。在20世纪90年代末，时任美国会计学会会长的W. 史蒂夫·阿尔伯切特（W. Steve Albrecht，2000）曾经在一篇名为《会计教学的演变和发展》的重要演讲中，分析了美国会计教育发展的状况并指出了在高等教育和会计教学领域里存在的危机，提出了会计教育在高速变化环境里生存的若干对策。演讲中所引用的两段话发人深省：一则是著名的管理顾问和作家彼德·杜克（Peter Drucker）对美国高等教育前景的担忧，另一则是两位加州大学会计系的教授对50年后会计教育发展状况的假设式对话，比较形象地描述了21世纪高等教育和会计教育所面临的挑战。最近，美国会计学者罗伯特·布鲁姆等（Robert Bloom）在所著的《会计鸿沟》（The

* 本文系2003年度湖北省教育厅2003年高等学校省级教学研究课题——《会计教育比较研究》（2003140）的阶段性成果；特别感谢中南财经政法大学2002级金融与保险学院研究生李家艳同学和会计学院研究生李成艾同学在本文写作过程中搜集整理外文及中文资料方面所做的协助工作；感谢本文编辑和论文一审、二审阶段共4位匿名审稿人对本文主要观点的肯定以及对进一步修改完善所提出的意见与建议。

Schism in Accounting）一书中，又分析了自20世纪初期以来美国的会计教育界与会计实务界之间所一直存在的隔阂及原因，也给我们现阶段会计教育的改革与发展以某种启示（李爽等，2000）。面对21世纪经济全球化的环境，会计教育应当如何在遵循教育本身规律的前提下，充分考虑会计执业需求的变化所导致的职业资格标准的变化，应当如何创造条件向会计教育国际化的方向迈进，是会计理论需要研究的一项重要内容。本文拟围绕这一主题做些初步讨论。

一、会计教育国际化观念的形成环境：经济全球化趋势对会计业务处理程序国际化的期待与呼唤

经济全球化是一个可以进行多角度理解的概念，不同的专家学者从不同的侧面，得出了不同的认识。德国科隆大学社会学研究所所长于尔根·弗里德里希斯博士认为："全球化这个概念具有多重含义，它可以描述为任何一种方式的国际化。……全球化的过程是一种不断强化的网络化过程"①。近年来，这种不断强化的经济发展网络化呈现出三个方面的基本特点：一是经济活动的相互依存化，即不同实体之间生产经营活动的相互作用与依赖性增强；二是商品转移的便利化，即由于科技革命所导致的信息传递成本与运输成本大幅度降低；三是生产活动控制的集中化，即由于企业将各部分的业务活动转移到世界各地的许多生产基地，从而加大了监督控制与协调管理工作的要求。但是若从会计的视角来全面认识经济全球化，它的重要目的就是在全球范围内合理配置并有效利用有限的资源。经济全球化趋势的出现，促使会计环境发生变化，从而推动了会计教育国际化理念的形成。

① 雷达、于春海：《走近经济全球化》. 中国财政经济出版社，2001年，第2~3页。

（一）全球主导产业的信息化与网络化所导致的虚拟经营空间造就了提高会计信息时效性的条件

20世纪下半叶掀起的信息技术革命，是人类发展史上又一次划时代意义的产业革命，它使得信息技术正逐渐替代机器大工业而成为生产方式的主导。随着现代信息技术和信息产业的发展，计算机网络技术开始渗透到生产经济活动的各个方面，使传统的会计技术方法发生了深刻的变化，对会计信息的输入、加工、处理、传递、使用产生了深远影响。尤其是互联网的迅速普及和应用，使得会计信息超越国界并在全球范围内及时传递和资源共享的梦想变为现实。会计信息使用者不仅可以根据自己的需要加工、处理通过各种媒体获得的一级财务信息，而且可以很快地将按照世界各国会计标准编制的财务信息转换成按照国际会计标准或者本国会计标准编制的财务信息。如何从众多的信息渠道中选择出最有用的信息，就成为会计人员应该具备的基本技能。正因为如此，在2002年11月召开的第十六届世界会计师大会上，与会专家学者从不同角度进行论证所达成的一个重要共识就是计算机和网络技术已经成为会计人员必须掌握的关键技术和会计教育最重要的核心内容之一（编辑部，2003）。这一理念的确立，将在未来一定时期内对全球性会计教育的发展特别是会计课程体系的设置改革起到重要的导向作用。

（二）全球经济分工的专业化与网络化所导致的利益分配与制衡机制强化了会计信息准确性的尺度

随着社会经济的发展，全球性的生产分工专业和网络化体系已经初步形成，它不仅从根本上改变了原来的国际分工格局及其背后的利益分配格局，同时也影响了人们的思维观念。由于生产全球化所导致的经济全球化，会计发展早期曾对其方式方法起决定作用的环境因素日渐趋同，从而必然会减少不同国家会计处理程序之间的差异，更多的是关注其量上所反映出来的差异以及产生的利益差异，这样就提高了对会计核算信息准确性的要求。譬如，在跨国公司的规模不断扩大以后，其区域范围的延伸已经极大地脱离了原有的空间，因为生产分工的专业化所导致的跨国公司内部的子公司结构更为复杂，总公司所提供会计信息的融合量不断增加，由于各个不同国家和地区经济环境的影响，其物价变动影响程度及其结果的信息，不仅对经营管理决策者更为重要，而且对经营决策效度的检验强度也在增加，从而导致协调和调整因跨国公司或者跨国经营业务中所涉及的物价水平变动信息的难度也必然增加。这一趋势，必将会影响到与会计信息处理程序教学内容相关的课程组织及方法设计。

（三）企业经营组织方式的集团化与跨国化所导致的产品属地观念的改变增强了会计信息标准化的要求

在经济全球化时代，全方位的国际经济交往即在全球范围内形成了一个错综复杂的网络。国际经济关系的主体除去国家外，跨国公司和银行开始逐渐取代前者并主导国际经济关系的发展。由于跨国企业是在全球范围内安排订货、筹集资金、购置设备、雇佣劳动、组织生产并推动产品的销售，因此国际市场上的产品已无法再归为某国制造，只能将之归为某公司制造的产品。生产经营活动的集团化带来了产业资本的全球性扩张，其主要标志是直接对外投资和跨国公司的迅速发展。跨国公司作为生产国际化和全球化的直接体现，在20世纪90年代以后逐渐体现出六个方面的特征（杨宇光，1999）：一是其在世界范围内的对外直接投资以前所未有的速度增长；二是发展中国家在国际直接投资中的地位迅速提高；三是跨国公司的跨国化程度提高；四是跨国公司并购之风此起彼伏；五是战略联盟成为跨国公司的重要发展模式；六是跨国公司的直接投资加速向服务业倾斜。上述这种不可逆转的全球化跨国经营趋势，对会计发展也产生了重要的影响，特别是被列为传统性会计三大难题之一的合并会计报表，其所涉及对象就变得更为错综复杂，相应地讲，对构成合并会计报表相关信息的基础性会计信息的质量要求就会更高，这客观上对会计专业课程教学结构如何进行适时变化提出了新的课题。

（四）贸易领域的全球性拓展对会计信息的适用性形成了新的衡量标准

国际贸易作为各国间进行经济交往的重要手段，在经济全球化的大潮中独领风骚。据雷达等（2001）的分析，1990年至1995年，世界贸易年平均增长率为6.0%，1996~1997年，达到了7%，为同期世界生产增长的2至3倍，20世纪末，其总额已经超过了7万亿元。贸易全球化的一个趋势是部门内贸易的迅速增长，它更是直接体现了各国经济相互依赖性的增强和生产活动的全球扩张。在国际贸易中，各主要国家在同一产品上既出口又进口已成为普遍现象。国际分工已由不同产业部门之间的分工和交换扩大到同一行业内部不同产品之间的分工和交换，再到同一生产过程中的不同生产环节和不同零部件间的分工和交换，分工领域呈现不断拓宽和深化之势，处于不同分工层次的国家被有机地联系在一起，从而成为全球化生产体系中不可或缺的组成部分，因此，贸易的涉及层面越来越宽。随着全球性贸易领域的不断拓展，外币折算的方式和范围变得更为多样化与宽泛化，新的折算矛盾会随着跨国贸易在区域范围和业务范围构成上的变化而不断出现，在外币折算对象上会出现由单一的币种折算向多币种相互折算的转化，外币折算业务会延伸于从投资的可行性预测、经营业务过程及成果的核算到经济收益分配等各个不同的阶段，从而使会计业务核算中外币折算的内容变得更为丰富。这也预示着会计专业教学内容必须相应地向这一领域扩展。

（五）货币资本的全球性扩张对相关会计原则的创新拓展了新的空间

经济全球化的本质是资本全球化，金融领域则是资本全球化的枢纽和杠杆。近年来，资本跨国流动过程的一个显著特点是资本跨国存放活动逐渐扩大，它不仅与银行业务的跨国化和国际金融市场的快速发展有直接的关系，同时，它也反映着资本本身运动超越国界的内在要求和规律。近年来，与全球资本于不同国度之间快速流动的现象相适应，新的金融工具也不断地涌现和飞速发展。出现这一现象主要源于三个方面的原因：(1) 政府的财政政策和金融管制制度的融合，金融机构寻求通过创新金融工具来从事对政府公债的投资以获得较高收益；(2) 金融机构为了自身生存，面对政府严格的束缚，只能采取必要的合法手段来绕过金融管制；(3) 科学技术（特别是电子计算机）的飞速发展和广泛运用使得为广大客户提供各种价格低、效率高的金融服务成为可能。在资本的全球化融通过程中，会计已经扮演着越来越重要的角色，会计信息已经成为各市场主体达成交易的重要媒介。会计信息的时效性质量直接影响着全球资本资源的有效配置，不断创新的衍生金融工具也给现行会计原则的创新提出了新问题，特别是会计理论对金融理论融合度的不断提高，也给我们在会计教育课程设置及相关课程教学内容的组合上以一些新的启示。

（六）全球性法制体系的相互渗透要求会计规范必须在内容与形式上充分考虑与其他法规的协调

经济全球化必然导致会计对象的复杂化，在法制越来越健全的社会，具体会计工作所面临的法律问题就会越复杂，从而形成一种相关经济法规与会计法规相互交融的趋势。熊楚熊（2002）认为，这种趋势体现在两个方面：一方面是会计工作必须按照有关的法律规范处理各种会计事项，会计专门法规的相关条款必须注重与其他法律条款的协调；另一方面是经济法律事务中越来越多问题的处理与认定需要以会计部门所能够提供的会计信息作为基本依据，有关法律事务人员需要了解一定的会计专业知识。另外，从法律内容上看，与会计相关的法律规范日益增多，它们不仅涉及国内法律，也涉及国际法律、国际公约（条约）和有关国家与地区的法律。若从会计规范的协调范围和协调要求上考虑，主要会涉及到会计规范内部的自身协调、会计规范与邻近经济规章的协调、会计规范与相应经济法规的协调、会计规范与相应民事法规及刑事法规的协调、会计规范与国际会计规范的协调、会计规范与 WTO 基本贸易规范的协调等六个不同侧面。因此，它不仅要求单位内部会计人员需要掌握更多的法律知识，而且对执业会计人员所具备法律知识的内容也提出了一个新的要求，这也是经济全球化环境所带给会计教育的一项极为现实的任务。

二、会计教育国际化观念的形成基础：相关国际经济组织与会计专业组织对会计职业要求标准上的变迁与影响

由于经济全球化所导致的会计信息运用范围扩大与对会计信息通用性程度要求的不断提高，不同国际经济组织也开始对会计标准国际化的问题予以充分关注，有的甚至采取切实有效的步骤介入实质性的工作并开始逐渐演变为推动其进程的重要力量。特别是 20 世纪中期以后，如世界贸易组织（World Trade Organization，简称 WTO）、证监委员会国际组织（International Organization of Securities Commissions，简称 IOSCO）、世界银行（International Bank for Reconstruction and Development，简称 IBRD）等曾经纷纷发表声明，希望各国证监会、银行、企业等采用国际会计准则（International Accounting Standard，简称 IAS），欧盟则准备建立欧洲统一会计市场，并在相关的指令中要求，在 2005 年之前，所有在欧盟国家证券市场上上市的企业都必须采用国际会计准则编制合并会计报表。所有这些，均为会计教育国际化观念的形成与推进提供了一定的条件。而将这一条件转化为真正动力的则是从 20 世纪 70 年代以来有关国际经济组织和会计职业组织对会计职业资格要求与标准的不断出台与适时修订以及由此而引起的会计教育改革的要求，它才是对

会计教育国际化观念形成产生重要影响的客观基础。

（一）联合国国际会计和报告标准政府间专家工作组（ISAR）对推进会计教育国际化的直接成果：提出职业会计师资格评价的国际标准

根据联合国经社理事会第67号决议成立的“国际会计和报告标准政府间专家工作组（International Working Group of Experts International Standards of Accounting and Reporting，简称ISAR）”，是联合国系统内唯一的致力于在全球范围内对各国的会计和报告实务进行协调的政府间工作机构，成立之初所确定的主要任务有两项：一是负责审议跨国公司的会计和报告问题，使跨国公司颁布的经营活动资料易于取得和便于比较；二是审查国际会计准则的发展情况，包括准则制定机构工作的进展情况（娄尔行，1983）。按照这一要求，该机构自1983年开始每年召开一次专门会议，主要针对一个会计专题问题进行比较和研究，并形成一定的指导意见来推进国际会计实务的协调。进入20世纪90年代以后，当ISAR认识到会计教育对会计职业发展的重要作用之后，先后曾有三次会议专门研讨与会计教育相关的问题①。ISAR在推动会计教育国际化方面主要做了两个方面的相关工作：

1. 在对会计教育现状充分评估的基础之上确定会计教育发展的基本方向

ISAR于1993年3月4日至12日在纽约举行有关会计教育的第十一届专门会议，所讨论的主要议题涉及到：（1）比较与研究对非洲、亚洲、欧洲、拉丁美洲和北美洲训练会计师和审计师的课程包括公私营机构的预科和进修课程以及考核方式；（2）讨论会计专业

---

① 1993年3月4日至12日在纽约举行的有关会计教育的第11届专门会议、1996年7月1日至5日在日内瓦举行的第14届会议和1999年2月17日至19日在日内瓦举行的第16届会议。

的责任和会计与审计的教育方向；（3）讨论全球性会计和审计教育的现状以及亚洲与拉丁美洲会计和审计教育训练的区域性审查结论的评估等。对于2000年以后会计专业教育的发展与改革所形成的原则性指导意见，主要体现在由国际会计师联合会提交给本次会议的一份报告——《会计专业教育：2000年及以后的一些要求》中（联合国经济及社会理事会，1993；许家林，2000）。该报告主要涉及四个方面问题：第一，确定了未来会计教育的重点及目标。提出应当注重教育学生如何学习以及如何积累知识，将“以原则、标准、概念和事实的衡量”为主转移到“学习如何学习”上来，即注重激发学生的学习动机、研究能力和学习能力，协助学生有效地进行学习并掌握如何利用有效的学习战略积累在一生中所需的新知识和新技能。第二，确定了会计教育应当培养学生的技能范围。提出会计专业的毕业生除了应当具有会计专业技能外，还应当拥有交流技能、谈判技能、人际交往技能和做人技能。第三，确定了通过会计教育应当获得的知识范围，认为应当包括一般知识、组织和商业知识、会计和审计知识三个部分。第四，确定了会计专业教育的构成，认为应当由通才知识教育、一般会计教育和专门会计教育所构成，而会计专业教育应当是在获得一般会计、组织和商业知识后才能选修，其主要内容包括高级财务会计、管理会计、税务、信息系统、审计、政府与非盈利组织会计和国际会计等。

2. 根据WTO《服务贸易协议》的要求，确定了会计师职业资格评价的基本标准，为全球性会计市场的开放提供了一类技术评价基础

会计服务贸易是经济全球化的重要内容之一。如果不确定职业会计师的资格标准，则无法实行会计师的跨国服务。因此，早在1993年，ISAR就开始研究会计师资格的国际标准问题，1993年提出了“为使全球的会计师有一个共同的标准，以保证会计职业的质量和信誉，有必要建立一个国际性的会计师资格标准”的建议（沈小南，1993)，1996年7月1日至5日在日内瓦举行的第14届会议上，又对制定全球会计师资格标准的可行性进行了讨论（冯淑萍等，1996)，并于1998年初完成了一份《职业会计师资格要求国际指南》，由联合国贸易与发展会议（United Nations Conference on Trade and Development，简称UNCTAD）发布了意见稿，其意在为不同国家制定注册会计师的资格要求和教学大纲提供一套国际标准，为不同国家会计教育的发展提供一个方向性的建议。在经过长达6年的努力后，于1999年2月17日至19日在日内瓦举行的第16届会议上，以职业会计师资格的国际标准为主题，讨论通过了《职业会计师资格评价国际指南》（*Guideline for a Global Accounting Curriculum and Other Qualification Requirements*）和《职业会计师职业教育的国际教学大纲》（*Global Curriculum for Professional Education of Professional Accountants*）这两个极为重要的文件（陈毓圭，1999)，从而为WTO框架下会计跨国服务的业务技术性障碍的消除奠定了一定的基础。这两个文件的主要内容包括（联合国国际会计和报告标准政府间专家工作组，2001)：

（1）《职业会计师资格评价国际指南》。这一文件主要是对各国职业会计师资格认定制度提出建议，包括三个内容：第一，总体要求。要求那些想成为职业会计师的人应当通过指定课程的学习，获得坚实的理论基础和全面的知识，具备适当时间的实践经验，成功通过资格考试以表明其职业胜任能力。第二，对基础教育的建议。ISAR建议各国以IFAC所制定的《国际教育指南》第9号“资格认证前教育、胜任能力评价及对职业会计师的经验要求”作为标准（国际会计师联合会，1997)，要求从事会计职业资格的申请人应该接受全面的教育，并且要具备下列9个方面的相关知识：①对思想和事件的历史发展、现代世界的不同文化和国际视野的理解；②对人类行为的基本知识；③对思想和经济、政治、社会差别的感知；④具备取得和评价资料的经验；⑤具备进行调查、抽象思维和批判思维的能力；⑥对文学、艺术和科学的欣赏；⑦了解个人价值和社会价值以及调查和判断程序；⑧进行价值判断的经验；⑨进行演讲和辩论的书面和口头交流技巧，以及正式或非正式地表达意见的技巧。第三，对会计职业教育中非职业知识教育的建议。ISAR建议使用IFAC公布的关于职业教育的一系列文件作为会计职业教育中非职业知识教育的指南，主要包括：IFAC国际会计教育指南第9号“资格认证前教育、胜任能力评价及对职业会计师的经验要求（1996年修订）”、第11号“会计教育大纲中的信息技术（1998年修订）”和国际信息技术指南第1号“信息安全管理”。上述指南中，将职业知识的教育分成了三大类：即关于组织和企业的知识、信息技术知识、会计及会计相关的知识。

（2）《职业会计师职业教育的国际教学大纲》。本大纲系以英国特许会计师协会和加拿大注册会计师协会的教学大纲为基准，参考IFAC国际会计教育指南第9号和第11号的分类，通过与阿拉伯注册会计师协会、英国特许注册会计师协会、加拿大注册会计师协会、欧洲委员会、法语国家会计师联合会、苏格兰特许会计师协会、波兰会计准则委员会、国际会计师联合会有关专家和有关国际会计公司的代表一起讨论形成的，借以作为职业会计师资格认定的基准要求（联合国贸易与发展会计，2001）。其主要内容分为基本知识与技能、职业（技术）教育、职业考试、实践经验、继续职业教育和注册政策6个不同的层面。在这一文件中，不仅正式提出了“全球化的会计教育（global accounting education）”这个观念，并将其归纳为如下三大类的知识类别：第一类，是组织和商业经营知识。主要包括五类知识点：经济学；数量方法和商业统计；一般经营政策和基本组织结构；管理功能和实务、组织行为、营销功能、国际商业原则；经营管理和战略。第二类，是信息技术。具体包括七类知识点：经营系统中信息技术的概念；以计算机为基础的商务系统的内部控制；商务系统的开发标准与实务；信息技术采用、实施与运用的管理；信息安全管理；人工智能、专家系统与模糊逻辑；电子商务。在这里，特别是强调了对于信息技术知识的应用能力。第三类，是会计和会计相关知识。主要包括十个方面的知识点：基础会计、财务报表的编制、会计职业和国际会计准则；高级财务会计实务；高级财务报告原则；管理会计——基本概念；管理会计——进行计划和控制的信息；税务；企业法和商法；审计基础；审计：高级概念；企业财务和财务管理。

（二）国际会计师联合会（IFAC）对推进会计教育国际化的重要贡献：发布有关会计专业人才素质要求的教育指南

作为各国、各地区会计职业团体的世界性、非盈利的民间联合组织的国际会计师联合会（International Federation of Accountants，简称 IFAC），于 1977 年 10 月在慕尼黑举行的第十一届国际会计师大会上正式成立后，为了完成其技术议程先后建立了教育委员会、职业道德委员会、财务和管理会计委员会、国际审计执行委员会和公共部等七个常设的委员会。会计教育委员会作为 IFAC 的重要机构之一，其成员由各国的成员机构提名并由理事会挑选，主要工作任务就是制定就业前技能教育、在职会计经验教育、继续教育和进行其他有关资格鉴定的准则文件，为实现会计的跨国服务资格认定扫清障碍，以此来推动会计教育国际化的进程。

IFAC 下属会计教育委员会所制定的各项建议与指南，是为了确定所有的会计师应该遵循的资格鉴定前和鉴定后的教育和培训方案主要构成部分，它所公开发表的一系列国际会计教育规范指南对职业会计师的教育有重要的导向作用。早在 1991 年 6 月，该委员会就颁布了“21 世纪会计职业教育战略框架”讨论稿，强调注重发展会计教育程序，强调技能和知识要求。经过讨论与修改后，又将这一文件提交给予 1995 年 4 月在智利召开的国际教育会议审议并修订完成，这一文件即成为 WTO 总体框架下的《服务贸易总协议》（*General Agreement on Trade in Services*，简称 GATS）中双边资格承认的国际标准，并且最终成为许多国家在签订双边贸易谈判中资格承认协议的基本规范（奚国宁，1997）。目前，IFAC 所发布的指南已经有 11 个。其主要的文件有五个（国际会计师联合会，1997；许家林，2000）：(1)《职业继续教育指南（指南 2，1998.5）》。本指南的目的就是为了确保会计师所提供服务的质量而提出的一个有效的专业进修方案。(2)《会计专业技术人员的教育培训要求（指南 7）》。这一文件是根据 1994 年“亚洲及太平洋会计教育会议”提出的建议制定的，其基本目的是针对发展中及发达国家文化、经济状况来制定会计专业技术人员操作指南的目标，完善会计专业技术人员（助理人员）的教育指南，以有助于促进世界范围内会计教育工作的开展。本指南所确定的会计专业技术人员的教育课程为：基本会计程序与体系、基本交流技能、组织管理、数学及统计学、会计理论与实务、信息体系构成、组织状况（法律及社会经济）、会计控制及组织控制等。(3)《职业会计师预先资格教育、专业测试及实务经验（指南 9，1996.10）》。本指南是综合了自 1982 年 2 月到 1989 年 11 月发布的第 1 号、第 3 号、第 4 号、第 5 号、第 6 号、第 8 号等六个指南文件后所形成的。它主要涉及取得会计专业资格前的教育、专业学习和考试的理论内容、专业能力的测试、实务经验和会计师的社会地位及限定条件五个方面的具体要求。其中最重要的是专业学习和考试的理论内容，它所确定的会计师应当掌握的知识包括两个层次：①主要科目（含审计、企业财务、信息技术、财务会计、管理会计、税收等）；②辅助科目（含行为科学、经济、法律、数学、统计学和管理等）。特别提出了对于会计师而言，财务会计、管理会计和金融知识比审计知识更为重要。(4)《会计师的职业道德：教育的挑战和实际应用指南（指南 10，1992.11）》。本指南主要是就会计师如何以较高的职业道德素养来调整与会计信息使用者、雇主、雇员和一般民众的关系问题进行了约定。(5)《会计信息技术教育指南（指南 11，1998.11）》。本指南提出，基于计算机的使用以及在信息技术中的发展导致会计资料收集、使用和传送技术发生了变化，从而改变了传统的获得会计、审计资料方法。因此，要求学生通过两个系统取得信息技术知识：一是作为会计教育计划的基本要求，设置一类有关管理方面的基础课程；二是作为会计教育计划的一部分内容，将计算机及信息系统的运用并入到各个科目之中。

上述国际会计师联合会下属会计教育委员会有关会计教育的五个指南，虽然其主要对象为注册会计师，但其基本精神对我们研究面临经济全球化环境下的会计教育改革与发展有着较强的借鉴意义。

（三）美国会计学会（AAA）对推动会计教育国际化的实际工作：成立专门的研究机构以根据教育发展趋势不断提出研究报告与改革方案并付诸实施

作为代表会计教育界的职业团体的美国会计学会（American Accounting Association，简称 AAA），于 1935 年由大学会计教师协会改为现名至今，其主要宗旨是推动会计学术的研究、改进会计教育观念和会计教学工作。自 20 世纪 80 年代中期以来，面对高新技术与高科技环境的变化，为了使会计教育能够适应经济发展的需要，对会计教育国际化的发展主要做了两个方面的工作：

1. 充分关注未来会计教育的发展趋势

据有关资料介绍，在 20 世纪 80 年代之前，美国大学的会计课程一般分为两类：一类是必修课程，主要包括初级会计、中级会计、会计信息系统、成本及管理会计课程、审计学及税法课程；另一类为选修课程，主要包括会计理论、高等管理会计、高等审计学以及较为深入的税法课程等。这些课程，主要着重介绍会计程序和准则，以适应编制财务报表的需要。进入 20 世纪 80 年代以后，随着经济发展对会计专门人才职业资格要求上的不断变化，有识之士纷纷认识到会计教育改革的紧迫性。1983 年，美国会计教育委员会发表了《国家处在危险之中，教育改革势在必行》的报告，表达了致力于改革的决心（阎达五，2000），事后不久，就成立了一个名为

“未来会计教育结构、内容、范围委员会”的组织①，以对未来会计教育的目标进行专门研究，委员会的成员多数为会计教育界的杰出者，并包括了产业界、政府部门及会计师事务所的代表。1986年，公布了一份名为《未来会计教育：准备扩展的会计职业》（*Future Accounting Education*：*Preparing for the Expanding Profession*）② 的报告，在这份被称为“贝德福德委员会报告”的著名文献中，贝德福德委员会对当时的会计教育做了严厉批评，指出当时五十年不变的会计教育课程，已不再适用于未来会计专业发展的需要，会计实务和会计课程的差距越来越大。贝德福德委员会的报告包括28个有关会计教育的建议，涉及到会计教育的范围、内容、结构、教师、管理者、授权、专业职业考试和专业团体信息等很多方面。其中，最重要的建议主要有：（1）会计应被视为一个以信息系统设计、运作为基础，处理和发布经济信息的过程；（2）大学会计教育应着重于专业技术和学习能力的培养；（3）特定的会计教育应建立在大学毕业的基础上。因此，一个完整的教育过程应包含一般教育（2～4年）、一般会计职业教育（2年）和特定会计职业教育（2年）三个阶段，而要完成这三个阶段的最少学习时间为5年左右；（4）教师应组织学生实习，使学生能够主动地学习，独立地解决问题，而不是被动地接受知识；（5）鼓励会计教师更多地与大学文科的教师进行交流；（6）为了培养未来人才的需要，会计教师应根据会计实践和相关研究来组织教学内容；（7）提高学生综合素质，而不是将学生培养为仅仅满足现有执业要求的人（麦吉尔等，2001）③。

---

① 由于该委员会由伊利诺斯大学的诺顿·贝德福德（Norton Bedford）教授所召集，所以这个委员会也曾称为“贝德福德委员会”。

② “*Future Accounting Education*：*Preparing for the Expanding Profession*”，Report of the Committee on the Future Structure，Content，and Scope of Accounting Education，Issues in Accounting Education（April 1986：168－195）.

③ 关于这个问题，国内曾有学者（阎达五等，1998）从10个方面进行了归纳，但在具体内容上大同小异。

2. 设立专门的组织研究与发布会计教育改革的专门系列报告

1989年4月，AAA专门成立了会计教育改革委员会（The Accounting Education Change Commission，简称AECC），其首要目标就是要推进会计教育改革。委员会的各位委员均遴选自教育界、会计师事务所、产业界及各个大学的代表，任期三年，连选连任。该委员会在其存续的若干年中，先后由威廉姆斯（Doyle Z. Williams）、格雷·桑得姆（Gary Sundem）、理查德·弗拉赫第（Richard Flaherty）等教授领导。AECC先后发表了包含有两份会计状况研究公报、六份研究报告及四份专论等成果构成的一批会计教育改革研究报告，这些均收录在AAA所出版的会计教育专辑（*Issues In Accounting Education*）中。两份会计教育状况研究公报的主要内容包括：第1号——《会计教育的目标》（1990.9）；第2号——《第一门会计课程》（1992.6）。6份会计教育问题研究报告的主要内容包括：第1号——《教学在高等教育中的优先地位》（1990.8）；第2号——《学位学习与职业考试资格的划分》（1991.7）；第3号——《会计教育中两年制院校教育的重要性》（1992.8）；第4号——《改进会计人员的早期工作经验问题》（1993.4）；第5号——《评估和奖励有效的教学》（1993.4）；第6号——《在两年制院校和四年制院校之间转换第一门会计课程的学分》[①]。在AECC的第1号公报《会计教育的目标》中，就会计教育的目标作了如下描述："会计专业教育应该为学生成为职业会计师做好准备，而不是让他们在进入职业界的时候就成为职业会计师。当毕业生进入职业界的时候，不能指望他们与拥有经验的职业会计师所具有的知识与技能相当，但是他们要获得并保持职业会计师的资格地位则需要不断地学习。"[②] 从这一

① 关于这一问题，有关文献的提法上存在差异，此处是根据对孟凡利（1996）、张爱民（2000）和汤湘希（2002）等文献提供资料进行分析比较后的结果。

② 见张爱民、陈人杰译. 2000. 会计教育委员会的状况以及专题公告.《高教研究》（华东理工大学主办）第4期，第40页。

基本目标出发，它将终身学习的基础概括为技能（skills）、知识（knowledge）与专业认同（professional orientation）三个方面；认为会计教育应当包括一般教育（general education）、一般商业教育（general business education）、一般会计教育（general accounting education）和专门会计教育（specialized accounting education）四个层次。对学生的考核主要体现在两个方面：(1) 学会学习。要求重点解决内容（content）、过程（process）和态度（attitude）。(2) 所需要的能力。主要有一般知识、智力才能、人际才能、沟通才能、组织和经营知识、会计知识、会计技能和个人能力与态度等8个方面。《会计教育的目标》可以说是一个纲领性的报告，它为统一以后出台的会计教育其他研究报告的口径奠定了基础。AECC在其存续期间最重要和最耗资的活动就是补助及监督亚里桑那州立大学、伯明翰杨大学、芝加哥大学、伊利诺斯大学、堪萨斯州立大学、柯克伍德社区学院（爱荷华）、麻省大学、梅沙社区学院、北卡罗琳那A&T州立大学、北得克萨斯大学、罗杰斯大学和弗吉尼亚大学等十几所高等教育机构实施重要的课程革新。当AECC到期结束其工作使命时①，AAA还特别设置了一个教师发展督导（Director of Faculty Development）的专职职位，首任督导受聘于1997年，要求他们继续关注曾由AECC和"贝德福德委员会"所关注的改革情况。

（四）美国注册会计师协会（AICPA）对推进会计教育国际化的不懈努力：规范并适时更新会计从业人员的知识结构要求

近百年来，美国的会计理论研究与实务处理水平之所以一直处于世界领先地位，应该说这与其会计教育观念的不断变化与人才培养模式的不断改进是分不开的。美国会计教育一直是把未来注册会

① AECC设立时规划其存在期为5年，1993年时，就根据工作需要，决定延长2年存续期至7年，到1996年结束其工作任务。

计师所具备的知识传授给学生作为目标，这样，在其培养目标的确定上就密切地注意社会需求，特别是注重会计职业界对会计教育的改革的反映。作为美国最有影响的会计职业团体的美国注册会计师协会（The American Institute of Certifed Public Accountants，简称AICPA）和大的会计公司为了便于得到符合需要的会计人才，均采用一定的方式定期对会计教育状况进行研究，并发表报告，从而对会计教育的变革产生了重要的甚至可以说是决定性的影响。

1. AICPA 对新加入注册会计师队伍的人员不断提出新的知识结构要求

由于美国注册会计师队伍的主要补充渠道为会计专业的大学毕业生，这对大学会计教育起到一定的导向作用。早在 1955 年，美国的注册会计师教育和经验标准委员会（Commission on Standards of Education and Experience for CPAs）就曾经提出了一个 150 学分的要求，其内容相当于要花费 5 学年的时间才能完成的课程量，该委员会还就此要求发表了相应的研究报告。从 20 世纪 60 年代开始，AICPA 先后发表了一系列有关会计职业知识要求的专门报告：1967 年，AICPA 发表了“职业知识”报告（Horizons for Profession），规定了注册会计师必备知识的一般范围。为了贯彻“职业知识”报告的要求，并为会计教育课程设置提供示范，AICPA 的 Beamer 委员会于 1968 年 3 月提出了一份名为《从事会计职业的学业准备》（*Academic Preparation for Professional Accounting Careers*）的报告。1976 年，为了评价 Beamer 委员会的报告是否仍然适用于当时的情况，AICPA 又任命了一个由 W. J. 阿尔贝斯（Wayne J. Albers）领导的专门委员会，对上述报告进行评估，并作了少量修改，于 1978 年以《进入会计职业的教育要求》（*Education Requirements for Entry Into the Accounting Profession*）为名重新发布。1988 年 2 月，AICPA 对《进入会计职业的教育要求》进行了修订，这篇关于会计教育问题的政策公告包括 10 项内容，其范围涉及 CPA 证书的社会公信力、进入 CPA 职业必须掌握“职业知识”、要获得CPA必须掌握的知识体系需要接受大学教育的时限和会计教育计划的范围与内容等等（阎达五等，2000）。在这一文件中，所确定的示范性课程内容包含：（1）一般教育。重在培养学生分析问题、解决问题的能力，以及洞察力、判断力和正直的品格，其内容包括操行（Ethics）、交际（Communication）、行为科学、初级经济学、初级会计、计算机、数学与统计学。（2）企业管理教育。目的是使学生理解产品和劳务的生产和营销的概念、过程和机构，以及企业和其他形式组织的筹建过程，其内容包括中级经济学、企业法律和社会环境、企业法、市场营销、财务、组织、团体和个人行为、数量分析法在企业中的应用、交际能力、商业道德。（3）会计教育。其主要内容包括财务会计、管理会计、税务、审计、信息系统、职业道德与责任、实习。在进入20世纪90年代后，由于一些新的技术和方法即被逐渐引入到经济管理领域，从而也在一定程度上促进了注册会计师技术的进步及管理咨询业务的发展。特别是由于客户对于财务信息、电子数据处理、存货管理、人事管理以及个人财务管理等信息精度与及时性要求的提高，致使注册会计师行业开发出了电子数据处理审计和计算机辅助审计等新技术，从而加快了注册会计师执业手段现代化的步伐。为了适应这一需要，AICPA的专门小组经过研究，于1996年提出了注册会计师应当掌握的十五项新技术，即图像处理技术、电子资料互换系统（EDI）、安全保障系统、电子商务系统、通讯技术、作业流程技术、局域网络系统、协作运算和分组、合作商店与客户系统、人工智能模块、业务程序的再设计系统、音频通讯技术、专家系统、快速感扰技术（QR）和远程通讯技术等。AICPA认为上述信息处理新技术必将会对注册会计师行业及其执业技术产生一股强大的冲击波，从而在一定程度上导致传统注册会计师技术及其相关基础的根本性变革（许家林，1996）。从近年科技发展互联网技术的更新速度看，这一预言不仅正在得到证实，而且已经在一定程度上影响到21世纪会计工作组织工作等基本理念。据介绍，为了适应经济发展对在职会计师知识更新的要求，AICPA 和各州会计理事会全美协会（NASBA）经过两年多的努力，还于 2000 年 2 月对外公布了《后续职业教育准则公告》（*Statement on Standards for Continuing Professional Education*）征求意见稿，设置了 150 多种课程来满足职业后续教育的需要，并且要求每年应当有大约有 1/3 的课程进行修改或更新，其后续教育课程按会员不同职业发展阶段设计为基础课、中级课、高级课、更新课和星级课五个不同的层次。

2. 大的会计公司对会计教育改革的呼声积极呼应并提供资助

美国的大会计公司是会计人才的重要需求者，他们也比较关心会计教育的状况，1989 年，当时的八大会计公司①就曾联合发表了一份名为《教育展望：会计职业成功的能力》（*Perspectives on Education: Capabilities for Success in the Accounting Profession*）的白皮书，对会计教育过程学生能力的培养和学生知识结构问题提出了建议。此白皮书推崇贝德福德委员会的见解，强调会计教育不能只注重上课的内容和时数，不应当以通过 CPA 的考试为目标，而需注重如何由会计教育来培养学生具备成功的能力。白皮书对能力和知识结构提出了要求：（1）能力要求。应当包括交际能力（即传递和接受信息的能力）、智力能力（即创造性地解决问题的能力）和人际关系能力（即与他人一起工作的能力）。（2）知识结构要求。提出应当包括一般性知识、公司组织与商业知识、会计和审计知识三个类别。对于职业会计师其知识与技能的来源，白皮书定义为职前教育、后续教育及培训三条渠道（弗拉赫惕，1997）。从白皮书中所反映出来的会计公司对会计专业学生的要求上看，它们更加看重的

---

① 20 世纪 70 年代末期，在世界范围内，形成了著名的“八大”国际性会计公司（The Big Eight），即安达信（Authur Anderson & Co.，简称 AA）、阿瑟·扬（Authur Young & Co.，简称 AY）、永道（Coopers & Lybrand，简称 CL）、大美（Deloitte Hasking & Shells，简称 DHA）、恩斯特·惠尼（Ernest & Whinney，简称 EW）、毕马威（Peat Marwick Mitchell & Co.，简称 PMM）、普华（Price Waterhouse & Co.，简称 PW）和杜罗司（Touche Roos & Co.，简称 TR）。

是学生未来在专业发展上应有的潜质。

（五）美国大学商学院联盟（AACSB）对推进会计教育国际化的作用方式：形成切实可行的会计专业鉴定标准

美国大学商学院联盟（The Association to Advance Collegiate Schools of Business，简称 AACSB）是由美国高等教育鉴定认可委员会所认可的、唯一对工商管理和会计教学有鉴定权的机构，在 20 世纪 80 年代以后，该机构对职业界的倡议也做出了积极响应。在它所制定的《会计专业鉴定标准》中，指出会计专业教育应该使学生对公共会计职业，私人企业、政府、非营利组织的会计工作等各种会计职业有广泛的适应性。在《会计专业鉴定标准》中，对于“本科生教育”部分的课程要求，与 AICPA 所制定的示范性课程表的要求非常近似，这也从某种程度上反映了教育系统对社会需求的一种适时反应（阎达五等，2000）。AACSB 认为，每个学校都应当有自己的使命（Mission），因此，应当根据每个学校的特色和优势，来确立自己的办学目标和培养特色。例如，有些学校可以以研究为主，有些学校则强调培养学生在实务方面的应用能力，尤其是在会计教育资源有限的情况下，每所学校更要利用和发展自己的强势项目，办出各自的优势与特色（汤湘希，2002）。

（六）英国特许公认会计师公会（ACCA）对推进会计教育国际化的积极姿态：适时更新在全球范围举办的资格考试课程

英国特许公认会计师公会（The Association of Chartered Certified Accountants，简称 ACCA）在全球范围举行的影响较大的资格认证考试课程，可以说是一份反映会计专业课程设置变化的晴雨表，它为了适应会计职业的发展变化，也是每隔一段时间就会对其课程大纲进行评估和更新，这既在一定程度上反映了随着经济环境变化 ACCA 对会计职业要求标准认同上的不断变化，也可以说是其为适应会计教育国际化所做的努力与一种姿态。据有关媒体报道①，ACCA 最近颁布了考试课程新的教学大纲，重点是强调学员要掌握核心专业知识，首先成为能胜任业务的会计师，同时要求知识面广，成为综合型人才，而且要掌握战略财务管理技能，适应现代商务的发展，其基本目的就是要加强培养“通才型”会计人员。现行 ACCA 考试一共有 14 门，分为三个阶段：第一部分的三门课程为基础课，包括财务报表编制、财务信息应用于管理、人力资源管理；第二部分课程包括信息系统、公司法与商法、企业税务、财务管理与控制、财务报告、审计与内部控制；第三部分课程除包括审计与认证业务、高级税务、业绩管理和企业信息管理四门选修课（任选其中两门完成即可）外，另外还有战略经营计划与开发、高级公司报告和战略财务管理等三门核心课程。这一课程大纲在继续保持 ACCA 创新和思维领先这一传统的基础上做了相应的修改，且有三个方面的变化：第一，是在最后部分引入了选择性课程，使学员能根据自身的工作性质（专业执业或财务管理）选择课程；第二，是实行考试方式的改革，第一部分课程的考试可利用计算机进行；第三，是部分课程的考试与学位课程结合起来，如第二部分考试就与英国牛津·布鲁克斯大学（Oxford Brookes University）的学位结合起来，即学员按新大纲考完第一二部分后，将有资格获得牛津·布鲁克斯大学应用会计的（荣誉）理学士学位，该学位等同于该校授予的其他学士学位，同英国其他高校授予的学位一样享有同等认可程度②。此外，属于英国五大注册会计资格证书系列、由以英国为基础的国际会计师公会所授予的国际会计师（AIA）专业资格证书所设的考试课程，也在一定程度上反映了会计教育要求的发展变化

---

① 主要参见《楚天都市报》2002 年 7 月 3 日第 35 版载“十年磨张 ACCA 证书”一文；另外参见中南财经政法大学 ACCA 考试培训中心 2002 年 12 月编《ACCA 宣传手册》，第 4 ~ 5 页。

② 据悉，ACCA 新课程大纲将从 2001 年 12 月起在考试中实施。对于 2001 年 1 月 1 日之前注册报名的学员，ACCA 将于 2001 年 8 月按照现行大纲与新大纲之间课程的联系及学员各自通过的课程情况，将他们转入新大纲的体系中。

与现时要求。现行 AIA 的考试课程共有 16 门，划分为三个阶段，实行分阶段认证的方式运作：（1）基础阶段。包括财务会计、经济学、成本会计、商务法、审计和税法、统计与数据处理 6 门课。（2）专业阶段（Ⅰ）。包括审计学、公司学、管理信息、商务管理、财务会计和管理会计。（3）专业阶段（Ⅱ）。包括高级财务会计、财务管理、高级审计、税法和税务计划[①]。

（七）国际会计准则委员会（IASC）对推进会计教育国际化的相应举措：不断修订并出台新的国际会计准则以引导会计专业教学内容的变化

由于 20 世纪 70 年代后的世界经济进入高速发展时期，国际经济技术合作和交流不断发展，国际贸易迅速增大，跨国公司大量出现，经济一体化成为世界经济发展的必然趋势，为了适应国际经济一体化发展和国际间共同研究的需要，1973 年由美国等 9 个国家的 16 个会计职业组织发起成立的国际会计准则委员会（International Accounting Standard Committee，简称 IASC）[②]，在 30 多年的时间里，按照其所确定的“（1）按照公众的利益，制定并发布编报财务报表应当遵循的会计准则并推动这些准则在全世界范围内被接受和遵循；（2）逐步改进和协调编报财务报表的规定、会计准则和程序”[③] 两大工作目标，制定、发布和修订国际会计准则（International Accounting Standard，简称 IAS），以协调世界各国会计准则之间的差异。经过协调、制定和推进国际化三个发展阶段，已经取得了十分显著的成果。到 2001 年，国际会计准则委员会已经发布了 41 号国际会计准则（其中仍有效的有 37 项），并被许多国家基本

① 主要参见《楚天都市报》2002 年 6 月 19 日第 35 版载“国际会计师资格证书怎么考”和该报 2002 年 7 月 3 日第 35 版所载“国际会计界权威认证——AIA 报考手册”所提供的资料。

② 2001 年 1 月后为 IASB。

③ 中华人民共和国财政部会计司：《国际会计准则》，中国财政经济出版社，1992 年。

或完全采用，还有一些国家主要参照国际会计准则来制定本国的会计准则。为了实现会计准则国际化，国际会计准则委员会目前已完成了核心准则的研究，正在努力加快与IOSCO与IFAC等国际组织的合作。虽然还存在种种障碍，但它在近年来已经取得了重要的进展。在2001年初，IASC还成功地进行了重大改组，由新成立的国际会计准则制定机构——国际会计准则理事会（International Accounting Standards Board，简称IASB）来领导IAS的制定工作，从而解决了原IASC在融资、准则制定人员的选拔和独立性、准则制定程序等方面的问题，为确保国际会计准则的高质量提供了组织上和人员上的保证。由于IAS的制定、修改与出台，从某种意义上代表了国际会计实务领域里的最新发展趋向与理论研究成果，因此，它对于会计教育国际化进程中会计教育教学内容的不断更新起着一种重要的导向作用。

（八）世界贸易组织（WTO）在相关条款中对会计专业服务资格条件的准入要求：是推进会计教育国际化进程的根本动因

进入20世纪90年代以后，随着全球经济的发展，WTO对全球经济发展的影响程度与方式也发生了一定的变化。国际会计服务市场的开放，客观上需要对会计服务加以监管。为了推进这一工作的进程，WTO虽然没有对提供服务的专家资格提出要求，但是却对国际服务贸易订有准入标准，这实际上是对会计服务业提出的一种要求。WTO对于与会计有关的服务贸易要求，主要体现在《服务贸易总协议》及其有关的两个附属规范的相应条款中。

作为1993年12月15日结束的长达7年的“乌拉圭回合”谈判的一项重要成果，《服务贸易总协议》（*General Agreement on Trade in Services*，简称GATS）① 被正式纳入多边贸易体制的管辖范围。

① “乌拉圭回合”谈判的具体时间为1986年9月到1993年12月15日，但其各项议题的协议则是于1994年4月15日在摩洛哥的马拉喀什召开的关贸总协议部长级会议上才获得通过，其中包括GATS。

GATS是多边贸易体制第一个有关服务贸易的框架性文件，它的目的在于通过建立服务贸易的多边规则，推进全球服务业市场的开放。它共包括管辖范围、一般义务与纪律、具体承诺、逐步自由化、制度条款和最后条款等6个部分，由32个条款所组成。它还包括8个相应的附件，其内容包括豁免、提供服务的自然人流动、空运服务、金融服务（Ⅰ、Ⅱ）、海运服务、电信服务（Ⅰ、Ⅱ）等领域（陈春洁等，2002）。根据WTO统计和信息系统局（SISD）提供的资料，按照一般国家标准（GNS）所确定的服务部门分类方法，全世界的服务部门划分为11大类48个小类142个服务项目。按照这一分类口径，会计服务属于专业服务的范围，将其列于第一大类“商业服务”中A类服务的“会计、审计与簿记服务”（总第2项）、“税收服务”（总第3项）和F类服务中的“管理咨询服务”（总第29项）三个方面和第七大类“金融服务”的相关内容（幕童，1999）。GATS有关条款中，首先是对提供服务的职业会计师任职资格的相互承认义务做出了原则性的规定，要求“提供服务的公司和个人需要取得允许他们执业的证书、许可、资格或其他授权”①，其基本条件包括专业教育、职业能力考试和实践工作经验等方面的内容。对资格标准的要求相应条款，主要体现在第六条“国内法规”中第4、5、6款所做的三个方面的具体规定，特别要求应当充分“考虑所实施的有关国际组织的国际标准”。对承认要求的相应条款，主要体现在第七条“承认”段的5条规定，特别要求“在适当情况下，各成员应与有关的政府间或非政府组织进行合作，以建立和采用有关承认的共同国际标准和从事有关服务贸易和专业的共同的国际标准”。鉴于在服务贸易中有关专家资格、技术标准和许可管理措施对专家服务和贸易扩展所产生的制约的影响，WTO还期望设立多边纪律以确保管理措施不致对专家服务构成不

---

① 尽管这两条规则适用于所有的服务性行业与专门职业，但是它们与会计职业有着特殊的关联（侯经仪等，2001）。

必要的障碍，在所签署的与 GATS 相配套的《GATS 下提供服务的自然人流动附件》和《有关专家服务的部长决议》两个相应的附件中，就如何促进会计服务的真正自由化问题明确提出："应鼓励与有关国际组织合作，以便建立和采用有关相互承认教育程度、经历、资格条件、许可证和证明的共同国际标准的规定；制定资格承认的指针以适当的程序验证任何其他成员方专业性服务的能力。"① 除此之外，GATS 为了给予 WTO 成员方在制定有关会计服务业的国内规章方面有一个纪律性的约束，在其基本框架下，WTO 的服务贸易理事会专业服务工作组（WPPS）还分别颁发了与会计服务有关的两个文件：即于 1997 年 5 月 29 日通过的《会计服务业相互承认协议或安排指南》（*Guidelines for mutual Recognition Agreement or Management in the Accountancy Sector*）和 1998 年 12 月 14 日通过的《关于会计服务业国内规章方面的守则》（*Disciplines on Domestic Regulation In the Accountancy Sector*），在上述两个文件中，对各国关于会计服务业内部资格认证要求与程序、国内审计技术标准及许可程序均提出了明确的要求。

在 GATS 的上述相应条款中，至少表达了四个方面的内在含义：第一，是 GATS 旨在使每个成员国均有一套方法来比较不同国家的职业资格要求，以便在实施互惠时能客观和公正地对待所有申请者，毫无疑问，总协议将为会计职业资格的国际化提供法律依据；第二，是 GATS 充分考虑和尊重有关国际组织所拟定的相应标准，因此，全球目前重要的国际会计职业组织和其他国际会计组织所拟定的会计职业标准即成为不同国家和地区会计服务准入的基本依据；第三，是建议 WTO 的各个成员应当积极与有关国际性职业组织合作，积极参与通用标准的制定过程，以减少新运行规则的推行成本；第四，是各个职业组织的标准应当根据经济环境的变化而

① 关于这一问题的表达不是很集中，而是在多个规定与要求中体现出来的（侯经仪等，2001）。

不断地进行修订和完善。这一条款的规定，既对国际会计职业组织不断修订出台新的职业标准提出了要求，也为会计教育国际化进程提供了一个法律保障。从前述主要会计职业组织在20世纪50年代以来所采取的相应行动，以及推进会计职业标准变化的进程中，我们也可以充分感受到这一要求无时不在。

三、会计教育国际化工作的推进：会计教育教学模式的改革与会计教育观念的创新

（一）会计教育基本理念的国际化：需要确立以提高学生对21世纪高新科技环境和经济全球化环境下会计工作的适应能力及开放性为主要特征的基本教育原则

21世纪不仅是科技发展的新时代，而且是教育发展的新时代。教育创新决定着科技创新，从事科技创新的是人才，而人才是教育培养的，所以科技与经济的支撑点是教育。有了教育，才有人才，才有知识创新，才会形成教育、科技与经济发展的良性循环，才能实现经济的可持续发展。“面向21世纪教育国际研讨会”的报告曾明确指出：21世纪最成功的劳动者，将是最全面发展的人，将是对新的思想和新的机遇最开放的人（郝光明，1995）。在21世纪，高新科学技术对经济发展产生的影响会越来越大，科技成果转化为生产力的周期将逐渐缩短，知识更新的周期会进一步加快，人类需要传播和接受的信息量会成倍增加，信息传播的手段会越来越先进，高质量的科技成果以及它向生产力转化的程度也会越来越依赖于不同学科、不同领域的相互交叉和融合，知识的经济化和经济的知识化的潮流已经是不可逆转，经济的全球化和经济的金融化已经形成气候，会计教育的指导思想应及时适应这种环境的变化，从而确立新的具有国际化特征的教育理念。

早在20世纪90年代年初期，郭道扬教授（1994）就曾率先提出了建立“大会计教育”的思想，他主张使“大会计教育”的发展与大科学、高技术、大经济及大会计控制相适应，以造就一大批具有全新知识结构的会计专门人才。他认为，“大会计教育”所限定的范畴不仅是指会计人才一生所受教育的总和，也不仅是指在培养过程中所接受的专业教育，更重要的是指会计教育能够做到普及化、开放化和国际化。于玉林教授（1996）也将21世纪会计教育指导思想的内涵形象化为应当实施专业教育、道德教育、外语教育、计算机教育、信息教育和创造性教育等六大体系为主体的基本原则。此外，国内很多著名的教育学家也纷纷强调（陈思中，1996），在21世纪的高等会计教育的指导思想上，除了应当让学生掌握知识、提高能力和学会如何进行创造性思维外，还应当特别注重教会学生如何做人。1996年4月，由雅克·德洛尔任主席的“国际21世纪教育委员会”向联合国教科文组织提交的报告《教育——财富蕴藏其中》的报告中指出：高等学校应当充分利用这一独特的场所，让青年学子“学知”（Learning to know）、“学做”（Learning to do）、“学会共同生活”（Learning to live together）、“学会做人”（Learning to do）。该报告将上述四个方面的学习称作“教育的四个支柱”，并坚决重申了一个基本原则：“教育应当促进每个人的全面发展，即身心、智力、敏感性、审美意识、个人责任感、精神价值等方面的发展”（汤湘希，2002）。

以上述认识为依托，推进会计教育国际化，在总体理念上应当确立以下四点基本认识：一是要改变因为过窄的会计专业教育所引发对学生知识视野的限制，适当拓宽人才的培养口径；二是要改变因为过重的急功近利的动手能力训练导向而削弱对学生专业素质全面培养和基础训练；三是要改变因为过强的共性制约而使学生个性发展所受到的条令性限制，应当在课程的设置以及专业的划分上给予学生以更多的选择机会；四是要改变在学校教育中因为过弱的文化及人文知识陶冶而使学生人文素质底蕴不足、思想不够成熟的现象，尽量扩大培养对象的知识点，改造课程比例结构和招生对象的文理结构，使学校的会计专业教育能够切实适应当今学科逐渐交叉和融合的国际潮流。

（二）会计专门人才培养模式的国际化：需要研究在教学过程中如何致力于学生专业潜力的开发与加强方法论教育

由于高新科学技术发展日新月异，知识积累与更新的速度加快，各类学科呈现出急剧分化与组合，相互交叉与渗透的趋势。在会计教育的专业设置、教学内容及课程体系的改革等问题中如何适应这一趋势，怎样处理好学科的系统性和更新调整、传统与创新、传授知识与培养能力的关系，以及如何将会计教育中的素质教育、科学基础的训练以及教育的循序渐进性、超前性、滞后性等自身规律与需求导向进行有机地结合等基础理论问题都需要我们予以深入地研讨。对上述问题，已经故世的中国当代著名会计大师杨纪琬教授早在 1992 年中国会计学会会计教育改革组第二次理论研讨会上，就将其形象化地归纳为新与旧、虚与实、中与外、同与异、近与远、主与次和教与学共七个方面的基本关系（特约通讯员，1992）。他的这一基本观点，可以说为当时会计理论学术界研究面向 21 世纪如何改革会计教学及课程体系问题提出了一个带有指导性的研究框架。对于这一问题，曾被美国会计学会于 1977 年与 1988 年相继评为“世界杰出会计教授”及“杰出会计教育家”的斯蒂芬·A. 泽夫（Stephen · A · Zeff）博士，早就在 1989 年的美国《会计教学问题》上就曾撰专文予以呼吁。他在文中针对美国当时会计教育中所存在的教材内容庞杂乏味、学术气氛凝固沉闷、测试方法简单划一及教师缺乏教学主动权等问题，要求会计教师在教学过程中应当更新教学观念，注重以历史的观点、发展的观点、比较的观点来研究非会计因素对会计实务发展的影响以及会计对社会经济发展的影响等问题；注重有意识地培养学生富有想象力地吸收知识的能力，致力于对学生的智力开发，鼓励学生充分认识到会计在社会中的重要地位，使他们充分意识到企业经营管理的宏观与微观经济决策在很大程度上是根据会计过程所提供的有效信息；鼓励学生要不拘泥于会计领域里的会计准则制定者及其他领导者的一家之言，勇于向传统的观念及方法挑战，使他们将来能够在会计领域里起到重要作用，真正地担负起提高会计水平的重任（方荣岳等，1990）。泽夫教授的这一套理论，对我们今天研究21世纪的会计教育国际化问题以及对我们所培养的高级会计专门人才后备力量的水平评价等问题，都具有一定的指导意义。由于学校所培养的是面对21世纪的会计专门人才，在未来知识更新的周期不断加快的环境下，让学生具备自我学习与不断自我更新知识的能力是极为重要的，这也是我们倡导应当致力于智力开发、能力培养与通才教育的前提条件。

要达到这一目标，必须要求学生拥有合理的知识结构；必须要求学生在打牢基础的前提下，注重对他们思维能力与解决实际问题思维方法的训练；必须注重培养学生的素质、技能与研讨专业问题的后劲；必须避免使大学教育单纯成为操作技能训练的过程。特别是在当前，一定要防止因迎合用人单位的不切实际的动手能力的要求，而混淆高等教育与中等教育、定向定岗培训的界限，急功近利，以至于将大学生培养成只适合于某一具体岗位熟练操作工的不规范做法。这种做法，不仅是对我们会计教育发展趋势上的一种误导，而且也是对我们本来就很有限的高等会计专门人才这一人力资源的极大浪费。

（三）会计专门人才培养目标的国际化：需要界定不同层次人才“通才”和“专才”的可供操作与考核标准

对会计教育人才培养目标的认识，是确定会计教育其他环节的起点。只有确定了培养目标，才能对会计教育的发展起一定的导向作用。就目前的高等会计教育层次上看，基本上可以划分为博士、硕士、学士及专科四类。社会对各类人才的需求不仅有其客观比例，而且也有着不同的期望值。20 多年来，会计理论学术界和教育界，围绕会计人才培养目标的问题已经展开过多次讨论，在 20 世纪 90 年代初期形成的比较一致看法是（特约通讯员，1992）：应当为社会主义市场经济培养应用型、通用型、开拓型和外向型的高级会计专门人才。但是，随着经济建设的发展，会计教育理论界又对“专才”与“通才”的提法问题产生了理解上与认识上的差异。有的同志认为，不宜过分强调“通才”，这样会混淆会计与其他经济管理专业的培养界限（刘峰等，1996）。

面对 21 世纪的经济环境，对于会计人才培养目标问题，我们应当确立如下五个基本观念：第一，是会计教育人才的培养目标应当具有层次性，不能笼而统之，一概而论。有的层次应当以培养“专才”为主，有的层次则应以培养“通才”为主，不能人为地予以拔高，如果不能确定一个原则上的界限，这样地使教学的整个组织程序陷于一种混乱的状态之中。第二，是从当前社会对学生就业的要求看，应当注重培养学生的专业适应能力，实现培养目标的多元化。会计教育的人才培养多元化目标即应涵盖如下的要求：（1）有广泛的人文、社科、管理及会计专业知识；（2）有较强的会计业务操作能力；（3）有较强的创造性思维及其运作能力，能够根据所学知识观察问题、分析问题和解决问题；（4）有较强的人际协作与管理组织能力；（5）有较强的自学进取能力，掌握学习方法，善于接受和运用新的知识。第三，是从教育发展的趋势上看，实现文理交叉及通才教育是一种历史潮流。对学生加强通才教育的同时，重视人文素质及综合素质的修养，它不仅仅应当是会计教育的发展方向，同时也是使学生将来能够在社会上正常就业的一种必然要求。因此，实施“通才”教育，尽量扩大学生在校期间的专业知识面，尽量让他们掌握学习的方法与思考问题、分析问题及解决问题的能力，则是相当重要的。各院校应当采取各种有效措施，力争做到通才教育与专才教育的统一，自然科学教育、人文社会科学教育与会计专业教育的统一，管理文化传递、会计文化选择和创造性思维的统一。第四，会计人才的培养目标应当是一个发展的概念。它应当与一定时期的经济环境及其对会计专门人才基本素质的客观要求相适应，而不能一成不变，因而，应当随着形势的发展而不断地修订和完善。同时，会计人才培养目标的确定，应当具有一定的实践基础，它的实践基础就是用人单位对会计人才综合能力的要求。第五，会计人才的培养目标也应当注重规范性，就是指应当考虑它本身必须达到什么标准，而不能片面地迎合用人单位不切实际的急功近利式的动手能力方面的低层次要求。

（四）会计专门人才培养要求的国际化：需要引导学生自觉增强职业责任意识，为提高适应实际会计工作环境的心理承受能力做好准备

早在1994年的10月27日，《生活时报》就曾经载文对21世纪的人才素质进行了讨论，认为其内涵主要包括三个方面：第一，是生存体验。这是最基本的修养，包括知人和做人等各个方面，所以人才首先就要有做人的素质，而做人就要理解人，理解人就要拓展生存体验。第二，是专业技术。专业技术包括文、理及其他各个方面的知识。作为一个人才，他必须具备两种以上的专业知识。由于世纪之交所处的知识上的大综合与大交叉的时代，如果具有两种以上的专业知识，当一种专业知识被淘汰了的时候，还有另外一种可以作为自己的基础而不断地向前发展。第三，是哲学头脑。有哲学头脑就可站得高、看得远，洞察能力和分析能力强。只有这样，才能突破思想上的狭隘性，从而在事业上不断跃上新的层次。强调对会计专业学生的职业素质教育，既是顺应当前普通教育历史潮流的客观需要，也是国际会计职业组织有关会计职业资格教育要求中所一贯强调的一项重要内容。长期以来，对在校学生会计职业素质教育的问题并未真正落到实处。

面对 21 世纪的经济环境，会计教育中对学生职业素质的培养，应当着重做好以下几个方面的工作：第一，充分认识到会计专门人才职业素质教育的一个重要方面就是会计职业道德。美国的 K. D. 拉尔森（K. D. Larson）教授在其 1990 年出版的第 12 版《基本会计学》一书中，就曾以“道德：最基本的会计原理”为题，设专章讨论会计职业道德问题（于增彪，1996）。之所以把会计人员的职业道德提到如此重要的位置，这是由会计工作的职业特征所决定的。不论是企业内部会计人员，还是从事社会会计服务的执业会计人员，其职业道德的水准，将在一定程度上影响会计工作的质量。第二，会计专门人才职业素质教育的方式应当是多样性的。结合现阶段会计教育实际，除了应当开设专门的会计职业道德教育课程外，定期聘请社会上卓有成就的人员到学校向学生现身说法，通过他们遵守会计职业道德的亲身经历来激发学生的职业责任意识也是一种有效的辅助方式。第三，会计专业教师应注重自身的社会伦理责任，加强对学生敬业精神的引导。教师的伦理责任是反映在教师与学生关系上的自我道德约束与要求，有助于学生健康与和谐发展的主动性与工作奉献，是建立在教师职业内部道德环境上对学生的责任感和敬业精神。教师的这种伦理责任表现在思想上应当是无私的，在容量上应是无限的，在工作上应当是无休止的，在情感上应当是无保留的，在教育要求上应是无终极的。因此，会计专业教师的伦理责任对学生的影响虽然是无形的，但却是至关重要的。教师在教学中一丝不苟的敬业精神以及建立在对会计职业要求充分理解上的言传身教，有可能影响学生为会计事业做出终身的奉献。中国著名的会计大师娄尔行（1993）先生就曾在其回忆录中深有感触地写到：因其先后“有幸师从安绍云、裴登两位会计教授，深感一朝受业，终身受益。受益最大的倒不是他们所传授的某一理论或某一观点，而是他们的会计思想在我头脑中播下的种子。这些种子，在适当的气候和土壤条件下，加上我自己的耕耘，生根、发芽、长茎、开花，以致结出果实。”

（五）会计专门人才培养形式的国际化：需要统筹教学过程理论与实践的关系，以提高学生发现问题、分析问题和解决问题的实际能力

会计教育的人才培养方式，实际上就是如何组织其教学过程的问题。为分析我国高层次会计教育人才培养方式与国外存在的差距，最近，西安交通大学的张俊瑞博士等（2002）以美国伊利诺伊大学从1939年至2001年的327篇会计学专业博士论文选题以及中国自1985年至2001年9所大学及研究机构的306篇会计学专业的博士论文选题为研究对象，将其与美国博士论文的选题及所体现的研究方法进行了比较分析。结果发现，在选题方面，我们的会计学博士论文选题比美国的博士论文选题更大，研究对象更为宽泛，而解决具体问题的针对性较差：在所反映的研究方法方面，美国的会计学博士论文研究方法明确，且多样化，注重实证研究、经验研究、调查研究及实验研究，而我们的会计学博士论文更注重规范研究与理论分析，实证研究与经验研究较少。这一研究结论，也在一定程度上反映出我们的会计人才教育与培养模式以及与会计教育国际化要求的差距。

面对会计教育国际化的需要，应当采取以下的有效措施来改变现行的人才培养模式：第一，改变传统的单一课堂讲授的授课方式，辅以适当数量的案例式教学。第二，加强现时实用性问题的教学，以使会计教学的内容能够与会计改革的实际进程相贴近。第三，鼓励学生走出校门，深入实践第一线，以训练其解决现实会计问题的能力。这一点，在硕士与博士层次的高级会计专门人才培养上显得尤为重要。只有这样，才能防止他们一味地埋头于书斋去研究与会计改革的现实进程相差甚远的纯理论问题，从而使会计教育具有开放性和创造性的基本特征。同时也应积极支持他们到社会实践中去寻找研究课题，鼓励他们进行试验性研究和创新性研究，以使其学术研究水平的提高与实际组织会计管理工作的能力的加强得

到统一。第四，实行各高校之间会计教育的优势互补与跨校合作培养人才的有效方式。鉴于各校师资及教学条件不同的客观现实，在有条件的地区，应当考虑采取一定的措施，建立会计教育信息网络，互通会计教学情报，实行资源共享。在实施方式上，可以采取以下五种形式具体运作：一是联合培养博士及硕士研究生；二是在研究生教育阶段，设立“国内外访问学者特别讲座”的专题，以对学生的知识结构和教学方式进行一定程度的渗透；三是各学校之间专业课教师的合理流动；四是让各校所聘请的兼职教授起到名副其实的作用；五是在有条件的地方，应当有计划地实行学生的跨校听课制度。

（六）会计专门人才培养方式的国际化：需要考虑社会对应用型、通用型及外向型会计专门人才的需求

H. T. 麦吉尔等（2001）认为，传统的美国会计教育是以注册会计师考试为核心来设置课程体系的，因此，其课程设置模式上就必须充分考虑 IFAC 与 AICPA 对职业会计师执业资格的相应要求。但是，由于目前出现了一种由非传统的、国际化的学生成为注册会计师职业新的后备军的趋势，同时，注册会计师职业目前已经努力将执业要求程度提高，这样就会带来会计教育市场重新划分的问题。因此，他们预计在未来不长的时间内，将会逐渐确立适应这一新变化的教育模式。这一问题，应该说在目前的会计教育中已经有所出现，大量的非会计专业的学生开始对 CPA 的考试产生兴趣，并有部分人通过考试取得资格，甚至于有的在这一领域里还取得了比会计专业毕业的学生更加骄人的成就。作为一种教育上的动向，除了可能会引起其他专业课程设置上的变化外，是否会预示着将催生一种新的教育模式呢？我们将拭目以待。

应该说，目前会计教育中最突出的矛盾已经不是教育学科专业设置以及其他资源本身的配置问题，而是学生毕业后的就业趋向问题。随着国家教育环境的变化，会计教育的矛盾也开始出

现。由于就业岗位的竞争日趋激烈，用人单位对于会计专业的毕业生在动手能力与实践技能上也开始提出一些不切实际的要求，这样就出现了两种后果：一是学生在校期间需要有一定的精力去培养操作技能；二是去考证。据笔者所知，在会计专业本科生和研究生中，目前比较流行的专业性考证主要有中国的CPA、英国的ACCA与AIA等。对于这种趋势，AECC早在其第2号会计教育问题研究报告——《学位学习与职业考试资格的划分》中就曾经指出："会计教育改革委员会敦促学校和学生将院校课程提供的教育机会最大化（to maximize the education opportunities）。委员会的主要顾虑是，学生的教育过程由于参加考试复习课程（examination review courses）和其他准备职业资格考试（professional examinations）的复习性质的活动而被分割。那些在结束他们的大学学业之前参加职业资格考试的学生往往分散他们在学术上的努力，以准备这些考试。结果，课程的全部潜能并未得到实现。因此，委员会相信那些所有主要是为职业资格考试做准备的复习性质的活动，应推迟到学生完成了各考试机构所规定的教学要求之后。"①

要适应会计教育国际化的需要，培养符合21世纪经济全球化环境下所需要的高级会计专门人才，在有限的大学会计教育阶段，就应当充分利用有限的教育资源，培养应用型、通用型及外向型的高级会计专门人才，使会计专业毕业生具有优秀管理者的基本素质，具有流畅的口头与文字表达能力，具有较强的交际能力，具有批判性思维和创造性思维。而过早地把学生带入相对狭窄的专业领域，把学生过多的时间安排在技术性的专业训练上，这对学生在未来岗位上的发展是不利的。这是由于随着经济环境的变化，会计所承担的任务、所拥有的职能以及业务处理技术将发生相应的变化，

① 张爱民、陈人杰译 . 2000. 会计教育委员会的状况以及专题公告 . 《高教研究》（华东理工大学主办）第4期，51。

希望学生在学校所学的知识能够穷尽未来的全部业务是不现实的，同时也是没有必要的。

（七）会计专门人才培养过程的国际化：需要树立终身学习的观念，完善会计专业职业继续教育体系

早在20世纪80年代，AAA在组织专家学者对面向20世纪的会计教育进行研究后，就曾经提出了一份颇具代表性的多层次、多阶段的未来大学会计教育计划，在这一计划中，将继续教育列作大学会计系列教育中继基础知识教育、专业基础教育及专业化教育之后的一个专门层次与阶段，将其作为增加会计职业效度的有效措施，要求树立终身学习的观念，不能将大学教育作为职业教育的终点，应当在走出校门后的复杂会计实践中，不断地接受继续教育。

这是因为，在21世纪的经济全球化环境下，必然会不断地对会计职业乃至高级专门会计人才的素质提出新的要求，有关国际经济组织和会计职业组织也会不断地更新会计职业资格的标准。因此，已完成大学阶段教育的人员，在各自不同的与会计有关的工作岗位上，必须进一步更新和拓展其知识总体，或者在某个或几个专业方向上继续深造，因此，就必须建立完善的会计专业职业继续教育体系。只有这样，才能在现有会计队伍中形成一种激励机制，才能营造一种职业后续教育的环境与氛围，才能使会计职业技术水平永远保持在一个较高的起点之上。到目前为止，我们除了对注册会计师有较为严格的职业继续教育要求外，对其他从事会计职业的大学毕业生，则未提出过具体系统的职业继续教育规范，这与21世纪经济全球化的环境对会计的要求是极不相称的。除此之外，我们还应当认真抓好会计知识的普及教育工作，它也应当是会计教育国际化的一个重要组成部分。

（八）会计教育理论研究的国际化：需要重视对比较会计教育问题的专门研究，以形成系统的研究成果，强化对会计教育国际化进程的理论指导作用

20世纪80年代以来，会计教育界对国外会计教育的理论和方法进行了多角度的研究，取得了一部分研究成果，对于会计教育改革与发展进程中汲取国外的先进经验，完善我们的会计教育体制起到了一定的促进作用。但从目前所取得的成果上看，主要存在着以下四个方面的问题：一是研究的内容比较零碎，缺乏全面系统地专门比较研究；二是研究的区域比较窄，一般主要集中于英国和美国的会计教育，对其他国家和地区涉及较少；三是研究的内容比较单一，一般局限于从行政管理的角度介绍教育的组织方式与管理模式，而对会计教育实质的相关要素问题则较少涉及；四是研究的基础比较薄弱，特别是缺乏对比较会计基础理论问题的研究。这样，就使得作为会计理论一个重要部分的比较会计教育理论与会计教育和会计理论的发展状况出现了一定程度上的差距，就使得我们的会计专业教育在全方位地汲取国外先进教育理念和教育方法的工作成效上与这一专业教育的发展地位极不相称。由此可见，对不同国家和地区会计教育的理论和实践进行全方位的专门性比较研究，对于发展现阶段的会计教育事业从而推进会计教育国际化的进程具有重要的意义。

进行全面的比较会计教育的研究，可以围绕以下两个方面展开（许家林，2002）：第一，要对不同国家和地区会计教育的基本要素进行比较研究。主要涉及会计教育的发展进程、会计教育的发展环境、会计教育的管理体制、会计教育的组织层次、会计教育的组织形式、会计教育的课程体系、会计教育的教材体系、会计教育的教师资源、会计教育的教学手段、会计教育中的学生动手能力训练方式、要求与组织形式、会计教育的质量监控体系、会计教育质量的评价体系、会计教育的基本准则和会计教育不同对象的继续教育机

制等等，应当研究上述各个要素在不同环境下的运行方式与特征，以便为深入研究奠定基础。第二，要对不同国家和地区会计教育的特点进行比较研究。其基本方式可分为三个主要的层面：（1）会计教育的区域特点研究。在进行会计教育比较研究时，其区域的概念可以以一个国家为对象，也可以以一个地区为对象。从区域的角度研究，主要目的是揭示其在会计教育发展问题上的共性。（2）会计教育的层次特点研究。即对不同国家、不同地区所培养不同层次的会计教育对象（如博士研究生、硕士研究生、本科生、专科生、高职生、中专生等）的培养目标、课程体系、教材运用、课程考试、教学评价等问题的研究。从层次特点进行研究，主要是要梳理和分析不同层次会计教育在组织管理模式上的差异。（3）中国会计教育与有关国家与地区会计教育的横向比较研究。拟将有关国家或者地区会计教育相关要素的基本特点与中国会计教育相关要素的基本方式进行比较研究，主要目的是揭示所存在的差异。通过上述分类比较，明确我国现阶段不同层次会计教育所存在的差异，提出改进的建议，以推动现阶段会计教育改革的进程，加强会计教育资源的合理配置，提高有限会计教育资源的利用效率。

四、结论

通过上面的分析，我们可以得出的初步研究结论是，会计教育国际化观念的提出具有划时代的意义，它形成的环境因素是经济全球化，但会计教育的国际化又是一个不断渐进的过程，它的内涵及其相关构成要素又是不断变化的，其变化的依据应当是相关国际性的经济协调组织、国际性的会计职业组织和影响较大的部分国家会计职业组织对会计职业标准所提出的不断变化的要求。因此，全面研究与认识经济全球化环境下的会计教育国际化问题，我们就应当确立这样的基本逻辑思路：全球化的经济环境→全球性的经济业务→全球性的会计信息质量标准→全球性会计协调工作的开展→国际通用性的会计业务处理程序与惯例的确立→国际化的会计职业资格标准要求的提出→高素质的熟悉国际会计业务处理要求的会计职业人员→国际化的会计教育观念的确立→适应会计教育国际化要求的会计教育模式→现行会计教育观念的不断变革与创新。

主要参考资料

编辑部．第十六届世界会计师大会论文摘要．会计研究增刊，2003. 21～36

陈春洁等．中国入世问题报告．中国社会科学出版社，2002. 54～60

陈毓圭．造就国际水准的职业会计师．《会计研究》，1999 年第 4 期，60～62

陈思中．建立宽口径的培养模式．《光明日报》，1996 年 12 月 24 日第 2 版

方荣岳等．大学会计教育仍应致力于智力开发——著名会计学教授泽夫谈大学会计教学．《会计研究》，1990（4）：24～28

冯淑萍，沈小南，陈毓圭．关于政府特许会计和商业银行会计的讨论．会计研究，1996（11）：43～48

国际会计师联合会．国际教育指南：职业会计师预先资格教育、专业测试及实务经验．广东财会，1997 年第 2 期，32～37

国际会计师联合会：国际教育指南：会计专业技术人员的教育培训要求，广东财会，1997（1）：54～56

郭道扬．21 世纪的战争与和平——会计控制、会计教育纵横论．管理会计（中国台湾），1994（4）97

侯经仪等编著．WTO 法律规则与中国服务贸易．上海财经大学出版社，2001. 28，44～45，261，266～267，279～287

郝光明．面向 21 世纪我国高等教育发展的几个问题．教育研究，1995（9），15

课题组．注册会计师职业后续教育国际比较．上海会计，2001（12）：9

里查德·E. 弗拉赫惕（Richard E. F1aherty）．美国会计教育改革与会计教育改革委员会．会计研究 1997（9）：20～22

联合国贸易与发展会议制定．联合国国际会计报告标准：职业会计师资格要求国际指南．财政部会计准则委员会秘书处译．中国财政经济出版社，

2001.4～10，11～14，15～25，42～85，109

雷达，于春海．走近经济全球化．中国财政经济出版社，2001.43

刘峰等．为社会主义市场经济培养跨世纪的会计人才．《会计研究》1996（7）：40

娄尔行．会计审计理论探讨．立信会计出版社，1993.394

李爽，吴溪．从“会计鸿沟”到“创建性思维”．财务与会计，2000（3）：51

娄尔行．协调会计准则的一场国际争论——记联合国国际会计和报告准则政府间专家工作组的第一届会议．会计研究，1983（5）：17～23

联合国经济及社会理事会．国际会计和报告标准政府间专家工作组第11届会议文件．第3辑，1993.1～9

幕童．加入世贸意味着什么．中国城市出版社，1999.581～588

孟凡利．美国会计教育改革的主要特征．1996年天津市会计教育研讨会论文选，1996.35～46

［美］H.T. 麦吉尔等著．《注册会计师职业：机遇、责任与服务范围》．耿建新等译．世界图书出版社，2001.22～25，292，293

奚国宁．会计职业资格与会计教育的国际化．陕西财经学院学报，1997（4）：43～48

沈小南．关于会计职业教育等问题的讨论．会计研究1993（3）：36～40

汤湘希．《会计教育改革研究》．湖北科学技术出版社，2002.32～33，48，70，196

特约通讯员．中国会计学会会计教育改革组第二次讨论会纪要．会计研究1992（1）：54

W. 史蒂夫·阿尔伯切特．会计教学的演变与发展．见中国会计学会秘书处编．1997～1998年中国会计教授会论文集．中国财政经济出版社，2000.980～995

熊楚熊．论适应21世纪需要的会计教育．特区财会，2002（12）：9～11

许家林．CPA应当掌握的15项信息处理新技术．特区财会1996（11）：38～39

许家林．《现代会计教育论》．科学技术文献出版社，2000. 35，347～350，352

许家林．论比较会计教育的系统研究．广西会计2002（11）：32～33

阎达五主编．面向21世纪会计学类系列课程教学内容改革的研究．经济科学出版社，2000.112～113，193～195，199，203～205，214～215

于玉林．面向21世纪会计教育的探讨．见1996年天津市会计教育研讨会论文选，1996.1～6

于增彪．略论我国的会计职业道德．会计研究，1996（10）：14

杨宇光．《经济全球化中的跨国公司》．上海远东出版社，1999.7～13

张爱民等，陈人杰译．会计教育委员会的状况以及专题公告．高教研究（华东理工大学主办），2000.4；36～67

张俊瑞．中美会计学博士论文选题的比较研究．海峡两岸会计学术研讨会论文集（山东济南），2002.38～48

（本文刊于《中国会计与财务研究》2004年第1期）

论比较会计教育的研究*

会计教育作为我国专业技术教育体系的一个重要组成部分，自1978年改革开放以来，缘于我国经济发展对不同层次会计专门人才的需求，其规模上快速扩展并取得了令世人瞩目的成就，不仅形成了层次分明、结构完整的会计专业教育体系，而且在会计教育的基础条件与会计教育教学质量等方面均得到了实质性的跨越与全面提升，但与国外的会计教育相比较，还存在一定的差距。因此，需要在进行比较会计教育的专题研究以汲取国外的先进经验为我所用，本文拟就此问题做初步讨论。

一、比较会计教育问题需要进行系统地研究

会计作为经济管理的一个重要组成部分，其产生与发展经历了从古代会计、近代会计再演变到现代会计的漫长历史过程，在人类社会经济飞速发展的今天，它已经在国家宏观和企业内部微观经济管理中承担着越来越重要的任务。向投资者、债权人、管理者及其他企业外部与内部会计信息的使用者提供具有准确、及时、真实、有效等基本特征的高质量会计信息是现代会计的基本目标，会计信息质量的高低尽管要受到多种因素的制约，但会计人员的专业素质是一个极为重要的方面。因此，要不断提高会计人员的

---

* 本文系2003年度湖北省教育厅高等学校省级教学研究课题——《比较会计教育研究》（2003140）的阶段成果。

素质，就必须大力发展会计教育以促进会计事业的发展，要有效地发展会计教育，就必须注重对会计教育理论的专门研究。上述逻辑关系可用图示如下：

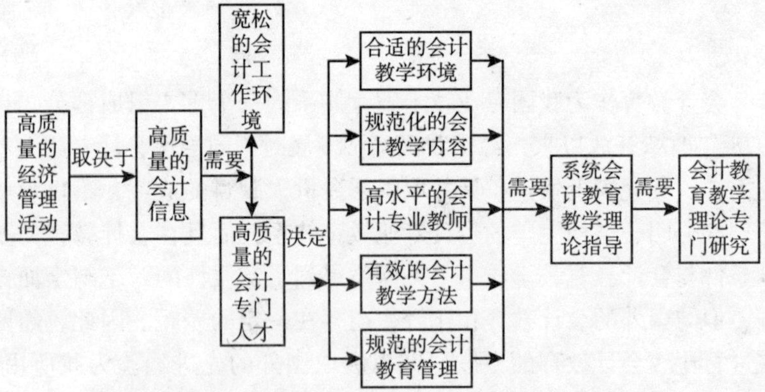

会计信息质量与会计教育教学活动之间的逻辑关系图

会计教育作为我国专业技术教育体系的一个重要组成部分，在我国经过了一个曲折的发展过程。如果说清朝末年的会计教育仅意味着我国会计专业教育正式走向独立的话，那么辛亥革命胜利后的会计教育则为我国现代会计专业教育奠定了初步的基础。新中国成立 52 年来，会计教育受到一定时期国家政治经济环境变化的影响，经历了六个不同的发展阶段：即新中国成立初期会计专业教育基础初步建立；1952 年院系调整后会计专业教育体系初步形成；“大跃进”时期会计教育出现徘徊；国民经济调整时期会计教育再受关注；“文革”时期会计专业教育体系全面瘫痪；1978 年以后会计专业教育得到全面恢复、迅速发展与逐步完善。特别是经过 1978 年以来近 24 年的努力，目前我国的会计专业教育已经构成了一个在层次上划分为从博士后、博（硕）士研究生、本科生、专科生、高职生、中专生、技校生、职高生、专业证书班学员到岗位培训班学员的10级纵向教育系统，同时也形成了一个由博士后流动站、博（硕）士研究生班、全日制普通本（专）科班、职工班、函授班、电大班、职大班、夜大班、社会助学自修班、刊大班、专业证书班、短训班、职称考试考前辅导班及其他继续教育形式所组成的横向社会办学网络，新的会计专业教育体系已经基本形成。在全国现有近千所普通高等院校中，绝大多数院校都设有会计专业或者不同程度地开设有会计专业课程。会计专业教育呈现出其他任何专业教育都无法比拟的蓬勃生机。会计教育作为一种专业教育活动，由于其教学内容上政策性强、实用性强和操作性强，因而其教学过程有着特殊的要求和规律，教师应当如何将提高学生的理论水平、政策水平与实际操作能力结合起来组织教学活动，需要专门研究的问题很多。新的世纪，我国经济发展也面临着全球经济一体化、中国加入WTO、网络技术的全面运用与经济体制改革逐步深化等新的经济环境，现阶段的会计教育要适应新世纪经济发展的需要，就应当培养适应社会需要的不同层次的会计专门人才，就应当结合我国会计教育的实际，认真研究不同国家和地区的会计教育特点及方法，以便借鉴和汲取其先进经验为我所用，从而促进新世纪中国会计教育事业的发展。

改革开放以来，我国会计教育界对国外会计教育的理论和方法进行了多角度的研究，取得了一部分研究成果，对于我国会计教育改革与发展进程中汲取国外的先进经验，完善我国的会计教育体制起到了一定的促进作用。但从目前所取得的成果上看，主要存在着以下四个方面的问题：一是研究的内容比较零碎，缺乏全面系统地专门比较研究；二是研究的区域比较窄，一般主要集中于英国和美国的会计教育，对其他国家和地区涉及较少；三是研究的内容比较单一，一般局限于从行政管理的角度介绍教育的组织方式与管理模式，而对涉及会计教育实质的相关要素问题则较少涉及；四是研究的基础比较薄弱，特别是缺乏对比较会计基础理论问题的研究。这样，就使得作为会计理论一个重要部分的比较会计教育理论与我国会计教育与会计理论的发展状况出现了一定程度的差距，就使得我国的会计专业教育在全方位地汲取国外先进教育理念和教育方法的工作成效上与这一专业教育的发展地位极不相称。由此可见，对不同国家和地区会计教育的理论和实践进行全方位的专门性比较研究，对于发展我国现阶段的会计教育事业具有重要意义。

二、系统研究比较会计教育问题的初步框架

由于会计教育的发展所受到的制约因素比较多，因此所涉及的内容非常广泛，对其进行综合研究是一个系统工程，需要进行全面的设计。笔者认为，进行比较会计教育的系统研究既可以从不同的研究角度切入，也可以对研究内容进行不同方式的组合。在此前提下，可以围绕以下四个方面的基本内容，选取不同的重点并运用不同的方式展开研究：

（一）会计教育比较研究的基本要素

进行比较会计教育的系统研究，需要涉及如下基本要素：会计教育的发展进程；会计教育的发展环境；会计教育的管理体制；会计教育的组织层次；会计教育的组织形式；会计教育的课程体系；会计教育的教材体系；会计教育的教师资源；会计教育的教学手段；会计教育中的学生动手能力训练的方式、要求与组织形式；会计教育的质量监控体系；会计教育质量的评价体系；会计教育的基本准则；会计教育不同对象的继续教育机制；等等。应当研究上述各个要素在不同环境下的运行方式与特征，以便为深入研究奠定基础。

（二）会计教育比较研究的研究基础

进行比较会计教育研究的基础主要是指推动会计教育发展的基本力量及其所形成的基本理念。其主要范围涉及以下内容：国际性

的会计教育研究组织与机构，如国际会计师联合会（IFAC）、国际会计准则委员会（IASC）、国际审计实务委员会（IAPC）、国际内部审计师协会（IIAC）、联合国经济和社会理事会下属的“国际会计报告和政府间专家工作组”以及欧共体等国际经济组织与国际性会计组织内专门设立的会计教育研究与协调机构；不同国家会计教育的专家及其主要贡献；具有重大影响的会计教育专门论著；具有较强辐射和影响力的国际性会计教育专门杂志；在有关期刊和国际性学术会议上发表的重要的会计教育论文；等等。对上述问题的研究，主要是要研究其相应规范和学术观点对不同时期不同国家和地区会计教育发展所起的推动作用。除此之外，比较会计教育的基础理论、比较会计教育的研究方法和比较会计教育的研究原则等也属于这个基本范畴之内。

（三）会计教育比较研究的基本方式

进行比较会计教育系统研究，可以实行复合交叉的比较方式，即分别从不同的侧面揭示其共性与个性，从不同的角度进行比较和借鉴并揭示其内在的发展规律，以利于取长补短。其基本方式可分为三个主要的层面：

1. 会计教育的区域特点研究

在进行会计教育比较研究时，其区域的概念可以以一个国家为对象，也可以以一个地区为对象。譬如，北美洲有关国家如美国、加拿大等国会计教育的特点研究；欧洲有关国家如英国、法国、德国、意大利、荷兰等国会计教育的特点研究；亚洲有关国家如日本、韩国会计教育的特点研究；大洋洲有关国家如澳大利亚、新西兰和新加坡等国会计教育的特点研究；苏联解体前后的有关国家会计教育的特点研究；南美洲有关国家如巴西、阿根廷等国会计教育的特点研究；非洲有关国家会计教育特点研究；其他国家或地区的会计教育特点研究；等等。从区域的角度研究，主要目的是揭示其在会计教育发展问题上的共性。

2. 会计教育的层次特点研究

即对不同国家、不同地区所培养不同层次的会计教育对象（如博士研究生、硕士研究生、本科生、专科生、高职生、中专生等）的培养目标、课程体系、教材运用、课程考试、教学评价等问题的研究。从层次特点进行研究，主要是要梳理和分析不同层次会计教育在组织管理模式上的差异。

3. 中国会计教育与有关国家与地区会计教育的横向比较研究

拟将有关国家或者地区会计教育相关要素的基本特点与中国会计教育相关要素的基本方式进行比较研究，主要目的是揭示所存在的差异。可以考虑从如下五个层次进行比较：（1）中国会计教育与发达资本主义国家会计教育的比较研究，主要比较对象涉及美国、英国、法国、德国、日本、加拿大、澳大利亚和荷兰等发达资本主义国家；（2）中国会计教育与中欧和东欧有关国家会计教育的比较研究；（3）中国会计教育与有关发展中国家的会计教育比较研究；（4）中国大陆与香港、澳门和台湾地区会计教育的比较研究；（5）中国会计教育与国际会计组织所拟定会计教育目标的差异研究，拟研究国际会计师协会（AIA）等国际性会计组织对会计教育的要求，并与中国会计教育的现状进行比较。通过上述分类比较，明确我同现阶段不同层次会计教育所存在的差异，提出改进的建议，以推动我国现阶段会计教育改革的进程，加强会计教育资源的合理配置，提高有限会计教育资源的利用效率。

三、系统研究比较会计教育的基本方法

将比较会计教育作为一个专门的研究对象来进行研究能否取得预期效果，它的关键就在于其研究方法的运用。笔者认为，在实施

研究的过程中，除了与其他学科的研究方法一样，需要用辩证唯物主义的认识论和方法论进行指导外，还需要运用系统论、控制论和信息论等自然科学与社会科学研究的科学方法论指导，在此基础之上，选择合适的研究方法，才能达到研究目标。其基本方法主要有：

（一）历史分析法

这种方法就是以历史唯物主义为指导，通过对历史资料进行分析研究，以弄清其实质和发展规律。在比较会计教育研究中采用历史研究方法，即要求在研究不同国家或者地区会计教育发展的历史资料过程中，坚持从发展的观点出发，对有关时期的会计教育现象和会计教育工作的各个方面进行全面、系统、客观地分析，找出它们演变过程的特殊规律性及其发展趋势，分析它们发生变化的环境因素，从而得出研究结论。运用历史法进行比较会计教育研究时，一般要经过收集会计教育史料、鉴别会计教育史料、研究会计教育史料和得出科学结论四个步骤。

（二）文献综合法

它是指通过对有关文献进行查阅、分析和整理，从而找出事物本质属性的一种研究方法。虽然在历史分析法的过程中，一般都要运用到文献法，但是文献法却不仅限于历史方面的研究，一般的研究工作都少不了它。在运用文献法进行比较会计教育研究时，应当注意以下几个问题：一是注意研究工作的目的性和计划性，要根据研究任务全面考虑应该利用哪些方面的文献资料以及怎样搜集这些文献资料；二是注意选取材料的代表性和典型性，应当善于从所搜集的材料中，选择一定数量的且具有代表性的材料做重点的分析研究；三是要区分材料的真伪和价值大小，以便分清所取材料的主次；四是注意文献材料的局限性，应当在进行必要的加工和组织以后，使其符合主要研究线索的需要。

（三）调查访问法

它是按照有关要求，采用一定的形式，对研究对象进行调查和实地访问，以获取相关资料。按照调查的对象，它可以分为普遍调查、随机调查、典型调查和个案调查；按照调查的性质，它也可以分为专题调查和综合调查等。由于调查访问法是一种有目的、有计划的活动，其工作程序就大致可以分为四个步骤：一是调查前的准备工作，包括确定调查目的、选取调查对象、草拟调查提纲和制定调查计划等内容；二是实际调查工作；三是分析调查材料；四是进行调查资料的全面分析，撰写调查报告。调查过程所采用的具体方法主要有调查会法、现场调查法、问卷调查法、访问法和电话调查法等。进行比较会计教育调查的主要方式是充分利用参加各种学术活动与国外会计教育界同行进行交流的机会，建立信息网络和定期的资料互换关系，以便通过便捷的方式获得不同国家或地区会计教育发展动态的最新信息。

（四）数据统计法

它是指通过观察、调查和实验，对所搜集的数据资料进行整理、计算和分析解释，以求得对所研究的教育现象做出数量分析。统计法根据其内容，可以分为描述统计和推断统计两种。前者主要是从数量关系上反映研究对象的现状，通过统计了解一群变量之间的集中趋势或变量之间的差异程度，考查诸因素之间的相关程度，以揭示其特点和规律；后者则主要是在描述统计的基础之上用一定的办法按样本研究中所得的统计量来推断总体的有关特征，以便做出具体的计划与决策。在比较会计教育研究中运用统计法时，主要涉及不同国家会计教育统计资料的搜集、会计教育统计资料的分类整理和会计教育统计资料的不同角度分析等三个不同的方面，在会计教育统计资料整理后的表达形式上主要有列表法和图示法等多种形式。

（五）比较分析法

它是指对一事物与其相联系的其他事物，通过对比和分析，以判断其异同之处和内在联系，从而认识其共同点、差异点和本质。在比较会计教育研究中采用比较分析法主要是对某个教育要素在不同环境下的不同表现形式进行比较研究，以揭示其普遍规律和特点本质，得出符合客观实际的结论。比较的类型主要有纵向比较、横向比较、同类比较、异类比较、定性比较和定量比较等。运用比较法进行比较会计教育研究虽然没有固定的模式，但是应当注意其基本步骤：一是要明确比较的对象。由于会计教育所涉及的问题比较多，有教育目标、教育方法、教育制度、教学内容和教育思想等，但必须把比较的问题放在一定的范围内，才能使主题明确，从而得出比较明晰的结论。二是明确比较的标的，这样可以提高比较数据的精度。三是要对所比较的事实、数据进行充分的研究，透彻地分析形成这一事实的原因、理由和因素，以便为经过对比分析后得出使人信服的结论打下基础。四是要做出明确的比较结论，提出值得借鉴和参考的内容，以指导我国现阶段的会计教育实践。

主要参考文献

段玲著．会计教学论．北京：中国财政经济出版社，2001

课题组．国际高等商科教育比较研究．北京：中国财政经济出版社，2002

秦荣生主编．面向21世纪会计后续教育问题研究．北京：经济科学出版社，2002

汤湘希著．会计教育改革研究．湖北科学技术出版社，2002

王裕国主编．中国独立设置的财经院校综合改革问题研究与实践（1）．北京：高等教育出版社，2002

夏大慰主编．中国独立设置的财经院校综合改革问题研究与实践（2）．北京：高等教育出版社，2002

许家林著．现代会计教育论．北京：科学技术文献出版社，2000

阎达五主编．面向21世纪会计学类系列课程及其教学内容改革的研究．

北京：经济科学出版社，2000

中国会计教授会秘书处编．1997～1998 年中国会计教授会论文集．北京：中国财政经济出版社，1999

中国会计学会编．中国会计学会重点科研课题文集．北京：中国财政经济出版社，1998

朱建国著．数字经济下的会计预言：会计教育．上海：立信会计出版社，2000

（本文刊于《广西会计》2002 年第 10 期）

论会计专业学生理论素养与科研能力的训练问题*

科学的学问出自严谨的学者，严谨的学者缘于较深的专业理论功底和较强的学术规范意识。会计科学学术薪火的承接，不仅需要一代又一代会计学人的努力，更需要将学术成果运用规范的表达方式来扩大其学术影响。高校会计学专业的博士生、硕士生以及本科生这一富有专业潜质的研究群体，正是承接会计科学理论研究学术薪火的重要力量。因此，在校期间注重对学生进行会计专业理论素养的培养和会计科学学术规范要求的教育，注重培养他们对学术研究成果予以规范表达的意识，对他们强化会计科学学术规范要求方面的训练，督导他们用规范的学术表达方式来披露所取得的研究成果，应当构成现阶段高校会计专业理论与研究方法类课程教学的一项重要内容。本文拟围绕这一主题做初步讨论。

一、客观要求：会计科学理论发展需要培养科学研究后备力量

（一）培养会计科学研究后备力量是我国现阶段高等会计教育的重要使命之一

西班牙的著名教育家奥尔特加·加塞特（2001）曾经指出，大

---

* 本文系2004年度湖北省教育厅高等学校省级教学研究课题——《会计专业学生理论素养与科研能力的培养模式创新研究》（20040112）的阶段性研究成果，亦为与唐国平、高文进和孙贤林等人合作的成果。

学教育的使命是文化传授、专业教学、进行科学研究和培养未来的科学研究人员。高等学校的博士、硕士和本科生作为不同学科科学研究的重要后备力量，在3~4年的学习期间，除必须对其进行系统的专业基础教育与专业技能的训练外，还必须根据本科、硕士和博士不同层次学生对象的特点与来源结构，强化对其专业基本理论的教育与灌输、加强科学研究方法的教育与训练，以不断地提高其专业理论素养，以使其掌握科学的研究方法并具有规范表达学术成果的习惯，以便为未来从事专业科学研究工作打下坚实的专业理论基础与方法论基础。高等会计教育作为我国现阶段教育体系的一个重要组成部分，当然也肩负有培养和造就会计科学理论研究后备人才的重要使命。

（二）现阶段会计科学发展需要会计专业学生的积极参与

会计作为经济管理的一个重要组成部分，其产生与发展经历了从古代会计、近代会计再演变到现代会计的漫长历程，在人类社会经济飞速发展的今天，它已经在宏观和微观经济管理中承担着越来越重要的任务。向投资者、债权人、管理者及其他企业外部与内部会计信息的使用者提供具有准确、及时、真实、有效等基本特征的高质量会计信息是现代会计的基本目标，如何实现这一目标是会计理论界与会计实务界的长期任务。当前，我国的经济发展环境以及党的十六大提出的经济发展基本目标，不仅赋予我国会计工作以新的历史使命，同时对会计科学理论研究也提出了新的更高的要求。会计科学作为人文社会科学体系的一个重要组成部分，以其极为丰富且具特色的实践作为研究基础，在不断地吸收其他学科理论精华与先进的研究方法并经过漫长的发展历程后，已经初步形成了具有自身特色的理论体系，在现代科学体系中已经占据了重要的学术地位。随着会计环境的变化，会计科学研究也面临许多新的需要解决的现实课题，经过无数会计理论和实际工作者的努力，已经取得了许多新的科学研究成果，并在指导会计实践中起到了重要的作用。可喜的是，在已经取得的研究成果中，有一大批成果均是由会计专业的博士生、硕士生甚至部分本科生在导师的指导下完成的。由于他们的专业思想活跃且没有任何观念上的束缚，他们所提出的一些新的理论观点已经对我国现阶段的会计理论研究工作起到了一定的促进作用。正因他们的积极参与，才给我国现阶段会计科学理论研究带来了新的生机与活力。

（三）加强学生专业理论素养教育和科研能力训练是培养高素质会计专门人才的必然要求

如果我们客观地分析现阶段我国会计理论研究成果的内容及其表达形式，不仅在专业理论内涵上需要进一步深化，而且离科学的学术规范要求还有一定的差距，这即给我们会计基本理论与研究方法教育提出了新的任务。为了提高学生的专业理论素养，为了加强对学生科学研究能力的训练与培养，目前国内各会计院校的本科、硕士和博士教育阶段，均设置了《会计理论研究》[①] 课程，而在博士及硕士研究生教育阶段，基本上都设置了《会计研究方法》课程。可据我们通过不同渠道了解到的信息，现在大多数学校所开设的《会计理论研究》课程，不仅在会计专业理论的广度与深度上比较薄弱，而且在研究方法的系统训练上更是显得薄弱。造成这一现象的重要原因之一是学校对这一问题的重视与关注程度不够。因此，加强学生在校期间专业理论素养的教育和科研能力的训练，既是培养高素质会计专门人才的必然要求，也是促进会计科学理论研究逐步走向规范化的重要举措。

---

① 对本课程的设置，各学校的叫法有异，但内容上大同小异。其一般叫法是：本科生为《会计理论专题》，硕士生为《会计基本理论研究》，博士生为《高级会计理论研究》。文中凡涉及此课时，均以《会计理论研究》而泛指。

二、现状分析：会计教育理论研究成果疏于关注学生的科研能力培养

随着我国会计教育事业的发展，目前国内高校会计教育和教学改革的问题已经得到会计理论界、会计实务界、会计事务管理界和会计教育界的充分关注，并已经取得了比较丰硕的研究成果。这些成果主要体现在三个方面：首先，是各级教育主管部门和财政部会计事务管理部门陆续下达的有关高校会计教学改革的专门研究课题。譬如，1996 年原国家教委高教司就曾组织国内有关专家进行了“面向 21 世纪会计类系列课程及其教学内容改革的研究”课题，分别由国内两位著名的会计学家——厦门大学葛家澍教授和中国人民大学阎达五教授负责，并已经形成了最终的研究成果（阎达五，2000；阎达五、葛家澍，2000）。其次，是中国会计学会和原中国会计教授会[①]在其所举办的一年一度的研究年会上所交流的会计教育问题方面的论文、其他会计专业学术会议上所交流会计教育问题方面的论文，以及有关专业期刊陆续发表的有关会计教育教学理论的相关论文。第三，是有关学者对会计教育问题进行系统研究后所形成的专著。譬如，阎达五等（2000）深入研究了在 21 世纪的科技、经济、法律、文化与教育环境下的会计课程体系设置与教学内容改革问题；许家林（2000）比较系统地研究了会计教育的理论基础、中国会计教育的发展与改革、现代会计教育的要素与组织以及比较会计教育问题；朱建国（2000）研究了以数字化为基础的网络环境下会计教育理念与方式的改革问题；段玲（2001）则专门研究了会计教学过程的组织与管理问题；汤湘希等（2002）研究了在全面更新教育观念前提下的会计教育教学改革问题；等等。

---

① 中国会计教授会于 2004 年 7 月 20 日在西安召开的年会上正式更名为中国会计学会会计教育专业委员会。

所有这些成果，均为我们深入研究现阶段如何提高会计专业学生的理论素养与科研能力的培养模式问题奠定了一定理论基础与认识基础。

但从上述三类研究成果所涉及的具体内容来分析，其大致涉及到六个方面：一是对会计教育形成发展及其基本规律的研究；二是对国外会计教育情况的介绍；三是对会计教育的培养目标、会计专业课程设置、会计教学过程组织等具体问题的研究；四是对会计教育教学方法改革的研究；五是对会计实践教学中学生动手能力及专业技能教学问题的研究；六是对会计教育发展趋势的研究。由此可见，其所研究的问题基本上是有关高等会计教育理论与实践中较为宏观的问题，而对于在高等会计教育过程中，如何提高本科生、硕士生和博士生等不同层次会计专业学生的专业理论素养问题、如何对其进行会计专业研究技能的训练问题，以及如何根据学生的不同需求来组织教学内容从而培养其研究能力问题则并未得到应有的关注，这是我国现阶段高等会计教育理论研究与实践上的一个缺憾。

三、规范出台：国家有关部门对强化学术行为管理的重要举措

当前理论学术界愈演愈烈的学术浮躁、学术行为不端等不正常的现象，以及其所导致的不良后果，已经受到了学术界的高度关注。近年来，围绕着如何规范我国的社会科学学术研究成果问题，杨玉圣（2004）等人已经有多项相关成果问世。但在我国现时的会计专业教育中，由于部分老师很少对学生进行有关学术规范方面的教育与训练，很多学术规范知识仅仅只是靠学生自己在实践中摸索得到或者是依靠相应刊物的论文修改要求而被动地接受与运用，缺乏主动适应的意识。这样，就导致在我们的本科生甚至于研究生教育中，除了对平时的课程论文缺乏规范化的要求外，博士与硕士研究生学位论文不规范的现象均相当普遍，而“在职申请学位者”的论文中更显

严重。

为具体了解与分析我国会计专业研究生学位论文学术规范遵循情况，笔者曾于在2003～2004间进行了一项专门调查，共通过不同途径搜集了200多份硕士与博士学位论文样本，在进行初步筛选后，最后确定了17所高校的100篇学位论文（其中博士学位论文和硕士学位论文各为50篇）作为研究样本。对研究样本按照国家标准局①所颁发《学术论文写作的国家标准和写作方法（GB7713－87)》中的基本要求，从学术论文的前置部分（应当包括题名、作者、摘要和关键词四项内容）和主体部分（包括引言、正文、结论和参考文献四项内容)② 两个不同的角度进行了定量统计与分析，得出基本研究结论是，现行会计科学研究成果表达方式上的学术规范遵循程度确实不容乐观③。特别应当关注的是，相当一部分研究生在毕业并取得学位之后，又开始从事会计专业的教学与科研工作，有的很快成为自己单位的学术骨干或研究生导师，于是不规范的学术现象就在无形之中得到了自然性的再生产。

为了规范高等学校哲学社会科学研究工作，加强学风建设和职业道德修养，以保障学术自由，促进学术交流、学术积累与学术创新，进一步发展和繁荣高校哲学社会科学研究事业，2004年8月16日，教育部以“教社政函【2004】34号文件”的形式，正式发布了教育部社会科学委员会于2004年6月22日首次会议上一致讨

---

① 国家标准局1988年并入国家技术监督局，1998年更名为国家质量技术监督局，2001年成立国家标准化管理委员会。

② 国家标准局1987年发布的《学术论文写作的国家标准和写作方法（GB7713－87)》要求，学术论文一般由前置部分（含8项内容）和主体部分（含5项内容）两大部分所构成。而“根据国家新闻出版署的要求”，我国会计界的权威期刊《会计研究》于1999年第10期刊登的“《会计研究》论文格式要求”中将其规范为8个方面，故笔者以此为依据作为进行学位论文规范遵循情况分析的基本指标。

③ 对这一问题的具体分析，详见许家林：《会计学专业研究生的学位论文学术规范遵循问题研究》参见：中南财经政法大学会计学院主编：《2004年海峡两岸会计与管理学术研讨会论文集》，2004年，第377～405页。

论通过的《高等学校哲学社会科学研究学术规范（试行）》①。它共分为总则、基本规范、学术引文规范、学术成果规范、学术评价规范、学术批评规范和附则七个大的部分，计有二十五条基本条款，对于社会科学研究学术规范方面的一些基本问题做了比较严格的限定，并要求各高校根据该规范的要求，结合具体情况，制定相应的学术规范及其实施办法，以加大对侵犯知识产权或违反学术道德的学术不端行为的监督和惩处的力度。由于其较强的专业性与较高的权威性，被学界誉为我国社会科学学术界的“第一部学术宪章”。

我们相信，随着这部“学术宪章”的逐步贯彻与实施，不仅会对规范我国的哲学社会科学的研究工作起到重要的推动作用，而且会对我国现阶段高校会计理论及会计研究方法的教学内容、教学方法与教学形式的改革起到重要的指导作用。但对于会计科学理论研究工作者来说，符合学术规范要求的学术成果应当是以较深厚的专业知识理论功底、较厚实的专业实践基础和较熟练的专业研究方法与专业研究技能为前提的。因此，提高高校会计专业学生的理论素养并加强其研究能力的教育与训练也是具体落实教育部关于规范社会科学学术研究相关要求的一种基础性措施。

四、系统研究：提高会计专业学生理论素养与科研能力的教学模式构思

在现行本科、硕士和博士三个不同层次会计专业学生的教学过程中，如何加强其理论素养的培养与科研能力的训练，是一个综合性很强的问题，因此，需要进行系统地研究以取得成果来指导教育教学的改革与实践。其研究的主要内容可以包括以下三个方面：

---

① 教育部关于印发教育部社会科学委员会《高等学校哲学社会科学研究学术规范（试行）》的通知，http：//www. sinoss. net/sinoss_admin/webfiles_show. asp？id＝112，2004－12－15。

（一）会计专业学生专业理论素养与教学内容的基本结构研究

主要是依据教育学的基本原理，结合本科生、硕士生和博士生三个层次会计专业人才的培养目标，研究其应当具备专业理论素质与科学研究能力的基本内涵与具体要求，以便深入研究确定基本目标与方向。在这个内容中，需要解决的关键问题是：（1）不同层次学生的培养目标中对会计专业理论要求方面的完整表述与其具体内涵；（2）依据不同培养目标研究确定不同层次学生应具备的会计专业理论知识所包括的具体内容；（3）依据不同层次培养目标确定不同层次学生应当具备的会计研究方法知识与科研能力的具体要求。

（二）会计专业学生会计理论与会计研究方法教学的现状研究

在我国现行的会计专业教学体系中，提高学生的会计理论素养与科研能力的培养任务主要体现在《会计理论研究》与《会计研究方法》这两门课程的教学过程之中。因此，欲了解我国现阶段不同层次学生会计理论与研究方法类课程教学的现状，应当以实地调查所取得的资料为基础，需要对连续数届学生分别进行开课前的调查与结课前的调查①，以使调查资料更加系统与具有代表性，在此基础之上，再对有关项目的调查结果进行横向与纵向比较并进行定量与定性分析。初步考虑的系列调查内容为：（1）国内相关院校三个层次《会计理论研究》和《会计研究方法》教学基本内容现状的调查；（2）相关学校不同年级、不同层次学生对《会计理论研究》及《会计研究方法》教学需求调查（开课前）；（3）相关学校不同年级、不同层次学生对《会计理论研究》及《会计研究方法》教学收获调查（结课前）；（4）相关学校不同年级、不同层

① 至少应当涉及3~5届学生。

次学生在学完《会计理论研究》及《会计研究方法》课程后科研能力提高效果的调查。这一调查可以在课程结课后的一定时期内进行，其形式既可以以学生发表论文的数量和质量[①]作为基本参照系，也可以考虑采用以下两种形式进行调查：一是社会上的用人单位对不同层次学生科研能力要求以及对现有学生科研能力评价的调查；二是对不同层次的教学对象进行科研能力的跟踪调查。

（三）提高会计专业学生理论素养与科研能力培养的基本模式研究

根据调查所取得资料以及所进行的定量分析与定性分析结果为基础，针对三种不同层次学生，分别设计具有要求差别的三个层次会计专业理论课程的教学内容组合方案以及科学研究能力训练的方案，从而形成一个层次分明的教学模式。其具体内容可以有：（1）根据本科生、硕士生和博士生三个不同层次学生的培养目标、不同年级的专业背景及专业需求来设计不同要求的会计理论与研究方法课程的教学纲要。即从培养高质量的会计科学理论研究后备人才这一基本目标出发，依据经济学的供需原理，理顺会计理论与研究方法这一同类型的专业课程在本科、硕士与博士三个不同层次教学对象中开设的目的、要求、方式及内容上的关系，初步形成本科生的《会计理论专题教学纲要》、硕士生的《会计基本理论研究与研究方法教学纲要》和博士生《科学研究方法论与会计理论发展教学纲要》共三套具有指导性的理论教学内容体系与教学纲要以指导具体的教学实践。（2）根据不同教学对象组织相应的会计理论和会计研究方法的教学实践活动，并不断地搜集不同层次学生的教学需求作为改进教学形式与内容的依据，从而指导新的教学实践。（3）根据不同对象组织进行不同内容、不同要求的会计研究成果学术表达规范教育及相应的技能训练，从而有助于提高其专业科研的动手能力。（4）确定

① 质量的标准可以考虑以专业期刊在业界的权威程度来评价。

相关指标，以考核不同教学对象结束会计理论与研究方法课程学习之后，在专业理论素质与专业科研能力上的提高程度。

构建这一教学模式的主要目的，在于改变现行会计专业理论课程教学中存在的不同层次课程教学内容重点不够明晰，以及要求比较含混的现状，达到依据不同层次的人才培养目标而培养具有不同特点的会计理论研究后备人才的基本要求。这一教学模式所形成的基本原理，不仅可用于会计专业的学生，还可在其他相关专业的学生中推广运用。

主要参考文献

［西班牙］奥尔特加·加塞特著．大学的使命（1946）［M］．徐小洲等译．杭州：浙江教育出版社，2001.6～12

段玲．会计教学论［M］．北京：中国财政经济出版社，2001

汤湘希．会计教育改革研究［M］．武汉：湖北科学技术出版社，2002

许家林．现代会计教育论［M］．北京：科学技术文献出版社，2000

阎达五，葛家澍，会计学专业系列课程和教学内容改革研究报告［M］．北京：高等教育出版社，2000

阎达五主编．面向21世纪会计学类系列课程及其教学内容改革的研究［M］．北京：经济科学出版社，2000

杨玉圣．学术规范导论［M］．洛阳：河南大学出版社，2003

杨玉圣．学术规范读本［M］．洛阳：河南大学出版社，2004

朱建国．会计教育［M］．上海：立信会计出版社，2000

（本文刊于《理工高教研究》2005年第2期）

会计理论课程教学内容的结构分析与分层设计*

大学教育的使命是文化传授、专业教学、进行科学研究和培养未来的科学研究人员（奥尔特加·加塞特，2001）。为了完成这一使命，我们在教学过程中，就必须做到既注重对在校博士、硕士和本科生进行系统的专业基础教育与专业技能训练，更必须根据不同层次学生的特点与来源结构，强化对其进行基本理论教育以扩大专业知识面，提高其专业理论素养，为他们将来从事研究工作打下坚实的专业理论基础。本文拟以会计专业博士、硕士与本科生均要涉及的会计理论课程为对象，就其教学内容的组织与设计的相关问题做初步讨论。

一、我国现行会计理论课程的教学层次划分

会计理论是采用一定逻辑形式对会计实践行为的本质及其演变与发展规律进行研究后所形成系统、全面的理性认识，它是会计专业学生必须掌握的专业知识的重要构成部分。因此，它在整个会计专业教育体系（主要是研究生教育）中的作用极为重要，这一点已经得到学界的共识（葛家澍，1998）。

* 本文系2004年度湖北省教育厅高等学校省级教学研究课题——《会计专业学生理论素养与科研能力的培养模式创新研究》（20040112）的阶段性研究成果，亦为2008年度中南财经政法大学研究生教育创新基金课题——《提升研究生科研能力的培养模式创新研究——以会计学专业为例》（2008JG05）的阶段成果。

据了解，在国外大学会计专业教育体系中，为了提高学生的专业理论素养均设置了会计理论类课程。国内各会计院校的本科、硕士和博士三个阶段专业教育的课程设置体系内，一般均有会计理论类课程，尽管其课程叫法有异，但内容上却大同小异，可在教学要求上，却存在明显的差异。本科生教育中，一般均设为选修课（大多数列为必选课，少数列为任选课），课程名称为《会计理论》、《会计理论专题》或者《现代会计理论》，教学时数为 30 学时左右；硕士生教育中，则均列为学位课程且属于专业基础课程，课程名称一般称为《会计基本理论研究》，安排在入学后的第一学期，教学时数为 40 学时左右；博士研究生教育中，有的学校是将其设为学位课程，有的则设为考查课，课程名称有的称为《高级会计理论研究》，有的则称为《会计理论发展与学术流派》等，教学时间有的放在第二学期，有的放在第三学期，教学时数一般为 60 学时左右。由此可见，不论是哪个层次，会计理论课程均属于教学计划体系中的重要课程之一。

二、现行主要会计理论类书籍的内容结构分析

尽管学者们普遍认为对会计专业的学生应当加强其专业理论素养的教育，但是在如何安排会计理论课程内容以及如何组织教学内容上，国内外学者却持有不同的看法，由此就形成了具有不同特色的教材内容体系。国内市场上较早的会计理论教材当推已故著名会计学家、中国人民大学的阎达五（1985）教授应中央广播电视大学邀请，为适应其会计专业教学需要而编写的《会计理论专题》一书。目前，国内市场上流行的可作为会计理论课程教学用的教材与理论论著共有 20 多本，但较有影响的有 16 本，它们大致可以分为本科生教材、硕士生教材和社会性理论读物三种类型，以针对不同对象的学习要求。（1）本科层次教材。它们可分为两种形式：一是从引进原版教材或者翻译的本科教材，主要有 3 本。即埃尔登 · S.

亨德里克森（1982所）著《会计理论》，哈利·J. 渥克、迈克尔·G. 特尔尼（1997）所著《会计理论》，洛斯德、克拉克和卡西（2001）所著《财务会计理论与分析》。二是国内有关学者组织编写的本科教材，主要有5本。即魏明海、龚凯颂等（2001）编的《会计理论》，卢永华（2000）主编的《广义会计理论》，于玉林、田昆儒（2000）编著的《会计基础理论概述》，梁毅刚等（2002）编的《会计理论专题研究》，张白玲（1998）主编的《会计基本理论》。(2) 硕士研究生层次教材。它们可分为两种形式：一是翻译的教材，主要有2本。即威廉姆·R. 司可特（1999）所著《财务会计理论》，阿迈德·贝克奥伊（2000）所著《会计理论》。二是国内有关学者组织编写的研究生教材，主要有3本。即汤云为与钱逢胜（1997）所著《会计理论》，葛家澍与林志军（2001）所著《现代西方会计理论》，于玉林与李端生（2001）主编的《会计基础理论研究》。(3) 理论读物性质的论著。影响较大的有4本，即葛家澍与刘峰（1998）所著《会计大典——会计理论》，陈今池（1998）编著的《现代会计理论》，阎德玉（2002）主编的《会计理论比较与评析》和葛家澍与刘峰（2003）所著《会计理论》。各层次教材的主要内容可比较分析如下：

（一）本科层次教材的结构与内容

1. 国外本科层次会计理论教材的结构与内容

目前影响比较大的，主要有3本：

(1) 美国华盛顿州立大学企业管理学教授埃尔登·S. 亨德里克森（Eldon S. Hendriksen）于1965年所著的《会计理论》（Accounting Theory，1982年原版）。该书被称为美国第一本有关会计理论的教科书，由作者分别于1970年、1977年、1982年和1992年进行了4次修订（第5版系与他人合作），它在很长时间内是美国会计教育界专门论述会计理论的唯一教科书。该书于1987年经王澹如等翻译并由立信会计用品社出版，由 18 章组成，主要内容包括：会计理论的研究法（定义、层次、归纳、演绎、其他方法）；1959 年以前会计理论的历史发展（起源、借贷记账理论、17～18 世纪的会计思想、19～20 世纪初的会计思想、1930 年以前的会计思想、20 世纪 20 年代的会计实务）；1959 年以来会计理论的发展（AICPA、FASB、SEC、成本会计准则委员会 CASB、AAA、NAA、CIA、ICAEW、ASB、IFAC、IASC 等其他会计团体对会计准则发展的贡献）；会计概念、计量和会计理论的机制（会计理论的概念、性质、体系、环境假设、目标、计量）；财务陈报的收益概念；收入与费用、利得与损失；财务陈报与物价变动；现金与资金流转；资产及其计量；流动资产与流动负债；存货；厂场与设备、购置的和租赁的；折旧；无形资产、非流动资产及递延费用；负债及其权益；业主权益；股东权益的变动；财务报表上的揭示。

（2）哈利·I. 渥克（Harry I. Wolk）、迈克尔·G. 特尔尼（Michael G. Tearney）著《会计理论》（Accounting Theory，引进 1997 年原版）。该书由东北财经大学出版社 1998 年出版，其主要内容由 19 章所构成：会计理论绪论；会计理论与会计研究；会计组织的结构与发展（1930 年前、1930～1956 年、1946～1959 年、1959～现在）；财务报告规则的经济分析；假定、原则与概念；会计目标；FASB 的财务会计概念框架；存货与应收账款会计信息的用途；会计信息的披露形式；损益表；资产负债表；现金流量表；物价变动会计；所得税会计；石油与天然气会计；养老金会计；租赁会计；对外投资权益；国际会计难题（外币交易、国家比较、国际协调）。

（3）R. G. 斯洛德（Richaed W. Schroeder）、M. W. 克拉克（Myrtle w. Clark）和 J. M. 卡西（Jack M. Cathey）著《财务会计理论与分析》（Financial Accounting Theoryand Analysis，引进 2001 年原版）。该书由中信出版社 2002 年正式出版，其主要内容由 15 章所构成：会计理论的发展；会计信息运用的研究方法与理论；收益概念；财务报表：损益表；财务报表：资产负债表与现金流量表；国际会计；

营运资金；长期资产：厂场、设备；长期资产：投资与无形资产；长期负债；所得税会计；租赁会计；养老金会计；并购会计；财务报表的揭示要求与伦理责任。

2. 国内本科层次会计理论教材的结构与内容

目前，国内已经出版本科层次的会计理论教材较多，但若从其内容组合上分析，大致可以分为五种形式：

（1）会计理论教材包括财务会计与成本管理会计两个部分。譬如，由中山大学魏明海、龚凯颂等编的“高等学校本科会计学专业教材”——《会计理论》一书，该书由东北财经大学出版社 2001 年出版，并被国内多所院校指定为硕士生层次会计理论研究的参考教材。全书共组合为 11 章，主要内容包括：会计理论概述（含义、功能、体系、发展）；现代会计理论的研究方法（理论种类、传统方法、创新方法）；公认会计原则（产生、发展、类型、特点、制定、评价）；财务会计概念结构（概述、目标、质量特征、要素、确认与计量）；收益确认与计量理论；资产计价理论；财务报告理论（体系、基本报表、表外披露、未来发展）；有效资本市场与会计信息含量（实证理论内容）；契约关系与经理会计行为（实证理论内容）；成本计算与控制理论（成本计算、成本控制）；管理会计理论（框架、原理、新领域）。

（2）会计理论教材包括财务会计、管理会计与审计三个部分。譬如，由厦门大学卢永华主编的“21 世纪课程教材”——《广义会计理论》，由中国金融出版社 2000 年出版，该书涉及财务会计理论（7 章）、管理会计理论（3 章）与审计理论（3 章）三个大的部分。财务会计理论主要包含财务会计理论概述（作用、环境、研究方法）、会计理论发展简史（中国、西方、发展的启示）、财务会计理论体系（西方的概念结构、中国的理论体系、比较）、财务会计假设与财务会计的目标（假设、原则、目标）、会计确认与计量的基本理论、财务报告理论（财务报告、历史演变、未来展望）

和会计规范理论（基本理论、法规、职业道德、证券市场会计规范、中国现状）共7章。管理会计理论主要包含管理会计基本理论（发展、基本理论、相关学科、前沿领域）、中西管理会计理论比较和管理会计与财务会计理论比较3章。审计理论主要包含审计基本理论（定义、环境、目标、证据、判断、准则）、中西审计理论比较与广义会计理论结构3章。

（3）会计理论教材包括基础性理论专题。譬如，由天津财经大学于玉林、田昆儒编著，并由立信会计出版社2000年出版的《会计基础理论概述》。该书主要涉及会计理论的形成（会计环境、性质）、会计理论的特征与体系、现代会计的形成及其特征、会计系统、会计目标、会计职能、会计信息、会计核算理论体系、会计管理理论体系、会计预测、会计决策、财务计划（预算）、会计控制、会计检查、会计考核、会计分析、大会计科学在发展和会计理论的发展在于创新等18章。

（4）会计理论教材以财务会计理论为主，兼顾其他会计理论的内容。譬如，由石家庄经济学院梁毅刚等编《会计理论专题研究》一书，由中国物价出版社2002年出版，就设有会计及会计理论（含义、研究方法）；会计理论的演变（古代、近代、现代）；会计理论的结构（目标、假设、质量特征）；会计确认、会计计量；资产及其计价原理；负债的确认与计量；所有者权益的确认与计量；收益、收入与费用；利得与损失的确认与计量；财务报告与信息披露；会计准则基本问题研究；会计准则的体系与结构；我国会计制度与会计准则的制定；统一会计制度研究；会计准则（制度）的国际协调与国家特色；内部会计控制研究；衍生金融工具会计；人力资源会计研究；环境会计问题研究；实证会计研究等20章。另外还有附录，含会计学家、专业团体、重要文献等

（5）会计理论教材以财务会计理论为主，适当涉及其他会计理论的内容。譬如，由集美大学张白玲主编、并由中国财政经济出版社1998年出版的《会计基本理论》一书，就设有绪论（会计理论

性质、研究方法与历史发展）、会计基础理论（理论体系、本质、目标、假设、职能）、会计要素理论（六大要素）、会计确认与计量理论、资产计价理论、会计规范理论（概念、原则）、财务报告理论（目标、质量特征、基本报表、其他报告）、物价变动会计理论、会计环境理论（会计环境、会计模式）、会计理论的新领域（金融工具会计、环境会计、增值会计）等10章。

3. 港台地区本科生层次的会计理论教材

本人于2001年、2003年访问台湾有关大学期间，曾就会计理论课程与相关院校进行过交流，并多次访问有关院校的网站，发现台湾地区高校会计专业本科生层次的会计理论课程基本上与美国的内容一致。

（二）研究生层次教材的结构与内容

1. 国外研究生层次会计理论教材的结构与内容

目前，翻译成中文并在国内影响比较大的教材主要有两本：

（1）《财务会计理论》（Financial Accounting Theory）。该书由加拿大滑铁卢大学著名的会计学教授威廉姆·R. 司可脱（William R. Scott）所著，它是作者以多年讲授财务会计理论课程的讲义为基础而形成的一本专著，主要是以20世纪60年代末期以来美国会计理论界用实证研究方法研究会计问题所形成的理论结论为基础而编成的一本论著，于1999年出版。该书于2000年由陈汉文组织翻译并由机械工业出版社出版，据了解其现被国内多所院校指定为硕士生层次会计理论研究的参考教材。全书共组合为四个部分计13章，主要内容如下：绪论；理想环境中的会计；财务报告的决策有用性；有效证券市场；决策有用性的信息观；决策有用性的计量观；经济后果；实证会计理论 ；冲突的分析；管理人员报酬；盈余管理；准则制定：理论问题；准则制定：一种政治问题。

（2）《会计理论》（Accounting Theory）。该书由美国芝加哥伊利若斯大学阿迈德·里亚希－贝克奥伊（Ahmed Riahi-Belkaoui）著，它是贝克奥伊的代表作之一。初版于1981年出版，先后修订了3次，在我国有两个翻译的版本。1981年的第2版由杨进等译，并由陕西人民出版社出版，由9章组成。其2000年的第4版由钱逢胜等译，并由上海财经大学出版社正式出版，现被国内多所院校指定为硕士生层次会计理论研究的参考教材。全书共组合为四个部分计16章，主要内容如下：会计的历史和发展；会计的性质与用途；构建会计理论的传统方法；构建会计理论的规范方法；财务会计和报告的概念框架；会计理论的结构；会计中的公允、披露及未来趋势；会计的研究视角；会计：一门多重范式的学科；事项法与行为法；预测方法与实证方法；现时价值会计；一般物价水平会计；各种资产计价和收益模式；当代会计职业的背景；国际会计。

2. 国内研究生层次的会计理论教材

目前，影响比较大的主要有两类：

（1）包容了西方会计理论教科书的基本内容。主要有两本：一是汤云为、钱逢胜著《会计理论》。该书由上海财经大学出版社1997年出版，其基本体系与埃尔登·S. 亨德里克森的《会计理论》接近。全书共组合为18章，主要内容如下：会计理论及其研究方法（定义、方法、分类、检验）；会计与会计理论的历史发展（古代、近代、现代）；会计规范和对会计原则的探索；财务会计的理论结构（构成、使用者、目标、质量特征、要素、假设、确认与计量）；现金流量与资金流量；财务报表中的收益概念；收入和费用、利得和损失；资产及其计量；流动资产和流动负债；存货；固定资产；折旧；无形资产；负债及其计量；所有者权益及其计量；物价变动会计的理论与实务；现时价值会计；实证会计。二是葛家澍、林志军著的“会计研究生系列教材”——《现代西方会计理论》。该书由厦门大学出版社2001年出版，该书系1991年版《现代西方财务会计理论》的改进版，2003 年被教育部列作研究生推荐教材。该书的体系较具代表性，被国内多所院校指定为硕士生层次会计理论研究的参考教材。全书共组合为 16 章，主要内容如下：现代会计的演变（19 世纪前会计发展、19 ~ 20 世纪初的会计；发展、20 世纪 30 年代以来的会计发展）；财务会计理论及其研究方法（性质、研究方法论、理论验证）；美国的公认会计原则（产生、发展、组织、假设、原则、准则的制定）；财务会计概念框架（性质、发展、财务报告目标、会计信息质量特征、财务报表要素、财务报表确认与计量）；实证会计理论（发展、基础概念、结论、评析）；会计计量理论（含义、特点、属性、单位、模式）；资产及其计价原理（含义、性质、分类、目的、基础）；流动资产及其计价；长期资产与无形资产及其计价；负债及其确认与计量；业主权益及其确认与计量；收益概念与收益确定；财务报告与信息披露（含义、性质、内容、基本报表、其他手段）；现金与现金流量表；物价变动与物价变动会计；国际会计协调。

（2）包容了会计理论的主要基本问题。典型的有于玉林、李端生主编的“高等院校会计硕士研究生系列教材”——《会计基础理论研究》，该书由经济科学出版社 2001 年出版，也被国内多所院校指定为硕士生层次会计理论研究的参考教材。全书共组合为 15 章，主要内容如下：会计理论的形成；会计发展的动因；会计基础理论；会计理论体系；会计学；会计定位；会计结构；会计目标；会计行为规范；会计现代化；会计模式；会计方法；会计中国特色；会计国际协调；会计学发展趋势。

（三）一般读物型会计理论论著的结构与内容

1. 专著性的会计理论读物

影响较大的是葛家澍、刘峰著《会计大典——会计理论》一书，该书由中国财政经济出版社 1998 年出版，被国内多所院校指定为研究生层次会计理论研究的参考读物。全书的1998年版共组合为18章，主要内容如下：会计理论的含义（概念、作用、内容、结构）；会计理论的演变（复式簿记时期、产业革命时期、探索、体系形成）；会计研究的不同方法与流派（方法论、归纳会计学派、演绎会计学派、实证会计学派、其他流派）；会计的定义及争论（西方、我国）；会计的基本假设；财务会计的概念结构（概述、发展、产生背景、现状分析）；财务会计的目标与信息质量；会计确认的理论研究；资产计价与收益决定（计量原理与模式）；我国会计理论研究的发展与评价；会计准则的性质；会计准则的国际化研究；我国会计准则制定的若干问题研究；现行财务报表的体系分析；财务报表体系的改进与未来（现行体系、美国的改进、英国的改进、IASC的改进、未来发展）。

2. 普及性的会计理论读物

影响较大的是陈今池编著的《现代会计理论》，该书由立信会计出版社1998年纳入“立信会计丛书”出版，此前该书曾先后以《西方现代会计理论》（1988版）和《现代会计理论概论》（1992版）出版两次，该书也被国内多所院校指定为硕士生层次及本科生层次会计理论课程的参考读物。全书的1998年版共组合为18章与1个附录部分，主要内容如下：绪论（会计职能与范围、会计理论性质、研究方法）；会计理论的历史发展（理论起源、发展停滞、近代会计理论发展、现代会计理论发展）；会计理论的结构与内容（基本结构、目标、假设、概念、原则）；传统会计的特点和报表结构；主要会计报表（损益表、资产负债表、现金流量表）；收益的计量；收入确认与费用配比；资产计价；流动资产；固定资产与无形资产；负债与业主产权；物价变动会计的理论基础；一般物价变动水平会计；现时成本会计；变现价值会计；人力资源会计；社会责任会计；国际会计；附录：会计学家、专业团体、重要文献等。

3. 专论性的会计理论读物

影响较大的有阎德玉主编的《会计理论比较与评析》。该书由湖北科学技术出版社 2002 年出版，为中南财经政法大学会计专业近年（2002~2005）来本科阶段《会计理论专题》课程的参考教材与研究生教学参考资料。该书共设 15 章，其主要内容为：会计理论研究导论（概念、功能、内容、发展、体系）；财务会计的几个基本理论问题（会计的定义、性质、对象、资金、职能、目标）；我国会计理论研究的概况、特点与趋势（计划经济时期、体制转轨时期、市场经济体制时期、特点、趋势）；会计与经济效益；会计模式理论（概述、世界会计模式、中国会计模式）；会计准则产生与发展研究（美国、中国、IASC、各国发展）；会计准则制定模式的比较研究（机构、人员、程序、范围）；会计准则的性质、结构与内容；会计确认与计量理论研究；财务报表理论研究（概述、产生与发展、资产负债表、收益表、现金流量表、增值表、现行矛盾）；我国会计改革的理论与实践；我国会计管理体制改革研究（企业会计、政府会计）；我国会计法规体系研究（概述、会计法、统一会计制度、其他相关法规）；我国加入 WTO 后会计面临的机遇与挑战（会计环境、规范体系、服务行业、会计人员、会计教育）；知识经济与会计。除此之外，其他有影响的论著主要有：孙芳城等著《比较财务会计学》(2001)，李孝林等著《会计基本理论比较》(2002)，以及阎德玉等（1992）著《现代会计理论研究》等，但在内容结构上大同小异。

（四）现有会计理论教材及论著结构的基本特点

上述 16 本会计理论教材或者理论读物，在内容设计上既有个性的设计，也有共性的内容。个性内容主要体现在对每个专题内容的组织上，不同层次的教材以及不同作者的偏好，就形成了各具特色的内容结构体系。共性内容则可以划分为会计理论及研究方法问题、会计理论及历史发展问题、基础性会计理论问题、会计要素的确认与计量理论问题、财务报告理论问题、会计准则及规范体系建设理论问题、特殊业务会计专门理论问题、会计领域其他专题理论问题、管理会计理论问题和审计理论问题等十个方面的基本内容，个别教材还设有附录。笔者通过对其所涉及会计理论基本内容的统计与分析，归纳得出的基本结果如下：

1. 会计理论基础知识及研究方法问题

共有15本涉及，其主要内容包括：会计理论基础知识（含义、性质、功能、范围、内容、体系、种类、层次、发展、作用、环境、特征等）；会计理论的研究方法（研究视角、研究方法论、定义、种类、传统方法、规范方法、创新方法、研究方法的历史发展、检验、事项法与行为法，预测方法与实证方法等）；会计理论研究的学术派别（归纳会计学派、演绎会计学派、实证会计学派、其他流派）。

2. 会计理论及历史发展问题

共有14本涉及，其主要内容包括：理想环境中的会计；现代会计的形成、演变及其特征（19世纪前会计发展、19~20世纪初的会计发展、20世纪30年代以来的会计发展）；西方会计理论的发展与演变（会计理论起源，古代会计理论，近代会计理论——借贷记账理论、17~18世纪产业革命时期的会计理论、19~20世纪初的会计理论，现代会计理论发展——1930年以前的会计思想、20世纪30年代后的会计实务与会计理论、1959年以前会计理论的历史发展、20世纪60年代以后的会计理论）；会计组织的结构与发展（1930年前、1930~1956年、1946~1959年、1959~现在，AICPA、FASB、SEC、成本会计准则委员会CASB、AAA、NAA、CIA、ICAEW、ASB、IFAC、IASC等）；中国会计理论研究的发展概况、特点与趋势（计划经济时期、体制转轨时期、市场经济体制时期）；会计理论的未来发展（动因、创新、趋势、大会计科学）。

3. 基础性会计理论问题

共有15本涉及，其主要内容包括：会计理论的结构与要素（概念、假设、目标、原则、程序与方法、狭义与广义的结构）；财务会计概念框架（概述、产生背景、发展、现状分析、性质、目标、会计信息使用者、会计信息质量特征、财务报表基本要素、会计要素的确认与计量）；我国传统的会计基础理论（西方及中国对会计的定义、会计系统、会计目标、会计职能、会计属性、会计对象、会计信息、会计核算理论体系、会计管理理论体系、会计预测、会计决策、财务计划与预算、会计控制、会计检查、会计考核、会计分析、六大会计要素理论、会计学、会计定位、会计结构）；中国的理论体系及与西方的比较。

4. 会计要素的确认与计量理论问题

共有13本涉及，其主要内容包括：会计确认理论（含义、特点、标准、原则）；会计计量理论（含义、特点、属性、单位、模式）；资产及其计价理论（含义、性质、分类、目的、基础），负债的确认与计量，所有者权益的确认与计量，收益概念、计量原理与确认模式，收入与费用、利得与损失的确认与计量；现金流量与资金流转。

5. 财务报告理论问题

共有12本涉及，其主要内容包括：财务报告与信息披露（含义、性质、内容、其他手段、揭示要求与伦理责任、财务报告的决策有用性）；财务报告基本理论（概述、产生与发展、财务报告、目标、质量特征、历史演变、现行体系结构）；基本财务报表的理论（损益表、资产负债表、现金流量表、增值表、其他报表、表外披露）；现行财务报表的体系（现行体系、现行矛盾、美国的改进、英国的改进、IASC的改进、未来发展）。

6. 会计准则及会计规范体系建设理论问题

共有9本涉及，其主要内容包括：会计准则基本问题研究（概念、性质、内容、体系、结构）；美国的公认会计原则（产生、发展、组织、类型、内容、结构特点、制定、评价）；会计准则产生与发展（美国、中国、IASC、各国发展）；会计准则制定的相关问题（我国会计制度与会计准则制定、统一会计制度研究、会计准则的国际协调与国家特色等，制定的经济后果与政治后果）；会计准则制定模式的比较研究（机构、人员、程序、范围）；会计规范理论（概念、原则、基本理论、会计法规、职业道德、证券市场会计规范、会计行为规范、中国研究现状）；我国会计法规体系（概述、会计法、统一会计制度、内部会计控制规范、其他相关法规）。

7. 特殊业务会计专门性理论问题

只有2本涉及，其主要内容包括：所得税会计、石油与天然气会计、租赁会计、养老金会计、并购会计。

8. 会计领域其他专题性理论问题

共有12本涉及，其主要内容包括：会计：一门多重范式的学科，当代会计职业的背景；有效资本市场与会计信息含量，契约关系与经理会计行为，有效证券市场，决策有用性的信息观与计量观，冲突的分析，管理人员报酬，盈余管理，会计中的公允、披露及未来趋势；实证会计研究及理论（发展、基础概念、结论、评析）；物价变动会计（物价变动与物价变动会计、物价变动会计的理论基础、一般物价水平会计、现时成本会计，变现价值会计），国际会计（外币交易、国家比较、国际协调），衍生金融工具会计，人力资源会计，环境会计，增值会计，社会责任会计；会计环境理论，会计模式理论（概述、世界会计模式、中国会计模式），会计方法，会计现代化，会计与经济效益，会计中国特色与国际会计协调；我国会计管理体制改革（企业会计、政府会计），我国加入WTO后会计面临的机遇与挑战（会计环境、规范体系、服务行业、会计人员、会计教育），知识经济与会计。

9. 管理会计理论问题

有2本涉及，其主要内容包括：成本计算与控制理论（成本计算、成本控制），管理会计理论（框架、原理、新领域）；管理会计基本理论（发展、基本理论、相关学科、前沿领域）；中西管理会计理论比较；管理会计与财务会计理论比较。

10. 审计理论问题

有1本涉及；审计基本理论（定义、环境、目标、证据、判断、准则）；中西审计理论比较等。

此外，还有两本设有附录，其主要内容包括会计学家、专业团体、重要文献等。

三、不同层次会计理论课程的教学重点与内容设计

（一）不同层次会计理论课程的重点内容

从前文分析可见，会计理论所涉及的内容非常广泛，因此，学生需要在本科、硕士研究生和博士研究生三个不同的阶段不断地学习与研讨。但是应当如何区分与协调不同层次的重点内容，以减少重复并提高教学效果，则需要专门研究如下问题。首先，是不同层次的会计理论课程应当讲到什么程度？本科、硕士、博士课程各自所涉及的范围应多大？内容应多深？知识面多广？深度如何把握？其次，是教材内容如何组织？涉及的机构、组织、规范、杂志、学人、文献和观点如何组合？是否只讲西方财务会计理论？是否只讲实证会计理论方面的研究成果？中国会计理论的发展是否需要讲？第三，是教学方式如何组织？是否只让学生分组讨论已经形成的论

文即可？我们在这个课程中是否需要系统介绍某些知识？我们可否用一定量的知识供给来刺激学生的兴趣与需求……笔者认为，其主要区别在于不同层次学生学习会计理论的广度、深度与对研究方法论的掌握问题。但需要注意的是，在涉及的范围上，需要适当宽泛而不宜过于狭窄，不宜让学生只了解以某一方法所形成的研究成果，应当考虑会计理论的点（专业）——线（发展线索）——面（知识）。在内容上也需要兼顾相关内容，如会计发展的主要线索、会计理论发展的主要线索、会计思想发展的主要线索、会计法制规范发展的主要线索和会计研究方法发展的主要线索等。

因此，不同层次会计理论课程教学的重点即需要针对不同层次而适当体现差别。本科生的会计理论课程的教学重点，应当是以丰富学生会计理论的知识点为基础，来了解会计理论的基本结构，以拓展其会计理论方面的知识面及应用会计理论解释、评价和指导会计实务能力。因此，在“点”要明确的要求下，教学中需要兼顾中西方的会计理论专业知识点。硕士研究生的会计理论课程的教学重点，应当是注重理解与掌握基本会计理论的线索，在“线”要清楚的要求下，以充分认识中国会计理论发展的历史地位为基础，以西方会计理论特别是以美国的财务会计概念框架理论研讨为核心来向外延伸，同时需要兼顾中西方的会计理论问题并体现一定的深度与广度。博士研究生会计理论研讨的重点，要放在广博的知识掌握与会计理论研究方法论的有效运用上，即在“面”要广博的要求下，应当以研读经典文献、研讨名家思想、把握中西方会计理论流派的发展脉络为基础，以了解学科交叉与渗透发展动向为基础，以具备一定会计理论研究创新思维和认识为目标，故需要广涉中西方的会计理论文献并独立进行分析、梳理与加工。

（二）不同层次会计理论课程教学内容的具体设计

1. 本科阶段《会计理论专题》课程教学的基本内容设计

本科阶段《会计理论专题》课程的教学重点，主要是对前几学期所学会计专业主干课程中所涉及的相关理论问题进行比较系统地梳理，以加深学生对会计专业方法的认识与理解，并有助于其在未来的会计专业实践中运用。与此同时，还应当向学生适当介绍有关会计理论发展的知识，以拓宽其专业理论的知识面。因此，在内容的组合上，就要以帮助学生形成对主要会计理论（特别是财务会计理论）的系统认识主线，以帮助学生对前导会计课程所学专业方法的理解掌握与融会贯通为重点，注意培养学生总结问题、分析问题与初步表达学术研究成果的能力。此外，有教学实践中，有相当一部分本科毕业生已不满足于本科层次的知识学习，而积极投身于“考研”的队伍中。由于目前研究生学历教育层次规模的急剧扩张，而教学资源的增长相对滞后，若把会计理论课程完全置于研究生教育阶段，也会使研究生教育压力过重，故可以考虑把一些相关专业基础课程的内容划入前一教学阶段，以减轻研究生教育的压力。以此认识为基础，可以考虑将教学重点放在以下四个主要方面：（1）中西方会计及其理论发展的基本知识。主要是介绍会计及其理论有关发展阶段的特点、成就、重要学者与重要文献等方面的知识，在范围上要兼顾中外，以扩大学生的知识面；同时，适当介绍会计科学发展新领域的知识，如相关新学科的简介等。（2）财务会计的基本理论知识。主要涉及财务会计业务处理过程及其所涉及专业问题的基本理论知识，如会计系统的结构与运行、会计准则、会计要素确认与计量的原则与方法、财务报告的结构与编制等方面的理论要点，并注重与前导主干课程教学内容的对接。（3）我国会计改革的相关理论知识。主要是结合中国会计改革的现实，介绍会计管理体制、会计监管、会计规范体系建设等专题性问题的研究成果。（4）会计科学理论研究与学术规范的基本知识。主要介绍会计理论研究的基本步骤、基本学术规范与论文结构要素等专业论文写作方面的基本知识，并适当进行论文写作的初步训练与指导，以便为学生顺利完成学位论文打下基础。（5）其他相关会计理论知识。

2. 硕士研究生阶段《会计基本理论研究》课程教学的基本内容设计

硕士研究生阶段《会计基本理论研究》课程的研讨重点，主要是向学生比较系统地传授并互相研讨会计理论知识。但目前会计专业硕士研究生来源结构比较复杂，不仅学生毕业的本科院校有不同专业优势（理、工、农、医、文、经、管），而且学生本身有不同的专业背景（理、工、农、医、文、经、管）、不同的专业经历（应届、往届与多年在职）和不同的学业经历（中专、专科、本科），这就给会计理论课程教学内容的组织带来一定的困难。因此，硕士研究生阶段的会计理论课程在内容组织上，不仅要注意理论知识面，更要注重理论的一定深度，还要考虑教学对象会计理论知识甚至是会计专业基础知识积累上的差异。以上述认识为基础，故可以考虑将教学研讨重点放在以下八个方面：(1) 会计及其理论发展问题的研究。主要是研讨会计及其理论相关发展阶段的特点、重要学者与重要文献等方面的理论贡献，在范围上以西方为主。(2) 会计理论体系的基本结构研究。主要是研讨 FASB 的财务概念结构。(3) 会计准则的发展、结构与相关理论问题研究。主要是以研讨西方会计准则的发展为主线，同时研究中国会计准则建设的相关现实理论问题。(4) 会计要素确认、计量、记录与报告的理论问题研究。主要研讨会计确认与计量的基本原理、基本会计要素的确认与计量理论，以及资产计价理论和收益决定理论等问题；研讨财务报告理论的演变、现时若干问题（内容、结构等）与未来发展变化（内容、方式与形式等）等。(5) 西方实证会计理论的主要内容研究。主要研讨实证会计理论研究的内容、成果及有影响的学术观点。(6) 中国会计改革的相关理论问题研究。主要研讨中国会计改革进程中有关会计管理体制改革、会计监管体系完善、会计规范体系建设等专题性理论问题。(7) 会计科学的发展现状与趋势研究。主要是对会计理论的发展现状、特点及其未来的发展趋势进行研究。(8) 会计科学理论研究与学术规范的知识与运用研究，以及其他相关的会计理论问题。

3. 博士研究生阶段的《高级会计理论研究》课程研讨的基本范围设计

博士研究生阶段的《高级会计理论研究》课程的研讨重点，主要是指导学生进行会计研究方法论及其会计理论发展规律的研讨。重点是通过对会计理论发展不同时期经典文献的研读，让学生能够把握会计学术思想的发展脉络，认识会计理论学术流派的形成基础，认识会计理论分支学科的形成环境与学科发展环境，掌握主要会计理论分支的核心观点，对现时会计理论发展的若干问题有自己独立的认识，为在会计理论的发展方面做出创新性贡献奠定坚实的专业理论基础。其要求可以归纳为：认识会计理论研究的思维方法，追索会计理论的发展线索，研究会计理论的发展规律，弄清不同流派的理论特色，认识主要流派的理论贡献，掌握会计理论的发展趋势，运用会计理论创新的研究方法。从上述认识为基础，故可考虑将教学研讨的重点放在以下八个方面：(1) 会计科学理论研究的思维逻辑与认识论研究。主要涉及：科学理论研究与思维模式；科学理论研究的基本程序；社会科学理论研究的方法体系；会计科学的学科地位与发展；会计科学研究的要素结构；会计科学理论研究的主要步骤；会计科学理论研究方法的相关论著研讨。(2) 会计科学理论研究方法的发展变迁研究。主要涉及：会计科学理论研究方法的发展阶段划分；规范研究方法占主导地位的时期及其特点；实证研究方法占主导地位的时期及其特点；现时西方会计理论研究的内容选择与研究方法运用问题；关于规范研究方法与实证研究方法的讨论。(3) 西方会计理论的发展历史研究。可主要涉及：发展阶段与特点研究；著名学者研究；经典文献研读。(4) 中国会计理论的发展历程研究。主要涉及：发展阶段与特点研究；著名学者研究；经典文献研读。(5) 会计理论的主要学术派别研究。可主要涉及会计科学理论发展过程中所形成学说、流派和学派的特点：譬如，与会计本质认识有关的会计工具说、会计艺术说、会计信息系统说、会计管理活动说、会计控制（受托责任）说等；与会计行为认识有关的组织会计说、行为会计说、产权会计说、会计契约说等；与会计记录原理研究有关的静态会计说、拟人会计说、动态会计说等；与会计科学理论研究思维模式有关的归纳会计学派、演绎会计学派、实证会计学派等；与会计理论体系内容有关的规范会计理论、实证会计理论等；与专项理论研究有关的事项会计理论、价值链会计理论等。(6) 会计科学理论的交叉发展研究。可主要涉及：经济学说演进与会计理论发展研究；管理思想变迁与会计理论发展研究；法学理论变迁与会计理论发展研究；科学技术创新与会计理论发展研究；其他学科发展与会计理论发展研究；会计科学研究新领域的开拓研究。(7) 会计学博士论文写作的相关问题研讨。可主要涉及：选题动态、开题要求（文献回顾）、准备（资料、数据、初步分析）、写作（学术规范）、答辩及成果（前期、中期、后期）等。(8) 会计科学研究课题的相关问题研讨。主要涉及：会计科学研究课题的发现与路径设计；科研课题研究申请书的编制、科研课题研究实施方案的编制、科研课题的调查（调查问卷、调查量表、调查资料的统计与分析）、科研课题研究中期报告、科研课题研究结题报告、科研课题的后续发展（论文、著作、报奖、申报新的课题）等。(9) 其他相关问题研讨。

主要参考文献

[加拿大] 威廉姆·R. 司可特著、财务会计理论．陈汉文等译．北京：机械工业出版社，2000

[美] 阿迈德·贝克奥伊著．会计理论．钱逢胜等译．上海：上海财经大学出版社，2004

[美] 埃尔登·S. 亨德里克森著．会计理论．王澹如等译．上海：立信会计图书用品社，1987

[美] 哈利·I. 渥克，迈克尔·G. 特尔尼著．会计理论．大连：东北财经大学出版社，1998

[美] 斯洛德，克拉克，卡西著．财务会计理论与分析．北京：中信出版社，2002

[西班牙] 奥尔特加·加塞特著．大学的使命（1946）．徐小洲等译．杭州．浙江教育出版社，2001

陈今池编著．现代会计理论．上海：立信会计出版社，1998

方正生．会计理论问题．天津：天津科学技术出版社，1988

葛家澍，林志军著．现代西方会计理论．厦门：厦门大学出版社，2001

葛家澍，刘峰著．中国会计大典——会计理论．北京：中国财政经济出版社，1998

葛家澍，刘峰著．会计理论——关于财务会计概念结构的研究．北京：中国财政经济出版社，2003

葛家澍，杜兴强等著．会计理论．上海：复旦大学出版社，2005

梁毅刚等．会计理论专题研究．北京：中国物价出版社，2002

廖洪著．会计理论及其应用分析．北京：中国审计出版社，2001

孙芳城等著．比较财务会计学．上海：立信会计出版社，2001

李孝林等著．会计基本理论比较．上海：立信会计出版社，2002

卢永华主编．广义会计理论．北京：中国金融出版社，2000

汤云为，钱逢胜著．会计理论．上海：上海财经大学出版社，1997

魏明海，龚凯颂等编．会计理论．东北财经大学出版社，2001

阎达五著．会计理论专题．北京：中央广播电视大学出版社，1985

阎德玉等著．现代会计理论研究．北京：海洋出版社，1992

阎德玉主编．会计理论比较与评析．武汉：湖北科学技术出版社，2002

于玉林，李瑞生主编．会计基础理论研究．北京：经济科学出版社，2001

于玉林，田昆儒编著．会计基础理论概述．上海：立信会计出版社，2000

张白玲主编．会计基本理论．北京：中国财政经济出版社，1998

（本文刊于《会计之友》2008 年第 4 期）

我国注册会计师专门化方向设置与完善的十个问题

——基于对全国22所高校CPA专门化方向教学质量评估结果的分析与思考*

1994年以来，我国先后有22所高校获准设立注册会计师（CPA）专门化方向①，以其作为我国CPA行业高级专门后备人才补充的重要渠道。十多年来，为了扶持它的发展，国家财政已累计投入1.134亿元专项建设经费，用于与其相关的师资培养、教学设备购置、会计实验设施建设、图书资料更新和学生境外实习等项目，各校也已向CPA行业及相关领域输送了大量后备人才。据不完全统计，上述高校该专门化方向已经毕业的学生中，进入中国境内的国际四大会计公司以及国内大中型会计师事务所就业的约占28.65%，进入国内各大中型企业、金融机构、保险、证券以及政府部门等机构从事会计审计工作约占27.83%，可见其已成为我国CPA人才培养体系的一个重要组成部分。

但随着我国社会主义市场经济环境的不断变化，对CPA行业人才尤其是高层次、国际化人才，以及优秀后备人才提出了更高的要求。2005年，中国注册会计师协会（以下简称“中注协”）发布的《关于加强行业人才培养工作的指导意见》（俗称“行业人才培养三十条”）中就明确提出，要进一步提高CPA专门化方向的办学质量，将其办成定位准确、优势突出和具有国际水平的一流专业，

---

* 本文系与中国注册会计师协会培训部孙志宏主任合作的成果。

① 原为23所，后因有关高校合并后，实际上为22所。

办成“亿万公众人人知晓、万千学子心向往之”的品牌专业，以进一步扩大 CPA 行业的社会影响力。为贯彻落实这一精神，了解各校十多年来的 CPA 专门化方向的发展状况，评估投资效益，并据以采取措施加大行业后备人才培养力度，中注协于 2006 年 9 月特组织有关专家对 22 所高校获准设立的 CPA 专门化方向实施了教学质量的评估工作。评估过程中，通过听取院校自评介绍、专家组与师生座谈交流、考察办学设施以及反馈评价结果等方式，比较全面地了解到各校该专门化方向十多年的办学历程、现状以及现阶段发展所面临的诸多问题，为中注协实施有效的管理与协调提供了大量的第一手材料。本文仅从影响教学质量基本因素的角度，就评估中所涉及 CPA 专门化方向设置和建设过程中的部分共性问题做初步分析与讨论。

一、关于 CPA 专门化方向的人才培养目标界定问题

确立先进的人才培养理念并提出富有特色的培养目标，是组织 CPA 专门化方向教学活动全过程的起点。从此次评估过程了解到的情况看，鉴于十多年来注册会计师行业的社会影响度不断提升，以及社会需求的不断加大，目前大多数学校在方向建设中所贯彻的基本理念，基本上都定位于希望其成为国内一流、国际上有影响、具有品牌价值的龙头专业。各校也正是在遵循上述理念的前提下，对其人才培养目标的提法不断优化与完善，初步形成了四种类型的特色性表述：

第一，是通用型的培养目标。它以强调学生就业去向的多元性为导向。有的学校在培养目标中就明确提出 CPA 专门化方向是为会计师事务所、大型企业集团、金融机构、证券投资、保险等专业公司，以及企事业单位和政府机构，培养适应现代市场经济需要，具备管理、经济、法律、外语、计算机等方面的知识和能力，具有扎实的会计、审计基本理论、基本知识、基本技能和实际操作能

力，既懂中国实际又了解国际惯例的实用型高级专门人才。要求学生通过四年的系统学习与训练，达到下述要求：具备一定的人文、社科与自然科学的基本理论知识，以及独立地获取知识的能力，富有开拓创新精神与团队合作精神；掌握管理学、会计学和审计学的基本理论、基本知识、基本技能与基本分析方法，熟悉国内外与会计、审计相关的方针、政策、法规及准则，具有为从事本专业业务而发现问题、提出问题、分析问题和解决问题的基本能力，以及适应相近专业业务工作的基本能力；了解本学科的理论前沿和发展动态，掌握文献检索和资料查询等基本研究方法，具有一定的科学研究和实际工作能力。

第二，是外向型的培养目标。它以强调学生就业去向的外向型为导向。有的学校在培养目标中明确提出：CPA 专门化方向培养适应国际经济一体化要求，适应我国经济发展尤其是资本市场发展的需要，富有创新精神和实践能力，能够灵活地运用会计学以及有关学科知识与技能，在会计、审计、财务等领域里，可从事组织、管理、业务核算以及科学研究、专业教学工作的高级专门人才；能够通晓国际适用的会计、审计准则和现代会计管理方法，熟练掌握英语和计算机应用技能，毕业后能够胜任注册会计师实务工作，胜任大型企业与涉外企业，以及国家机关和事业单位等实务工作的专门人才。

第三，是应用型的培养目标。它以强调学生能不断及时地适应 CPA 执业要求为导向。有的学校在培养目标中明确提出，CPA 专门化方向学生应当具备：注册会计师审计业务的处理能力，运用专业理论知识解决会计实务问题的能力；具有较强的业务组织、语言和文字表达、人际沟通、信息获取能力；具有跟踪了解 CPA 审计理论与实务发展前沿与学术动态的能力；具有创造性地运用会计学、审计学及有关知识，分析并解决本专业领域新问题的能力，以及为应付多变的社会与经济环境而不断更新自身专业知识的能力。

第四，是素质型的培养目标。它以注重提高学生的职业基本素养为导向。有的学校在培养目标中明确提出，通过 CPA 专门化方向教育，要使学生达到如下基本要求：具有良好的职业道德品质，高尚的敬业精神；扎实的理论基础，宽厚的专业知识，熟练的专业技能，特别是具有较强的定量分析问题的能力；掌握 CPA 执业的基本理论、基本方法和基本技能；毕业后能够胜任 CPA 的实务工作，以及相应的教学和科研等工作。

我们认为，上述四种类型的 CPA 专门化方向培养目标的表述，虽然各具特色且有侧重点，但仍有需要充实完善之处。在进一步界定其培养目标时，还需要考虑三个方面的因素并相应地体现于有关要求的表述之中：

第一，是专业方向的学科归属性。即 CPA 专门化人才作为整个会计专门人才教育体系的一个重要组成部分，培养目标应与学术界关于会计专门人才素质要求的倾向性认识相一致。20 世纪 80 年代中期以来，我国会计理论学术界和教育界，曾围绕会计人才培养目标的问题展开过多次专门讨论，在 20 世纪 90 年代初期形成的比较一致看法是，应当为社会主义市场经济建设培养应用型、通用型、开拓型和外向型的高级会计专门人才（刘峰等，1996）。因此，我们在确立 CPA 专门化人才培养目标时，应当贯穿以下观念：培养目标应当具有层次性，不能笼而统之一概而论；从社会对学生就业的要求看，应实现培养目标的多元化；应强调对学生学习和运用新知识方面能力的培养；实现文理知识的适当交叉，强调通才教育应当是现代专业教育发展的一种必然趋势；培养目标是一个发展的概念，它应与一定时期的社会经济环境及其对会计专门人才基本素质的客观要求相适应，应随着经济环境的变化而不断地修订和完善（许家林，2004；许家林，2000）。

第二，是人才评价标准的国际性。即中国的 CPA 专门人才作为全球会计专门人才的一个重要组成部分，培养目标需要适应国际会计师联合会（International Federation of Accountants，简称 IFAC）近年发布的国际会计教育准则（IES）等指导性文献的要求。它主要包括 IFAC 下属教育委员会 2003 年 10 月颁布、2005 年 1 月 1 日起施行的国际教育公告框架、国际教育准则导言、IES1——《职业会计教育计划的准入条件》、IES2——《职业会计教育计划的内容》、IES3——《职业技能》、IES4——《职业价值、道德与态度》、IES5——《实务经验要求》和IES6——《专业能力和胜任能力的评估》，以及2004年5月颁布、2006年1月1日起施行的IES7——《职业后续发展：终身学习和职业胜任能力后续发展计划》（中注协，2004）。

第三，是业务服务范围的全球性。即世纪之交的CPA专门人才作为服务于全球经济一体化的若干专业人才群的一个重要组成部分，培养目标需要考虑联合国“国际会计和报告标准政府间专家工作组（International Working Group of Experts International Standards of Accounting and Reporting，简称ISAR）”关于会计职业发展及其职业教育相关指导性文献的建议。自20世纪90年代以来，当ISAR认识到会计教育对会计职业发展的重要作用之后，曾先后举行三次会议专门研讨与会计职业发展及其职业资格教育相关的问题[①]。特别是1999年2月17日至19日在日内瓦举行的第16届会议上，讨论通过的《职业会计师资格评价国际指南》（*Guideline for a Global Accounting Curriculum and Other Qualification Requirements*）和《职业会计师职业教育的国际教学大纲》（*Global Curriculum for Professional Education of Professional Accountants*）这两个极为重要的文件，更是我们在研究与确定CPA专门化方向人才培养目标时需要研究的基本内容（陈毓圭，1999）。

二、关于CPA专门化方向的全部课程体系设计问题

从一般教育规律上分析，上述CPA专门化方向人才培养目标

---

① 1993年3月4日至12日在纽约举行的有关会计教育的第11届专门会议、1996年7月1日至5日在日内瓦举行的第14届会议和1999年2月17日至19日在日内瓦举行的第16届会议。

的实现，必然需要有能够体现培养理念的全程教学计划与完整的课程体系为基础。从此次评估22所院校了解的情况看，目前该专门化方向学生四年在校期间全程教学计划的课程体系设置与编排上，有三种颇具特色的模式：

第一，是五大教学模块型。它主要是以各校历年积累的教学改革成果为依据，设置反映CPA专门化方向人才培养基本要求的模块型课程体系 。我们知道，早在20世纪80年代初期，上海财经大学会计系和中南财经大学会计系就曾受财政部委托，率先进行过会计专业课程体系设置方面的改革。经过5年实践以后，两校曾分别提出了一套课程设置方案，虽然在主干专业课的叫法上有异，但其内容上并无多大本质上的矛盾，只是在其组合的方式上出现了一些差异而已 。20世纪80年代末期，财政部又曾提出过会计学专业应设置11门核心课程的指导性建议。到了20世纪90年代，有关高校即在财务会计、高级财务会计、成本会计、管理会计、审计学及财务管理等7门核心专业课程上，适当增设电算化会计等专业课及财政学、国际贸易等方面的配套课程，使能被大多数高校所接受的具有中国特色的会计学科体系的基本框架得以确立（陈玮等，1993）。有关院校在1994年CPA专门化方向正式设立后的课程体系设置，也正是以上述认识为基础，在充分体现IFAC一直强调的注重能力培养、实行开放性教育、注重人际交流训练、强化终身教育及职业道德等观念的前提下，才逐步形成了由普通共同课、学科基础课、专业主干课、专业选修课和社会实践课等相对稳定的五大课程模块。

第二，是三级学位贯通型。它主要是与强调学校人才培养体系改革的总体目标相呼应，所设置反映“学士—硕士—博士”贯通性培养特色的创新型课程结构模式 。该模式的CPA专门化方向教学计划就体现出三个方面的核心要求：（1）要符合大学本科生培养的基本目标、基本思路、基本原则，符合学校统一的分学科大类的模板要求。（2）突出会计学专业和CPA专门化的教育特点以及人才培养所要求的知识体系，采用最能体现现代高等教育规律和专业教育要求的指标作为教学质量的衡量标准。（3）将 CPA 专门化方向教育所要求的知识体系定位于 IFAC 发布的 IES2——《职业会计教育计划的内容》中所强调的会计、财务及相关知识、组织和企业知识、信息技术知识及其胜任能力等项目。在此基础上，对 CPA 专门化方向的人才培养也将采用“2 + 4 + X”三段式培养方式，即入学后的前两年，按照学科大类培养，进行通识教育，完成人文社会科学、高等数学、英语、计算机技术基础等基础平台课程学习；再根据市场需要、专业方向的特点和个人爱好，进行专业方向选择和专业分流，完成学科大类平台课程、专业平台课程和实践平台课程学习为主的两年研究能力培养。四年制学生，达到规定要求可以获得管理学学士学位，六年制学生，达到规定要求可以获得管理学硕士学位。从其设计的课程体系上看，不仅注重体现 21 世纪对人才知识结构、能力和资格的要求，而且彰显出四个特点：（1）课程体系注重“外语 + 数理基础 + 信息技术 + 专业课 + 职业资格”五方面的知识、能力和资格的培养。（2）课程内容紧跟国际财经新潮流，全面引入国际最新财务管理、会计审计、金融贸易和信息系统等课程，并增加了有关国际经济方面的选修课，包括当代世界经济与政治、国际贸易、国际金融、国际结算、国际税收、外汇风险管理等课程，以培养学生适应全球经济一体化环境的能力。（3）注重综合性教育，体现不同学科的交叉、渗透与融合，以淡化专业方向，为提供给学生必要的、先进的基础课程，解决专业课程过于强调学科自身结构完整性的问题。（4）增加了教学实践环节的课时和学分比例。强化了教学实验在培养计划中的重要性，安排了会计学（基础）、中级财务会计、财务报表编制、信息系统和财务报告等不同主体内容课程的教学实验，以体现加强学生实践能力的培养思路。

第三，是学科综合特色型。它主要是以各校的学科优势与特色为基础，考虑 CPA 专门化方向的专业要求，体现扬长避短要求，设置部分个性化课程而形成的课程体系结构模式。由于各校在人才培养理念上的不同，以及其学科建设所沉淀的优势不一样，因此，在有些个性化的课程设置上即各具特色。譬如，有的学校在全程课程体系设置上就显示出三个特点：(1) 定量分析能力培养的课程量较大，共设有数学Ⅰ、数学Ⅱ、数学Ⅲ、运筹学和计量经济学等。(2) 信息技术类课程量较大，共设有计算机基础Ⅰ、计算机基础Ⅱ、程序设计、管理信息系统、电算化会计与审计、会计软件专题、C程序语言设计、网络与数据库、多媒体技术和电子商务概论等。(3) 专设本科层次的实证会计研究方法课。

我们认为，尽管不同性质的学校在基础课（通识课）设置上可以考虑特色，但在主干专业课程设置与课时投放上需要适当一致，因此CPA专门化方向专业课程体系的设置还有待继续完善。在评估中我们也发现，除了少部分有较强师资能力的院校开设了CPA专业特色的课程外，大部分院校的教学计划突出CPA专门化方向的特色并不够，有的院校在专业课时投放量的安排，以及课程序列开设时间安排上亦不尽合理。此外，在一定程度上还存在着专业选修课的范围偏窄（有的学校仅设5门须选3门）、有些课程设置前后重复且范围限定不清晰（如信息管理类课程）、有些课程编排顺序偏后（如审计学课程的设置与中注协推动的境外实习项目内容衔接度较差）、有的课程课时设置过多或者过少（如有的学校审计学含案例共为72学时）和专业课程开课时间过晚（如有的学校为第3学期开始开设）等问题。此外，有的学校将选修课划分为研究型选修课（8门）和应用型选修课（11门）两大类还颇有新意。

三、关于CPA专门化方向的核心课程范围确定问题

1994年，我国决定在有关高校开设CPA专门化方向时，该课程尚属于新生事物，国内外并无经验可循。为了达到预定的“培养我国CPA队伍的高级人才，培养本世纪末、下世纪初我国CPA队伍的骨干力量”这一基本目标，确保人才培养质量，全国CPA培

训工作领导小组将确定核心专业课程并相继“开发出一套科学、规范、高水平的教材”作为基本举措之一。随后即成立了由国内著名专家学者组成的中国CPA教育教材编审委员会，经过反复论证，最终确定了CPA专门化方向的九门核心课程，它由中级财务会计、成本管理会计、财务管理、审计、管理咨询、经济法、税法、高级财务会计和电算化会计与审计等构成，随之成立了专家编写组并成功推出其主要课程的教材，对促进当时CPA专门化方向的发展起到了重要作用。

从这次评估所了解到的情况看，由于近年来会计专业教育整体环境的变化，对20世纪90年代中期确定的以“核心课程+核心教材”为框架的专业教学质量保证机制冲击较大，使教材版本选用的问题变得相对复杂起来。特别是随着世纪之交我国新一轮会计制度改革的实施，上述核心课程所涉及专业内容也发生了相应的实质性变化，而“CPA专门化系列教材”并没有适时地更新，加上有关高校缘于多种因素，纷纷推出了“体现自身特色的会计专业系列教材”，因此在CPA专门化方向“核心课程”教材使用上即形成了百花齐放的局面，既有CPA专门化方向核心课统编教材，又有本校编的会计专业系列教材，还有CPA考试辅导教材与其他教材等不同版本，有的学校甚至于采用多种版本教材同时并用的方式。在评估中，各校纷纷感到有下面四个方面的问题比较难于处理：

第一，是“核心课程”的存废问题。即该专门化方向目前是否仍然要设置统一的“核心专业课程”？需要设置多少门为宜？在门数上是维持现有的9门，还是根据目前的需要对其进行适当地归并或者分拆。

第二，是核心课程的课时投放问题。既然是专业核心课程，其课时投放上应当显示出其重要性，那么应当持有多大比例，才能体现出其冠以“核心”的内涵与地位呢？由于目前国家教育行政管理部门对高等教育课程设置上，特别是对某些基础类的共通性课程投放时间上具有部分刚性限制，它也增加了专业课时的分配难度。从目前的情况看，各校在单门核心课程的课时投放上差异较大，有的学校课时投放量大（如中级财务会计为144学时、财务管理为108学时、成本管理会计为108学时、审计为90学时），有的学校课时投放量则较少，同样是上述五门课程，最多也就为80学时。可见，同样一门课程的投放课时相差近一倍。由于学生在校期间的可用课时总量的有限性，核心课程课时量的大量投放，虽然突出了专业特征，但它也会占用其他课程的可投放时间。

第三，是统编教材的存续问题。截至目前，原“CPA专门化系列”的统编教材已经出版十多年了，是否需要对其全面修订？如果修订，需按照一种什么样的机制运行？调研时，有的学校提出需要统编教材，有的学校则觉得没有必要再编，最好让各校自己去决定取舍。

第四，是核心课程如何体现会计服务市场国际化发展趋势的需要问题。随着我国改革开放力度的加大，会计服务市场的外向化特征日趋显现，对CPA专门化方向人才的涉外会计知识的要求越来越高，强化专业英语教学也是一种必然的要求。但在专业教学中，是先讲中文教材后另行开设“会计专业英语”课程？还是直接将核心课程选用国外引进的原版教材？或者是组织力量改编适合我国情况的外文版教材？对这一问题，因学校基础条件的不同形成较大的差异，如中南财经政法大学等校对核心课程已经较多地选用英文原版教材，大量推行专业课的双语教学模式，而有的学校则暂时还难以达到这一要求。

尽管在此次评估中对核心课程的教材使用问题未做具体要求，也没有列入考核指标的范畴。但在评估过程中发现，目前院校使用的核心课程教材版本繁杂、缺乏系统性且不稳定的问题相对比较突出。据我们对评估搜集资料的不完全统计，目前各院校上述九门核心课程中的前六门所使用的教材版本竟多达九十多种。有的学校由于没有自编系列教材，则在教材选用上反映出较大的随意性，具体表现为同一课程的教材一年一个出版社、一年一个版本，近三年来六门核心课程共涉及八个不同出版社出版的不同教材（如东财版、厦大版、人大版、清华版、经科版和高教版等）。有的学校为了照顾学生报考CPA的需求，则直接将授课教材与CPA一年一度的考试辅导教材并轨，即直接选中注协出版的与CPA六门核心课相关的考试辅导用书，这一做法虽然可为学生应考带来某些便利，但我们感觉似乎会混淆专业知识系统教育与应试教育的界限，是否提倡值得深思。

四、关于CPA专门化方向的专业师资配置优化问题

教师是现代教学活动的设计者、组织者与执行者，在不同层次专业教学过程中起着主导作用。从评估了解到的情况看，为了提高CPA专门化方向招生时社会声誉，以满足学生的入学期望，不管各校的师资力量如何，但较为一致的做法则是在核心课程师资配备上均可堪用“精兵强将”来形容，这一点我们的感受尤为深刻。主要体现在：

第一，是专业课师资阵营强大。体现为各校在核心专业课程的师资配备上，其职称、学历、年龄及学缘等结构上均趋于最大的合理与优化配置。

第二，是教师的综合实力强劲。体现为很多学校任课教师均为各校的学科学术带头人，以及在国内学术界有一定影响的中青年学者。全部受评院校的核心课程授课教师中，全部具有高级职称或者取得博士学位的院校就有16家，占72.7%。

第三，是骨干教师教学效果好。评估中，我们采取抽样方法，搜集了各校教学管理部门对核心课程任课教师进行一年一度综合测评的原始资料，其统计结果显示，大多数核心课程的教师均名列前茅，有的学校甚至相当突出。

但从评估了解到的情况看，目前各校在核心专业课程的师资配备上，也还存在着部分需要改进的问题，其主要体现在：

第一，是师资年龄结构缺乏阶梯性。即真正达到老中青以及男女比例结构合理的院校还不是很多，有的院校专业课师资的年龄集中在40岁以上，缺乏年轻的后备力量；有的院校则又大多由刚毕业走上讲台、相对缺乏教学经验和会计专业实践经验的博士挑大梁。

第二，是师资来源结构上略显单一。有的院校基本是本校或者本地区相关院校毕业后留校任教的师资，在学缘结构上缺乏知识互通的基础。如有一学校现正担任六门核心课程的22名主讲教师中，60%均毕业于同两所高校。

第三，是专业背景上可强调综合性。由于CPA专门化方向毕业后的就业去向偏重于社会审计工作的特点，即决定了该专业核心课程的教师需要具有一定的实务背景。从各校目前的师资结构上看，这一问题普遍不太理想。与此要求相适应，值得深入思考的问题是：若要求老师具有从业经历，是否仅需要担任过一定时间的CPA？需要担任多长时间的CPA较合适？是否还需要从事过一定时间涉外业务的CPA？在职称与职务的资格认证上，是否可以提倡老师应当有复式证书，即中级层次的“讲师＋会计师”、“讲师＋CPA”、“讲师＋CPA＋会计师”或者高级层次的相应结构？

第四，是鼓励教师积极参与国家会计与审计改革理论研究与实践。各校应采取一定的措施鼓励专业课的教师增强这样一种意识，即能够紧盯学科发展的国际前沿，能够密切结合中国经济发展的实践，主动利用相关渠道与国家财政、审计、金融和税务等有关部门，与国资委、证监会、银监会和保监会等相关管理机构，以及与中注协等协调组织保持密切联系，积极参与国家会计与审计制度改革的理论研究与实践探索工作，以及相关的政策研究及制定工作，并将所取得的第一手资料尽快融入教学内容中。从评估了解到的情况看，在这个问题上，不同的学校因其地理位置以及学校归属等多种因素影响，实施的具体效果尚有较大差异。

五、关于CPA专门化方向的课程教学案例建设问题

注重案例教学是目前国际教育领域里不同专业与不同层次教育的一种流行趋势，如果我们从所设计的CPA专门化方向人才培养目标与就业的主要去向上考虑，强化其教学过程特别是核心课程的案例教学尤为重要，故本次评估将其列作调研的重点内容之一。各校在核心专业课程的案例教学组织上，尽管各有千秋，但也反映出下述三个比较现实的共同问题：

第一，是案例课的设课形式。各校普遍感到较为困惑的问题是：核心专业课程的案例教学究竟是应当单独设课，还是并入其所附的相应课程之中？不论是单独设课还是合并授课，其课时应当为多少，以及其应当占所附课程课时的多大比重为宜？目前的现状是，不仅在具体做法上不统一，而且其重视程度上也不一样，处理得较好的是审计类与财务管理类课程，其他课程则相对较弱。

第二，是案例上的深度开发。教师们在教学中感到较为难的问题是：如何使不同核心专业课程的案例避免仅仅只是对过程的一般性分析？如何避免其重复性使用？如何体现出应有的特色？在教学案例的深度开发上，怎样使从国外教材体系中借鉴与引入的案例尽量做到表述方式与内容设计上更中国化一些？如何使案例能够与中国的现实结合更紧密一些？评估中，我们觉得这方面的探索较为薄弱。

第三，是案例库的综合建设。近年来，加强CPA专门化方向教学案例库建设，一直是财政部与中注协领导关注、鼓励和倡导的一个方向，有关部门也在积极探讨案例库建设的具体措施。本次评估将案例库建设作为一项单独的考核指标，同时也在实地评估过程中作为一项调研任务征求各个院校的意见。目前的现状基本上是大部分院校都花了很大精力来试图开发并建立一套自己的案例库，但收效甚微。因此，各校均希望有关部门能出面组织与协调这一工

作，通过整合现有资源，实行有偿征集、论证评定和有偿使用等方式，积极推动核心课程教学案例库的建设工作，能否通过几年的共同开发，建立一套适合 CPA 专门化方向核心专业课程教学需要、且有一定权威性的教学案例库，既可实现优质资源共享，同时也能减少不同学校重复开发所导致的资源浪费。

六、关于 CPA 专门化方向的学生动手能力训练问题

20 世纪 80 年代中期以来，如何加强会计专业学生动手能力的培养与训练，一直是我国会计理论界、教育界与实务界所关注的一个教育热点问题，它也被列作此次 CPA 专门化方向教学质量评估得分中权重较大的一个考核指标。从评估了解到的情况看，各校在满足该方向专业教学过程学生动手能力培养与训练的硬件条件方面普遍较好，有的学校甚至达到了相当高的标准，有的学校还专门设置了 CPA 专业实验室 。有的学校经过多年探索，还针对 CPA 专门化方向的特点，将学生动手能力训练分解为课内教学实验实习、阶段课程性实验实习、专项内容实验实习、校内综合模拟实验和社会综合实习五个阶段，收到了较好的效果 。但我们觉得，在 CPA 专门化方向学生动手能力的培养与训练上，应当如何体现其个性特征方面，还存在以下值得研究的问题：

第一，是如何看待与落实手工会计实习项目。通过评估观察，我们了解到的情况是，综合性院校的重视程度偏低，在校学生似乎也不太感冒，故其动手能力训练即较弱，而财经类院校学生掌握技能的要求却很强烈，因而造成在基础会计阶段、中级会计阶段与综合实习阶段的实验方式与课时投放上即有较大的差异。那么，各校需要研究的问题是，应当如何保证 CPA 专门方向在全程教学计划安排与校内相近专业基本一致的前提下，适当增加体现其特色的专业实验活动。

第二，是如何界定审计电算化实习的内容。通过评估观察，我

们感到审计电算化实习内容在各校推行的差异较大。现在感到困惑的问题是，该课程实习的重点究竟应当放在何处？是注重过程、注重结果还是注重运行系统？应当用哪些软件来支撑这一内容的教学实习？诸如此类专业性较强的问题，甚至于有的授课教师也不知其所以然，不得其解。

第三，是如何将教学实习基地建设落到实处。目前的普遍情况是，要挂牌建立一个学生实习基地相对比较容易，但要将其办成一个实质性的实习基地则较困难。在基地的选择上，究竟是以企业为主，还是以事务所为主？是各有利弊难能取舍。此外，如何形成一种有效的实习基地运行机制，评估中我们还没有发现比较理想且值得推广的模式。

第四，是如何发挥境外实习项目的导向作用。CPA 专门化方向学生的境外实习项目，是中注协为强化我国 CPA 专门后备人才国际化步伐，而于 2005 年开始强力推动的一个重要项目。评估中，我们感觉到，该项目通过一年的初步实践已经取得了预期的效果，不仅得到了各校的积极支持和认可，而且还对在校学生形成了一种积极导向，产生了一定的社会反响。有的学校还花大量精力，延伸了深化该项目效果的相应配套工作。因此，如何继续完善该项目的推进工作还需要进一步地深入研究。以使其可不断扩大输送渠道，完善工作程序，充分发挥各校的积极性，将更多更优秀的 CPA 专门化方向学生安排到世界各地知名国际会计公司实习，积累其专业本领，开阔其专业视野。

七、关于 CPA 专门化方向的特色教学项目组织问题

第一，是组织专题讲座时适当考虑其方向性。评估中我们了解到，各校为了加强对 CPA 专门化方向学生专业知识的拓展，每年均会聘请院（系）内外、校内外，甚至国内外经济、管理、法律和会计等领域里理论界与实务界的知名人士为学生做各种报告，不仅

报告内容涉及的范围极为广泛，而且报告主题也极具各校的学科特色。但我们在组织专题学术讲座时，是否需要适当考虑 CPA 专门化方向学生的专业特色问题，即讲座内容的选择上是否应适当注重 CPA 的行业性问题与就业导向的指导性问题值得研究。

第二，是注重对学生灌输职业诚信的基本理念。世纪之交所揭露出来的以“安然事件”为导火索、以“安达信”为靶子的“会计造假”问题，致使社会公众不断发出“会计诚信几何?”、“CPA 行业诚信几何?”的诘问，在这一背景下，会计诚信教育逐步演化成为 CPA 专门化方向的一个特色教育项目。在评估中我们了解到，有的学校结合自身特点设计了相应的特色教育项目，如为 CPA 专门化方向毕业生举行的“诚信宣誓”活动等，但从总体上看各校的关注程度不高。

第三，是注重对毕业论文选题的方向性引导。本科学生的毕业论文是其完成学业的最后一个环节，它的目的在于让学生在老师指导下总结专业学习的成果，对其综合运用所学知识解决实际问题的能力进行初步检验，同时，也是对学生从事科学研究的一次综合性训练。从评估了解到的情况看，各校对这一环节的工作均相当重视，且取得了显著的成效，有的论文被评为学院（系）、学校以及省（市）级优秀论文，有的论文还发表在国内较有影响的专业期刊上。但我们也发现，目前各校 CPA 专门化方向学生的毕业论文仍存在着一个比较普遍的问题，即其在选题上缺乏专业方向性的引导，选题范围比较分散，涉及审计的内容与 CPA 行业发展方面的内容较少，难以体现出专业培养目标上的就业趋向要求。据我们对其中 六所院校 2006 届毕业生论文选题情况的分类统计发现，六校当年毕业的 343 名 CPA 专门化方向学生中，其毕业论文选题的基本方向依次排列为财务管理类占 43.73%、会计类占 34.11%、审计（含 CPA）类占 19.24%、其他占 2.92%。我们认为，作为 CPA 专门化方向毕业的学生，其毕业论文的选题方向涉及审计问题不到 20% 的比例可能偏低。如果在学生毕业论文选题方向上适当引导其关注 CPA 行业的发展以及与审计工作相关的问题，就可使其毕业前在老师的指导下，对相关专业问题的认识有一个理论上的思考与认识上的提升，对其就业后尽快适应工作需要也许是有益的。

第四，是关注毕业生的就业去向与走势。评估中我们了解到，大部分院校 CPA 专业方向学生毕业就业率高是一个普遍事实，但是就业去向所显现出的专业特征却并不明显，即学生毕业后的初次就业单位，并不是流向我们在人才培养目标设计上的 CPA 行业或者是与审计有关的行业。例如，某个学校近三年来 CPA 专门化方向共有毕业生 158 人，但到会计师事务所就业的只有 8 人，仅占 5.06%，这是值得我们关注的一个现象。试想，如果有关部门在现行普通高等教育中专门设置，且花了一定的人力、物力与财力积极扶持的一个 CPA 专门化方向，但毕业生的主体却没有进入 CPA 行业中就业，其未来也可能再难以流入到我们的 CPA 行业后备人才队伍中来，这也许就是一个不能仅用遗憾两字来形容的现实。

八、关于 CPA 专门化方向的生源构成方式选择问题

从评估所了解到的情况看，十多年来，各校为了保证 CPA 专门化方向学生的生源质量，在选拔方式上已经形成了一些共同特点。虽然 CPA 专门化方向的生源主要是以文科生为主体，但根据专业发展以及人才培养目标多元化的需要，近年来各校在基本生源的选材方面，均做到了文理兼收以利于不同学科思维的交融，有的学校甚至全部招收理科生。此外，在招生数量上，各校也基本上实现了总量控制以确保生源质量，并未因该专业生源好而盲目扩大招生规模，在学生招录的选拔方式上更是多种多样，已经逐步形成了三种颇具个性的生源形成方式：

第一，学生统招入校时定方向。即学生在入校时就按 CPA 专门化方向单独招生选定专业，但由于该专业的市场影响面大，因此不同基础层次的学生会通过不同的渠道而想方设法进入或转入这一专业，从

而致使该专业的学生质量参差不齐，即给教学组织上带来一定的困难。据我们了解到的情况看，近年来采用这一方式的学校正在逐步减少。

第二，学生入校后选拔定方向。即学生入校时按大类招生，进校学习一定时间后再采用一定的形式选拔优秀学生进入 CPA 专门化方向学习，其选拔范围有的是在全校性公开选拔，有的是在院（系）各专业内公开选拔，也有的是仅在会计学专业内选拔。选拔时间上有三种模式：（1）半年后定专业的选拔模式。（2）一年后定专业的选拔模式。即采取了从在校学生中择优选拔 CPA 专门化方向学生的做法，每年从大二学生中公开选拔，提出报名的基本条件，按照提出申请学生的综合成绩和专门举行的英语测试来排定顺序①，再从高分到低分确定人选。（3）两年后定专业的选拔模式。即入学两年后在各专业学生内部横向选拔，根据学生的志愿来调节生源配置。

第三，学生入校时与相近门类专门化方向并轨招生。为了真正提高中国 CPA 教育的国际化水平，克服 ACCA 教育缺少中国背景和 CPA 教育缺乏国际化背景的弊端，从 2006 级开始，各院校已经尝试着将 CPA 专门化与 ACCA 方向的招生逐步并轨，正在形成新的会计学专业下的 CPA/ACCA 复合型专业人才培养模式，其特点是可将 ACCA 全球统考课程和国内 CPA 考试课程适当综合后纳入专业培养计划，使学历教育与职业资格认证教育有机融合。这样，学生在毕业时，即有可能拿到国内、国际两个职业资格认证证书，以提高学生的就业适应能力。

九、关于 CPA 专门化方向的建设及其管理协调问题

第一，是国家管理职能分工趋势与现行业务管理体制的协调问题。20 世纪 90 年代中期以后，随着我国教育体制改革的全面深入，

① 综合占 70%，英语占 30%

原一直归国家有关行（专）业主管部门承担的相应行业专门人才的培养任务，开始逐渐从行（专）业管理部门的职能中剥离出来，而由教育管理部门统一归口管理。在这样一种基本运行机制下，CPA专门化方向的教学质量如何管理？国家教育主管部门与CPA行业主管部门之间各自应当承担哪些指导责任、相互之间是一种什么样的协调与分割机制？恐怕是一个需要在认识上厘清的问题。

第二，是该专门化方向经费资助形式的改革问题。十多年来，中注协对获准设立CPA专门化方向的22所院校所提供的专项教学经费支持，一直是采用平均拨付的办法。今后，中注协将通过相应的评估活动来及时跟踪各有关院校该方向教学的情况，并根据评估结果提出财政资金分配建议，以避免资金资助过程中撒“胡椒面”的管理方式，充分发挥该专项资金的杠杆作用，提高经费使用效率，达到以评促教的目的，那么，这种评估就自然地会演变成为一种程序化的工作，并贯穿于该专门化方向建设与发展的始终，从而也必然会给中注协增加组织协调工作上的难度。

第三，是教学质量评估工作的组织与深入完善问题。中注协从2005年开始制定《CPA专门化方向教学质量评估方案》，在多次征求各相关院校意见并反复修改的基础上，2006年8月底将《CPA专门化方向教学质量评估方案（试行）》正式发布实施，随之即全面启动了“2006年度CPA专门化方向院校教学质量评估”工作。经过各校自评与专家小组实地评估，基本上达到方案所设计的评估目的。但在实际执行过程中，我们也明显感觉到，其评估指标的设计、不同指标分值的分布、评估工作的有效组织与权威性、评估意见反馈与结果处理等方面尚有很多技术性问题需要深入研究与逐步完善。

十、关于CPA专门化方向发展亟待研究的相关问题

此次评估过程的一项重要内容，就是组织受评院校老师与学生

进行交流与座谈，但在所设计的调查提纲中，根据不同对象各有侧重。老师座谈主要围绕 CPA 专门化方向的设置及其前景、全程教学计划、核心课程设置、教学内容、教学形式、案例教学、学生能力培养要求及方式和教学组织等方面的问题，学生座谈则主要围绕其对 CPA 行业及其专门化方向的了解与认识、主干专业课程设置的感受、核心课系列教材的选用、教学手段与教学方法的改革，以及未来是否从事 CPA 职业的意向等问题。师生座谈中比较一致的看法是，经过十多年的运行，各校在 CPA 专门化方向的教学组织工作上，充分体现出优生、优育、优果和优越四个特点：优生即各校招收的均为各年级的最优秀学生；优育即各校均精心组织教学过程，主讲该专门化方向核心课程的教师均是本校最优秀的教师之一，有的学校还实行了专门导师制度；优果即该专门化方向毕业的学生均有明确的职业追求目标、有较宽泛的专业知识，以及有较高的综合素质；优越即各校能够进入该专业的学生均有极强的优越感，从而使该方向逐渐演变成各校的品牌性专业之一。但大家在对 CPA 专门化方向设置和建设十多年来所取得成就备感欣慰的同时，也提出了下列事关其未来发展、需要深入研究并不断调整与完善的相关问题：

第一，是 CPA 专门化方向的学业地位认定问题。由于现行的 CPA 专门化方向并没有纳入国家教育行政管理部门的本科专业招生的正式目录中，故学生毕业时，其毕业文凭上的这一专业特色就不能体现出来。那么，究竟是维持现行的专门化方向还是将其升级为专业尚需研究。此外，目前我国高等教育中专门化方向设置的管理工作基本放开，或由学校自主确定，或仅在教育部门备案，这样，有的学校已经独立设置了 CPA 专门化方向，同为这一专门化方向的学生就业时，用人单位不可能对此差异有所了解。那么，1994 年获准设立的 22 所高校的 CPA 专门化方向与各校自主设立的 CPA 专门化方向之间在有关教学要素上是否会存在一个协调的问题？如果需要协调的话，由谁来承担协调工作则仍有待研究与完善。

第二，是CPA专门化方向培养目标的界定问题。从理论上讲，作为一个专门化方向，其人才就应当更加具有一定的职业特征，但从学生就业趋向上分析，其从业领域的专业性趋向也并非特别明显。由此而带来需要研究的现实问题是：在CPA专门化方向培养计划的编制上，如何体现CPA专门化方向特色？如何体现其与通用“会计学”、“审计学”、“国际会计”与“财务管理”等专业的区别与分工？我们培养目标定位究竟是注重职业基础与专业素质还是注重CPA应试导向？等等。

第三，是CPA专门化方向核心课程的教学内容协调问题。座谈中，有教师对具有交叉性与边缘性核心课程的专业特征应当在称谓与范围上如何体现提出了改进建议，如：管理咨询在现有名称上以及目前应当覆盖的内容上需要协调；电算化会计与审计的课程名称是否可包容当前该课程已经涉及的或者应当涉及的内容（如ERP、XBRL等）；会计职业道德的内容是否应当列入相应的教学组合之中？如何使审计内容与其理论和实务的发展相协调？能否在该课程中适当增加内部审计与国家审计的内容？等等。此外，由于CPA专门化方向的核心课程的教学内容与我国现行CPA考试内容上的交叉与重合，而且这种重合的时间又大多数是学生大二到大四的关键性学习阶段，老师与学生要共同面对的是，如何使教学内容能够比较全面地体现CPA人才培养目标的总体要求与满足CPA考试内容的现实要求，因而往往处于一种矛盾状态的两难境地之中。从老师的角度看，教学内容既要体现基础性、系统性与前沿性，同时要兼顾CPA考试要求上的具体性与务实性；从学生的角度看，既要达到老师的课程结业考核标准，又要兼顾CPA考试通过的相关要求。因此，有老师与学生提出，CPA专门化方向学生在考CPA时可否考虑适当豁免有关课程？CPA考试内容上能否适当增加会计信息系统的内容？ACCA与CPA的考试之间可否形成一种互相认证的机制？为了鼓励更多优秀学生就读本专业方向，可否比照ACCA和CGA等方向班的模式，让CPA专门化方向的学生就读本科时就取得报考 CPA 考试的资格？等等。

第四，是 CPA 专门化方向相关的教学成果交流问题。座谈中老师与学生们普遍感受到，CPA 专门化要办出特色，就不仅应当有专门的教学研究成果来支撑其教学改革工作，还应当加强教学研究成果的交流，并注重将国内交流与国际交流有机结合，单项交流与综合交流互相协调起来，以便于老师之间相互取长补短，如果长期处于一种教学封闭状态，就会使教学过程失去活力。在教学交流的组织上，可否由中注协适当组织部分核心课程第一线的教师参与专题性的教学交流活动，如审计案例教学的专题研讨会等；在教学交流的形式上，可否由中注协通过调研后出台有效措施，来推动院校间的教授互访制度？当然这一工作还涉及 CPA 专门化方向课程教师互访工作实施细节的落实问题，如交流的对等性与资金支持等；在教学交流的方式上，可否由中注协牵头并运用一定的媒介，进行 22 所 CPA 专门化方向专题性教学经验的交流，如在行业杂志上开辟专栏或者在中注协网站上建立讨论板块等；在教学交流的范围上，有的还建议中注协采取一定的形式组织 CPA 专门化方向学生之间的互相交流，如组织“CPA 专门化方向夏令营”等。

第五，是 CPA 专门化方向教学组织协调方面的其他问题。座谈中，师生们提及这方面的问题时涉及的范围较为广泛。诸如：中注协在组织 CPA 专门化方向师资培训时，能否考虑与相关事务所合作，让受训者适当参与相关业务过程以弥补其实践经验；中注协可否加强牵线搭桥的功能，为承担该专门化方向核心课程的中青年老师提供境内外会计师事务所进修、培训和交流的机会；中注协可否为该专门化方向学生提供更多的境内外会计师事务所实习机会；中注协可否充分利用其信息资源上的优势，适时到相关院校报告国内外 CPA 行业发展态势；等等。

主要参考文献

陈玮等．改革课程体系，开展通才教育——中国会计学会会计教育改革组

第三次研讨会综述．会计研究，1993（6）：40

陈毓圭．造就国际水准的职业会计师．会计研究，1999（4）：60～62

刘峰等．为社会主义市场经济培养跨世纪的会计人才．会计研究，1996（7）：40

秘书处中国会计学会教育改革专题研讨会纪要．会计研究，1988（5）：13

许家林．经济全球化下的会计教育国际化，中国会计与财务研究，2004（1）：117～178

许家林．现代会计教育论．北京：科学技术文献出版社，2000：35，347～350，352

中注协．职业会计师国际教育准则（IES1－7），http：//www.cicpa.org.cn，2007－02－06

（本文刊于《中国注册会计师》2007年第4期）